JN174505

横田三郎

現代人権教育の思想と源流

——横田三郎コレクション

鳥影社

目次

現代人権教育の思想と源流

――横田三郎コレクション

はじめに

二〇一〇年九月に横田三郎先生が亡くなられて早や六年になる。今年の八月末に奥様のご実家である島根県の寺で七回忌が営まれる予定である。頑固なまでの唯物論者だった横田先生は生前から「オレが死んでも葬式はいらん、戒名も墓もいらん、体は使えるところはどこでも使ってくれたらいい、若い研究者や困っている人のためになるなら、目であろうが皮膚であろうが、どこでも使ってくれたらいいから献体するよ」と言って平然とされていた。こんなことを思い出しながら、私は自分が理論の面でいかに非才でも先生が築かれた業績を守り、受け継ぐことを決意した。

先生の仕事ぶりはとくに真面目で几帳面であった。何か動きがあると、すぐに執筆し、いろいろな人々の批評や批判をあおぎながら、活字にして残された。発表の紙誌は多方面にわたったが、とくに全国解放教育研究会（一九六七年結成）が編集する雑誌（月刊）『解放教育』が創刊される（一九七一年）と、そこが拠点になった。

また「活動家集団思想運動」が発行する新聞や季刊誌『社会評論』には積極的に多くの論文やメッセージを寄稿された。横田先生はこの団体が労働者と社会的に弱い立場にある人たちに視点をおいて、一切の差別や不当な弾圧とたたかっていることに相当なシンパシーを感じておられたようだ。

横田先生は同じ大阪市立大学で哲学を専門にされていた故森信成先生（一九七一年死去）から唯物

論やマルクス主義の影響を強くうけ、そこで生涯の信念を形成されたし、その学問どおりに生きられた森先生を深く信頼し尊敬されていたようだ。大阪唯物論研究会は森先生やその同志の人たちによって苦労を重ねてつくられたものであるが、その教育部会では中心メンバーとして活躍された。大阪唯研は横田先生にとって言わば「古巣」「母国」のような自身の拠りどころとしてあったと思う。

先生は主にこの三つを思想闘争の舞台として、現代の人権教育がもっとも注意しなければならないこと、もっとも警戒すべき思想上の敵として近代主義（個人主義、自由主義）、民族主義（ナショナリズム）、天皇制イデオロギー（平和と科学と民主主義の敵）の三つをあげられ、これらに批判を集中された。

先生は大阪市立大学、次いで広島修道大学を退職されると、残された生涯の時間をドブロリューボフの翻訳と研究に専念された。私たちが今ロシアの革命的民主主義者について、その今日的な意義とあわせて、その内容や歴史的な功績を幾分かでも知り得ているのは、すべて横田先生のおかげである。もし先生に出会うことがなければ、彼らの書き残したものを未だに何も知らず、何も考えてみようともしていなかったであろうと思う。

本書は、先生とこれまでに親しく交流のあった先輩・後輩の方々のご協力をえて、先生がその時々に書かれた主な論文をテーマごとに編集し集録した。先生に喜んでいただけるほど出来のいいものにはならなかったと思うけれども、読者の方々に私たちがこれからさらに学び、新たに出発するための糧にしてもらえれば、これに過ぎる喜びはない。皆さまがたの御批評、御批判をせつに願う次第である。

序章　私の仕事と生きた時代、若い人たちへのメッセージ

勤労動員で軍需工場へ。前列右端が著者。

ここでは著者の思想の成り立ちと概略を示す。幼いころから軍国少年となるべくして育ったが、戦後、京都大学でシベリア抑留から帰還した鈴木祥蔵先生と知り合いマルクス主義を学び、また大阪市立大学では森信成先生をはじめとして小野義彦先生、直木孝次郎先生ほかの先生方と親しくし、当時市大の学生だった大賀正行さんらと知り合い、また部落差別事件や大学紛争など深刻な事態に直面して思索を重ね、唯物論的人間観を基礎にして、政治や運動と理論の結合について不可欠にして決定的な役割を学び、軍国少年から軍国主義と闘う人間へと自己変革を遂げられた。ドブロリューボフと「出会った」のも市大へ来られてまもなくのころだった。

わが青春に悔あり

はじめに

私はこれまで講義のさいに自分自身の戦前・戦中の生活を部分的ではあるが度々語ってきた。しかし、それを文章にしたことはない。それは主として私の羞恥心のためである。若い学生諸君には、いくら恥ずかしくとも事実は事実として語らなければならないし、また実際語ることはできた。しかし、文章にすれば、若い人々以外の、特に私と同じ戦中派とか戦前派といわれる人々にも読まれる可能性がある。それは余りにも恥ずかしかった。それに、古い世代に対しては、わざわざ私の不名誉な過去を語る必要もそれほど感じはしなかったのである。

けれども、今、敢えて書くことにしたのは、話すばあいよりもずっと多くの若い人々に読まれる可能性があり、今書いておかなければ、もう書く機会も余りないだろうと考えたからである。私の全ての期待は若い世代にかかっている。この若い世代に私の過ちを絶対に繰返させてはならない。私の過去の過ちをこの人々が他山の石としてくれれば、私の個人的な羞恥心などはどうでもよい、と今考えている。

私のばあいは、戦後になってその過ちをいくらかでも訂正することはできた。しかし、これらの若い人々が私たちのような過ちを繰返して、もし侵略戦争を再び容認すれば、もう全ては終りである。現在の核兵器は広島、長崎の原爆とは比較にならないからである。そして、太平洋戦争も軍部が単独で始めたのではない。それ以前に中国への侵略があり、それを容認し、推進する国内の反動政治があり、それを支える反動思想が国民世論の中に浸透していたのである。従って、侵略戦争に反対するためには、それを推進する反動政治に反対しなければならないし、その反動政治を容認する反動思想を徹底的に批判しなければならない。「戦争は、政治とは異った手段による政治の延長である」というクラウゼヴィッツの言葉を今こそ深く嚙みしめる必要があろう。

ところで、私が、戦時中にインテリの端くれだった者として、最も恥ずかしく思っているのは、あの侵略戦争の過ちに気付かなかったことはもちろん、敗戦すら予想できなかった点である。遅くとも東京大空襲（一九四五年三月十日）以後には多くの人々は敗戦を予想したといわれている。しかし、私はそうではなかった。七月の末になってやっとこの戦争は敗けるだろうと考えるようになったが、それも確信にまでは到らなかった。今から見れば全く馬鹿げたことであるが、事実である。

七月末、神奈川県の茅ケ崎の海岸で対戦車攻撃訓練を受けていたある日、偶然、中学時代の同級生に会った。彼は学徒出陣で入隊し、すでに将校になっていた。彼が私に、敗戦は確実で、我々は死ぬだけだ、とはっきり語った。私は強い衝撃を受けた。予想もしなかった敗戦という見通しを聞かされたからである。当時の私には、死はそれほど重要なこととは思えなくなっていた。若い自分たちが戦って死ぬことによって日本が勝利を得、一般の国民が救われるなら、この生命は投げ出してもよいと考えていたからである。しかし、敗戦が確実となると、何のための死か、という疑問が湧いて出た。けれども、この疑問も深くは追求せず、誰とも話すこともなく、厳しい訓練の中に埋没していた。深い思索はもちろん、普通の思考も停止していたのである。だから、その後も、グラマンの空襲に恐怖の顔色を露わに示していた哀れな老水兵を無様だと感じ、決して同情することはなかった。また、敗戦の日、これで生命が助ったと喜んだ一人の同期生に対して激しい怒りを覚えたのも事実である。

　こうした自分自身に対して、私が心から恥ずかしいと感じたのは、ずっと後になってからである。それは、有名な戦歿学生の手記『聞けわだつみの声』を読んだ時である。ある学徒兵は、出撃の直前に、「春雄ハアラユル意味デヤハリ学生デシタ」と書いていた。それにひきかえ、私は知性のかけらも失っていたのである。どうしてそのようなことになったのか。私の個性や不勉強であったという個人的な責任を回避しようとは思わない。けれども、それ以上に、戦前・戦中の教育と社会環境がもっとも大きな原因であったといえよう。それ故、恥を忍んで敗戦までの私の過去をふり返ってみよう。

一　小・中学校時代

　私は大阪に生れたが、物心がついた時にはもう父の本籍地である香川県の田舎に家は移っていた。現在の善通寺市であるが、当時は善通寺町に隣接する純農村であった。この善通寺は弘法大師の誕生地として有名であり、西国八十八ケ所の中でも重要な札所として知られている。けれども、当時はそれ以上に軍都として重要だったのである。即ち、第十一師団の司令部があり、砲兵、騎兵、工兵、輜重(しちょう)などの連隊が小さな町の大半を占めていた。父は小さな地主であったが、この師団の兵器部にも一時勤めていた。男ばかりの四人兄弟の三男として育った私は、当時の田舎の普通の男の子として、野や山や池や川を遊び場にしていた。雨でも降らない限り、家の中で遊ぶことは殆んどなかった。勉強も中学に入るまでは殆んどせず、家では宿題をするのが精一杯であったが、そのことで親から叱られることもなかった。叱られたのは、暗くなるまで外で遊んでいて、夕食に間に合わなかった時くらいである。遊びは男の子と女の子とはっきり区別されており、男女が一緒に遊ぶのは幼児に限られていた。ビー玉やメンコや凧あげ、池での泳ぎなどを女の子はしなかった。とくに戦争ごっこ（兵隊ごっこ）は男の子の中心的な遊びであった。他の遊びの多くが季節的なものであったのと異り、これは季節を問わずに行われていた。普通、腕力の強い子どもが日本軍、そうでない子がロシア軍や中国軍（当時はロスケとかチャンコロという蔑称を用いるのが普通であった）になっていた。それは、日本軍が必ず勝たねばならないからである。腕白だった私は大抵日本軍になっていた。

今の天皇の即位式（一九二八年。御大典といわれた）も済み、満州事変も始っていた当時の農村は、人権意識などまるで自覚されるような環境ではなかった。女性は、単に遊びだけでなく、生活と教育においても、労働においても露骨に差別され、男尊女卑は当然のこととされていた。民族差別や部落差別も同様であった。真鍮の鍋や薬罐の不用になったものと朝鮮飴を交換にやってくる朝鮮人を、子どもたちは言葉が変だといっては嘲笑し、服装が汚いといっては馬鹿にしていた。廃品を回収に廻ってくる部落民に対しても、ボロ買いとかヨツと呼んでいた。身障者を揶揄するのも当り前になっていた。こうした差別的な言動に対して、学校では余り注意を払っていなかった。たまたま学校へ苦情が持込まれた時に訓辞がなされる程度であった。一般の大人や親たちも子どもと殆んど変る所はなく、露骨さが幾らか少ないだけで、差別の根はむしろ子どもより深かったといえよう。

逆に、天皇に対する崇拝の思想は徹底的に教え込まれた。小学校へ入学した時から天皇に対する絶対的な忠誠が教育の根幹となっていた。日の丸、君が代はもちろんのこと、校長が教育勅語を読み

（奉読といった）、天皇・皇后の写真（御真影といった）に最敬礼をするのが学校の式典の普通のやり方であった。粗末な木造の校舎とは対照的な鉄筋コンクリート造りの神殿形式の小さな建物が校庭の一隅にあった。これは奉安殿と呼ばれていて、その前を通る時には最敬礼をすることになっていた。天皇・皇后の写真や勅語類が中に格納されていたからである。修身、国史、読み方などの授業中や校長の訓話のさい、「恐れ多くも」とか「畏こくも」という言葉が出ると、当の校長や教師以下全ての児童が「気をつけ」の姿勢をとるようにしつけられていた。それは、天皇や皇室について語る前触れであるからである。これは、小学校だけでなく、上級学校においても、一般社会や軍隊のばあいも全く同様であった。

このような小学校で、私たちは国定教科書の国史によって天照大神の神勅、神武天皇の東征から始まる皇紀の歴史を教えられ、修身で「木口小平ハ死ンデモ口カララッパヲハナシマセンデシタ」と習い、また、読本で「軍港の朝」を読まされていた。

連隊が近くにあったので、兵隊が行軍で村を通ったり、村の中で演習をするのは珍らしくなかった。男の子の殆んど全ては兵隊が好きであり、兵隊たちも子どもを愛していた。また、大人たちも軍隊には協力的であり、兵士には親切であった。

当時、男の子が愛読していた雑誌は月刊の『少年倶楽部』であった。そこには、日清・日露の戦争、満州事変、未来戦（日米戦、日ソ戦）などの戦争物語り、陸・海軍の生活や兵器、軍艦、飛行機などの話が、挿絵入りで、あるいは漫画で掲載されていた。その中で私を強く引付けたのは山中峯太郎の「星の生徒」という連載小説である。それは陸軍幼年学校の生徒の生活を描いたものであり、後に私が幼年学校を受験する直接の動機ともなった。

二・二六事件の前年に中学校に入学した。私たちの中学校は善通寺という軍都にあっただけでなく、校長が軍国主義者であった。当時の他の中学校のように高等学校や専門学校に進学するよりも、彼は陸海軍の学校に入ることを奨励していた。海軍兵学校を見学して感激した校長は、早速兵学校の真似をした。朝礼後、運動場から各教室へクラスごとに四列縦隊で歩調をとって行進するのである。それは私が卒業するまで続いた。鞄は軍隊式の背嚢であり、足には白いゲートルを巻いて登校した。教師と上級生に対する敬礼が厳しく定められており、全て軍隊式の挙手の礼であった。教師が生徒に体罰を加えることはそれほど多くはなかったが、上級生が何かと理由をつけては下級生をよく殴っていた。

中等学校以上の男子の学校には全て陸軍の現役将校が配属されており、その他に各学校で雇った予備役将校や下士官がいて、軍事教練が行われていた。そして、恐らく中等学校の軍事教練が最も厳しかったのではないかと思われる。一、二年生は徒手であったが、三年生からは本物の銃と劍を持って、兵士としての基本動作から始って、下級指揮官の戦闘行動に到るまでの訓練を受ける。この軍事教練に合格して卒業すると、入隊後、幹部候補生の受験資格が与えられることになっていた。そして、必ず年に一度、師団から高級将校が学校へ軍事教練の査閲にやって来た。雨の日は、教室で軍事教練必携というテキストを使って、軍人勅諭から戦闘技術、軍事一般に到る講義が行われる。また、陸軍演習場での数日間泊りこみの軍事演習、全県下の中等学校を二分して行われる秋の対抗演習、天皇誕生日の陸軍の閲兵行進への参加があった。そして、運動会の最後のプログラムは五年生の軍事演習であった。

二年生の終りに私は陸軍幼年学校を受験した。幼年学校の入試には英語はない。中学に入学して初めて英語を習い、興味を覚えたが、その興味も抑えて、国語や数学などの入試科目に力を入れ、受験勉強に励んだ。ところが、その勉強が少しも役に立たなかった。初めに行われた身体検査で視力不足のため振落され、学力試験は受験できなかったのである。陸軍将校に憧れていた軍国少年にとって、これは非常な打撃であった。私は、自分の前途が真暗になったような気がし、自殺までは考えなかったものの、暫くの間何も手につかなかった。近視でも陸軍経理学校なら大丈夫だと軍事教官がいってくれたが、算盤を持つ軍人などにはなりたくなかった。

中国での戦争は拡大し、出征兵士の見送り、戦死者の遺骨の出迎え、護国神社への参拝が行われ、また、出征兵士のいる農家へ稲刈りや麦刈りの勤労奉仕にも出かけた。一年生か二年生の時、音楽の授業で「満州国々歌」なるものを中国語で教えられもした。軍靴の音だけが響いて、反戦はもちろん、厭戦の囁きすら耳にすることはなかった。父が応召した時も、私は悲しむよりも誇りに思ったのである。

男女の関係も全く不自然なものであり、中学生と女学生の交際は固く禁じられていた。汽車や電車で通学する生徒は、男女が一緒にならないように、車輌や座席が中学生用と女学生用に分けられていた。そのような禁を破って処罰された生徒に対して、他の生徒たちも同情することはなかった。他校の生徒と喧嘩をして処罰された生徒には大いに同情が集り、英雄視されることすらあったのである。男女別学の例外として、近くの三年制の農業学校が共学であった。遠足などで、男生徒の後に女生徒が続いて歩いていくのを見て、私たち中学生は「夫婦（めおと）学校、夫婦（めおと）学校」と囃立て、馬鹿にした。

音楽や美術の授業は一年と二年の時だけであり、ごく一部の生徒を除いてこの教科に興味を示す者はいなかった。それに、音楽は、教師が女学校の教師だったため一層生徒たちに軽視された。反対に、軍事教練の中で軍歌が教えられ、徒らに大声で歌うことを強いられた。国語や漢文では、古典や現代文学も学習しながら、進んで文学作品に取組むという姿勢は当時の中学生には余りなく、むしろ、小説を読む者は文弱の徒として軽蔑されていたのである。私も小説を読むようになったのは高等師範に入学してからである。

当時、アカといえば非国民であり、売国奴であると考えられ、非常に恐れられていた。三年生の時、Sという若い英語の教師が赴任して来た。その教師の母親は私の祖母と識り合いであった。彼は英語の教師の中で一番若く、授業にも活気があり、しかも丁寧で、生徒に優しかった。けれども、ある日突然姿が消えてしまった。辞任の挨拶もなかったのである。生徒たちには学校から何も知らされず、他の英語の教師から、事情があって辞めたのだと聞かされただけである。祖母から、誰にもいってはならないという厳重な注意とともに知らされたのは、彼がアカで、警察に拘引されたということである。彼の母親がアカい本を沢山風呂で燃やしたという。共産主義については何にも知らなかった私は、「あんな優しい先生が恐ろしいアカだったのか。本当にそうなのか」と祖母に尋ねたが、祖母はそれには答えず、誰にも口外しないように念をおすだけであった。

二　高師時代

軍国少年にほんの僅かリベラルなニュアンスが加ったのが高師時代である。しかし、その変化も本質的なものでは決してない。

中学の英語の教師にでもなろうと考えて、広島の高等師範に入学した。太平洋戦争が始った翌年であり、四年制の在学期間は三年半に短縮されていた。しかも授業を受けたのは初めの二年間のみで、後は軍需工場への勤労動員と軍隊である。

東京のばあいも同様であるが、広島高師にも文理科大学が同一構内に同居しており、教授陣も一部は兼任していた。この文理大には国体学という天皇制国粋主義を研究する学科があり、その学科の創設者西晋一郎博士を記念する西記念館まで建てられていた。天皇制軍国主義の最後の段階に達していた当時の時代背景もあり、他の大学・高校と同様、教職員、学生、生徒全体が報国隊という組織に結集され、学生・生徒の自治会活動などはもちろんなかった。

けれども、私たち文科二部（英語科）の学生や教授陣には何か伝統的なリベラルな気風がまだ残っていた。英語の教授たちには、積極的に軍国主義を信奉したり、神がかり的な天皇崇拝者はおらず、報国隊の行事で足にゲートルを巻いていても、全く板につかず、何かちぐはぐに見えた。また、他の学科と異り、英語のクラスは各学年とも師範学校卒業生が殆んどいなかった。そのためか、軍事教練で妙に張り切ることもなかった。英語の授業には、キーツやワーズワースの詩、バーディやディケンズの小説、アメリカの現代短編小説、さらには、当時もう高校では公然と読めなかったギッシングの小説などもテキストにされていた。ただ、英語の外人教師はいなくなっており、二年生の時からドイツ語が第二外国語から正課となり、ドイツ人の宣教師が外人教師となった。けれども、彼もナチスなどとは無縁な、音楽を愛する平穏な人柄であった。ドイツ語のある教授が、ドイツ国歌の「ドイツは世界に冠たり」とある所に、「日本を除いて」という注釈をつけたのを想い出すが、彼とて決して当時の国粋主義者のような狂信的な言動を示していたわけではない。専門外の他の学科の講義も私たちのクラスが聴講した限り、別に軍国主義的臭気を漂わすものではなかった。国語に超国家主義と天皇崇拝で有名な教授がいたが、幸い私たちは授業で彼の講義を受けることはなかった。ただ、私自身は彼の講義を二、三回聞いたことがある。一年の時、寮の室長に率いられて、この教授の主宰する「大義の会」に出席したのである。その会は、日本陸軍の実態を忠君愛国という超国家主義の立場から批判した杉本中佐の『大義』という本をテキストにして、この教授が講義し、そして座禅を組むのである。神がかりのその講義に私は辟易し、二、三回で逃げ出した。（この『大義』については、城山三郎の『大義のすえ』という小説を読まれると面白い）

軍事教練は、出席が厳しかったが、中学校の教練よりは楽であった。「号令」大佐と綽名された愚劣な配属将校や暴力的な中尉がいて、特に私たち英語のクラスを敵視していた。実際、他のクラスと比べて英語のクラスはルーズでもあった。けれども、兵士から叩き上げの年配の少尉がいて、何故か私たちのクラスを庇い、可愛がってくれた。私たちのだらしなさやさぼりを彼だけは何時も見逃してくれたのである。

以上のように、私たちのクラスが受けた学校教育の内容は、当時としては極めてリベラルであったといってよい。しかし、それはあくまで自由主義の限界に止っていて、侵略戦争や軍隊や天皇制を積極的に批判し、反対するものではなく、また、そのような批判や行動を可能にする情況は学校にも社会にもなかった。マルクス主義はとっくに弾圧されており、現在ならどんな怠け者でも口にする言動が自由主義、個人主義のせいで取締られていた。紙の統制によって出版物全体が次第に減少していき、検閲の厳しさと相俟って、社会科学系の本はもちろん、文学関係の本も極端に少なくなっていた。僅かに高坂正顕や紀平正美などの超反動的な本が幅をきかせていたのである。古本屋も新刊書店より本の数が多いというだけで、厳しい検閲は古本も見逃してはいなかった。新聞やラジオ放送によっても社会の実情や戦争の実態はわからないだけでなく、意識的に捏造された虚報によって私たちの判断は大きく狂わされていた。新聞・ラジオは、専ら国民の戦意の高揚に向けられていたのである。だから、私たちが、「ゾル（ゾルダートを略した軍人の蔑称）は単純だ」と嘲ったり、軍事教練に熱心な他のクラスを冷笑していても、それは文字通り「青白きインテリ」の怠惰で上すべりな批判でしかなかった。強力な反動の嵐に立ち向っていけるようなものではなく、実際、その嵐に簡単に吹き飛ばされてしまったのである。

入学直後、私はボート部に入った。身体を鍛えることと舟が好きだという単純な動機による。しかし、二年生になる頃には、全国的にボート部は海洋班と名称も変り、海軍との関係が密接になっていった。これまで通り固定のシックスのボートを漕いでいるだけでは済まなくなった。大竹の海兵団や三重の海軍航空隊へ数日間入隊し、端艇を漕ぎ、水兵の生活を体験させられた。この体験入隊によって、海軍に対する私の判断は大きく狂わされることになる。つまり、これまで知っていた陸軍と比べて、海軍は進歩的で紳士的だと考えたのである。陸軍はもちろん、一般社会でも英語を敵性語として排撃していたのに、海軍では、奇妙に訛ってはいるものの英語を遠慮なく使っていた。また、私たちを指導していた士官たちは決して怒鳴ることもなく、親切な態度を示していた。このような態度が、あくまで部外者に対するものであり、宣伝の意味もこめられていたことは、後に本物の軍人として入隊してから思い知らされるのである。この体験入隊のさい、偶然、大竹の沖で戦艦大和を見たことも、私が敗戦を予想できなかった一つの原因となった。傍にいた巡洋艦がまるで小船のように見える巨大な戦艦の姿に驚嘆したが、指導の士官が私たちに「あれは見なかったことにしてくれ」と強く頼んだことが、ますますその頼もしい戦艦の姿を私たちの脳裡に焼付けたのである。

三年生になると、もう授業はなくなり、部活動も不可能になった。軍需工場への勤労動員である。

初めは海田市の東洋工業へ下宿から弁当持参で通った。鋳物工場へ廻され、高射砲の砲架造りをやらされた。これは製品が大きく、技術よりも体力を要する仕事であった。夜、下宿に帰っても、疲労と空腹で読書などとてもできる状態ではなかった。次には、観音町の三菱造船所に移ったが、ここでは高師の学生は全員工場の寮に入れられた。その造船所は、広島湾を埋め立てて敷地を作り、そこへ次々に工場を立てて機械を据えていた。私たちは埋立ての土木工事、つまり土方作業を一カ月ばかりやってから工場労働に移った。この土方作業は、現場監督の下で、中学生や朝鮮から強制連行された青年たちと一緒にやるのである。私たち学生や中学生は普通に働いていたが、朝鮮の青年たちはモッコに盛る土を少くして、それを二人でゆっくり運ぶという意識的なサボタージュをやっており、監督に怒鳴られても、その時だけきちんと作業するが、すぐ元通りにゆっくりやっていた。彼らは私たち学生に煙草を呉れとよくせがんだ。後にわかったのは、彼らに配給すべき煙草の一部を工場の事務所の者がごまかして横流ししていたのである。私たちはこの不正に腹を立て、彼ら朝鮮の若者（結婚直後に連行された者もいる）の境遇に同情した。しかし、それだけのことで、戦争だから、と全て割切ってしまった。

やがて私たちは工場の中で働くようになる。私は船舶用蒸気タービンのケースの組立て、次にタービンのシャフトと軸受けの摺り合わせをやらされた。青天井の下での土方作業は嫌いではなく、むしろ好きな作業であったが、巨大なクレーンの動き廻る下で、油にまみれ、手を傷だらけにして働くのは厭であった。戦時標準船という大量生産型の船を急速に造りあげるため、深夜までの残業も始終あり、それに、海軍の艦政本部の監督官が不意に現われることもしばしばあった。

ここでも、もう本を読んだり、思索に耽ることは殆んど不可能であった。休日に、わざわざ時間をかけて広島の中心街へ出ても、もう私たちを満足させるものは何もなかった。黒豆の代用コーヒーを飲ませていた喫茶店も閉店に追込まれている。そこで寮の一室に集って、文学や人生についての議論を始めても、煙草は切れ、飲物はなく、空腹をかかえて、結局は食物の話に落ちていく。その中、工場から寮へ帰ると、まず肌着を脱いでシラミ退治をするのが日課となり、眠る前に花札を始めたりした。こうして、名前だけは学生であっても、知性は次第に鈍化され、無思想、無批判な体制順応派になっていったのである。

それまで徴兵が延期されていた師範系の学校も文科系学科は全て延期が停止され、'45年の四月から学生たちは陸・海軍に入隊した。私は大津市外にあった滋賀海軍航空隊に予備生徒として入隊した。同期生の大半は全国の師範、高師、文理大の在学生であった。すでに'43年十二月には、師範系を除く文科系の高校、専門学校、大学の学生は全て、いわゆる学徒出陣によって軍隊に入っていた。この学徒出陣組の友人たちの戦死を知る度に、まだ学生の身分であった私は何か後めたいものを感じていた。それに、終日薄暗い工場の中での骨の折れる労働が何時まで続くかと思うと憂鬱であった。従って、軍隊に入ってほっとしたのである。その上、嘗て海洋班の一員として体験入隊した時の海軍に対する甘い幻想もあった。けれども、この幻想などたちまち吹き飛ばされた。速成教育ということもあって、訓練は猛烈であり、体罰も容赦なく行われた。琵琶湖での短艇撓漕と水泳だけは苦労せず、人並み以上にやれたものの、他はせいぜい人並み、あるいはそれ以下であった。動作はそれほど鈍重ではないと自負していたが、軍隊で最も重要とされた要領が悪かったのである。だから、私は殆んど毎日殴られた。しかし、人権意識が殆んどなかったので、二週間もすれば馴れてしまい、後は全く平凡な軍隊の日常茶飯事として体罰を受入れていた。また、茅ケ崎へ移ってからは別であるが、航空隊にいる間は空腹に苦しむことはなかった。下宿はもちろん、工場の寮よりも食事だけは量も質も良かったからである。ただ、厳しい訓練の結果、睡眠不足となり、ゆっくり眠りたいという願望だけが常に頭にあった。だから、入隊後一月ばかり経て初めて外出が許された時には、大津市内のクラブとして指定されていた寺に着くや否や、大部分の者はごろ寝をし、帰隊に間に合う時間まで何もせずに過したのである。

七月のある日、特攻の募集が行われた。これは全く形式的であり、全員を横隊に整列させて、特攻を志願する者は一歩前へ出るのである。特攻は命令でなく、志願だという形をとっただけのことである。従って、ただ一人志願しなかった大阪池田師範出身のSは、後で分隊士から一週間ばかり徹底的にいじめられ、殴られた。しかし、私は自分の特攻志願とSのことは戦後ずっと忘れていた。数年前、鹿児島で一人の同期生と会ってやっと想い出したのである。まるで無意味な些事はあれこれと記憶に残っていながら、特攻志願という重要なことを忘れていたということは、一体どうしてなのか。それは、志願が全くの形式にしか過ぎなかったことにもよるが、それよりも、当時の私自身が特攻を当然のことと考え、何の疑問も持っていなかったからであろう。つまり、私が嘗ては「ゾルは単純だ」などと冷笑しながら、自分自身がその時にはもう全く無批判になり、天皇の忠良な兵士に仕立てられていたのである。

その後、今津町饗庭野の陸軍演習場で陸戦訓練を受けた後、茅ケ崎の南湖院という元の結核療養所へ移り、その海岸で毎日対戦車攻撃の訓練を受け、八月十五日を迎えた。

あとがき

八月六日の原爆で、学校は完全に焼失したが、九月には卒業ということになり、私は島根県の太田中学校に英語の教師として赴任するように命じられていた。そこで一年半近く教師をしてから京都大学に入学した。

敗戦直後の中学校には、軍隊から復員してきた教師や、予科練および陸海軍の学校から復学した生徒たちがいた。教師たちはそれまでの軍国主義的教育を自己批判することなく、早や早やと民主主義を唱えていた。体罰教師も体罰をやめ、長々しいお説教に切り替えていた。私はそんな変り身の早さに我慢がならなかった。初めて教壇に立って、生徒たちが可愛くて仕方がなかったが、四、五年生には二度ばかり体罰を加えた。即ち、部室に隠れてタバコを吸っていた数名の生徒を説教などせずに殴りとばした。また、雪の降った日、校庭にいた一年生に、二階の教室から上級生が雪の塊を投げて泣かせたのを目撃した私は、その教室に駆けつけ、雪を投げた生徒に名のり出るよう要求したが誰も出て来ない。そこで、級長を皆の前で殴ったのである。当時、私はこういうやり方こそ本物の教育だと考えていたが、実際は、決して教師のやることではなくて、単なる復員兵士の一人よがりに過ぎなかった。体罰を私が本当に批判できるようになったのは、ずっと後にドブロリューボフの論文に親しむようになってからである。

戦後まで持ち越された私の反動的な思想が大きく変っていくのは、大学の二回生の時からである。その端緒となったのが、リャザノフの注釈した『共産党宣言』の輪読会である。当時、シベリアから帰還して大学院に籍を置いた鈴木祥蔵氏（現在、関大教授、二〇〇九年死去、九〇歳）の下宿で、彼の指導のもとに私たち数名の者が集っていた。目の鱗がとれたとは、まさにこの時の私の実感である。大学を卒業した翌年、大阪市大の助手となった。当時哲学科の講師をしていた森信成氏（一九七一年死去、五七歳）と親しくなり、彼の唯物論を学び、ロシア文学や文学評論についても始終話し合った。さらにその後、哲学科の学生だった部落解放同盟の大賀正行君と演習で識り合い、部落問題に対する私の目も少しずつ開いてきた。

嘗て、毎日新聞の八木晃介記者が、「先生は晩稲（おくて）だったのですなあ」と私にいったが、全くその通りであろう。しかも、日は暮れても道はまだまだ遠い。

（一九八六年十月）

旧制大学の思い出

半世紀以上も以前のことになってしまった自分の大学生時代については、もう多くのことを忘れている。それに、つまらぬことはよく覚えていながら、大事なことを沢山忘れているのである。従って、以下に述べることにも過ちがないとは言えない。その点はどうかご容赦願いたい。

入学

私は旧制広島高等師範学校を卒業する前に軍隊へ入り、敗戦後旧制中学校で英語の教師を一年半足らずやってから一九四七年四月に京大へ入った。戦前、高等学校や高等師範から大学の文学部へ進む場合は無試験であった。高師から文理科大へ入るのも、三年修了からであれ、卒業してからであれ、無試験であった。しかし戦後は文学部も入試を行うようになった。敗戦によって京城（現、ソウル）や台北の帝国大学、奉天や旅順や上海などにあった日本の大学がなくなり、また陸士や海兵などの軍関係の学校もなくなった。そこでそれらの大学や学校に在学していた学生を受け入れなくてはならなくなり、文学部も無試験というわけにはいかなくなったのである。入試は文学部全体としてやられたのか、哲学、史学、文学の各学科で別々にあったのか、さらに専攻別にやられたのか、今はっきりとは思い出せない。しかし、外国語と論文だけの簡単なものであり、決して難しいものではなかった。

当時の大学生の外面的な特徴は、陸海軍の将校の服装をした男子学生が目立っており、また戦後全面的に受け入れられるようになった女子学生の姿が特に文学部には多く、宝塚式の着物に袴姿の学生もいた（ただし、教育学の宇野兄だけは男子学生の中で着物に袴ばきであった）。当時はまだ食料や衣料が配給制で全く不自由であり、各学部の学生集会室や西部構内の食堂付近の壁には衣料と米を交換したいというビラが一杯貼られていた（軍隊から持って帰った外套や服、毛布などと米を交換するのである）。また、当時は京大の歴史でも全く異様な時期であったのかもしれない。史学のある男子学生が美学の女子学生を殺して、「主体性を確立した」と宣言した事件があった。

勉学

旧制大学が新制大学と異なるのは、旧制が三年で新制は四年（医学部を除く）であり、旧制には語学や一般教養学科、それに体育などがない（それらは全て旧制の高等学校や大学予科でやられていた）ことであろう。

京大の文学部哲学科教育学・教授法専攻（講義、演習、研究）について。専攻の必須は下程勇吉教授の講義と演習と研究のみ。私の受けた演習では哲学的人間学ということで、マックス・シェーラーの『宇宙における人間の位置』(M. Scheler Die Stellung des Menschen im Kosmos) をテキストにしていた。その他、哲学概論（山内得立教授）、中世フランス哲学（野田又夫教授）、ギリシャ哲学（田中美知太郎教授）、インド哲学（本田教授）、宗教学、美学（井島教授）、社会学（臼井教授）、心理学（矢田部達郎教授）の講義か研究。これらの中の幾つか（単位数は忘れた）を三年間に取り、後は卒論のみ。もし戦後の食糧事情の悪さやインフレによる生活の悪化がなければ、極めてのんびりした大学生活であっただろう。ただ、新制大学と違って、語学の講義はなかったので、必要な外国語は自分で学ばなければならなかった。一回生の時、西部構内の隣にあった日仏学館でフランス語を勉強し始めた私は、アルバイトと怠け心のせいで、四、五回で止めてしまった。ところが逆に、怠けていても聴講を止められないこともある。私は別にどういうこともなく、ふと田中教授のギリシャ哲学の研究を取り始めたが、三、四回すると聴講生が減ってしまって、もう逃げられなくなり、結局終わりまで聴講するはめになった。

なお、当時の教育学専任の教師は下程教授一人であり、演習は学部学生も大学院の院生も一緒にやられていて、副手も参加していた。けれども、アルバイトに忙しい学部学生は適当に欠席していたので、決して多人数にはならなかった。

敗戦以前から戦後数年は極端に本の出版が少なく（第一に、今と違って紙そのものが欠乏していた）、新刊のめぼしい本はなかなか手に入らず、古本も値段が高く、貧乏学生の手には届かなかった。けれども、我々文学部の学生は大学全体の図書館の他に、哲学科、史学科、文学科のそれぞれの図書室があり、全く自由にそれを利用できたが、当時はその上、占領軍が寄付した主としてアメリカの学術図書が図書館に置かれていた。私が卒論のために使った図書も主としてそのアメリカの寄贈図書であった。

自主的な研究。各学生の個人的な自主学習は各人の興味と事情による。グループで行った学習は、シベリアから帰還して大学院に入ってきた鈴木祥蔵さんの指導の下にリャザノフの注釈した『共産党宣言』の輪読会が行われていた。『宣言』の本文はフランス語を大学院の柴田良稔さん、ドイツ語を西滋勝君、そして英語を私が受け持って、やっていた。後に私がマルクス主義を信奉するようになったそもそもの発端はこの輪読会である。また、同じ頃大学院の蜂屋慶さんの下宿でアメリカの推計学の本の研究会があり、それにも一時参加していたが、どうも統計や推計などに興味が持てなくて、私は数回で止めた。

アルバイト

敗戦後数年間は物価がどんどん上がっていて、ごく一部の者を除くと自分や家族の最低限の衣食住の確保に必死の有様であった。かつての良き時代の名残として金銭を卑しむ気風は残っていて、例えば、十円という代わりに十メーターと言ったりしていたものの、実際金がなくては勉強どころか、生きていくことさえできない。だが、学生にとって有利な家庭教師の口など当時は皆無といってもよかった。進駐軍の将校の家でローラーを人力で引くテニスコートの手入れをやっていた他学部の学生を知っている。同じ重労働でも後に増えてきた大掃除の手伝いと違って、食事が出ないので、大変だったであろう。私は医学部のある学生の指導で保険の外交をやってみたが、一か月ばかりでたった一件成功しただけだった（百万遍の或る質屋の親爺が同情して、紀元二千六百年記念の二千六百円の保険を十万円に書き換えるのに応じた）。その医学部の学生は確か朝鮮か中国からの引き揚げ者であったが、凄い男で、大学での過密な受講と実験や実習を行いながら、保険の外交をやり、それで自分の学生生活だけでなく、女専の学生である妹の学費と生活の面倒をも見ていたのである。

当時、学内で黒沢明の『わが青春に悔いなし』の撮影が行われ、それへエキストラで参加した連中から、学生服のまま学内を言われた通りぶらぶらしているだけで良かった、と聞いていた。暫くして太秦でやはりエキストラを募集しているのを知り、喜んで応募した。ところが、それは阪東妻三郎主演の『素浪人罷り通る』という時代劇であり、着物に草鞋ばきで丁髷（ちょんまげ）という出立ちにならねばならない。太秦の撮影所の屋根の上と龍安寺の門前でそれぞれ一日ずつであった。屋根の上ではエキストラは皆捕方（とりかた）になって、火の見櫓（やぐら）の上の阪妻に迫るが、彼に「下がりおろう」と怒鳴られるとどーっと下がらねばならない。それも夜の場面なので電線のついた提灯を持ってやる。屋根の上なのに怪我をした者はいなかった。龍安寺の門前では大名行列をやったが、これは全員助監督に言われた通りに足を揃えてゆっくり歩くだけ。そのいずれも太陽と雲の具合を見てゆっくりやるので、実にのんびりしていた。今でも「そこの学生さん、眼鏡を外して！」とか、「腕時計を外して！」「髷が逆でっせ！」という助監督のどら声が思い出されて、思わず噴き出す。このエキストラは京大、同志社大、立命館大の学生ばかりだったと思う。報酬の額は忘れたが、当時としては割合良かったのを覚えている。

　やがて、一回生の終わり頃、下宿へ京都市教育委員会の課長がやってきて、私に新制高等学校の教師になってくれと頼まれた。当時、全国的に新制の中学校や高等学校が発足するのに教師が足らず、何処でも四苦八苦していた。私が中等教員の免許状を持っているのを何処かで知ったので、やって来たのである。大学での勉強のことを考えて、結局定時制の教師になることとし、二回生の初めから、京都市立御池商業高等学校（後の西京商業高校）の教諭となり、三年間勤めた。従って、一回生の時のようにあくせくとアルバイトの口を捜す必要もなく、給料は一人前で生活はこれで安定した。なお、当時は市電が走っていて、市立学校の教師は全線パスを貰っていたので大いに役立った。その上、当時サマータイムが導入されていたので、定時制の学校では何か勤務時間が減ったような気分になっていた。

その他、私が定時制の高校へ勤務をしていた時、不破という京都市教育長がアメリカから持ち帰った教育関係のパンフレット類を山口透君と一緒に整理し、一部を翻訳したことがある。これは教育長が下程教授に依頼したものであった。翻訳したのは確かアメリカの教育委員会の教育予算関係のものであったと思う。やはり、これもそれなりの報酬を得たので、アルバイトの中に入るであろう。

その他

(1) 文学部の学年試験

文学部と言っても、この場合哲学科のことである。学年試験は普通筆記試験かレポートであり、レポートは現在も同じであろうが、担当教授がテーマと枚数と期限を定めて、学生がそれに応募する。筆記試験は大抵大きな問題で、普通は一問、せいぜい二問で、教授か助手が教室に現れてザラ半紙を配り、黒板に問題を書き、学生はそれに対して答案を書くのだが、学生たちは問題を見て、「これはあかん」と思えば、ぞろぞろと教室を出ていったものであり、中には「君もどうせあかんやろ。一緒に出ようや」などと言って仲間を誘って退場する者もいた。試験監督はいないも同然であり、教授であれ、助手であれ、本を読んでいて、きょろきょろすることはなかった。このような有様であったので、カンニングをやろうと思えば幾らでもできたはずだが、そんな殊勝なことをする者はいなかったと思う。試験の結果についても、他学部の学生のように八十四点だ、七十五点だなどと細かいことを言う者はおらず、ただ、ドッペッタか否かだけが語られていた。ただ、このことは文学部の学生が無欲でさっぱりしていて、他学部の学生が細かいことに拘泥して厭らしいということではない。文学部では、各専攻の学生が少なく、席次などあってもなくても同じようなものであり、また、就職については主任教授の意向で決まるという事情もあり、さらに就職先も大抵、何処かの大学の助手か講師（国公立の大学では助手、私立大学では講師が普通）と決まっていたので、別に競争心を燃やす必要もなかったのである。

(2) コンパ

学生ならいつでもどこでも、コンパをやり、英気を養うのが普通である。しかし、我々が在学していた時は戦後の食糧不足の最中であり、すき焼きや鍋で一杯というわけにはいかなかった。米、肉、魚、野菜などは全く不足しており、酒やビールも完全な配給制であり、我々はそんなものを初めから当てにはせず、適当に手分けして、密造のどぶろく酒やこれまた密造の焼酎を手に入れ、それにたまたま手に入る佃煮や缶詰などで十分コンパの用意ができた。巴酒造の焼酎が売り出されたのは私が三回生か院にいた時であり、それ以後密造の焼酎とは縁を切った。このようなコンパなので、物をほとんど食わずにきついアルコールを胃の中に入れるのだから、酔うのが早く、静かな議論もやがては目茶苦茶になり、ゲロを吐いて終わるといった場合が多かった。コンパの場所は学生の誰かの下宿や寺を借りて行われていたが、その世話を最も積極的に行っていたのは今は亡き宇野登兄で、当時の不自由な状況の中で驚くほど周到に準備をしてくれていた。私の一年か二年後に入学した旧制でただ一人の女子学生林（旧姓内海）悦子さんの親父さんが関東の方からやってこられ、娘が世話になっている礼だということで我々野郎どもが寺に招待されたことがある。なんの世話もしていない我々は内心忸怩たるものがあったが、しかし皆はもちろん謹んで般若湯を飲ませてもらった。

ところで、我々は当時のコンパでビールを飲んだことは一度もない。密造のビールというのは戦後の日本の場合なかったのではなかろうか。いつであったか、四条河原町のキャバレーで進駐軍の飲み残しの生ビールを売り出しているという噂が聞こえてきたが、彼らの飲み残しなど飲めるものかという気持ちで我々の誰も飲みには行かなかったはずだ。

（3）ロシア民謡、共産党など

一九四九年の春、すなわち、私が二回生の終わりか三回生の初めに、シベリアから帰還した鈴木祥蔵さんが大学院へ入ってきた。学部の学生たちに対する彼の影響は大きかった。それは既に『共産党宣言』の輪読会のところでも述べたが、輪読会以外でも彼の下宿へ行って彼の話を聞いていた。また、鈴木さんと同じように満州でソ連の捕虜となり、シベリアで強制労働をさせられていた元軍人が四八年頃から日本へ帰還していた。その帰還者たちの一部が合唱団を創り、主としてロシア民謡の合唱と踊りを全国的に巡回していて、京都へもやってきて公演していた。それには学生たちだけでなく、一般の市民も多く観覧していたが、『カチューシャ』、『ステンカ・ラージン』、『ともしび』、『バイカル湖のほとり』、『トロイカ』など観衆も一緒に合唱していたのを私は覚えている。それはまた一九四八年の末頃公開された『シベリア物語』というソ連映画とも重なって、単に若者だけでなく、相当年配の者をも引き付けていた。

そんな頃、宇野兄が世話して、鈴木さんを中心にして七、八名が琵琶湖畔のバンガローで合宿し、一昼夜、当時の社会情勢を語り合ったり、歌ったり、踊ったりして（二人一組で踊るカチューシャの踊りを鈴木さんから教わり、浜辺で実際に練習して覚えたものである）楽しく過ごしたことがある。

またその頃、京大の学生の間では共産党への集団入党が行われていた。敗戦後占領軍によって合法化されていた日本共産党は、当時活発に活動を再開していた（しかし、朝鮮戦争が始まる直前、占領軍によって共産党中央委員会全員が公職を追放された）。あるとき、中野重治の講演会があると聞いて、私は法経第一教室か第三教室へ行ったが、残念ながら彼の講演はちょうど終わったところであった。しかし、何か熱い興奮が教室一杯に溢れていて、学生たちは立ち去ろうとしなかった。そのうちある学生が教壇へ上がり、「俺は本日ただ今、日本共産党へ入党することを宣言する」と大声で唱えた。すると、次々に学生が教壇に上がり、同じように入党を宣言したのである。講演を聞けなかったせいもあるが、私はその時はなぜか至って冷静であり、何か奇妙な雰囲気だと思いながら、それらを黙って見ていた。

（4）選科の卒業について

ここで、今ではもう時効になっている学部卒業に関わるある事実を書こう。選科の学生が本科の学生として学部を卒業するには一年余計に在学し（四年在学）、二つの語学の試験に合格することで卒業論文を提出する資格が与えられていた。選科学生Aが語学の試験を受けることになったが、その一つの英語はレポートでテーマは自由であった。それを私が引き受けた。もう一つはドイツ語で、それは筆記試験であり、Bが引き受けた。私はもちろんAの名で確かワーズワースの詩について十五枚ばかり書いて出した。Bが受験する時、BがAの学籍番号を間違えずに書くようにAは繰り返し要求していた。そして二つの語学は共に無事合格し、Aは卒論提出の資格を得た。その卒論の作成がまた一風変わっていた。Aの下宿へ数人が集まり、全員で卒論を作成するのである。すなわち、冬の寒い夜、Aは炬燵に入って、講義のノートや本を見ながら論文の原案を口述する。それを二人が筆記し、その筆記したものをまた別の二人が清書する。あるところまで進むと、Aがそれまで清書されたものを読み返して、修正する。このようにしてとにかく論文は期限内に書き上げられた。Aが無事卒業したのは言うまでもない。

(5) 旧制の大学院

旧制の大学院の規定がどのようになっていたのかは知らない。しかし、新制のそれとは全く異なり、在学の期限はなく、学位とも直接関係はなく、履修規定は極めて簡単だったようである。一般に、学部を卒業してすぐ就職が決まらない場合、大学院に在籍し、自分の研究を続けながら就職を待つが、学部で成績の良かった学生は（特別研究学生、略して特研生と呼ばれていた）授業料免除、悪かった学生は授業料を取られていた。私は一年、院へ在籍したが、授業料を支払った。けれども、院生が演習や講義に出席するかしないかは全く自由であり、さらに必ずしも大学院が就職待ちの場という訳でもなかった。私が院に居た時、ちょうど阪大の森昭助教授（後に教授。故人）が院に入ってきて一緒に研究会をやったこともある。

(6) 学生運動

私が大学に入学した一九四七年から、五一年に大学院を止めて就職するまでの四年間のほとんど全てはアメリカの占領下にあった。四七年二月一日のゼネストをマッカーサーが中止を命令。四八年一月にはロイヤル米陸軍長官が日本を共産主義の防波堤に、と演説。六月、全国学生三十万人統一ストライキで授業料値上げ反対、政府の文教政策に抗議。九月には全学連（全日本学生自治会総連合）結成。十月中華人民共和国設立。五〇年、前年より始まったレッドパージが全産業、全分野に広がる。一月、コミンフォルムが日本共産党の野坂理論を批判、党内対立激化。六月、マッカーサー司令部共産党中央委員会全員の公職追放を指令。朝鮮戦争始まる。七月、ＧＨＱが警察予備隊創設を指令。十月、全学連、反レッドパージ闘争を展開。天野文相レッドパージ断念を表明。五一年九月、サンフランシスコ講和会議、単独講和による対日平和条約、日米安保条約調印。

このような全国的な動きは京大にも直接、間接に影響していた。すなわち、全学的な自治組織たる同学会の全国的な学生運動への参加となって現れていた。そして我々教育学の仲間たちの多くもその運動に賛意を表明していて、個々の集団行動に参加はしていたが、ごく一部の者を除いて自ら積極的・継続的に参加していたわけではない。私自身も京大に在学していた間は、既に述べたようにマルクス主義に接近し、学習してはいたが、それは頭の中だけのもので、行動を伴うものではなかった。ただ、円山公園や四条河原町でのデモで逮捕された仲間の釈放を求めて川端署や裁判所へ集団で行ったことはある。当時の学生運動の主体、すなわち同学会と共産党細胞との相互関係や彼らと大学当局との関係について、また彼らと文化系、体育会系の各サークルとの関係についても私は何も知らなかった。

（7）　宇野兄のこと

最後にどうしても書き留めておかねばならないのは、今は亡き畏友宇野登兄のことである。私が大学に入学後暫くして宇野兄が海軍予備生徒として私と同期であったことを知った。ただ分隊が異なっていたため互いに知り合ってはいなかったのである。大学へは彼が私より一年早く入学していた。教育学の学生で何時も着物に袴を穿き、懐に画帳と鉛筆を入れていた男がいたが、それが宇野兄であった。学生時代にコンパの世話をしていたことは前に述べたが、卒業後も学会などが開かれる際に先輩、後輩を結びつけるコンパを世話していたことを付け加えよう。また、宇野兄が多くの友人たちの経済的援助をしていたことはどうしても書き留めておかねばなるまい。そうは言っても金を貸したり、与えたりするのではない。彼にはそんなことをする経済的余裕はなかったであろう。彼は大阪の天王寺師範の出身であり、その交友関係の広さと地の利を利用し、色々なアルバイトを世話していたのである。例えば、大阪の天神祭にかき氷の屋台を世話し、数名の友人のポケットを膨らまそうとした（しかし彼らは売ることより、自分等が氷を消費するのに忙しく、ほとんど儲けにならなかった、と聞いている）。私自身も彼に世話になった。大阪市大の講師をしていた時、給料はさほど少なくはなかったけれど、なぜか困っていた。そのことを彼に言うと、暫くして彼が大阪市内の小学生の家庭教師の世話をしてくれて、二年ばかりそれをやり、家計に余裕ができて大いに助かった。彼が大学卒業後、守口の或る小学校に勤めていた時の教え子に大阪の吉本劇場の有名な喜劇俳優池乃めだかがいる。貧困な家庭の子であり、異常に小さいめだかを彼は終始援助し、庇っていたのを私はずっと後で知った。徹底したヒューマニストの彼ならそうせずにはおられなかったであろう。後に彼は大阪府立女子大学へ移ったが、そこで数年も経たずに胃癌のために亡くなった。まだ四十二、三歳であっただろう。誠に惜しい友を早く失ってしまった。彼の着物姿を今でも忘れることはできない。

（二〇〇六年一月）

天皇裕仁は人間なのか

「天皇といえども人間である。まして、死に瀕しているあの老人の苦痛を思う時、今、彼個人をムチ打つことはできない」。これは、最近、ある天皇制反対論者から聞いた言葉である。だが、私はこの言葉に共感できない。私は天皇裕仁を人間とは認めないからである。

天皇制についてはともかく、天皇裕仁については、私はほとんど真剣に考えてはこなかった。このいい加減で、リベラルな私の態度を是正してくれたのは、まず渡辺清であった。

七、八年前に読んだ彼の『私の天皇観』（八一年、辺境社）は私に新鮮で強烈な印象を与えた。皇国少年であり、忠良な少年兵であった彼は敗戦まで日本の勝利を信じていた。そして、敗戦のショックから立ち直った直後に彼は考えた、「天皇はきっと死をもってその責任を償われるだろう。天皇はそういう高潔なお方だ」と。この忠良な復員兵士の予想は完全に裏切られた。その端緒となったのは、マッカーサーと一緒に写ったあの有名な天皇の写真である。「敗戦の責任をとって自決するところか、いのちからがら復員してみれば、当の御本人はチャッカリ敵の司令官と握手している。ねんごろになっている」のである。彼はそれまでの自分の忠節を省み、フィリピン沖で「天皇陛下のために」死んでいった戦友のことを思って憤激する。

私もこれに似た感情を当時もっていた。しかし、年とともにその感情は薄れていった。渡辺清はそうではない。この感情をもち続け、それを反戦と天皇の戦争責任追及への実践へと高め、八一年に亡くなる時まで、病をおして非妥協的に闘った。しかも、それは、自らの戦争協力に対する厳しい自己批判の実践でもあった。この彼の生き方は、私のリベラルで無責任な生き方に強い反省を迫るものであった。

もう一つは、今から六年前、ある人から聞いた全く予期しない言葉である。それは、「君、あんな天皇からの叙勲など私が受けられますか」というものである。思想的には右翼的ともいえるこの人が、天皇の名による叙勲をきっぱりと辞退したのである。親族の戦死と広島の原爆投下にかかわって、天皇を許せない、というのである。私はこの人を人間として見直すとともに、たとえ無力とはいえ左翼を自認してきた自分が、天皇の名による叙勲を受けるという非人間的な死に恥はかきまいと固く決心した。

現在、私は天皇裕仁を人間と認めることは決してできない。彼も生物学的にヒト科に属することはもちろんである。だが、そのことは彼が人間であることを意味しない。

考えても見よう。天皇裕仁がかつて人間であったことが一度でもあるのか。「神」であった戦前はもちろん、「象徴」に変わった戦後においても、彼は終始人間ではなかった。七五年の有名な記者会見で、戦争責任を「言葉のアヤ」だとごまかし、「そういう文学的方面」については研究していないので答えられない、と居直った。アメリカの原爆投下をやむを得なかったと承認したのは周知の通りである。四六年の有名な「人間宣言」ですら、自己の延命のための方便に過ぎなかった。それは、七七年の記者会見で、当の「人間宣言」を彼は、「五カ条の御誓文」が日本の民主主義の原形だという詭弁によって、自ら曖昧にしてしまったことからも十分知られる。このように、天皇裕仁は決して人間とは言えないし、彼自らも己を人間とは認めていない。さらに、彼が国民を人間と認めてこなかったことは今さら説明するまでもない。

・戦犯に対しては時効を認めないというドイツの人びとの確乎とした態度を私は素直に承認する。そして、せめて天皇裕仁に対しては、怒りと憎悪以外の人間的な感情を私ははっきり拒否する。

（一九八五年一月）

体罰の即時無条件停止を

体罰肯定の危険な傾向

今年の三月初め、京都市教育長は、いわゆる校内暴力に関する発言の中で、教師の体罰を積極的に肯定し、奨励して、物議をかもした。しかし、よく聞いてみると、反対論の多くは極めて妥協的であり、無条件の反対ではないのである。反射的に殴ったり、腹立ちまぎれに殴ったり、自ら心の痛みを覚えずに体罰を行うことに反対しているのであって、体罰そのものに反対しているのではない。また、体罰は最後の手段としてのみ許される、といった条件つきの肯定論もある。このような譲歩的な、ひざまずきながらの抵抗では、ますます強化されている体罰賛成論に立ち向かうことはできない。とくに最近、マスコミは「校内暴力の実態」なるものを繰り返しセンセーショナルに報道している。そこから、「このような生徒の暴力に直面すれば、きれいごとやたてまえではすまされない」といった考えや、さらに、「教師も自衛すべきだ」といった勇ましい意見が出ているのである。しかし、体罰の肯定は今に始まったことではない。戦前・戦時中のことはいわないにしても、戦後、体罰は敗戦後僅かに数年間控えられていただけであり、五十年の文部省の日の丸・君が代復活通達と前後して体罰も次第に復活してきた。そして、教師の遵法性をあれほど厳しく命令し、監督してきた文部省や教委も、学校教育法第十一条第二項の体罰禁止については全く消極的な態度をとってきたのである。勤評や学テの闘争では懲戒免職をどしどし行ってきた各地の教委も、体罰には極めて穏便で、傷害を起こしたような極端な体罰でもせいぜい戒告か訓告ですませてきた。だから、最近、告訴事件にまで発展したひどい体罰に対して、静岡県教育長が公然と無罪を宣告したのも不思議ではない。その教育長は、立場上まだ公然と体罰を体罰として承認することはできない。そこで、五十発以上もの殴打を体罰ではないと断定した上で、全面的に承認したのである。三月二十八日の毎日テレビでその教育長は次のように言っている。「今度の事件は全く問題はない。私は日頃、体罰といわず、瞬間的スキンシップといっている。これは古今東西行われてきた教育的措置であり、これすら認められないというのであれば、教育は行われない」と。百二十年前に、ロシアの革命的民主主義者ドブロリューボフによって痛烈に批判されたあの醜悪な「瞬間的影響（ムグノヴェンヌィエヴリヤーニエ）」がここに復活しているのである（拙著、『教育反動との闘いと解放教育』明治図書、第四篇二参照）。まさに、反動のいきつくところは古今東西変わらない、といえよう。

三無教師と熱中教師

日本で教師の体罰が容認されてきた大きな理由の一つは、その教師の熱意ということである。とくに最近のように、不熱心な教師が次第に増えている情況の中では、熱心さということですべてが肯定される傾向が強まっている。もちろん、サラリーマン教師とか三無教師とかといわれる「やる気のない」教師を支持することはできない。また、最初から教組に加入しないような若い教師をほめるわけにもいかない。彼らはもう職業の選択を誤ったとしかいいようがなく、子どもたちにとっては全くの災難であり、同僚にも負担だけをかける厄介な荷物である。そして、この三無教師の増加を促進しているのが、外ならぬ今日の文教政策なのである。民主的な組合活動を弾圧し、教育・研究に次々と枠をはめてきた結果、一方では、教委の方針に迎合する少数の教師、他方では、その雰囲気に厭気がさして熱意を失う教師や、初めからその雰囲気を承知で要領よく三無主義をきめこむ教師が生み出されてきたのである。学校の荒廃やいわゆる校内暴力も、他の社会的原因と相俟って、このような文教政策の結果である。

けれども、逆に、熱心な教師を熱心さの故に全面的に肯定するのも誤りであろう。戦時中、国策に積極的に従った教師がどれほど子どもたちに大きな被害を与えたかを考えてもわかるように、その熱意の方向が誤っていれば、熱意が強ければ強いほど悪影響も大きくなる。あの有名な「逝きて還らぬ教え児よ……」の詩によって自分の戦争中の教育を懺悔した竹本源治氏は極めて熱心な教師であった。そして、彼の血を吐くような懺悔は、自分の熱意の不足に向けられていたのではなく、その熱意の方向が誤っていたこと、その誤りに気付かなかったことに向けられていたのである。われわれはこのことを決して忘れてはならないであろう。

体罰は単なる教育技術ではない

日本の教育では、思想や原則と切り離された技術が流行する傾向が戦前から強い。集団主義教育についても、個人主義に反対するという基本原則が忘れられて、集団作りの技術がどれほど流行したことか。まして、体罰のように、古くから賞罰に関する一つの教育的措置としか考えられてこなかったものは、当然のように思想とは切り離されて論議されるのである。ある「理論的な」教師は次のようにいう、「技術はそれ自体善でも悪でもない。それは特定の教師の総体の中で良くも悪くもなる。体罰も同様である」、と。なるほど、技術についてはその通りである。しかし、体罰は単なる技術ではない。反人間性という特定の思想に基づく技術であり、ニヒルな世界観と結びついた方法なのである。そして、人間の子どもを動物の次元にまで引き下げる体罰は民主主義の人権思想とは全く矛盾するのである。「愛の鞭」ということがよくいわれ、それによって「非行」から立ち直ったという例も聞く。しかし、「愛の鞭」も体罰には変わりなく、それで立ち直ったといわれるのも、実は表面上そのように見えるだけである。それまでの人間的な理性と愛情による教育の積み重ねがあったために、醜悪な体罰ですら教育愛の表現として誤って子どもに受け取られたのである。しかも、大切なことは、立ち直りという大きな効果はあげながら、教師も生徒も、人間としての誇りという最も大切な感情は傷つけられており、その上、効果に目が向けられて、その傷に気がつかないばあいが多いという点である。

さて、体罰を単なる技術と考える無思想・無原則な立場から出てくるのは、効果論や程度論である。「体罰も適度なものでなければならない、極端なものはいけない、エスカレートしては危険だ。」という中庸論から始まって、「教師と生徒の間に心のつながり、信頼関係のある所では体罰は有効であり、それがない所では有害である」といったしたり顔の論議まである。その行きつく先は、前に挙げた毎日放送の番組の中で紹介された受験塾である。そこでは、竹刀を持った塾頭が子どもたちをその竹刀や手で始終殴りつけており、子どもたちもそれを当然として受け取り、親もそれを承知で、わざわざ遠方から子どもを入塾させているという。これは、受験に有効でさえあれば人権などまるで眼中にないというプラグマティックで野蛮な教育の一つの典型であろう。

最近、「原点へ返れ」とよくいわれるが、体罰の問題こそ「原点に返って」、思想・原則と結びつけて考えるべきであろう。程度がどうであれ、条件がいかなるものであれ、体罰はすべて反人間的であり、反民主的であり、反動的である。

暴力に対する不公正な態度

「瞬間的スキンシップ」という言葉で教師の体罰を全面的に承認した教育長も、教師を殴る生徒の暴力を同じ言葉で承認することはないであろう。この教育長だけでなく、いわゆる校内暴力と体罰に関して、極めて不公正な態度が最近目立ってきている。生徒が教師の胸倉でもつかめば、すぐに暴力といって取り締まられるが、教師の方は五〇発も生徒を殴っても、暴力とはいわれず、「教育的措置」として承認されるのである。こんな不公正が許されてよかろうか。今、日本の小学校には野蛮な熱中教師が少なくない。「口で叱ってもわからぬ児童には、体で覚えさせるしかない」とか、「父母からもビシビシやってくれといわれている」といって彼らは子どもたちに公然と暴力を振るっていながら、教委からは模範教員と認められ、父母の多くから支持されている。理屈の上でも体力の点でも教師に歯のたたない子どもたちは、反抗したくともできないのである。しかも、そんな暴力教師しか信頼できないような学校で「教育」されている子どもたちは全く惨めである。しかし、その子どもたちが大きくなり、中学・高校へ進学してくると情況は変わってくる。教師との間の体力の差もなくなり、ひとかどの理屈もいえるようになると、もう抵抗ができるようになる。その上、小学校の時に体で受けた教育を、今度は自分たちが実践する。「口でいってもわからぬ教師には、体でわからせるしかない」といって、教師を殴るのである。ところが、そのばあいには、学校も教委も途端に反暴力を叫びだす。暴力教師のばあいと違って、暴力を振るった生徒は、「悪いことは悪い」として、いとも簡単に処分されたり、警察につき出されたりする。さらに、「殴られる前に殴れ」ということで、教師の方からの先制攻撃を受ける生徒さえいるのである。こうなればもうなりふりかまわぬ大人同士の喧嘩と同じで、論理も道徳もおかまいなしになり、人権の意義など跡形もない。いくら理屈をいい、腕力を振るおうとも、生徒は未成年の被教育者であり、まだ法律的に一人前の社会的責任を問える段階には達していない。一方、教師は成人であり、法律的にも市民としての権利を持ち義務を負っており、その上、子どもを教育する免許状まで持ち、教師としての責任と義務を負っているのである。この教師と生徒との違いを考えたばあい、たとえ何れの暴力をも同等に扱ったとしても、指導者—被指導者という関係が忘れられている点で公正とはいえない。まして、教師の暴力は最大限に弁護しながら、生徒の暴力は徹底して糾弾するというのでは、二重の不公正ではないか。

体罰との非妥協的なたたかいを

民主教育に過保護や放任が禁物であり、優しさと同時に厳しさも必要であることはもちろんである。子どもは、成長中の世代として、適切な保護のもとに、愛情と厳しさを備えた合理的な教育、人権尊重に基づいた教育を平等に受ける権利を持っている。そして、そのばあいの厳しさは、あらゆる差別と闘い、人間の尊厳を打ち立てていく資質を形成するという基本目標に沿った合理的・人間的な厳しさであって、猛獣に芸を仕込むばあいの厳しさとは全く別である。そこには、体罰などの反人間的な方法が入りこむ余地はない。また、この厳しさは子どもに対して向けられるだけでなく、教師自身に対しても向けられなければならない。とくに、現在のような反動攻勢が強まっている中では、和気藹々のうちに民主教育が進められるといった情況は考えられない。この反動攻勢と闘い、また、進学競争とマスコミによって遅らされ、ねじ曲げられた世論と闘う厳しさが教師に要求されているのである。いくら文部省や教委が体罰を容認し、世論がそれを支持しようと、それには絶対妥協しないという厳しさが必要なのである。そして、「子どもを殴ってくれ」という父母の声は、「本物の教育をきっちりして欲しい」という要求の、粗野な、ねじ曲がった表現として受けとめ、その真意にそった教育実践によって、その父母の意見と世論を変えていかねばならない。公然と生徒を殴る勇気を、万一のばあい生徒に殴られてもよいという覚悟に、体罰を振るう熱意を、体罰と戦う情熱に転化し、この覚悟と情熱を、いわゆる校内暴力が発生する社会的・教育的原因との闘いのエネルギーとすることができよう。

日本のような体罰禁止の法律はなく、昔から「鞭を惜しめば子どもをダメにする」という諺を学校で実践してきたイギリスでも、体罰を学校から追放する動きが始まっている。そして、反体罰教員協会（ＳＴＯＰＰ）という教員団体が積極的な活動を行っているのである。いくら情勢が困難とはいえ、体罰の無条件禁止という法律が厳存し、宗教と結びついた子ども虐待の伝統はない日本で、学校から体罰を全面的に追放できないはずはない。

（一九八一年四月）

インタビュー　ドブロリューボフ翻訳三〇年

聞き手　田畑稔

田畑稔　一九六九年か七〇年頃だったと思いますが、先生の家にお邪魔したときに、先生は掘りごたつでドブロリューボフ（一八三六～一八六一）の翻訳をやってられまして、その翻訳の大学ノートを見せていただいたことがあります。昨年も『ドブロリューボフ著作選集』の第三巻（九四年六月、青山社）を出されたのですが、ここまで本格的にずっと訳をなさろうという気持ちになられたのはいつ頃ですか。

横田三郎　はじめは彼の教育論なんですが、三冊出しました（『革命的民主主義の教育』一九七〇年、『観念論と体罰への批判』一九七〇年、『反動教育思想批判』一九七二年、いずれも福村出版）。そのころは教育論だけを考えていたんだけれども、彼の著作集を読んでいると、すばらしい論文でまだ翻訳されていないものが一杯ある。私自身にとってだけでなく、これからの若い世代の思想形成にとってすごく大切な物なんです。ところが、ロシア文学やロシア思想を専門に研究している人々は結構多いけれども（北大のスラブ研究センターの『スラブ・東欧研究者名簿』（一九九四年）に登録されているだけでも、一一七七名いる）、ドブロリューボフの翻訳の計画はないという。それなら俺がというわけ。ただ、四〇歳になってからのロシア語の独学だから、ロシア文学を専門にやっている人とは比べものにならん。けれども、こつこつ読んでいると、ますます好きになり、もう惚れ込んでしまったというのが本当のところ。

それから、教育論を出した頃は良かった。別に頭を下げなくても、出版してくれて、印税もくれた。ところが八三年に『闇の王国のなかの一条の光』（にんげん社）を出すときはもう印税どころではなく、友人や知人に頼みまわって、にんげん社を見つけ、出版費用をこちらから出して、やっと本になった。現在はもっともっと状況が悪くなって、出版費用も大体三倍といったところ。それでも、図書館に置いておけば、たとえ何十年後であれ、若い人たちが読んでくれるかもしれない。なんとひどい翻訳だと思ってくれても結構。それを踏み台にしてもらったらいいんだから。

京大教育学の学生時代

田畑　先生が大学に入られた頃の教育学というのはどういう状況だったんでしょうか。戦後はプラグマティズムが流行しましたが、京大の場合、むしろカント主義ですか。

横田　私が入ったときの先生は、フッサールの現象学や二宮尊徳の研究をやってはった。しかし、そのころの学生でそういう勉強をしたものは、ほとんどいないね。戦後ちょうど私たちの時に、大学はがらっと変わったでしょ。アメリカ体制になって、アメリカの本もどんどん図書館に寄贈されてきて、私たちも読まされた。けど、教育学を含めて、哲学科全体の主流がドイツ観念論だったのが、そう簡単にアメリカのプラグマティズムに移行するわけじゃない。「純哲」や美学や倫理学の一般講義では、ほとんどドイツ観念論に終始していた。ただ私の先生は教育学ということもあって、戦後の日本教育の改革の動きと無関係でいることができなかったんでしょうな。デューイ（一八五九〜一九五二）の本なども読んでおられたようだ。学生たちは全く自由に、かってに好きなことをやっていましたよ。

そのころ、シベリアから帰ってきて大学院に入った鈴木祥蔵さん（後に関大教授）の下宿で、リャザノフ（一八七〇〜一九三八）版の『共産党宣言』の輪読会をやっていました。それで私はマルクス主義の洗礼を受けたんです。だから、これはわすれられない。一九四八年頃です。今ではほとんどみな転向しているけど、その頃は、皆、赤ないし桃色に染まって、マルクス云々と言わない奴は馬鹿だという感じやった。今とえらいちがいや。

田畑　左傾するまではどうだったんですか。たしか先生のお宅はお寺でしたね。

横田　いやいや、寺は私の妻の家で、僕のところはいわゆる小地主。そして思想的には完全に軍国少年ですよ。

田畑　そうすると、最初に入った思想がマルクス主義というわけですか。

横田　そうやなあ。戦後ね。それまではもう完全に軍国少年で、右翼も右翼ですよ。だから戦争が敗けて、良かったなんてことは全然思わなかったよ。大阪市大の学生の研究雑誌に「わが青春に悔あり」というて、正直に書いたけどね。

田畑　そこから教育の方に進むというのはなんか動機があったんですか。

横田　いや、よく聞かれるんやけど、別にあらへんのです。戦争中に私は広島の高等師範に入ったけど、当時だから結局四年制のうち二年足らずしか授業はなかった。あとは勤労動員で、農作業、土木作業に工場労働、そして最後は軍隊でしょ。だからまるで勉強はしていない。これではいかんと思っていた。教育に入ったのは高等師範におったのが頭にあったからでしょう。

田畑　そうですか。それでさっきのリャザノフ版を読まれたのは何年生ぐらいですか。

横田　二年生の時。私は日本訳だったけれど、英語版やフランス語版やドイツ語版をそれぞれ分担して、つきあわせて読んでいた。私は読むだけで精一杯だったけど、それを読んでいると、今までの考え方とまるきりちがうでしょ。へーっと思ってね。それからいろんな本を読んだけど、あれほど印象が強いのはないなあ。

　卒業論文はアメリカにおける教師の自由について書いたんです。当時はアメリカは最高に自由な国だと言われていたでしょう。しかしいろいろ調べると、アメリカの教師の実態は決して日本で考えられとるほど自由じゃないわけです。

田畑　その頃はまだソヴィエトというのはあまり意識してなかったですか。

横田　してなかったね。マルクス主義に基づいて建設されたといわれていたソ連よりも、まずマルクス主義そのものの勉強がさきだったからだろうな。鈴木さんも、抑留されていたこともあったのか、あまりソ連のことは話さなかったように思う。日本の共産党についても、当時はあまり関心はなかった。二年生か三年生のとき、中野重治氏が講演にやってきたんですよ。法経第一教室という一番おおきな教室だったが、私が行ったときには話はほとんどすんどった。しかし話が終わった直後、たしか一〇人ぐらいの学生が中野さんの前に出ていって、共産党への入党宣言をやった。「共産党に入ります」と。私はそのとき、ショックを受けたというより、異常やと思ったな。

　だからといって理論的な勉強をきちんとつづけていたわけじゃない。言い訳になるけど、当時はまだ食糧事情が非常に悪かった。空腹が日常的になっているさいに、じっくり勉強するというのはつらい。おまけに私は二回生のはじめから、定時制高校の正規の教師になっていた。新制の中学校と高等学校が発足したけれども、いまと違って極端な教員不足。教員免許をもっているものなら誰でも良いというので、頼まれたわけ。こうして昼は学生、夜は教師の二股をかけた。そのため時間は削られたけれど、教師の仕事は楽しいし、金の苦労はなくなるし、その上、市電の全線パスももらえた。当時は家庭教師などほとんどなく、貧乏な学生たちはアルバイトをさがすのに大変な苦労をしていた。それを思えば私などは非常にめぐまれていたんだなあ。

まあこんな状態で卒業はしたけれど、これからなにをすればいいのか決めていなかった。それでもうすこしここで本でも読もうと、大学院へ入った。定時制の教師は続けていたので、生活は安定していたし、大学院の入試などそのころはなかったから。そして一年が終わる頃、先生から「大阪商大が新制大学になるが、君行かんか」といわれて、「はい」とこたえたら、簡単に決まったね。

田畑　大学院一年で就職決まってしまったんですか。

横田　そう。旧制大学の教育学の専攻生は非常に少なかったし、どんどん新制大学ができてきたでしょ。

田畑　大学院の研究テーマは。

横田　いやあ、そんなものはまだなかった。ただ籍を置くだけ。当時の大学院なんてのんびりしたもんや。それに私は研究者になろうなどとは思っていなかった。子どもや青年が好きだから、教師が一番自分に向いていると考えただけ。

ソヴィエト教育学とドブロリューボフ

田畑　ソヴィエト教育学は市大へ行ってからですか。

横田　そう、もちろん。学生のときにはソヴィエト教育学なんて話は全然なかった。ソヴィエト教育学については、共産党の矢川徳光さん（故人）の影響を大いに受けた。彼の民族主義はぼろくそに批判したが、ソ連の教育学の紹介には大いに学んだ。

だけど私はソ連教育学をメインにして研究しようとは考えなかったな。季刊の『ソヴィエト教育科学』という雑誌（明治図書）が出ていたし、ザンコフ（一九〇一～）やカイーロフ（一八九三～）などの著書もたくさん翻訳されていたので、一種の流行になっていたが、私はむしろ戦後の日本教育の思想を批判的に研究することに重点を置いていた。ただ五〇年ころから翻訳紹介されていたマカレンコ（一八八八～一九三九）の集団主義には非常に注目した。これも一種の流行となって、いわゆる教育現場にも入っていたな。しかしそれらもせいぜい六〇年代まで。今では集団主義を言っているのは、部落解放教育だけ。それもきわめて小さな声になっている。それは、個人主義と自由主義が本流となっている現状では、当然だろうな。けれども私はこれからの日本の教育では、集団主義がどうしても必要であり、それこそが本当の人間らしい自由を保障し、個性を育成するものだと思っとる。個人主義や自由主義では自分たちの人権を守るための団結も統一もできない。団結や統一のための規律や統制は個人主義や自由主義が嫌っているものだから。

田畑　ソヴィエト教育学というのはいろんな要素から出てるんでしょうけど、先生の解釈では、ナロードニキとソヴィエト教育学とは、屈折もあるでしょうけど、相当連続しているというわけですか。

横田　うーん、あのね。連続面というたら、実際にどこまでやられてたかは別として、体罰の問題。これに無条件に反対というのは革命的民主主義からの伝統で、ソ連や他の社会主義国でも同様だった。日本ではこの体罰についてはまったくちゃらんぽらんで、無条件に反対というのは極めて極めてすくない。また言葉や本を中心にするのでなく、実地に学ぶというのも革命的民主主義者や一般にナロードニキの伝統がソ連の教育に受け継がれたものだ。

田畑　ちょっと話がそれてしまうかもしれないんですけど、そういうナロードニキや革命的民主主義派の伝統というものが、まあレーニン（一八七〇～一九二四）にはそういう部分が流れ込んでいるというのは間違いないことですが、いわゆるソヴィエト教育学というものの形成過程はどうなんでしょう。たとえば生物学でも哲学でも権力がらみになってきますね。今から振り返ってみてソヴィエト教育学というのもいろいろ経緯があったと思うんですけど、そのへんはどうなんでしょう。

横田　そのへんはあんまり意識して辿ったことはないんですよ。ただ、ウシンスキー（一八二四～一八七〇）やトルストイ（一八二八～一九一〇）なんかもソヴィエトの初等教育に国民教育という形で受け継がれているんじゃないかな。

　しかしいろんな教条主義や官僚主義が出てきたのは事実じゃないかな。マカレンコにしてもファッショ教育みたいにねじ曲げられてしもうたし、画一化されたのじゃないかと思っている。そうじゃなかったら今のようにはならんやろう。七〇年でこんなにガタガタになるというのは、今でも信じられん。

田畑　やはり人民主義というあたりが必ずしも活かされなかったという気持ちが先生のなかにあるんですか。

横田　そう。

ドブロリューボフが我々に訴えているもの

横田　それと同時に、日本の場合けじめがないと思う。なんとはなしに流行する、そしてなんとはなしに廃れる。服や髪型ならそれでいいんだが、思想はそういうもんではないでしょう。そういう反発が私にはあったなあ。大阪市大に勤めだしたはじめ頃だったなあ。岩波文庫の『オブローモフ主義とは何か』を読んで感激したのは。それから『打ちのめされた人々』や『闇の王国』といった、邦訳されたものを読んで、ますます魅せられていった。こうなるともう日本語になったものだけではとても満足できない。五六年に出た英訳の『哲学論文選集』でも飽き足りなくなり、ロシア語を勉強して、教育論文から翻訳を始めたわけです。そして、全く不十分だけれど、私自身の内面的な思想闘争の糧にしてきたんです。ドブロリューボフの手紙や日記を読むと、彼の公の思想闘争と私的な生活が矛盾していない。これはどうしても学ばなくてはならんと思っている。

田畑　ドブロリューボフ解釈をめぐる対立なんかはどうなんですか。それとも、そういう対立が起こるほど研究がなされてないんですか。

横田　彼の論文の翻訳だけで手一杯というのが私の現状で、そういう対立についてはほとんど知らない。ただ考えられるのは、彼の「現実的批評（レアーリナヤ・クリーチカ）」を純粋芸術の立場から功利主義だとして誹謗したり、彼の自由主義批判を行きすぎだと批判するものだ。それは彼の生存中にすでにあったけれども、今でもあるのではないだろうか。また、松田道雄さん（チェルヌイシェフスキー『哲学の人間学的原理』岩波文庫の訳者）なんかは彼をニヒリストといっているよ。

田畑　それはアナーキストという意味も含めてですか。

横田　そうなるだろうなあ。ドブロリューボフは自分が醜男だということを自覚しとって、あんまり女性にも縁がなかった。そこですべてを否定するようになったと。私は松田さんを非常に高く評価しているんだけど、これはちょっとひどいと思ったね。しかしそういうのをみんなは読んでいるわけでしょ。

田畑　先ほどおっしゃった功利主義というのは、エルヴェシウス（一七一五〜七一）とかですと環境イコール教育と置き換えますね。オーエン（一七七一〜一八五八）なんかでも功利主義と教育論が実践的にも結びついていきますよね。それが社会主義に結びついていく。そういう系譜で見ようということになるんですか。

横田　少し違うな。彼を功利主義と誹謗するのは、芸術のための芸術を信奉している連中です。それと教育論で言えば、彼はエルヴェシウスのように環境がすべてだと考えていなくて、先天的な素質も考えているわけ。しかし、環境と教育が決定的だ、すべてではないが決定的だと言うんです。その点ではディドロー（一七一三〜八四）と同じですな。ソ連の場合、ドブロリューボフの全集や著作集がたくさん出ていたのは、文学批評、あるいは一般的な社会批評の伝統として、そうとう尊ばれてきたということじゃないかな。

田畑　ロシアでは今ナロードニキの再評価が知識人のなかにずいぶんあるんだということを耳にはさんだんですけど、先生の今度の選集第三巻の訳者のあとがきで、「私はマルクス主義の小さな旗を掲げ続けるんだ」ということ、それと、現代の若者に、今は届かないにしても、志を残しておくという、大変思いの入った文章を書いてられたのが非常に印象的でしたね。ロシアと日本と事情は違いますけど、向こうの現状を見たら多少思いがこもってくるんじゃないかなと思うんですが、そのあたりはどうでしょう。

横田　ソ連体制が崩壊してからのロシアは大変でしょう。世界的なピアニストがバーでアルバイトしなければ生活できないという状況をテレビで見ましたよ。日本ではそんなことはないでしょう。例えば私自身、もう定年退職して働いていないけれど、最低限の生活はできます。だから少しは世の中の役に立つことをせねばとおもっとるんです。しかしいわゆる社会的な活動は、もう年寄りの出る幕じゃない。若い人たちのじゃまになるだけ。ところがドブロリューボフの翻訳・出版という仕事なら、誰の邪魔にもならないし、今でなくても、将来かならず役に立つときがくると確信しています。

田畑　残念ながらナロードニキ主義には今の若い学者はあんまり関心が向けられていないみたいですね。

横田　戦後の日本のマルクス主義哲学は、人間とは類的存在であるとか、社会的諸関係のアンサンブルだとか、から出発していたでしょ。しかしそれが例えばエルヴェシウスやフォイエルバッハ（一八〇四〜七二）の人間理解とどうつながっており、どうちがっているのかを、十分検討せずにいた。ソ連の崩壊どころか、すでに六〇年代の終わりには、マルクス主義の流行が済んでしまっただけでなく、その力も弱くなってしまった。その原因の一つは案外こんなところにあるんじゃないだろうか。ソ連でもチェルヌィシェフスキーやドブロリューボフの人間理解をアントロポロギーのそれだと言っていた。それは階級的な視点が弱いという意味でだけれども、しかし、マルクス主義の階級論（特にレーニンの）から見てそうなのであって、フォイエルバッハなどとくらべれば、はるかに現実的なものだった。例えばドブロリューボフは、人間を働いている人間と、寄食している人間に分け、寄食している人間を本当の人間とはみなしていなかった。

それからドブロリューボフは非合理主義に対して徹底的に闘っているんだけれど、その背景には自分の中での熾烈な反宗教闘争、無神論闘争があったんだな。司祭の家庭の長男として生まれ、敬けんなキリスト教徒だった彼が、無神論者に、唯物論者に変わっていくのは、並大抵のことじゃなかった。そのことが彼の手紙や日記に示されている。そういう内面的な思想闘争が日本の場合きわめて少ないでしょう。

田畑　若い人に向けてドブロリューボフ論を書いてみられてはどうですか。我々としても、難解なものばかり書いてては運動として持続できないということもありますしね。

横田　私は今の若い人たちが駄目だとはぜんぜん思っていないんですよ。ただ今の人は政治的な基礎知識や関心がほとんどないからね。いわゆるノンポリ。だから私は学生諸君に短篇小説を読ませた。それは読めるんですよ。

それと、彼らは非常に功利主義的に見えるんだけれども、ボランティア活動なんてのは結構関心があるんですよ。身障者とか刑余者に対して、ずっとクラブつくってボランティア活動やってる。あほなこと言うとるような子がそこでは真剣にやっとるんですよ。これは捨てたもんじゃない。

たしかに今状況は非常に悪いけれども、彼らのためになることを残しておけば、取り上げられるときがまた来るんじゃないかな。それが望みやなあ。

（一九九四年一一月）

〈緊急提言〉田舎からの手紙
——年寄りから若者へ

年寄りが若い者に不満を抱くというのは多かれ少なかれどこでも、いつでも見られることであり、何も不思議ではない。それは世代の思想の違いはもちろん、年寄りにはもう曾ての力がないという自覚をも伴っている。この場合の力は単に肉体的なものだけではない、思想そのものも若い者に対する影響力を失い、従って、自ら深く考える張り合いすら失っているのである。けれども、この不満もまだ無関心ではない。無関心はもう完全な断絶であり、年寄りは年寄り、若い者は若い者、どうせ意思は通じないのだから、各々その道を歩め、ということである。最後はそうなるとしても、今のところまだ決して無関心にはなれないからこそ、不満が生じる。だから、この不満は若い者に対する年寄りからの最後のメッセージとも言えよう。暫く耳をかして頂きたい。

実を言えば、私の今の心境は、若い人々に対するよりも、同じ老人に対する不満の方が遥かに強い。同世代の多くの者があの戦争で天皇の軍隊にほうり込まれ、侵略戦争に駆り出されて他民族を殺し、奪い、焼き、己も殺され、家を焼かれ、夫を奪われた。幸いにも我々は生き残った。だから、戦後我々は二度と再びあの悲劇を繰り返さないと心に決めた。そして、暫くの間はそれらしい言動も不徹底ながらやっていた。一部の者はマルクス主義に近づき、その衣をかぶったりもした。だが、七十年を過ぎるころから、その言説は怪しくなり、八十年、九十年となり、社会主義体制の崩壊に直面すると、その多くはいつの間にか要領よく自由主義に転向し、一部の者は、自分が戦後何か悪いことをしてきたかのように自己批判さえ始めた。そして、まだ闘う力は残っていながら自ら闘うことを止めてしまったのである。しかし、老人に対して不満を述べても、愚痴を言っても、殆ど非生産的であり、無駄であろう。彼らは、私もその中に入るが、もう過去に属しており、力が残っているといっても、大きなものではないし、それに他人の言い分を聞く柔軟性は殆ど失っているからである。これに比べ若い人たちには思想の面でも行動の面でも大きい可能性がある。彼らはこれからの社会を担うのであり、たとえ今は民主的な思想や政治に無関心であっても、真に人間らしい心情を市場原理の泥沼の中で失わない限り、新しい民主的な社会を築く現実的な力を秘めている。このことに私は望みをかけているのである。

さて、この便りを書く直接の動機に「日の丸」と「君が代」の法案が国会を通過して、公布・施行されたことに関わる。しかし、国会での敗北それ自体は、腹立たしいことではあるが、現状ではどうすることもできない。この敗北から将来の勝利への展望が殆ど見えないことにいらだちを覚えるのである。敗北はしたが、直ちに我々の子や孫たちが天皇の軍隊に取られ、朝鮮や韓国、中国やロシアに侵略するというわけではなかろう。しかし、決してぐずぐずしてはおられない。だから、この現状を我々に有利に転換する闘いを、いかに困難であろうとも直ちに展開しなくてはならない。今はまだ少数ではあるが、真摯な闘いを進めている若者たちがいる。そして、その若者たちにこそ私は期待するのである。

ところで、現在なぜこのような情けない現状が広がっているのか。その理由は簡単ではないが、何といっても共産党の責任が大きい。そこで、この度はそこに限定して考え、そこから現状打開の鍵を探ろう。

1　共産党の裏切りとその教訓

今度の法案提出の直接のきっかけを与えたのは共産党だと言われている。共産党が国旗と国歌を法律で決めるのに反対していないということを知った自民党はこのチャンスを逃さなかった。広く国民の中に論議を巻き起こすとか、時間をかけてじっくり世論の動向を見極めるとか、といった条件をつけてはいたが、共産党がなぜこの時期に公然とこのような裏切り行為にでたのか。

まず第一にその根深い議会主義であり、そして、それと結びついたセクト主義である。最近の各段階での選挙で票を伸ばした共産党は、曾ての「七十年代の遅くない時期に民主連合政府をつくる」という夢をもう一度見始めた。だが、社民党、新社会党などとの真剣な協力はまるで視野には入っていない（もし協力していれば、地方選挙で民主勢力を増やせた事例が幾つもある。社民党や新社会党にも責任があることは否定しないが、曾て革命を口にした歴史的事情はもちろん、党員数だけから言っても主たる責任は共産党にある）。真剣に視野に入れているのは、「日の丸」や「君が代」に賛成している遅れた層である。この層に媚を売り、その票を頂くためには、すぐ横にいて、闘っている民主勢力との面倒な協力など、眼中にないのである。そして、質より量ということが議会主義の大きな罠であることなど思いもしないのが今の共産党である（量が質に転換するという弁証法よりも、マイナスは幾ら集めてもプラスにはならないという簡単な数学のほうがこの場合には当てはまるように思われる)。もちろん、議会主義を批判するからといって、私は議会を無視したり、軽視するのではない。困難な思想闘争を辛抱強く日常的に行いながら、具体的な闘争に際しては、思想を越えて、中心的な目標を同じくする層との統一行動で闘い、選挙の時にも思想の原則はきっちり保持しながら、最大限の行動の統一によって議会での民主勢力を増加させることが大切であろう。ところが、共産党はこの逆を行っているのである。思想の面では最大限の譲歩と妥協を繰り返しながら、行動の面では恐ろしくセクト的である。我々はこのことを反面教師としなければならない。

2 反動的な民族主義に根ざした国家主義

戦後一時期、日教組は「国家の教育」に対して「国民の教育」を対置していた。そして、その「国民の教育」は「民族的・民主的教育」でなくてはならない、というのが当時日教組の主流をなしていた共産党の主張であった。そして、その内容は反米・反ソの民族主義的な、しかも、偏向教育(解放教育はその一つとされた)に反対して教育の中立性を守る基礎学力の教育であった。それは彼らがよく言っていた「アメリカの言いなりにならない、民族の利益のための教育」である。これは本質において現在でも変わっていない。民族の利益を超階級的に唱えることから、この利益に反する敵は国外にいる、すなわち、アメリカやソ連が敵ということになる。また、民族の利益という点から超党派的な教育の中立性をも承認せざるをえない(曾ては、教育の階級性を宣伝していた)。しかし、これはいち早く「教育の中立性」の名のもとに先進的な民主主義教育を弾圧し、また既に占領下に(五十年）「日の丸」掲揚、「君が代」斉唱を通達した文部省の「国家の教育」と同じではないか。違いは、国の場合は上から押しつけ、共産党の場合は下から支えているという点である。一般的に言って、国内に厳しい民族的対立がなく、高度に発達した資本主義国家の場合、民族主義は常に反動的であり、しかも、その民族主義は国民の間の民族的実感によって排他的な国家主義を下から支えるのである。戦後一貫して殆ど不問にされてき、そして、それ故、国民の間に強く根を張っている民族的偏見を日常的に根気強く打ち砕く努力と階級的視点を労働者の間に確立する闘いこそ、民族主義を克服する方途である。これが前衛と言われていた共産党の任務ではなかったのか。この任務が放棄されてから既に久しい。従って、いかに我々の現在の力が貧弱であろうとも、この投げ捨てられた任務を我々が引き受ける以外に道はないであろう。

3　天皇制批判を避けては今後の反動化は防げない

「君が代」には反対だが、「日の丸」には賛成だ、という意見がよく聞かれる。けれども、この二つはセットになって出されたのである。現在の天皇制の日本の問題として出されたのを忘れるわけにはいかない。天皇制の続く限り、「日の丸」と「君が代」は一体のものとして、セットとして扱われる。個人の好みや心情としては片方を好み、片方を嫌うということは無理もない。しかし、今回は個人の好みや心情が問われたのではない。国として、法律として決めようとしていたのだから、個人の好き嫌いによって判断する訳にはいかない。現に保守党の議員で、「君が代」はどうも好きになれないと言っていた者が賛成しているし、逆に反対した野党の議員の全てが「日の丸」を心から嫌っている訳でもない。それは当然である。国会で法律案として審議し決定しようとしていたのであって、どこかのクラブでお好み調査をやっていたのではない。さらに、共産党が法案提出のきっかけを与えたのも、上に述べたように「日の丸」「君が代」に賛成する保守的な層ににじり寄っただけではない。むしろ、もっと本質的なことは党自体が天皇制を容認している点である。彼らの「民主連合政府」が出来れば、天皇制があっても別に邪魔にはならないと考えているのかもしれない。しかし、その場合の「民主連合政府」とはいかなるものか。天皇制と原則的に矛盾しない民主政府など考えられるのか。戦前の天皇制はもとより、象徴天皇制にしても、そんなものがなくては日本の国は成り立たないのか。そんなことは決してない。王政を廃絶したドイツやフランスが十分民主的でないとはいえ、国家として日本より決して劣っているわけではない。しかも、日本とは比べものにならないほど複雑な人種・言語・宗教構造を持っているアメリカは初めから王や天皇とは無関係である。従って、まず天皇制は日本にとって不必要である。しかし、それ以上に天皇制は人権の平等と全く矛盾するものである。今の天皇は直接血にまみれてはいない。しかし、大元帥として日本軍の総指揮をとり、アジアの諸国を侵略し、幾百万の人々を殺戮した昭和天皇の長男として天皇を相続したのであり、何一つ決着もつけられなかった昭和天皇の戦争責任も当然相続しているのである。これは象徴ということで誤魔化す訳にはいかない。こういったことをいい加減にし、国民に問答無用の崇拝を押しつけるのがまさに天皇制である。現に国内に実在するあらゆる矛盾や対立を越えて国民全体を支配層の利益に奉仕させるためにはこの天皇制を維持することが最も有効である。また、彼らが天皇を元首にしようとさえしているのはこの便利な道具をなお一層有効に利用しようとしているのである。もしこういった動きを阻止できなければ、人権など塵芥同様にされるであろう。従って、どれほど困難であろうと、天皇制批判を労働者や若者たちの間に辛抱強く展開していくことが絶対に必要であろう。反動化が進んでいる現在でも天皇制批判はまだ自由である。言論の自由はそれを実際に行使しなければ、やがて無に帰してしまう。曾て与党出身の長崎市長でさえ昭和天皇の戦争責任をはっきり指摘したことを改めて我々は学ぶべきではなかろうか。

4　国家体制の反動化が進めばプライバシイの保護は実質的に不可能となる

今度の国会審議で奇妙なことの一つは、ガイドライン関連の法律や「君が代」「日の丸」法、憲法調査会設置法などこれまでの国の方針を基本的に改悪する法律には、形だけの抵抗を示しながら、共産党は通信傍受法（盗聴法）の問題には、他の野党と競い合って反対に力を入れていた点である。これは国家的な体制の反動化よりも個々人（或いは党）の私的な自由の侵害に大きな脅威を感じていたということである。これは本末転倒ではないのか。国家的な体制は大きな力であり、個々人の自由は、行動はもちろん、思想であれ、良心や信条であれ、言論であれ、全てその体制の範囲内での自由である。この体制の反動化が法律的に確定してから幾ら自由を唱えてみても、この体制をはみ出すものは容赦なく取り締まられるのはこれまでの苦い歴史的経験によって十分分かっているではないか。現に「君が代」「日の丸」法が施行されてから、その法には尊重義務規定がないにもかかわらず、各都道府県や政令指定都市の教育長は学校での「君が代」斉唱、「日の丸」掲揚をこれまで以上に教師に強制しようとしている（『毎日新聞』九九年八月二一日によれば、「教師が指導することは『思想・信条にかかわらず当然の義務』という意見が大勢を占めた。また『法制化によって指導根拠ができた』と歓迎する声も多かった」とされている)。つまり、「あなたがどんな思想、信条を抱いておろうと、それは自由です。プライバシイは尊重しましょう。しかし、これこれの法律に違反すれば、断固として取り締まることをお忘れなく」というわけである。どんなに楽天的に考えても、学校での良心的・民主的な指導がこれまでよりもずっと困難になることは間違いないであろう。しかも、現在のまことにだらしない野党(もちろん共産党も含めて)の力を見越したように、教育基本法をも改悪しようとする動きが既に与党の中に出ていると言われている。このままでいけば、徴兵によって若者を根こそぎ動員する動きが出ない保証すらない。

5 集団主義の思想の確立と政治不信の克服の必要

さて、我々が共産党を批判したからといって、彼らが曾て口先だけでも唱えていた積極的・民主主義的な思想まで否定するわけではない。逆にそれを今こそはっきりと真剣に取り上げ、弱体化してしまった我々の体勢を改めて整えなくてはならない。独占禁止法など無いに等しい大企業の合同・合併、リストラ、金融ビッグバン、そして公的資金が兆単位で金融企業に投入される一方、曾て大きく取り上げられていた単身赴任などはまだ良いほうで、今では労働者の過労死、自殺、馘首(かくしゅ)がますます増大している。しかも、労働組合の力は、その組織率から言っても、闘いの方法とその成果から言っても、曾てないほど弱体化してしまった。教職員組合もその例外ではない。しかも、六十年代以後の経済の高度成長の結果、国民一般の生活要求は非常に高くなっている。曾て国民総「中流化」と言われていたのは、実質的な生活の中流化ではなく、生活要求・願望の中流化であったし、実態を伴わない意識としての中流化であった。だが、現在では要求と現実の生活の隔離がますます大きくなっている結果、もはや中流意識もぐっと低下している。すなわち、将来の生活に対する民衆の間の不安と不満が大きくなっているのである。しかし、その不安と不満を協同の力で解消しようとする動きはまだ極めて弱い。それは主として個々人の努力と心がけに委ねられていて、個人主義と自由主義によって各個人が解決しようとしているのである。これでは巨大な国家とこれまた巨大な資本の力に対抗することができないのは言うまでもない。むしろ、我々が相互に生き残りを賭けた厳しい競争をさせられるのが落ちであろう。現に厳しい馘首（かくしゅ）攻撃のもとでお互いの足を引っ張りあっているサラリーマンの悲劇があちこちから伝えられている。こんな情けない現状は一日も早く打ち破られなくてはならない。そのためには是が非でも集団主義の思想を改めて我々の間に打ち立てる努力が必要であろう。すなわち、我々が個人主義と自由主義を克服して、個々人の小さな利害や都合を一時犠牲にしても共通の基本的利害（労働者が満足して労働し、現在の文化水準に見合った生活をするための基本的条件を確保すること）のために意思と行動を統一することである。これが国家的な規模、国際的な広がりにまで達すると、それは階級意識となり、国際連帯の行動になる。今は極めて弱くなってはいるが、この集団主義は決して無くなってはいない。現在のあらゆる民主的な運動を支えているのは他ならぬこの集団主義である。労働組合はもちろん、民主的な諸団体の組織と運動をなんとか維持してきたのは皆良心的な人々の集団主義の精神であり、活動である。これを意識的に強化していく努力が不可欠であろう。そして、このような努力によって初めて明るい展望が開けるであろう。

さらに、今後ますます強化されようとしている反動化に立ち向かっていくためにどうしても克服しなくてはならないのは、政治不信と言われる政治への無関心である。いくら平和を願おうとも、戦争に反対だと思っていても、戦争へと向かう政治に対して実際に反撃しなくては、そんな願いや思いは簡単に押し潰される。そして、そのためには現在の政治の動向を厳しく監視し、反戦・平和のための政治の力を増大させなくてはならない。いわゆる政治主義批判が現実には政治への無関心を助長してきたことを今こそ反省し、政治を保守・反動層の思いのままにさせている現状を早急に変革しなければならない。積極的に政治に関心を持ち、集団的に政治行動に参加せずには絶対に平和は護れないからである。

（一九九九年十二月）

第一章　戦後の文部教育行政と解放教育

ヴォルガの舟曳
舟が上流に向かって進む場合、その航行は最下層の人たちが両岸から綱で引いた。レーピン（1844~1930）作。

戦後七〇年間の日本の歴史とその中での同和教育の展開を述べる。日本の戦後は一九四五年八月のポツダム宣言の受諾に始まり、その後、日本国憲法の制定（一九四六年十一月三日公布、半年間の周知期間の後、四七年五月三日施行）をはじめ、さまざまな面で日本軍国主義の解体・民主化がすすんだが、国民生活の改善は後まわしにされていたため、労働運動も激しく展開された。四七年二月一日を期して賃上げを求める全国・全産業のゼネラルストライキ（二・一ゼネスト）が準備されたが、アメリカ占領軍はこれに中止命令を下した。これがアメリカによって日本に持ち込まれた民主主義の最初の裏切りであり、本質でもあった。

このあと日本の教育は競争と選択の自由をかかげ、よく勉強する子には高度な知識や技術を次々教え、勉強しない子には教える方も学ぶ方もあまり無理をせず進級させ卒業させるというやり方で高度成長の道を突き進んだ。そのひずみが「落ちこぼれ」であり「校内暴力、登校拒否、いじめ」であり、さらに子どもの自殺という最も悲しむべき事態もあいついだ。

著者はこの間の支配者階級の教育行政施策の本質について考えるように求めている。

戦後文部行政と解放教育

1　戦後初期の民主教育と同和教育

敗戦後、占領軍の管理のもとで、日本の教育はそれまでの「皇国民の練成」から一転して、民主教育ブームを迎えた。占領軍総司令部（ＧＨＱ）は軍国主義と超国家主義の教育を禁止し、敗戦の年の一二月末には修身、日本史、地理の授業停止を指令した。翌年の第一次米国教育使節団の報告に沿って、六・三制学校体系が発足し、公選制の教育委員会による教育の地方自治制度も初めて現れた。新しい憲法と教育基本法が制定され、教育勅語は国会で失効を確認された。教育方法も、軍国主義的な鍛練主義から子どもの興味と自発性の尊重へと切り替えられ、教育内容も子どもの生活・経験を中心とするものへと転換した。

こうして、それまで天皇のために死ぬことを教えられてきた日本の子どもたちは、自らの幸福を求めて生きる権利を認められることになった。教師たちも、それまでの軍国主義の説教師から一変して、文化国家・平和国家の宣伝者へと衣替えをし、日本教職員組合（日教組）も誕生した（一九四七年六月）。

しかし、この民主的改革と民主教育ブームの中で、戦前同様、相も変わらず顧みられなかったのは部落の子どもたちであった。差別と貧困に苦しむ親の生活を支えるために、この子たちは早くから働かなければならなかった。当然、長欠や不就学が続出する。学校も教委もそれに対して対策らしい対策は殆んどとらない。しかも、学校の中では差別事件が頻発する。その上、教師も部落をもつ学校へは赴任するのを敬遠する傾向があり、教委も部落をもつ学校を教員左遷の場所と考える例すらあった。こういった、およそ民主教育とは義理にも言えないような事態が克服に向かうのは、やっと戦後一〇年を経た頃からである。

戦後の同和教育が復活・再開されるのは、敗戦の翌年頃から京都・和歌山・奈良・兵庫・岡山などの府県を中心としてである。しかし、それは一部の献身的な教師によるささやかなものであり、当時は、同和教育に対する教師の関心はまだ一般に極めて低かった。全国同和教育研究協議会（全同教）が発足するのは、やっと一九五三年になってであり、それも僅かに九府県と二つの市のみの加盟であった。また、大阪教職員組合の教育研究集会では、熱心な教師の要請に応じて、五六年に同和教育の分科会が設けられたが、出席者があまりにも少なかったため、その分科会は流会したのである。

当時は、文部省も教委も日教組も、一致して、国を挙げて民主教育を唱えていたのに、なぜこのような事態が生じていたのか。文部省や教委の怠慢があったことはもちろんである。部落問題に対する国民の関心と理解が低かったのも事実である。部落解放運動の側の力量の問題もあった。けれども、民主教育の担い手であり、実践者である教師とその組織にも大きな責任があった。右に挙げた大教組の例は決して例外ではなかったのである。

平和と民主主義を護る教育をスローガンにして、日教組は一九五一年秋から全国教育研究集会（教研集会）を発足させて今日に及んでいる。しかし、同和教育を含む分科会が独立したのは、やっと五七年の第六次教研集会からであり、それも、奈良・京都・大阪などの先進的な教師たちの執拗な要請の結果であった。民主教育ブームの中で、教育の機会均等が唱えられながら、長欠・不就学が絶えない部落の子どもたちの就学の機会には考えが及ばなかったのである。子どもを主体にし、子どもの自主性を尊重せよと言われていた。しかし、部落の子どもには、学校に行かない（行けない）「自主性」が尊重された。学校に行っても、成績が低く、行儀が悪ければ、それは子どもの生れながらの素質と性格的な欠陥だとされ、また、親の無関心・無理解のせいだとされた。子どもの生活や経験を中心に据えるコア・カリキュラムなるものが流行した。しかし、部落の子どもたちの悲惨な生活や厳しい被差別の経験は教師の視野には入らなかった。また、学級会や児童会、生徒会では盛んに話し合いが行われた。けれども、そこでは常に多数の意見が尊重され、少数意見や上手に発言できない子どもの願いは置き去りにされた。

このように、民主教育といっても、ブームというのに相応しく、現実を無視した、浮ついたものであった。そして、軍国主義教師が一夜にして民主教師に衣替えするという変り身の速さは、内面の思想変革を経ていないため、情勢の変化によってたちまち本音が暴露される。民主教育ブームの陰で部落の子どもたちが放っておかれただけではない。子どもの人間としての尊厳を無視する体罰が、占領軍の監視によって戦後姿を消したかに見えた。だが、占領期の末期、五〇年一〇月に文部省が「日の丸」「君が代」の復活を通達する前後から体罰も復活し、学校教育法第一一条の禁止条項など全く空文化して今日に到っている。

ここで、敗戦以来今日まで公然と掲げられてきた民主主義の思想について、戦後初期の三つの重要な事項を忘れるわけにはいかない。それらは、その後の日本の民主主義の発展に大きな枠をはめ、歪めていく重要な契機となったからである。

その一つは、天皇の戦争責任解除と「象徴」天皇制である。それは戦争直後の日本の支配層とアメリカ帝国主義の妥協の産物であるが、人民の側から言えば、米軍の占領下という特殊な事情があったとはいえ、天皇裕仁の戦争と差別と抑圧の最高責任が追及できなかった結果である。そのため、新しい憲法の第一章に「象徴」天皇制が割り込んでしまった。この「象徴」天皇制は、一方で人権の平等を唱えながら、他方で、それと矛盾する不当な「貴」を許したのである。したがって、それは当然「賤」をも不当に残すこととなり、人権の平等は大きく崩れるのである。このように、「象徴」天皇制は「日の丸」「君が代」と三位一体となって民衆の人権を制限し、抑圧し、反ソ反共の愛国心へと「国民を統合」する。

次は、一九四六年三月の第一次米国教育使節団の報告書と四六年五月〜四七年二月の文部省著作『新教育指針』である。後者については後で触れるが、これらは共に戦後の日本の教育改革のバイブルとなった。そして、戦前・戦時中の超国家主義的・軍国主義的教育制度は大きく転換して民主的な教育制度となった。けれども、この二つの著作の中で展開されていた民主主義の思想は、当初からはっきり反共民主主義というブルジョア的制約を持っていたのである（使節団報告書については拙著『教育反動との闘いと解放教育』明治図書、一二五―一二六ページ参照）。

三つめは、一九四七年の二・一ゼネスト禁止である。敗戦の飢餓と混乱の中から労働者が自らの生活防衛と人権の確立のために一斉に立ち上がり、二月一日を期してゼネストを決行するまでに盛り上がっていた。これは、敗戦によって上から与えられた民主主義の枠を自らの力によって打ち破り、人民の民主主義を打ち樹てようとした画期的な闘いであった。しかし、それは米占領軍によって強権的に禁止された。それ以後、日本の民主主義は米占領軍と日本政府によって、資本の不可侵を中核とするブルジョア的な枠が強引にはめられていくのである。

2　戦後文教行政反動化の源泉

一九五〇年六月の朝鮮戦争勃発以前に、教員のレッドパージが始まっており、この年の九月には有名な「反共」の文言を織り込んだ第二次米国教育使節団の報告書が出され、一〇月には文部省が「日の丸」「君が代」の復活を通達する。こうして、戦後教育の反動化は公然と進められる。けれども、すでに見たように、その源泉は敗戦直後に溯る。それを、右に挙げた『新教育指針』の中で簡単に見ておこう（詳しくは、横田「官制『民主』教育のイデオロギー」『現代教育科学』二九五号、一九八一年六月号参照）。それは『指針』の第一部前篇に明瞭に現れているが、そこには、全ての特権を排して、人権の自由と平等を徹底していくという民主主義の基本原則の代りに、資本の特権を擁護し、人民の権力を防止するブルジョア民主主義の思想が展開されている。そして、それは次の五点の特色をもつ。

①　個人主義と自由主義に基づく民主主義。そこには、「人格の平等性」「人間としての平等の権利」が言われながら、それこそが民主主義の根幹だという説明はない。そして、個性の完成、個人主義が最高のものとされ、合法主義と多数決による「おだやかな方法」が求められる。労働運動においては、「勤労者が単に自己の利害だけを考えて事業主や第三者の利害を全くかえりみないということがあってはなら」ず、「進んで働くという精神をよび起して生産能率をあげ、かつ教養に力をそそい

で人格的向上をはか」れと説教する。

②　天皇制民主主義。日本の過去の過ちを全て封建遺制に帰し、しかも、その最高の抑圧体制としての天皇制と最大の被差別層としての部落には一言も触れない。寧ろ逆に、天皇の戦争責任を全く免除している。「上に英明仁慈の天皇をいただきながら、中間にあって政治をひとりじめにしていた軍閥が、いかに人民の不幸になる政治を行ったかは、われわれの身にしみて感じたところである」と。そして、悪名高い「国体明徴」運動すら、「日本国民がいつまでも西洋のまねをすることをやめ、自主的態度をもって、国体を自覚し、国史を尊重し、国民性の長所を生かして、特色ある文化を発表……させようとするものである限り、正しい運動であった」と弁護する。その上で、イギリスの「君主制民主主義」を称賛し、「日本においても、国の事情にもっとも抱合した民主政治を発展させ」よというのである。

③　戦争責任の転嫁と道徳主義的平和論。右に見たように、天皇の戦争責任は先ず軍閥に転嫁されるが、さらに最終的には国民全体に責任を押しつける。「しかし、これらの人々（軍閥と財閥）があやまちをおかしたのは、日本国民全体にこのような弱点があるからである」と。この一億総懺悔の後に、軍国主義の除去を唱えるが、軍国主義と資本との不可分の関係には、もちろん固く口を閉ざす。そして、「子どもたちから戦争を好む心とか、軍人に対するあこがれ」「かたきうち」の考え、「すぐ手を出してなぐる」習慣を除いて、「個性を完成」するのが肝要だという。こうした心構えと「国際親善」を説く一方で、階級闘争に反対する。すなわち、「国民おたがいの反目」をやめて、「何よりも先ず国内の平和につとめ」よと。

④　免罪された民族主義。戦後の革新陣営の思想闘争で最も弱い点の一つは民族主義批判である。

むしろ、今日までそれはないに等しい。しかし、発達した資本主義国においては、階級を超えて民族を至上・最高のものとするこの民族主義は労働者階級を麻痺させ、階級闘争の最も有効な防波堤となっているのである。にもかかわらず、個人主義と自由主義の立場から国家主義のみを批判し、民族主義は許容しているのである。しかし、これはすでに『指針』に端緒的に現れていた。そこでは、「日本の国民も神が生んだものであり、日本の軍隊は『神兵』であって、他の国民を導いたり救ったりする」という神がかり的な民族主義だけが批判され、国家主義も極端（ウルトラ）なものに批判は限定されている。

⑤　宗教による科学思想の曖昧化。本来、人民の民主主義は常に科学と相補関係にあり、ほんのわずかでも科学を軽視すれば、民主主義も歪められる。『指針』では、「真実を愛する心」「科学的精神」が説かれていながら、それが宗教によって曖昧にされ、全く不徹底なものになっている。すなわち、科学や哲学を理知によるものとした上で、「宗教は……理知以上のものであり、理知だけでは達し得ぬところに進んでゆくはたらきである」と。こうして、科学は宗教の従僕とされる。「宗教的深さ」や「信心深くつつましやかな生活を送りたいと願う」人間性等々が説かれることによって、せっかくの「科学的精神」も台なしにされ、民主主義の支柱は根底からゆさぶられる。

3　経済審議会の答申と『期待される人間像』の思想

朝鮮戦争のいわゆる特需景気によって、日本の独占資本は復活し、六〇年代には高度成長期に入る。けれども、資本にとっては新しい問題に直面する。すなわち、戦後の出生率の低下や進学率の上昇などにより、戦前のように「豊富な、しかも安価な労働力」は得られなくなり、その上、就業構造の近代化や技術革新が急激に進んでおり、国際競争も次第に激しくなってきたのである。資本にとってのこの新しい問題に対処するため、首相の諮問機関・経済審議会の人的能力部会は六三年、『経済発展における人的能力開発の課題と対策』という答申を出した。そして、これが、その前年に文部省が発表した教育投資論（教育白書『日本の成長と教育』）と共に、今日の能力主義的差別教育の原典となった。

この答申は、戦後の教育改革の「画一化」を批判し、資本の要求するそれぞれの能力に従った多様な差別と選別を効率的に学校の中に持ち込もうとするのである。すなわち、「戦後の教育改革は……反面において画一化のきらいがあり、多様な人間の能力や適性を観察、発見し、これを系統的効率的に伸長するという面において問題が少なくない」とし、「機会均等原則は、同じ能力のある者の教育機会が平等であるということである。こういう意味で、能力主義を徹底する必要がある。能力による区別は差別ではない」と断定する。

答申はまた、労働者の階級的な連帯とか、平和と人権擁護のための団結という集団主義に対抗するために、新しい個人主義を説く。「もっとも基本的なことは、個人の尊厳や他人愛を基調とするいわば正しい意味での個人主義に裏打ちされた生活意識を確立すること」だと。臨教審でも言われているこの「正しい意味での個人主義」は、エゴ丸出しの露骨な利己主義ではない。それは洗練された利己主義であり、「お互いがお互いをそっとしておく」上品なエゴイズムに外ならない。

この答申の三年後に出された中教審（中央教育審議会）の『期待される人間像』は、独占資本が今後直面する国内的・国際的危機を予感してか、そこで説かれる民主主義もいっそう非合理主義的となり、「象徴」天皇に依拠した反共愛国心と抱き合わせになる。『人間像』はまず、資本と政府の反動的、反人間的な政策自体が生み出した道徳的頽廃と人類的理想の喪失を、自然科学や技術の「異常な発達」と自然科学的思考のせいにする。こうして、己自身を免罪した上で、「勤労と節約」「感謝と畏敬の念」「不撓（ふとう）不屈の意志」「自主独立の気魄（きはく）」等々といった道徳主義的、非合理主義的精神を説く。そして、ここでも「自主性」「個人の尊厳」を唱えるが、それが人民の民主主義と敵対するものであることをもはや隠してはいない。すなわち、「民主主義を考えるにあたって、自主的な個人の尊厳から出発して民主主義を考えようとするものと階級闘争的な立場から出発して民主主義を考えようとするものとの対立があ」り「民主主義の本質は、個人の自由と責任を重んじ、法的秩序を守りつつ、漸進的に大衆の幸福を樹立することにあって、法的手続きを無視し、一挙に理想郷を実現しようとする革命主義でもなく、それと関連する全体主義でもない」と。このように、人民の民主主義を無法な全体主義だと歪曲しながら、一方では、己の唱える「個人の尊厳」が階級闘争に敵対するものであることを自ら明らかにしている。したがって、『人間像』の中で人権の平等には一言も触れられていないのは当然である。

4　中教審と臨教審の答申

敗戦からちょうど四半世紀過ぎた一九七〇年には、目本は勤労人民の犠牲の上にGNP世界第三位にまでのし上がり、それを誇示する万国博を開催した。しかし、目本の独占資本は全世界の市場に進出して、激しい国際競争の中に立たされており、そのため、その競争に耐えうる産業構造の高度化・「合理化」とそれを支える人的能力政策を一段と強化する。『教育改革のための基本的施策』という七一年の中央教育審議会の答申は、その人的能力政策の強化に応ずるものである。

この答申は、「国家・社会の未来をかけた第三の教育改革」と自称している通り、まず第一に、国家主義と民族主義の性格を明確に示している。「わが国では、敗戦に伴う国家観の混乱もあって、今日なお、生活と文化の基盤としての国家や民族の意義があいまいにされ、民主社会のあり方についてもしばしば意見の分裂と対立が生じている」として、「民主社会の規範と民族的な伝統を基礎とする国民的なまとまりを実現」するような「日本人」を「教育の目指すべき目標」としている。これは、前年の防衛白書にも呼応するものである。すなわち、七〇年の白書は、「戦後の風潮は戦前の行き過ぎた国家主義に対する反動から、国を愛するという自然で人間的な感情をあえて否定するかのごとき傾向が強かったが、戦後二五年にしてみずから反省すべきときに到達した」と言っているのである。

次に、人的能力政策強化の線に沿って、幼稚園から大学まで「すべての学校段階を通じて、個人の特性に応じた教育方法を活用」することを目指して、「早期教育による才能開発の可能性の検討」（幼児学校の先導的試行）「幅広い資質と関心をもつ生徒の多様なコース別、能力別の教育」「無学年制」「能力に応じて進級・進学に例外的な措置を認めること」等々を提言している。これは、先の経済審議会答申の趣旨を徹底させ、子どもたちをできるだけ早くから効率よくふり分け、産・軍・官の要求する「能力」に応じた差別的な教育を制度的に確立しようとするものであった。しかし、七三年の石油ショックに象徴される内・外の困難な情勢から、この「第三の教育改革」は計画通り推進することはできなかった。

日本の経済が相対的に安定を取り戻した八〇年代に入ると、「第三の教育改革」という宿題が改めて採り上げられる。すなわち、「戦後政治の総決算」を唱える中曽根首相が、その「決算」の重要な柱として教育「改革」を断行しようとしたのである。彼は中教審には頼らず、首相直属の諮問機関として臨時教育審議会を八四年八月に強引に発足させた。七一年の中教審答申を生かし、さらに「生涯教育」「民間活力の導入」という新しい観点からそれを拡充し、政府・独占が力を合わせて戦後の民主主義教育を文字通り「総決算」しようとするものである。

この臨教審は四次に亘る答申を出した後に、八七年八月に解散したが、その答申内容はすでに解散以前から実施に向けて動き始めていた。すなわち、八五年九月には第二次答申に即して教育課程審議会が作業を開始し、八七年一二月に答申を出した。そして解散後は、大学審議会の設置と審議の開始、単位制高校と初任者研修の制度化、教育免許法の改悪、等々、急速に答申が具体化されてきている。

この答申は、その全体を通して、次の五点の特色をもつている。

① 人権の平等性の否定——能力主義による多様化の徹底。「個性重視の原則」といわれる答申の基本原則は、多様化による選別と差別の徹底である。それは、一方では六年制中等学校から大学院大学へ到る手厚い教育、他方では単位制高校、定・通高校での粗末な教育に具体化される。また、中学校での能力別学級と選択教科の拡大、私立小・中学校設置の促進等、義務教育段階での多様化に現れている。

② 教育の公共性の否定と受益者負担の原則による教育差別。答申の新しい特徴の一つは「民間活力の導入」であった。それは、資本の恣意を直接公教育の中に引き入れて、教育の公共性を打ち壊す。そのため、公教育に不可欠の規制は「緩和」され「弾力化」されて、国や地方公共団体の責任を解除し、教育産業が自由に金儲けをする陰では、費用負担能力のない者は教育を受けない自由と生活に困窮する自由だけが保障される。また、教育の機会均等を保障する重要な規制である通学区域すら、そ

の規制が次第に緩められ、越境が合法化される。こうして、学校格差はいっそう拡大され、かつての越境反対闘争の成果は無に帰するであろう。

③　個人主義と自由主義に基づく反ソ反共の愛国心。右に見た通学区域の規制緩和も、学校選択の自由という国民のほんねに依拠しているが、答申の愛国心もかつての「滅私奉公」や「天皇のために死ぬ」ことではなく、「個人の尊厳」や「自由の精神」と名づけられた個人主義と自由主義に結びついた新しい愛国心である。この愛国心は、もちろん、「責任感、連帯感、思いやりの心、感謝の気持」等の同朋意識、「祖先を崇う心」「日本文化の優れた遺産や伝統の維持・継承」等の民族意識、そして「正しい国家意識の涵養」を唱えている。

しかし、もっと重要なことは、『昭和五六年度版　防衛白書』もいうように、「多様な価値観を有する国民にそれを実現するため、最大限の自由を与え得る国家体制」を、自由主義陣営の有力な一員として、共産主義の「脅威」から守る、という思想である。すなわち、戦後の日本国民の間に普及した個人主義と自由主義に、この愛国心が依拠していることをもっと真剣に考える必要があろう。

④　人間と社会に対する非科学的・非合理主義的思想。反動化の動きは常に人権の制限・抑圧と人間の理性や科学に対する不信を伴う。答申の教育目標の一つである「ひろい心」とは、差別に対する「寛容」な心であり、同時に、理性や科学に制約されない非合理な心情である。答申の中の「近代工業文明の負の副作用」とか、岡本会長の言った「科学のデメリット」は、企業の排他的な私的利益追求の結果生じる公害などの悪影響を科学や技術に不当に転嫁したものである。その上、答申は「畏敬の念」や「宗教心」を子どもたちに押しつけ、人間と社会を科学的に探究しようとする目を曇らせようとしているのである。

⑤「教育の中立性」の思想――「偏向教育」攻撃。戦後の反動が平和教育や民主主義教育を攻撃する時、常に「教育の中立性」の侵犯とか「偏向教育」と言ってきた。答申のまとめである第四次答申中では、「勤務条件の改善を図ることを目的とする教職員団体は、その本来の任務を自覚し、違法な争議行為を行わないことや教育の中立性を守ることはもとより、いわゆる教育課程の自主編成などにみられる教育内容や学校運営に対する不当な介入を厳に慎むべきである」と言っている。そして、校長の権限を強化し、初任者研修や現職教員を体系化し、免許状を改悪して教師を分断し、教師は専ら「日の丸」「君が代」「のもつ意味を理解し尊重する心情と態度」を子どもたちに教える「専門的職業」人になるよう強要している。

これらの措置に対する民主陣営からの批判は多く出ているが、肝心の「教育の中立性」に対する批判はないに等しい。それどころか、日本共産党などはこの「教育の中立性」を金科玉条にして、解放教育を「偏向教育」と呼んでいる。それは国民の中に広く普及している「中庸の意識」と「教育の中立性」に対する幻想に依りかかっているからである。けれども、我々がひるむ理由は少しもない。「教育の中立性」論議をたとえ始めなくとも、少なくとも、差別に加担するか否かには「中立」的な立場はない、という一点だけでも明確に保持して闘うことができるからである。

5　文部省の同和教育行政と解放教育

以上に見てきた戦後文教行政の基本的な歩みの中では、部落や同和教育は一度も出てこない。けれども、部落解放運動からの強い要求によって、文教行政の中の細い支流として同和教育行政が現れる。

一九五八年の部落解放国策樹立要請国民会議の結成とその運動の結果、内閣に同和問題閣僚会議が設けられた。五九年四月から文部省は同和対策予算を初めて計上し、長野・三重・滋賀など一四府県に合計二〇校の「同和教育研究指定校」が設定される。六〇年には、関係市町村に補助金を出して、同和対策調査指導、研究協議会など社会教育分野での事業を始める。六五年の同和対策審議会の答申後には、高校進学奨励費補助を府県に支出し始める。そして、六九年の特別措置法以後、一〇か年の同和対策長期計画に基づき、「同和教育推進地域指定」や教員の「同和加配」が行われ、七四年には「大学進学奨励費」が制度化された。しかし、八二年の地域改善特措法から、それまでの行政措置が後退し始め、高校・大学の進学奨励金も給与から貸与へ、さらに返還条件の強化へと後退している。

ここで、文部省の同和教育行政の基本方針ともいえる『同和教育資料』について簡単に見ておこう（詳しくは横田「文部省の『同和教育資料』の問題点」、『現代教育科学』二三七号、一九七七年二月号参照）。それは、同対審答申の中で「同和教育について基本的指導方針の確立の必要」が説かれていたものに、一一年後やっと「資料」の形で答えたものである。その間、運動側の強い要求があったのはもちろんである。

この『資料』は、「I　同和教育の推進について。II　国の行なう同和教育のための施策について。III　関係資料」の三つから成り、七七年以降、運動側の批判により、毎年幾らかの訂正をしつつ出されている。この中の「同和教育の推進について」は、同対審答申の文章をほとんど引写したものであるが、しかし、七一年の中教審答申の差別的な基本理念に従って、都合の悪い個所は切り棄てて、勝手な文言を挿入している。例えば、同対審答申の「これ（同和問題）を未解決に放置することは断じて許されないことであり、その早急な解決こそ国の責務であり、同時に国民的課題である」という文章を、「同和教育の早急な解決を図ることは、国および地方公共団体の責務であり」と変えている。すなわち、答申の中の「未解決に放置することは断じて許されない」という文言は切り棄て、「国の責務」は「国および地方公共団体の責務」に変えて、責任を軽くしようとしているのである。

また、同対審答申の中の「教育の中立性」および運動と教育の峻別を述べた個所は、そっくり写しているだけではなく、その位置づけを変えて、答申よりもずっと重点を置いている。それは、同和教育を現在の国家や資本にとって無害なものにしておきたいという意図の現れである。差別の現実と闘う意欲や能力を育てようとしない融和的な教育、解放運動とは全く切り離された所で「基礎」学力と部落史だけ（それもわずかしか教えない）に専念する同和教育がそのねらいなのである。

Ⅱの「施策について」では、文部省が同和教育にどれだけ努力しているかを、数字を挙げて説明している。だが、それを先進的な地方自治体の施策と比べれば、直ちに文部省の怠慢と不誠実は明らかとなる。その上、それは当時すでに現れていた共産党の「逆差別」攻撃に実質的に同調する内容であり、さらに、小規模部落は切り棄てるものとなっている。

ところで、現在、中曽根前首相の唱えた「戦後政治の総決算」は同和教育行政をも除外してはいない。臨教審答申が部落解放教育に矛盾・対立することはもちろんである。また、八六年一二月には、同対審答申の基本理念を否定する『今後における地域改善対策について』という意見具申が地域改善対策協議会から関係大臣に提出され、その具申内容をさらに露骨にした『啓発推進指針』が八七年三月に総務庁地域改善対策室から出された。したがって、文部省の同和教育行政は今後ますます後退し、歪められるであろう。

他方、戦後の民間の同和教育は極めて早くから復活したものの、初めにも述べたように、それが運動として広がるのは決して早くはなかった。けれども、解放運動の発展とともに、五〇年代の中頃から六〇年代にかけて急速に発展した。そして、かつての「日の丸」と「君が代」のもとでの「同朋一和」の同和教育は世界の全ての解放運動に連帯する部落解放教育へと変革されてきた。我々が六七年に全国解放教育研究会を結成した時も、かつての融和教育とはっきり区別するために、同和教育ではなく、解放教育を名乗った。そして、個人主義と自由主義に反対して、解放のために団結する集団主義、解放運動との結合、および丑松を拒否する解放の学力の育成の三つを行動原則とした。他方、日本共産党系の教師や研究者たちは、同対審答申の評価を巡る対立に端を発して部落解放同盟に敵対し始め、自らの同和教育を「自主的・民主的同和教育」「国民融合をめざす同和教育」と名付けて、解放教育を「偏向教育」として攻撃している。彼らは、先に挙げた文部省の『同和教育資料』と臨教審が強く要求する「教育の中立性」を極めて忠実に守っているのである。

現在、解放教育は真剣な自己点検を迫られている。それは、今日まで大きく発展してきた解放教育の内部で、数年前から「空洞化」とか「形骸化」が言われている現状と関わっている。自らの思想変革と日常的な実践を伴わない口先だけの集団主義のスローガン、解放の学力を唱えながら、相も変わらず「落ちこぼし」を避けられない貧しい教育実践、さらには、反「学校学力」の名のもとに基礎学力をも無視しようとする極左的・小市民的主張も解放教育の中にある。こういった現状を我々は冷静に直視し、ますます強まる反動攻勢に反撃を加えながら、我々内部の弱点を大胆に、しかも地道に克服していかねばならないであろう。

我々は今までも努力はしてきた。しかし、それはいわば解放運動全体の上げ潮に乗ったものであった。解放教育の真価が問われるのは、反動の逆流が次第に強く押し寄せてくる今日以後であろう。もう大分以前から、部落の子どもたちは「差別が見えなくなった」とよく言われている。しかし、教師自身がもっと目を開いて見れば、子どもたちは何とえこひいき＝差別に敏感なことか。子どもたちの孤立化は部落にも及んでいる。けれども、子どもは決して孤独を愛しはしないし、またエゴイストでもない。子どもたちが自らの人間的尊厳を自覚し、互いに手を結びあえる環境を我々が与えていなかったのである。日教組は弱体化し、再生・強化されねばならないとはいえ、嵐の中で耐えているし、解放運動も決して挫折などしてはいない。未経験で、まだ十分な能力は備えていなくとも、若くて、新鮮で熱心な教師や指導者が我々の隊列に絶えることなく加わってきている。さらに、反戦・平和と人権擁護の国際世論は戦前とは比較にならない勢いで拡大している。情勢がいかに困難になろうと、解放教育は着実に歩みを進めるであろう。

（一九八九年五月）

「第三の教育改革」と新指導要領

一　新指導要領の背景

六〇年代以降急速に発展し、GNP世界第三位（帝国主義諸国間第二位）に達した日本経済の高度成長政策も、七三年のエネルギー危機を転機にその矛盾が露呈して破綻したことは周知のとおりである。今日なお、銀行、電力、自動車、電機、あるいは巨大総合商社等の独占企業は最高の利潤を誇っているが、繊維や雑貨部門を中心とする不況は長期化し、倒産と失業者の増大、インフレの悪性化は深刻な様相を帯びてきている。対米、対EC諸国との競争もますます激化する一方である。

また、兵器国産化八〇％を目標とした第四次防衛計画が終わり、五次防に向かう防衛機構の整備は、反ソ・反共のために軍事産業のいっそうの発展と自主化、および防衛のための人的資源の確保・整備のために、もはやGNPの一％というこれまでの防衛費の制限を打ち破るべきだという声まで出始めている。さらに、二百浬（かいり）漁業専管区域の設定に呼応して、「北方領土」問題を持ち出して反ソ報復主義を超党派で実行しつつあり、同時に、アメリカのヴェトナム敗退、ラオス、カンボジアの社会主義化という新しい情勢のもとで、日本帝国主義はアメリカとの協力のもとに、韓国、台湾、ASEAN諸国に対する経済的・政治的支配力をいっそう強化しようとしている。このような経済的・政治的・

軍事的動向は、六三年以降の人的能力政策に当初スマートな形で包含されていた非合理主義とナショナリズムの要素を、次第に公然と露骨に強調してくる基盤となっている。

さらに、これまでの教育における人的能力政策と「現代化」の矛盾は、「乱塾」に典型化される受験進学競争の激化として表れ、その結果、「非行」、自殺、「低学力」、低体力の激増となってきた。政府・独占の人的能力政策が必然的に生み出したこれらの結果に対して国民各層からの強い批判が湧き起こっているし、政府・独占としても、これ以上放置できないまでになってきたのである。ここから彼らなりの「手直し」が出てくる。これが今度の学習指導要領の「大幅な改訂」となり、少年法「改正」、主任制実施への強引な策動となって表れている。

ひるがえって、われわれ自身の思想情況を簡単に見ておこう。排他的・差別的エゴイズムの民族的表現としての民族主義は、敗戦によっても決定的な打撃を受けることなく温存され、さらに、戦前と異なって、「左翼」の「前衛」とまでいわれていた政党が政府以上の執念でそれを煽動している。マスコミがそれに同調していることはもちろんである。ボーイスカウト、スポーツ少年団、海洋少年団、JRCなど半官製の組織が「日の丸」の旗のもとに子どもたちを集めている。また、最近の不況とインフレに歩を合わせたように、終末思想、超自然的・超人間的力や運命の宣伝がマスコミ、映画、小説、漫画などで大量に流され、非合理主義、神秘主義へと大衆を誘導している。平和運動や労働運動や各種の民主団体のたたかいは決して凋落していないにもかかわらず、分裂と右傾化によって独占の反動攻勢に十分対抗しえていない。ここから、将来に対する明るい見通しと確信が生まれにくくなり、成人の間の中間層意識、マイホーム主義、青少年の間のシラケムード、三無主義（無関心・無気力・無責任）が広汎に普及するにいたっている。

これらのことを考えたばあい、終始、政府・独占の主導権のもとに行われた指導要領の「手直し」は、やはり、基本的には七一年に出された「第三の教育改革」の一環であり、それにわれわれが期待をかけることは決してできない。それどころか、逆にこれを徹底的に批判し、その反動性を暴露していかなければならない。

二　新指導要領の反動思想の主要な要素

「小・中・高校を一貫した教育課程」とか、「精選」と「ゆとり」等々をキャッチ・フレーズにして七七年七月に公示された小学校および中学校の学習指導要領については、すでに各方面からの賛成や批判は出尽くしたかに見える。しかし、これまでのところ、思想上の批判は最も弱いのではないかと思われる。もしそうであれば、新指導要領に対するあれこれの批判は徹底したものにはならず、その批判のうえに出てくるわれわれの実践も方向を見失う恐れがある。そこで本稿では、もっぱら思想上の批判を行うこととする。

さて、新指導要領に表れている反動思想の主要な要素は、非合理主義、ナショナリズム、および差別主義の三つにまとめられよう。そして、その三つは、いずれも子どもの将来における社会的立場の自覚（階級的自覚）を妨げるための不可欠の要素として、互いに補い合っているのである。

1　非合理主義（反科学主義、神秘主義）の強化・徹底

七六年の教育課程審議会の答申を文相が諮問したのは七三年であったが、その当時から「知恵ぶと

りの徳やせ」「知育偏重」「科学万能」などという卑俗な、事実に反する掛声が首相や文部省だけでなく、いわゆる産業界や教育界にまで広がり、マスコミがそれを大々的に支えてきた。彼らは、高度成長、人的能力政策、教育の「現代化」等の破綻をこのように歪曲して宣伝してきたのである。そして、ここからまず、教育内容の「精選」という口実によって、恣意的・反科学的な「間引き」が行われる。つまり、各教科でかなり内容が削減されているが、その削減の基準が全く反科学的なのである。例えば、「事象を数理的にとらえ、論理的に考え……」となっている現行の中学校数学の目標が新指導要領では、単なる「理解」やプラグマティックな「表現や処理」の「能力」「態度」に変えられている。小学校六年の社会科では、現行指導要領が公示された当時から強く批判されていた神話・伝承が、現行の「内容の取り扱い」事項から、新たに「内容」事項へと格上げされている。また、今回の人物中心の歴史への移行も、社会発展の因果関係をいっそう理解しにくくし、歴史を主観的・非合理的にねじ曲げるものである。

次に、このような「精選」とともに、各教科での「心情」と「態度」のいっそうの重視、さらには、学校のみならず家庭や地域社会との「連携」のもとでの「道徳的実践の指導の徹底」（小・中学校、総則）が唱えられている。こうして、いわば「知恵やせの徳ぶとり」が目指されているのである。われわれはここに、理性には訴えずに感情や心情を操作し、科学や理論を跳び越えて「実践」を促したかつての日本やナチスの非合理的・ファッショ的な「道徳的エネルギー」の思想を見ないわけにはいかない。さらに、これと関連して、神秘主義的な「畏敬の念」にわれわれはもっと注意する必要があろう。そこで、その系譜を戦後に限って簡単に辿ろう。

六〇年の文部省主催第一回全国校長・指導主事等研修講座での高坂正顕氏の特別講演（『文部時

報』一九六〇年一〇月号）は、それまでの戦後プラグマティズム教育に対する実存主義からの補強を公式に宣言したものである。そして、彼が主査となり、『期待される人間像』が六五年にまとめられ、六六年には表現が書き改められて正式に決定された。この『人間像』は、プラグマティズムに実存主義とナショナリズムを折衷して作られた戦後の反動教育思想の結晶ともいえるものである。そこでは、「個人」に期待するものとして、「自由」「個性」「自己」「意志」を挙げた後、それらを「畏敬の念」で締めくくっている。すなわち、「以上に述べてきたさまざまなことに対し、その根底に人間として重要な一つのことがある。それは生命の根源に対して畏敬の念をもつことである。……われわれの生命の根源には父母の生命があり、民族の生命があり、人類の生命がある。ここにいう生命とは、もとより単に肉体的な生命だけをさすのではない。われわれには精神的な生命がある。このような生命の根源すなわち聖なるものに対する畏敬の念が真の宗教的情操であり、人間の尊厳と愛もそれに基づき、深い感謝の念もそこからわき、真の幸福もそれに基づく」と。

この思想は、七一年の中教審答申にも受け継がれる。そこでは、人間形成の自然的・社会的・文化的側面を述べた後、次のようにいっている。「このような側面は互いに有機的な関連をもっているが、それらが均衡のとれた発達を遂げ、自然と生命に対する愛と畏敬の念にささえられて統一的にはたらくところに、人間形成の真の姿がある」と。

ところで、いわゆる宗教的情操は、すでに五八年の特設道徳以来一貫している。しかし、当初は「宗教を信ずる者も信じない者も、人間愛の精神だけは最後まで失わないで……」（五八年指導要領、中学校道徳）といった程度で、しかも二一項目中の単なる一つに過ぎなかった。それがその後次第に強調されてきて、人間形成の究極目標の一つにまでなってきたのである。こうして、七六年の教課審答申では、道徳教育について、社会規範、奉仕の精神、愛国心などを挙げた後、「更には、人間の力を超えたものに対する畏敬の念を育成することなどを一層重視しながら、道徳・各教科及び特別活動の相互の関連的な指導によってその徹底を図る」としている。新指導要領の道徳の内容（小学校第十一項、中学校第九項）はそのように位置づけされたものである。もともと実存主義的非合理主義においては、「いかなる人間も、自己の宗教的潜在力を自覚しなければ教育されたとはいえない。そのことは、その潜在力がいかに非現実的なもの、バカげたもの、あるいは拒否さるべきものと考えられても、そうなのである」（R・ハーバー）と考えているのである。

唯物論と無神論の伝統が弱く、逆に東洋的非合理主義が強い日本にあっては、このような非合理主義の思想攻勢に対しては特にねばり強い闘いが必要である。人権の否定が、常に科学に対する抑圧や非合理主義の宣伝とともに強行されてきたことをもう一度思い起こす必要がある。そして、ほんの僅かの反科学性も、一分の非合理性をも容認せず、仮借なく批判していくという確固とした科学精神が今後とくに教師には不可欠であろう。

2　ナショナリズム（民族主義と国家主義）の強化

新指導要領に対して、国家主義の強化という批判が日教組を中心に出されているが、それでは全く不十分である。その国家主義が民族主義（さらには郷土意識や国民主義）と結びついて出されていることがいっそう重要なのである。すでに『人間像』でも、「愛国心」や「天皇を敬愛する」ことが、「日本人としての自覚をもった国民」、「日本人の精神的風土」、「日本民族が持ち続けてきた特色」と結びつけられていた。そして、「国家・社会の未来をかけた第三の教育改革」と自ら銘うった中教審答申でも、「民主社会の規範と民族的な伝統を基礎とする国民的なまとまりを実現」するような「日本人」が、「教育の目指すべき目標」とされている。このようなナショナリズムが新指導要領で一段と強化されていることは「君が代」を強引に「国歌」としたことに典型的に表れている(「君が代」は「国旗」とともに、すでに五〇年に文部省通達として学校の中に復活し、五八年以来、指導要領にも明記されてきた)。

新指導要領では、「学習の適時性」の名のもとに世界地理が小学校から中学校へ移され、その内容も「取り扱う地域を日本との関係で重点化」している。世界史も同様である。すなわち、「近代以前の世界史的内容を集約するとともに日本の歴史の流れを中心とする内容構成」となっている。この偏狭な日本中心主義は音楽にも明瞭に表れている。中学校の歌唱共通教材から外国民謡、外国歌曲を取り去って、日本の歌曲のみとしているのが、それである。このような偏狭で排他的な日本中心主義に立って愛国心が強調されているので、その愛国心が狂信的愛国心(ショービニズム)への傾向をいっそう強めていることは説明するまでもない。

さらに、新指導要領では、国と同時に郷土が強調されていることにも特色がある。例えば、社会科では、小学校四年で「地域の人々や地域社会相互の協力体制が必要であることを理解させる」「地域の開発に果たした先人の働きについて理解させる」、中学校では、「民俗学の成果を活用するなどして、郷土の生活文化に触れさせる」(民俗学は今度はじめて登場した)とか、「特に郷土の人物を含めて二、三の人物を重点的に取り上げ」ることを強調している。音楽では、「郷土の民謡」「郷土の音楽」「それぞれの地方に伝承されているわらべうた」を取り上げるよう明示している。道徳においても、「家庭愛や郷土愛およびこれに関連する尊敬や感謝にかかわる内容」をさらに一層強調している。特別活動における「職業や社会奉仕についての啓発的な経験」といわれているものも、明らかに身近な協同体、郷土への奉仕と結びつけられているであろう。郷土の伝承文化を掘り起こすことはもちろん必要であるが、このような郷土愛が、ナショナリズム強化の基盤として利用される危険性をはらんでいることは、戦前のドイツ（郷土研究（ハイマート・クンデ））や日本（郷土学習）でも経験ずみのことである。これは、人間として当然の自己愛を排他的エゴイズムへと歪め、それを家族、郷土（郷党）、民族へと情緒的に拡大していくのである。

ここでもう一度『人間像』に戻ろう。そこでいわれている「自由」や「個性」の根底に神秘主義的な「畏敬の念」があることはすでに見た。さらに、「個人の自覚」「個人の尊厳」「自主性」と、民主主義、国家、民族との関係を見よう。『人間像』は対立する二つの民主主義を説明して、「自主的な個人の尊厳から出発して民主主義を考えようとするものと階級闘争的な立場から出発して民主主義を考えようとするもの」に区別する。そして、もちろん、「個人の自由と責任を重んじ、法的秩序を守りつつ漸進的に大衆の幸福を樹立する」民主主義、つまり、前者を選んでいる。ここから、『人間像』での「個人の尊厳」「個人の自覚」「自主性」とは、「階級闘争的な立場」と対立するものであることが明瞭となる。

さらに『人間像』はいっている。「確固たる個人の自覚を樹立し、かつ日本民族としての共同の責任をになうことが重要な課題の一つである」「民主主義国家の確立のために何よりも必要なことは自我の自覚である。一個の独立した人間であることである」と。要するに、階級的自覚を持たない排他的個人の民族共同体が目標とされているのである。新指導要領で「『特に議会制民主主義の意義について理解させる』ことに重点を置いている」（中学校社会科）という意味も、このことから明らかになろう。

ここで、特に民族主義の危険性を強調するのは、労働者階級の階級意識と国際主義の形成を最も容易に、最も効果的に妨害するのが民族主義だという一般的なことと並んで、日本の特殊事情があるからである。すなわち、われわれは抑圧民族として幾多の民族に甚大な被害を与えながら、逆に他民族からの抑圧は敗戦後の占領期間を除いては実感していない。一五年戦争の悲惨な経験も、超国家主義と軍国主義の危険性としてのみ受取り、民族主義の危険性として総括されてはこなかった。そこへ、すでに「一」で述べたような最近の情況が加わっているのである。

なお、防衛問題との関連に触れておこう。五七年に決定した「国防の基本方針」には、「(2)民生を安定し、愛国心を高揚し、国家の安全を保障するに必要な基盤を確立する」とある。しかし、防衛の中心となる自衛隊の充足率は七七年三月末現在八八・七%に過ぎず、とくに兵士のそれは七四%(陸士は六九・六%)(昭和五二年版『防衛白書』)でしかない。新指導要領の制定に当たっての防衛庁との関係は公表されてはいないが、このような事態から、「愛国心に富んだ」隊員の確保と、防衛のための「国民的コンセンサスの形成」のためにもナショナリズムの高揚が教育に求められていることは間違いなかろう。われわれは、このような攻撃に対して、単に「主権者国民」を対置するといったいい加減なことでは抵抗できない。子どもが、できるだけ早い時期から現実の差別を見抜き、それと闘う意志と能力を身につけ、民族的・人種的偏見を克服し、そして、自己の社会的立場と働く人民の国際的な団結を将来確固として自覚できるよう、合理的で地道な教育を積み上げていかねばならないであろう。

3　差別の徹底とその「合理化」

人的能力政策の典拠となった六三年の経済審議会の答申では、「反画一」民主主義を唱え、「能力による区別は差別ではない」という新しい差別の基本方針を打ち出している。そして、これがその後の教育における多様化政策、選別政策の方向と方法をも決定した。すなわち、中教審答申はそれを受けて、「個人の特性に応じた教育方法」「幅広い資質と関心を持つ生徒の多様なコース別、能力別の教育を、教育指導によって円滑かつ効果的に行なうこと」「能力に応じて進級・進学に例外的な措置を認めること」等々を打ち出したのである。

また、「男女が人間として平等であることはいうまでもないが、人類とその文化の維持発展のために、それぞれの特性に差異のあることを認めながら、共にその可能性を発揮できるようにすることは、今後の重要な課題である」として、全く無限定な「特性」の名において男女の差別をも合理化するのである（現行指導要領ですでに、中学校の技術・家庭科が「男子向き」「女子向き」に分けられ、高校では女子に「家庭一般」、男子に「体育」と定められている）。今度の教課審の答申では、「教育課程の基準の改善のねらい」の一つとして「児童生徒の個性や能力に応じた教育」を唱え、「高等学校については一般的には個人の能力・適性等に応じて選択履修を重視する段階として位置づけるのが適当」としている。しかし、高校だけではなく、中学校でも、「選択教科については、生徒の興味・関心や特性に応ずる教育を進めるため、現行よりその範囲を広げ」、新指導要領では、音楽、美術、保健体育、技術家庭が新たにつけ加わっている。

また、新学習指導要領の中学校総則では、「教育課程実施上の配慮事項」が現行の八項目から、生徒の「自主的・自発的な学習」と「教師の協力的な指導」の二項目が削られ、能力・適性の項目は次のように一段と補強されている。すなわち、「学校の教育活動全体を通じて、個々の生徒の能力・適性等の的確な把握に努め、その伸長を図るように指導するとともに、計画的、組織的に進路指導を行うようにすること」となっている（傍点の箇所は新たに挿入された句、傍線の箇所は、現行では単に「適切な」となっていた）。これは、現在すでに遂行されている学校の差別・選別機能を、さらに全体的・組織的・計画的に行うことによって「合理化」すると同時に、それによって差別・選別を「円滑かつ効果的」にしようとしているのである。そして、差別されていることを子どもに意識させず、逆に「身のほど」をじっくり自覚させる差別であり、それだけにいっそう残酷である。小学校では、「個性の伸長」がいわれているが、「能力」についての差別的な措置は特にいわれてはいない。しかし、すでに見たように、「児童生徒の個性や能力に応じた教育」が基本方針となっており、小・中・高校を「一貫した教育課程」が今度の特徴とされているので、当然、小学校にも差別を「一貫」しようとしていると考えて間違いなかろう。

ここでいっておかなければならないのは、差別に反対するからといっても、われわれは形式的な「平等」を要求しているのではない、ということである。わたしはさきに文部省の『同和教育資料』を批判して、今日の文教政策がいかに差別的であり、被差別部落の子どもを中心に日本の子ども全体が、ごく一部の者を除いて、いかに差別されているかを述べた（『現代教育科学』一九七七年一月号）。今日、部落解放同盟は同和対策事業特別措置法の強化・延長のための闘いを進めているが、今のところ政府はそれに応ずる構えを見せてはいない。部落差別撤廃のための抜本的な施策は何一つせず、その大半を地方自治体に肩代わりさせた同和対策事業をわずかに行うことで一〇年の歳月を空費し、それ以後は何ら特別の措置を講ずることなく、「平等」に扱おうとしているのである。現実に存在する差別に目をつぶって、このように形式的な「平等」を持ちこめば、その差別が温存され、助長されることはすでに周知のことである。だからこそ、「特別措置法」が必要だったのであり、今後もまだまだ必要であることはもちろん、これまでのようないい加減なものであってはならないのである。

三　新指導要領と教師に対する管理強化

現在の重層的な差別社会では、差別の構造は、その大部分が差別の転嫁の構造となっている。したがって、意識的に差別に反対する者は差別の転嫁をも拒否する。教育労働者としての階級的自覚もなく、「専門職」として狭い、排他的「職能団体」の中に埋もれると、教師は自らの権利が奪われ、差別されても、それを無自覚に容認し、さらにそれを子どもに転嫁する。彼らは非合理主義やナショナリズムと闘う思想も立場も保障されていないので、自らそれを受け入れ、子どもたちにも無批判にそれを持ち込み、教え込むであろう。

逆に、教育労働者としての自らの権利と階級的使命を自覚し団結して闘う教師は、子どもを差別することを拒否する。彼らはまた、非合理主義を容認しないであろうし、ナショナリズムとも闘うであろう。このことは文部省も感じているはずである。だからこそ、今度の新指導要領と前後して、主任制を中心とする教員管理が強化されようとしているのである。それは、ちょうど、五八年の特設道徳を含む指導要領の公示と前後して、教員に対する勤務評定、学校管理規則が強引に押しつけられたのと同様の政治的意味をもっている。

すでに中教審答申では、教師を他の労働者から切り離し、同時に、学校内での管理機構を能力主義によって整備し、学校内での教師の分断支配を確立しようとしていた。すなわち、まず「教員の地位が高い専門性と職業倫理によって裏づけられた特別の専門的職業として、一般社会の信頼を集めるためには、教員が自主的に専門的な職能団体を組織し、相互にその研さんに努めることが必要である」としている。そして、「各学校が、校長の指導と責任のもとにいきいきとした教育活動を組織的に展開できるよう、校務を分担する必要な職制を定めて校内管理組織を確立」し、さらに、「教員のうち、高度の専門性をもつ者に対し、特別の地位と給与を与える制度を創設すること」を答申したのである。

これらが「教頭法制化」(六八年)、「教育職員の給与等に関する特別措置法」(七一年)、「人材確保に関する特別措置法」(七四年)、あるいは五段階賃金制や主任制といった形で次つぎと具体化されてきていることは周知の通りである。もちろん、これらが、一方的に政府の思い通りに実現しているわけではない。日教組を中心とする労働者階級の強い反対闘争によって、法案が廃案になったり、修正されたりしていることも事実である、だが、これらの法案は、伝統的な教師の低賃金と過重労働を利用して、教員の賃金の「実質的改善」と結びつけられて出されてきた。また、日教組の側で、教育労働者の労働者階級としての共通性と特殊性についての統一的把握が不十分であるところへ「専門職」攻撃がかけられてきたのである。そのため、残念ながら、常に一歩下ったところで闘いが行われてきたことも認めないわけにはいかない。

ところで、今回の教課審の答申では、「関連事項」として、「学校運営の改善と教育の実際の場における指導方法の向上」を挙げ、そのため、「教職員組織の改善」も「積極的に進め」るべきだとしている。その内容は、当面のところ、主任制の全面的な実施と、主任教員による一般教員への「教育指導」体制であろう。教課審委員西義之氏はこれについて次のように脱明している。「私は主任制実施を機会に打ち出された『教育指導』という考え方こそ、新しい教育課程を生かしも殺しもするものだと思っている」と。そして、彼は子どもの「低学力」の責任を今後は一切教師の責任に押しつけるのである。「教育課程が精選されたとき、もうこれまでのように『落ちこぼれは課程の過密に責任がある』と、逃げ口上はゆるされなくなってくるだろう。先生自身の実力が問われることになるであろう」(『文部時報』一九七七年二月号)と。

以上のことから見ても、新指導要領に対する反対の闘いは、教師に対する様ざまな管理強化に反撃することと結びつけられねばならない。さらに、新指導要領が、労働者階級全体に対する反動的思想攻勢の最も重要な環であることをもっと切実に日教組が受けとめ、広汎な労働者の共闘態勢を早急に整える必要があろう。

(一九七八年一月)

臨教審の思想と解放教育

一九八四年八月八日、臨時教育審議会設置法が成立し、同月二十日、岡本道雄会長以下二十五名の委員が中曽根首相によって任命され、九月五日には首相官邸で初会合が開かれた。この臨教審がどのような具体的答申を出すかは今後の問題であるが、その設置までの経過と最近発表されている首相周辺のグループの文書や委員の発言から、臨教審のねらっている教育「改革」の思想はほぼ明らかである。今後、次々に打ち出されてくる答申に的確な反撃を加えるために、この思想の本質を明瞭に把握し、われわれの思想をも点検しつつ、今から反撃の体勢を整えておかねばならないであろう。

一　臨教審設置までの簡単な経過

一九六三年に池田首相に報告された経済審議会の答申『経済発展における人的能力開発の課題と対策』は、その後の日本の産業・軍事・政治および教育に多様で効率的な選別と差別の人的能力政策（マンパワー・ポリシー）を一貫させようとした重要な文書である。それは、戦前の日本の人的資源政策や戦後のアメリカの人的能力政策を国家目的に奉仕するものとして批判し、「個人の幸福のための」政策でなければならない、としている。しかし、「能力」については何の説明もなしに、「能力による区別は差別ではない」

とした上で、できるかぎり早くから「個性、適性、能力」による選別と差別を効率良く進めようとした。後に見る一九七一年の中教審答申や京都座会の意見の中の「跳び級」や「留年」はすでにこの答申の分科会報告の中に明記されている。

この答申が出される一年前、文部省は教育白書『日本の成長と教育』を公表したが、そこでは教育投資論が初めて打ち出され、産業の資本主義的発展の中での教育の投資効率が論じられていた。

次に、一九六六年には、経済審議会の答申や一九六二年の教育白書の内容を受けて、中央教育審議会が『後期中等教育の拡充整備について』、およびその別記『期待される人間像』を文相に答申した。それは、能力主義による高校段階の教育の多様化政策、および、個人主義・自由主義・非合理主義と結びついた反共愛国心の理念を明らかにしたものである。

さらに一九七一年には、右に見たすべての答申や白書を継承し、就学前から大学、さらに教員養成にいたる日本の教育の全面的な反動的再編成の構想を中教審が答申した。『教育改革のための基本的施策――今後における学校教育の総合的な拡充整備のための基本的施策について』と銘打ったこの答申は、欧米の摸倣をした明治初年の教育改革やアメリカ占領軍のもとで行なわれた敗戦後の教育改革と異なって、世界第三位の経済大国となった日本独自のものとされた。しかし、この「国家・社会の未来をかけた第三の教育改革」は、一九七三年以後の日本経済の低成長期の諸条件と経済・軍事政策のあおりを受けて、まだ今日まで部分的にしか達成されていない。その間にもますます急速の度を加える先端技術の開発と技術革新は国際競争を一層激化し、一方、これまでの文教政策の結果は学校を極度に荒廃させてきた。その学校の荒廃を日教組に転嫁し、今後の産業・軍事・行政の人材を効率的に養成して国際競争に勝ち抜くためには、どうしても彼らなりの教育「改革」が必要であろう（右には挙げなかったが、日経連、経団連、関経連などの財界の代表、防衛庁、自民党文教部会などから教育に対するそれぞれの要望書が多く出されてきている。そして、それらの要望は右に見た諸文書の中に盛り込まれてきた）。従って、反動的な行政「改革」に引き続き、文部省の枠を越えた挙国体制で、今日の段階での「第三の教育改革」をやろうというのが財界と政府の意向であろう。そのためにこそ中教審とは別に、首相の諮問機関としての臨教審を強引に発足させたと考えられる。

二　臨教審の「教育改革」の思想

1　人権の平等性の否定
――能力主義による多様化政策

一九八四年二月、中曽根首相のブレーン会議は「二十一世紀のための教育改革の五原則について（案）」（以下「ブレーン案」と略称）を決定した。その中では「依然として『差別反対』や『国家の責任』等を口実に画一化を擁護し続けることは、完全に時代錯誤というほかはない。」として、「教育の内容、カリキュラム、方法、教育の重点、制度、政策に思い切った多様化路線を導入」し、また、「従来の義務教育の固定枠を思い切って見直す創造的な発想、自由化と多様化の発想が求められる」としている。さらに、「教育の世界にいきいきとした競争原理を導入」することをも提案した。一方、松下幸之助氏を座長とする「世界を考える京都座会」は三月二十二日、主要な全国紙に「学校教育活性化のための七つの提言（以下「京都座会提言」と略称）という意見広告を掲載した。そこでも「学校の設立を容易にして、多様化する」、「通学区域制限を大幅に緩和する」、「学年制や教育内容、教育方法を弾力化する」ことや「あらゆる教育の場において公正な競争原理が機能する」ことが求められている。さらに同日、中曽根首相の私的諮問機関「文化と教育に関する懇談会」も教育制度の多様化と運用の弾力化を提案した（以下、「懇談会提案」と略称）。

ところで、もし多様化や競争が、子どもたちの平等の学習権の実質的な保障をした上での多様化であり、子どもたちが互いに励まし合い、共に向上できるような教育の一手段としての競争であれば、別に反対する必要はない。しかし、右に見たような多様化と競争原理は子どもの学習権の平等性を完全に否定し、差別を多様化し、拡大する以外の何物でもない。ブレーン案が義務教育の固定枠を外せといい、一九七一年の中教審答申が幼児学校の「先導的試行」を唱え、経済審議会答申以来「跳び級」や「留年」が執拗に繰り返されていることにそれは端的に示されている。そのばあい、子どもの人権などまるで問題にもされてはいない。子どもたちは資本のための単なる人的資源として選別と選抜を受けるために、就学前から優勝劣敗の排他的な競争にかりたてられる。そこから予想される幾層もの「落ちこぼれ」に対しては、これまでの中学・高校とは別の、下級労働者養成のための多様な技能訓練機関が用意される。その上で、子どもたちが互いに「思いやりの気持や責任感」（ブレーン案）を持つように、という心情的なごまかしが行なわれようとしているのである。

このような動きに対して、われわれは、これまで解放運動と解放教育が一貫して遂行してきたあらゆる差別を撤廃する闘いで応じ、保育から高校までの平等の教育体系と教育課程を目指してねばり強い努力を続ける必要があろう。

2　教育の公共性の否定
——受益者負担の思想

最近の教科書問題に見られるように、教育に対する不当な国家統制が強化されていることは事実であり、われわれはこれに対して反撃を強めなければならない。しかし、教育の反動化をすべて国家統制の強化と考え、反対に、統制を緩めたり、無くすることを民主化だと考えるのは誤りであろう。われわれが拒否すべきものは、平和と科学と民主主義（人権）の原則に反する不当な統制、反民主的な干渉である。臨教審は、一方では、後で見るように、平和と人権に敵対する民族主義的愛国心教育や教師に対する反動的思想統制を強化しながら、他方では、責任をもって統制すべきこと、執行すべきことを放棄して、それを民間教育資本に譲り渡そうとしているのである。すなわち、不当な統制は強化しながら、当然の統制は放棄するのである。そして、「行政改革」と並んで「教育改革」と彼らがいう時、その重点は、制度上・方法上の規制緩和、統制放棄、そして、教育の公共性の否定である。もちろん、彼らが肝心かなめと考えている教育内容の中心や教師の思想については、これまで以上の統制が続けられよう。ところで、教育は個人や家庭の私事であり、国家はもとより、外部のいかなる個人や集団の統制や干渉をも排除すべきであるという「教育の私事性」論は、政府の教科書攻撃に対しても全く無力であったが、今度の臨教審の攻勢に対しては一層無力であるばかりか、この攻勢を支えるものである。それは、教育の公共性を否定し、教育に対する国家や地方自治体の当然の責任を免除するからである。

ブレーン案はいう、「教育の分野における規制緩和（デレギュレーション）が教育の活性化のために不可欠」だ、と。京都座会提言も「教育は、でき得る限り公的機関からの、束縛や指導を排除し、教育の独立を基本とした自由な状況のもとで行われることが望ましい……とりわけ、教育制度は、さまざまな制限を可能な限り撤廃、もしくは緩和すべき」だとしている。懇談会提案も「民間活力の応用」を唱えている。いずれも、可能なかぎりの教育の「民営化」を説いて、国家の教育責任を放棄させようとしているのである。さらに、臨教審と中教審の委員であり、今度の臨教審の財界代表委員となった元大本営参謀・瀬島龍三氏は、文教予算を抑え、従って、今後の受益者負担の拡大を意味する次のような発言をしている。すなわち、「臨調はハードの問題を対象にし、臨教審はソフトを対象にしていく。教師の数をじゃんじゃん増やしたり、金を使えば教育の質が向上するというのは短絡的議論であって、今の教師の数や経費の中で工夫し、運営を改善する点がある。」(「毎日新聞」'84年8月27日夕刊)と。

このところ、毎年急速に増大していく防衛費とは逆に、福祉と教育の予算は切り縮められてきた。臨教審設置法が成立する前日には、すでに日本育英会法とその施行令が抜本的に改悪され、有利子貸与制が導入された。教科書無償の撤廃はこれまで幾度も出されているが、臨教審発足に伴い、その期限の三年間だけは無償を続けると政府・自民党の内部で決められたという。つまり、それ以後は有償ということである。四十人学級実現のための教員増募は来年度も見送られた。学校給食も来年度より、逐次民営を目指して、職員のパート制への切り替えが始まる。こうして、臨教審の審議が始まる前に、すでに公教育に対する国家の責任のなし崩し的放棄、民営移管、従って受益者負担へと急速に進み出しており、子どもたちはますます教育産業の犠牲にされ、教育における差別は一層拡大しているのである。臨教審はそれを一層促進するであろう。

われわれは、義務教育の教科書無償の堅持はもちろん、四十人学級の急速な実現、マンモス学校の解消などの緊急の要求とともに、給食費や教材費をも含めた義務教育無償の実現、さらに国際人権規約の批准のさいに日本が留保した高校教育以後の教育費無償の実現に向けて、国の責任をあくまで追及すべきであろう。このままでは子どもたちの学習権は次々と現実に奪われていくであろう。

3　個人主義と自由主義を基盤としたナショナリズム

今日の日本のナショナリズム（民族主義と国家主義）は、戦前の天皇制のもとでの滅私奉公とは異なって、戦後国民の間に滲透した個人主義と自由主義を反共民族主義で統一するものである。昭和五十六年版『防衛白書』はいう、「日本は、憲法に示されているように、国民の一人一人が自由のもたらす恵沢を享受できる国家であり続けなければならない。」「国民の多様な意識や価値観を受け入れ、その多彩な活動を支えることができるのは、自由で、経済的に活力のある国家である。このことから、守るべきものは、国民であり国土であると同時に、多様な価値観を有する国民にそれを実現するため、最大限の自由を与え得る国家体制であると考えるべきではなかろうか。」と。これは、ソ連の「軍事的脅威」を散々に書きたて、そして、国家の「最も基本的役割として、国民の平和と安全を守るため、国内の治安を維持し、国外の侵略から国民を守る責務が課せられている」とした上でいわれているのである。つまり、日本の国家は国民の価値観の多様性を共産主義ソ連の「侵略」から守る、というのである。すでに『期待される人間像』でも、反共愛国心が天皇への敬愛や宗教的情操とともに、個人主義、自由主義と結びつけられていた。

今度のブレーン案は、「経済大国日本」は「それに相応しい役割と責任を分担しなければならない」として、共産主義に対する自由主義陣営の強力な一員としての自覚を要請し（「国際化の原則」）、さらに「真の国際人は自らの国を愛し、その優れた伝統文化を身につけた人間でなければならない」として、民族主義的愛国心と「豊かで主体性、創造性のある個性的人間形成」の教育を説いている。懇談会提案も「優れた文化を継承し、その創造的な発展を目指して、我が国の文化の基礎を培い、同時に文化に支えられる教育を、伸びやかで活力あるものに育てなければならない。個人に即して言えば、その伸びやかな成長を図り、未来に対して柔軟かつ主体的に対応しうる人間の育成を目指」すといい、「個人の重さと集団の大切さを等しく重視」するともいっている。ここでいわれている「優れた伝統文化」の中核は、後に見る東洋的非合理主義と「和」の精神である。『期待される人間像』の言葉でいえば、この「和」の精神は「寛容と忍耐の精神」、「多数を占めるものが専横にならないことと、少数のがわにたつものが卑屈になったり、いたずらに反抗的になったりしないこと」である。もっとはっきりいえば、解放運動とか階級闘争のような日本人内部の争いはやめて、民族が融和・融合し、国民一体となって外国、とくにソ連に対抗せよということである。そうすれば「個人の重さと集団の大切さ」は民族の次元で反動的に統一されるのである。

これまでにもすでに、個人の受益感を軸にした労資一体感、新しい共同体意識が職場や地域で宣伝されてきたし、個人と国家・民族を結びつける媒介としての郷土意識の培養が現行学習指導要領で強調されている。毎年、天皇や皇太子をかつぎ出す国体や植樹祭もそれに一役買っているのである。さらに、戦後、極端な国家主義は批判されたが、それと一体になっていた排他的民族主義、民族的偏見はほとんど無傷のまま残され、戦後の情況の中で強化され、最近では反ソ反共民族主義に収斂(しゅうれん)されてきている。戦前のファシズム体制のように、自由主義と個人主義を弾圧した天皇制超国家主義ではなく、現在では、逆に個人主義と自由主義を反ソ反共民族主義で統一する近代的国家主義であり、反ソ反共愛国心であることに注意すべきであろう。従って、現在の反動的愛国心に対して、われわれが個人主義と自由主義に依拠して闘おうとすれば、何の打撃も与えないばかりか、逆にわれわれ自身の統一と団結すら困難となり、運動体や組織自体が弱化し、分裂し、闘わずして敗北するのは明らかである。

われわれは、水平社結成以来一貫して解放運動を支えてきた人間解放のための統一と団結の精神、すなわち集団主義の思想をこのさいもう一度はっきり確認する必要がある。そしてその思想を解放教育の場で、家庭で、地域で幼い時から育て上げ、あらゆる民族的・人種的偏見、民族主義と闘って、勤労人民の国際連帯の一翼を担わなければならない。そうしてこそ、反動の愛国心教育を実際に挫折させる力強い反戦・平和の教育の土台も築かれるであろう。

4　人間と社会に対する非科学的・非合理的思想

反動化の動きは常に人権の制限・否定と人間の理性や科学に対する不信を伴う。「知識偏重」、「科学万能論」批判、「理性よりも感性を」等々といわれ始めてからすでに久しい。最近ではこの傾向が民族主義と結びついて、「西欧の合理主義を超えた東洋の、日本の、土着の思想の再確認」ともいわれている。

懇談会提案は「日本文化の選択的な継承と創造的な発展」を唱え、「我々の未来には、多くの不確実な問題が横たわっている」として、「知識偏重の教育の弊」を改め、「感性を養い」、「豊かな心を持った人間」を育てよう、といっている。明治以来の欧米文化の崇拝と一体になった白人に対する民族的・人種的劣等感がまだ十分抜けていないといわれる日本人の感情には、このような提案は気持ち良く響くかもしれない。また、科学には弱い、知識は不十分だと自認しているわれわれ一般大衆の心情に、このような提案はかなりマッチするであろう。最近の受験競争の非情なまでの激しさを身に泌みて感じておれば、なおさらである。反動は、まさにこのようなわれわれの実感に依拠して非合理攻勢をかけているのである。

瀬島委員は、「中学・高校生に朝から知識ばかり注入している。知識の『知』は『智』じゃないといけない」(「毎日新聞」'84年8月27日夕刊)という。ここで彼のいう「智」は東洋的で非合理な「悟り」に通ずるものであろう。岡本会長も、「科学のメリットとデメリット」(同8月18日)などといっている。しかし、科学にデメリットなどありえない。彼のいう「科学のデメリット」とは、科学の成果を悪用する資本を免罪し、公害も核戦争の脅威すらもすべて科学の責任に転嫁する言葉である。また彼は、「近世西洋文明が一つの反省の時期に立ち至っている。……この点について、わが国固有の伝統文化に注目し、維持発展させる」(同9月5日)ともいう。これらは、『期待される人間像』が、「現代文明」や「機械文明」を危険視し、和の精神と「聖なるものに対する畏敬の念」「宗教的情操」を強調しているのと全く同じである。

自然科学や技術が発達すればするほど、反動は私的な利益のためにそれを独占的に利用して公害を撒き散らすとともに、科学や技術の成果をもねじ曲げて利用しながら人間と社会に対する非科学的・非合理的な思想をますます普及させようとする。もちろん、人間の理性は人間的な感情や意志と結びついて主体的な思想を形成し、科学的な知識も科学的な方法、すこやかな身体、人間的・合理的な感情と意志に結びついてこそ個人と社会の発展に寄与しうる。しかし、「知識偏重」などと攻撃されているばあいの「知識」の実体は受験に有効な知識に過ぎず、方法も当面の受験や排他的生存競争に即応するものでしかない。だからこそ、このような「知識」や「方法」を身につければつけるほど、自分自身が何であるかがわからなくなり、社会についても無知になるのは当然であろう。そして、「心が貧しくなる」のも無理はない。反動は、自らがもたらしたこの現状の責任を理性や科学や知識一般に転嫁し、そして、それを改革すると称して、非合理な心情や宗教的情操を押しつけようとしているのである。こうして、すでに現在でも、青少年の間には、科学的な知識と方法への関心よりも、新しい迷信や神秘主義や運命論への関心が強まる傾向が見られるのである。臨教審はこの傾向を一層強めるであろう。

従って、解放教育においては、今日の社会環境の中で子どもたちが幼い時から身につけさせられるあらゆる非合理な考え、とくに人間と社会についての非科学的な考えを不断に訂正しながら、子どもたちに科学的知識と方法をきっちり身につけさせなければならない。そして、今日の社会の中での自己の社会的立場を科学的・民主的に自覚できるよう指導する必要があろう。

5「偏向教育」攻撃

――「教育の中立性」の思想

戦後の反動が平和教育や民主主義教育を攻撃する時、いつも口にするのは「偏向教育」であり、「教育の中立性の侵犯」である。すでに一九五三年の山口日記事件（平和教育への弾圧）や一九五五年の日本民主党（自民党の前身）の『憂うべき教科書問題』（第三集まで発行）の中でもそれが使われていたし、最近の教科書攻撃でもそれが強く叫ばれたことは周知の通りである。そして、この「偏向教育」のレッテルがとくに集中的に貼られるのは、平和と科学と民主主義の原則に基づく教育の内容と方法であり、さらにその教育を推進する教師である。懇談会提案は、「教師の立場は単なる労働者ではない」として、日教組への教師の結集を妨げる試補制度を提案し、教師の適格性を問題にしている。京都座会提言も教師の民主主義的団結を敵視し、「先生同士にも、より良い教育をめざして、自由に競争できるような条件をつくり出」すよう求め、教師の再選抜制、任期制の導入を提案している。また、ブレーン案も「教師の質」を問題にし、「私達は教育を不毛なイデオロギー闘争や政争の具に供することを断乎として退けて、日本の将来、二十一世紀のための、国民のための教育改革に着手しなければならない」としている。元文相の坂田道太氏も同様に、「日教組はイデオロギーを捨てて、教育それ自体に打ち込みなさい」とはっきり語っている（「毎日新聞」'84年5月11日）。しかし、このような攻撃は反動だけがやっているのではない。周知のように、日本共産党も解放教育に対して、「教育の中立性の乱暴な侵犯」であり、「偏向教育」だと攻撃を加えているのである。

ところで、「教育の中立性」とは、教育が、左・右のいずれであれ政治的に偏ってはならず、常に中立的でなければならない、ということである。「教育に政治を持ち込むな」とか、「教育は政治になじまない」というのもこの「教育の中立性」を意味している。けれども、現在のわれわれの社会のように階級的な利害が対立しているところでは、このような「教育の中立性」はありえない。現実に、教育は政治と密接に結びついており、「教育は政治になじまない」というのは誤りである。反動政治に民主教育がなじまず、民主政治に反動教育がなじまないだけであって、反動政治には反動教育が、民主政治には民主教育がよくなじむのである。差別と反差別の間に中立の立場、第三の立場がないように、民主教育と反動教育の間にも中立や第三の教育はありえない。われわれが子どもたちの教育を大切に考えているように、反動の側も彼らなりに子どもたちの教育を重要視している。だからこそ、彼らは臨教審を強引に押し進めようとしているし、われわれはそれに強く反対しているのである。彼らには彼らなりの教育目的があり、われわれも彼らとは反対の教育目的を持っている。そして、その目的の達成は「教育それ自体」によってはどちらの側も不可能である。政治と結びつかなくてはならない。国会という政治の場で教育問題が論争されている事実が明瞭にそのことを示している。また、教育の制度的「独立」を目指す公選制もしくは準公選制の教育委員会制度も、「教育の中立性」の制度的保障などでは決してない。つまり、もし公選制教育委員会制度を復活させたとしても、それは決して政治から離れたところで教育が行なわれるということにはならない。第一、教育委員の選挙自体が教育を巡る利害、従って政治的対立を反映せざるをえないからである。

ただ、注意しなければならないのは、反動の側の「偏向教育」攻撃の強さと、民主陣営の側からのそれに対する理論的反撃の弱さ（教育研究者の責任）から、現在、国民世論の中に「教育の中立性」という幻想が広範に普及していることである。そして、現状では、この幻想はそう簡単になくすることはできないであろう。しかし、いかに困難であろうと、われわれはこれに立ち向かっていかねばならない。この幻想に依拠して、「われわれは教育の中立性を犯してはいない。反対に、そちらが犯しているのだ」とか、「教育に政治を持ち込むな」などといっていれば、この幻想はますます強化され、政治に対する無関心はますます増大する。そして、民主陣営は弱体化し、反動政治が大手をふって横行し、教育は彼らの意のままに動かされるようになろう。問題は、中立か偏向かなどでは決してない。差別か反差別か、平和か反平和か、科学か反科学かである。そして、まさにそれをはっきり世論の中に訴えていかねばならない。もちろん、教育に政治を「へたくそに、乱暴に」持ち込んではならない。それは、子どもを混乱させ、また、反動につけ入られるだけである。しかし、このような方法上の過ちに対する配慮から、教育と政治との結合という原則を否定してはならない。

従って、われわれは「教育の中立性」の押しつけにあくまで反対し、解放教育と解放運動、民主主義教育と民主主義的政治をわれわれの側で意識的に結合して闘い続けなければならないであろう。

（一九八四年十月）

「道徳」教育への批判視点

はじめに、臨教書答申に忠実な道徳教育ということで説明します。丸三年間の臨教審の審議があり、四回答申がありましたが、文部省の非常に頑迷な保守派と、中曽根ブレーンの自由派との対立が厳しくて、途中で自由化という言葉も消え、個性尊重というようになった。そうしたことから、自由派が大きく後退して、やはり文部省が中心にどんどん進めていくだろうという見方が強いんですが、私は必ずしもそうは思いません。例えば「日の丸」「君が代」について、「望ましい」とかではなく「指導する」とはっきり書いてあるように、相当きつい言い方がたくさん出てきます。しかし愛国心を強調していながら、「天皇のために死ね」だとか「国のために命を捧げろ」というような意味合いのことは出てきません。その代わり、「主体的に」とか「率先して」「自主的に」という言葉が頻繁に出てきます。自由派の考え方は、言われるほどには後退していない。

少し細かく言いますと、まず方法で目についた変化があります。道徳教育が戦後始まってからずっと、「正直」「倹約」「畏敬の念」などの徳目をずらっと羅列していると批判されてきたし、また事実そういう傾向が強かったんですが、今度は変えました。例えば今回、小中学校の道徳の「内容」は「主として自分自身に関すること」「主として他の人とのかかわりに関すること」「主として自然や崇高なものとのかかわりに関すること」「主として集団や社会とのかかわりに関すること」に分けられている。今まで徳目主義だ羅列主義だと言われてきたものを、とりあえず苦心してまとめたということです。

もう一つは、内容の精選ということと同時に、順次性・系統性を強調しています。道徳の場合ですと、幼稚園のしつけから始まって高等学校で「人間としての生き方、あり方」、最後にはやはり「世界の中の日本人」「愛国心」というところにいくんですが、それを子供の発達に即してやろうと言うわけで、これまでなかった事です。

それから、現行の指導要領でも、道徳教育は道徳の時間だけでなく学校教育全体でやると書かれていますが、さらに地域や家庭との連絡をよくとるとか、子供の実態に常に注意するとかが強調されている。つまり目の前の子供のことをほっておいて「国に忠義を尽くせ」と言っても始まらないということでしょうね。今年、防衛大学卒業生で今までで一番多い五八人が任官を辞退した。大学院にいくのはまだしも、タダで勉強させてもらって卒業したら私企業に勤めると言うんですね。毎年首相が訓示もやり、愛国心の教育に一番力を入れている大学でこの事態というのは、政府としても非常に頭が痛い。道徳教育を相当徹底しなければ、と思っているでしょう。高等学校で今度社会を地歴と公民に分けるときに、系統性とか専門性を一方で言いながら、やはり現在の若い人たちの意識状態が望ましくないというところで、公民を教科として独立させた。公民科の独立は、道徳教育に力を入れるという姿勢がそっくり形に現れたものだと思います。

理科でも一方での科学的精神とならんで、自然現象についての不思議な気持ちというところから畏敬に通じるような非合理的なものを教えようとしていますし、音楽でも民謡や子守歌というかたちで、地域愛や郷土愛を媒介に愛国へというところが、はっきり出ている。ですから極論すれば、全教科が道徳教育の補助教材とも言えるほどです。

つぎに内容ですが、個々の徳目について特に新しいものは見当たりません。ですが、幼稚園や小学校の低学年での「しつけ」という、「起きて顔を洗いましょう」というようなだれもが反対できない生活の仕方から始まって、「人間としての生き方とかあり方」へいき、さらに「日本人としての自覚」から「世界の中の日本人」へともっていく。これも、義務教育修了の中学校段階、それから現実には大部分の子供が一応学校教育の最終となる高等学校卒業の段階までに、日本人として国のために尽くすような青年になんとか育成することを目標にしているのだろうと考えられます。

愛国心の問題を特に取り上げます。新学習指導要領に対する日教組中央執行委員会の見解を一読しましたが、一番始めに「戦後教育の総決算のめざすもの」とあり、「国家主義の徹底」とあります。共産党の人たちも日教組全体としても常に国家主義が非常に強くなってきたと言うのですが、私はそれでは不十分だという気が強い。国家を最高のものとし、国のために個々の人間は犠牲になっても仕方ないというのが、ごく一般に言われる国家主義です。「国家の教育」に対して「国民の教育」を日教組はずっと唱えてきましたが、これでは対立点がはっきりしない。例えば、英語のナショナリズムは「愛国心」「国家主義」「国民主義」「民族主義」などいろいろな訳ができ、それらは内容もニュアンスも違うんですが、「ナショナリズム」というカタカナではそれらがいっしょくたになる。その中でも特に国家主義に矛先が向けられるのですが、終始一貫抜けているのは民族主義への批判視点です。国家主義を批判するのであれば、それと分かちがたく結びついている民族主義、国家主義のようによそよそしいものではなく、私たちの血肉になっている日本人としての感覚や意識、民族感情を俎上に乗せねばならない。国家主義が基礎にしているそれを、日本の左翼はほとんど批判してこなかった。

国家主義の対案として普通出てくるのが国民主義です。この言葉は戦後ほとんど使いません。その代わり個人主義と自由主義です。臨教審は、「戦後数十年にしてようやく形成された日本国民の中庸意識」を非常に高く評価し、「人間尊重の精神に根ざした正しい意味での個人主義」を積極的なものとして出している。革新の側では概念としては出していませんが、実態としては個人主義を明確に出しているし、自由主義の方ははっきり出しています。「国家がどう言おうと私のことは私が考える——これが最も新しい我々のよりどころだ」というような言い方で、それがよく強調されます。それから反政治ですね。教育に政治が割り込んでくるのはけしからん事だと。

結局、個人主義と自由主義を国家主義に対置しているのですが、むしろ現在出されてきている愛国心は、戦後日本の世論の中に深く根づいた個人主義と自由主義を媒介にしている。若い人たちだけでなく老人の間でも、個人主義と自由主義が日常感覚ではものすごく多い。とにかく他から縛られないという状況は非常に具合がいい。それを現在の反動ははっきり予定しています。例えば数年前の『防衛白書』は、非常に重要な指摘をしています。現在のような自由や価値観の多様性はこの国家あってのものなので、もしこの国家がだめになったらソ連のように統制されて自由はなくなるし、価値観の多様性なんてふっとんでしまう。だからこの自由、価値観の多様性を大切にするためには、ソ連の脅威に対して否応なくこの国家を守らなければならない、と。「天皇のために喜んで死ね」だとか、「先祖伝来の二千年の文化・伝統を守るためには、少々の犠牲を惜しんではいけない」とかいうような強引な言い方はしないんです。さらに日本は、国家体制としても自由主義ですね。直接的には自由主義経済ということでしょうが、はっきりと反共を目標においた自由主義です。戦時中、個人主義や自由主義が共産主義についで悪いと弾圧されたこともあって、これは進歩的な思想だと考えられたりするんですが、私は戦後の思想状況の中では個人主義や自由主義は決して進歩的な役割など持ちはしないと思います。

ナショナリズムについてもう少し言いますと、よく政治家などが日本人は単一民族だと言って批判されます。もちろんこの批判は正しいのですが、彼らが口を滑らすほどアメリカやソ連などの国々に比べては単一民族的ですね。私たちの日常感覚でも、日本人と書えば日本語を話し顔形も似たり寄ったりで、方言もたいしたことはない。ですから沖縄やアイヌの人たちは独立した民族ではないかと言われますが、大部分の日本人の場合、人種も民族も国民も実感として重なっている。それらの概念的な区別を日常的にはあまり必要としない。民族的な日常感覚は戦後もあまり変わっていない。

他民族と何か特別な関係になるとそれが思わず出てくる。数年前の大韓航空機事件のときも、ソ連や共産主義は信用できない、何をするか分からない、やっぱり我々は日本人だと。ソ連や共産主義の対極は常に「日本人」ですね。ラオスやフィリピンで日本の商社員が捕まったときや、外国との漁業交渉のときなども、いつの間にか商社や大水産会社の利弁を自分が代行しているような気になっている。同じ日本人だ、日本の水産業だと。底引き網でも日本は根こそぎ捕りますから大変嫌われる。その事実は分からずについ乗ってしまう。ボクシングなどの国際試合では、私自身も思わずテーブルの下で挙を握っています。思想の問題というのは、他を批判すると同時に自分の頭の中に巣くっているものを批判しないとだめなんですね。

民族主義とは、階級的な利害を越えて民族の利害を言うことです。民族を最高のものにおく。日本の労働組合の弱体化や分裂の原因の一つには、民族主義的な弱点が大きい。外国の悪口を言っているうちに、つい日本企業の利益を代弁している結果になるのを、やはり反省する必要があるのじゃないか。「国家」は実感として遠いが、「民族」は気がついてみたら自分の血肉になっている。その民族感情を、ちょっと歪めちょっと過大にしてやると、もう民族主義になる。軍事問題でも、戦争反対とさかんに言いますが、「北方領土」の問題になってくると、右翼から左翼まで全部集まって大合唱をやります。日本人としての共属意識というか共属感覚というか、そこへ根ざした愛国心ですね。

最近また「いい意味での民族主義」という人がいるんですが、露骨であるか洗練されているかの違いだけで、高度に発達した資本主義に進歩的な民族主義などありはしない。逆にそれは、労働者の階級意識を麻痺させ腐らせるのに最も有効なものだと思います。個人主義と自由主義を基礎にして、非常に日常的な民族感情を揺り動かしながら、それを「日本人」と言う形に意識化し、結局愛国というところまで持っていく。そういう構造を愛国心は持っているのではないか。その中間項に郷土意識がある。竹下首相が「ふるさとおこし」で一億円ずつばらまいたんですが、「ふるさとおこし」から「ヤマトおこし」へという、彼なりの非常にぼやけた感覚はあるんじゃないかと思いますね。効果のほどは分かりませんが、決して無駄にやっているわけじゃない。

最後に学習指導要領の改定については、道徳教育も含めて、短いスタンスでみる限りわれわれの側に楽観的な見通しは考えられないですね。これを叩き返すだけの組織的な力量がない。また、道徳教育一つとってもこれを的確に批判しえているかどうか非常に疑問です。ただ私が頼みの綱にするのは、思想闘争が中心になってくると、今年一杯がヤマだとか、来年でもう全部が決まるというような、短期的な勝負ではないということです。それこそ今の旭富士のように、今度は綱を取れなくても来場所につないで取るという、これが思想闘争のあり方です。

ですから、各学校で日教組の再生を目標に掲げ、相当時間をかけてじっくり思想闘争をやる。この条件は戦前と比べて非常にいいと思う。検閲もないし、なんでも話し合える。右翼が時々脅かしたりするけれど、脅迫しているほど行動力はありません。それから国際的な平和や人権の世論が、これまた戦前とは全然違います。ですから長い目で見たら決して悲観する必要はない。だから派手な喧嘩はできなくても、なにはともあれ日教組の再生強化を図る。これがないことには教育の闘争には勝てない。

もちろんそれは難しい課題です。第一、教員組合がよほど教宣活動をしっかりしないと、教員が内部から腐ってしまう。教育委員会が弾圧する必要なんか全然ない。ある父兄から聞いた言葉で忘れられないのですが、「商人以上の商人」の教師がたくさんいる。表面ではけっこう組合運動だとか言いながらですよ。親もよく知っていて、心根が卑しいとそういう教師を裏では馬鹿にしています。それで私も、まずプレゼントは止めようと言ってきたんですが、それでも止めたくないという気持ちが強い。組合が弱くなると、上から物理的にやられた結果だとよく言われるけれど、必ずしもそうではない。

教組の再生というときに、ストライキができなくなったという問題が大きい。教師のストライキに対して日本の世論は異常に厳しかったですが、七四年の最後のストライキのときにはようやく同情も出てきた。その時は例の「聖職論」でやられたんですが、闘えば共感も出てくる。闘わない、そのうち闘えない、そうなったら悪循環です。

日教組の闘いで一番よくやったのは小学校の教師です。日教組の再生もやはりこの根元からいかないと駄目だと思いますね。少数とはいえ、しっかりした先生がたもいますよ。そういう先生が学校で二、三人でもいいから、支部とかに物を言い出す。そして労働貴族の状況を切り崩さないといけないと思いますね。これ自体、そう簡単ではないですが。

それから最後にあえてもう一つ申し上げると、戦後革新の側が、例えば体育の時間にやらせる集団行動などを批判してきましたが、私はそれには同調できない。子供にもっと集団的な行動を学ばせる必要がある。それは教育の中立的要素だと思うんですね。バラバラなのが革新的で、集団的な行動を右翼的だとかいうんですが、革新政党は集団的行動ができなくなっている。半官半民のボーイスカウトなどへ、お母さんたちがよく子供をやっていますが、その気持ちは良く分かりますね。子供たちは決してバラバラでいたいわけではなく、皆と一緒に行動したい、力を合わせてある困難を克服したい。そういうときに部分的な問題としては、歩調を合わせたり、一斉に右から左に向くこともあるでしょうが、それを軍国主義と一緒くたにして批判したのでは間違いだと思います。

道徳教育について批判しようとすれば、自分の中にある反動の側の道徳教育の要素を批判していく必要がある。お互いの間にそれを出し合い相互批判して、私たちが強くならなければ、道徳教育といっても一方的に押し倒される。その一番いい例を最後に申し上げます。教員の初任者研修である洋上研修は、非常に効果を上げています。これは紛れもない事実です。これで置きます。

（一九八九年四月）

第二章　解放教育の原則と解放の学力

1976年2月9日　（週刊、月曜日発行）　解放新聞　（4）

"狭山"の炎

整然と休校や集会
日共系教師が妨害はかる

東京
一万人で都心デモ

奈良
生徒七百が盟休
県庁前で二千人集会・デモ

大阪集会
二万二千が
寒風ついてデ

大阪・堺支部で「石川かえせ」とシュプレヒコールをする同盟休校の児童

狭山事件で同盟休校（1976 年 2 月 9 日「解放新聞」）
狭山事件の不当差別判決を、部落の子どもたち
は同盟休校でたたかった（解放新聞社提供）。

本書では部落問題をはじめとしてさまざまな差別に対する理解と取り組みを教え、取り組む教育をすべて「解放教育」と呼んでいる。歴史的にふり返ってみると、この言葉を最初に使い、また使うように提唱し広めていったのは中村拡三先生で、その経緯は本書終章の「中村拡三兄の思い出」で著者が伝えているように、戦前の「同和教育」と区別して、その原則や中身を考え直したいという気持ちが込められていた。それで中村先生は全国解放教育研究会ができ（一九六七年）、雑誌『解放教育』が創刊される（一九七一年）動きの中で、解放教育がめざす学力とは何かについてさかんに議論を続けてこられた。著者は別のところで次のように回想されている。「部落解放同盟の建物が環状線の桃谷駅の近くにあった時、そこの一室で中村拡三さんを中心に福地幸造さん、上田孝子さん、野口良子さんたちと解放教育の研究会が行なわれていた。そこへ私（横田）も参加して、……そこで解放教育の原則が討議・決定され、解放教育研究所の基礎が作られ」た（『解放教育』四二〇号、二〇〇二年一二月所収、「拡さんを悼む」）。この頃に「解放教育」といえば「部落解放教育」をさしていて、それが略されて「解放教育」とも呼ばれていた。

「同和教育」という言葉は、その成り立ちから言えば「同朋一和」の略で、戦争で敵と戦っているときに同じ国民のあいだで対立している場合ではない、国民はすべて「天皇の赤子」という考え方で（みんな平等という）同和教育が進められていたが、戦後になってそういう融和的な考えでは部落差別はなくならないという反省に立つ人たちは新しい呼び名を探していた。

今日ではどちらの言葉を使おうと、その文脈や全体の思想から受け止めていけばいいのであって、そこにはあまりこだわりはない。また今日では「解放教育」という言葉はさらに進んで、部落差別だけでなく女性差別・在日朝鮮人差別・障がい者差別など一切の差別を許さないという意味で使うことが普通になっている。また行政側が使う呼び名としては、今でももっぱら「同和教育」が使われている。

解放教育の理論と諸原則

はじめに

同和対策審議会の答申が出された二年後の一九六七年、私たちは全国解放教育研究会（全国解放研）を結成しました。当時、ようやく一般的になって来た同和教育の名称によらず、敢えて解放教育と名のったのは、部落解放運動との結びつきを自覚し、融和教育とはっきり区別するためでした。同時に、それは部落の子どもを中心に据えながら、部落差別以外のあらゆる差別を受けている子どもたち、つまり、全ての子どもたちの解放を目指す教育をも展望していたのです。

同和対策事業特別措置法が出された一九六九年には、私たち全国解放研は解放の学力とその三つの柱を提起しました。（1）集団主義　（2）子どもの現実認識を大切にし、科学的・芸術的認識を高める　（3）解放への自覚　がそれです。これも敢えて解放の学力とした理由があります。当時、「非行」と低学力の克服が解放教育の直面していた大きな課題でした。けれども、部落から逃げていく丑松を養成するわけにはいきません。「非行」というねじ曲げられたエネルギーに正しい方向を与え、部落解放への確乎とした力量の基礎を育てなくてはなりません。それをはっきりさせるためには、単なる学力とせず、解放の学力と規定し、その三つの柱を明らかにしました。

その後、部落解放運動と解放教育は大きく発展しました。そして大阪では、部落解放同盟大阪府連第二〇回大会の方針を受けて第一次解放教育計画検討委員会が組織され、約二年間の討議を経て七五年末に第一次報告書をまとめました（その報告書は『部落解放』第七九号、一九七五年12月を参照）。その報告書の中で解放教育の諸原則を明らかにしたのです。それは、（1）部落解放運動との結合（2）政治との結合（3）生活・労働との結合（4）自己の社会的立場の自覚（5）公的・普遍的権利としての学習権（6）集団主義（7）平和教育との結合（8）民主主義教育との同一性と独自性、の八項目です。そして、それは水平社以来の解放運動と世界の民主主義教育の伝統を踏まえ、当時の解放教育が置かれていた諸情勢を考慮して討議・決定されたものであり、先に挙げた解放の学力とその三つの柱も、その中に含まれていました。

解放運動と解放教育は、六五年の同対審答申と六九年の特措法を受けて、六〇年代と七〇年代にはいわば上げ潮に乗った状態で発展しました。けれども、私たちはこの高揚期のムードに乗って解放教育の原則を決定したわけではありません。理論や原則というものは、特に思想に関わるばあいには、時勢の成り行きによって右から左へ、左から右へと簡単に変更されるものではないでしょう。それは、過去の積極的・肯定的な伝統と現状の科学的な分析、そして将来への発展の見通しを持った上でのものでなくてはなりません。従って、それは決して容易なことではありませんが、七五年の原則を検討するばあい、私たちは不十分ながらもそのような原則を打ち立てようと努力しました。

例えば、政治との結合という、当時としては全く異例の原則も、決して簡単に決定したのではありません。同対審答申の中で「教育の中立性」というマイナスの主張がされていること、日本共産党がそれに同調するだけでなく、解放教育を「偏向教育」として攻撃していること、国民の間にも「教育の中立性」という幻想が相当広汎に普及していることを批判的に検討しました。そして、戦前、部落解放運動が天皇制の厳しい政治的な弾圧とたたかってきたこと、先進諸国の民主主義教育の歴史においても、民主主義政治と結合して反動政治とたたかってきたことを踏まえました。そして、解放教育を民主政治とはっきり分断しようとする動きも見通しました。こうして、今後の解放教育の発展のためには、それを支え、促進する民主主義の政治と意識的に結合することを原則としたわけです。

八五年の第二次解放教育計画検討委では、この原則は改めて再検討はされませんでした。しかし、八八年を後わずかで終えようとする現在、情勢は大きく変わってきました。そのため、もう一度これらの原則を検討し、私たちの足もとを踏み固め、ゆるぎない前進を続ける足がかりにしなくてはならないでしょう。

一　最近の情勢の変化

最近の国内情勢の変化の中で、解放教育に直接関係する最大のものは次の二つといってよいでしょう。

その一つは、部落解放運動に対する国の政策の大きな転換です。即ち、八六年に出された地域改善対策協議会の意見具申とそれに基づく八七年の「地域改善対策特定事業に係る国の財政上の特別措置に関する法律」、および八七年に総務庁地域改善対策室から出された「地域改善対策啓発推進指針」がそれです。これらは、六五年の同対審答申と六九年の特別措置法の精神を否定し、部落解放運動を事実上破壊しようとするものです。しかも、それは現在なお国民の間に根深く残っている部落差別の意識に依拠しているのです。

もう一つは、八四年から丸三ヵ年かけて、四次に分けて行なわれた臨時教育審議会の答申です。これは日本の教育全体を統制と自由化の二つの方向で反動的に再編し、独占資本のための効率的な人的資源の選別と差別を一層徹底しようとするものですが、現在すでに大学審議会の設定から始まって、逐次実施に移されてきております。そして、この臨教審答申も、戦後国民の間に普及されてきた個人主義や自由主義、戦前から一貫して育てられてきた民族主義、さらに、「教育の中立性」という幻想に大きく拠りかかっております。

以上の二つの動きを中心とした反動的な情勢変化に対して、残念ながら、現在のところ民衆の側は十分反撃できる体制にあるとはいえません。しかし、民衆の間に反撃のエネルギーが無くなったわけでは決してなく、減少したのでもないのです。そのエネルギーを掘り起こし、結集して、大きな反撃の力とすべき革新政党が共産党を含めて右傾化し、労組や革新団体が分裂・弱体化しているところに問題があります。

部落解放運動を一貫して担って来た部落解放同盟に対して敵対する組織が共産党の指導のもとに作られているのは周知のとおりです。そして、最近の動きからも知られますように、その組織は政府の反動的な部落対策を実質的に下から支える役割りを果し始めています。反戦・平和運動も共産党の強引で独善的な指導の結果、分裂したままです。春闘に連敗し続けているうちに、労組の組織率は低下し、労働運動の分裂は克服されるよりも固定化される危機にあるとさえいえるでしょう。戦後の民主主義教育を護る大きな砦となって来た日教組も弱体化しています。昨年からの組織的な分裂をやっと回避したものの、まだ組織率の低下を食い止めることは出来ず、勤評闘争当時の実力はもちろん、七四年の統一スト当時の実力にも及ばなくなっているのを、残念ながら認めざるを得ません。

子どもたちの生活も大きく変ってきました。かつては塾通いの子どもは特別視されていましたが、今では塾に通わない子どもが特別視されるようになってきております。町の広場や田舎の野原、山、小川といった自然の空間を次第に奪われてきた子どもたちは、もう自由に集団で遊ぶことを忘れています。狭い部屋の中に閉じこもって、テレビやファミコン、週刊子ども漫画などで孤独に時間を過ごしているのです。そして、早朝から深夜まで放映されるテレビ、毎週発行される漫画誌、またそれらを素材にしたビデオやCDやテープが子どもたちの思想形成に教科書以上の影響を与えているといえましょう。

こうして、臨教審が意図している反動的な思想攻勢は、すでに各種の民間教育産業やマス・メディアによって直接子どもたちの間に「先導的に試行」されているのです。それは、超人と現金崇拝、他人のことなどどうでもよいという個人主義、どんなものであれ統制や規制は一切忌避する自由主義、新・旧の迷信や占い事に簡単に心を奪われる運命論や非合理主義、身近かな朝鮮人差別からやがて反ソに収斂されていく民族主義、「日の丸」「君が代」と天皇崇拝の反共愛国心等々です。

部落の子どもたちも決して例外ではありません。解放運動の発展によって勝ち取られた部落の生活環境改善の結果、部落の子どもたちの生活と意識は部落外の子どもたちのものに急速に近づいて来ました。「差別への怒りが見られなくなった」といわれるのは、そのことの一つの現われともいえるでしょう。

さらに、運動として大きく発展してきた解放教育も、ここ数年、内部から「形骸化」「空洞化」の声が聞かれます。解放の学力が二〇年前から唱えられながら、一部を除いて、未だに「低学力の克服」が大きな課題として残されていることも率直に認めなくてはならないでしょう。それは、解放教育の量的な発展に十分質的な充実が伴わなかったことを示しております。それはまた、解放教育の理論の弱さをも示しているのです。

二　解放教育の理論と原則

以上のような情勢の変化や私たち解放教育に取り組んでいる者の今日での主体的な条件を考慮して、先に挙げた七五年の解放教育の原則を改めて検討しなければならないでしょう。結論から先に言えば、それらの個々の項目は今日においても再確認すべきものだと考えます。ただ、それらの項目が並列されていたものを、改めて位置づけし、再構成すべきだと考えます。そして、それはやはり今日の時点で私たちが十分討議して決定すべきものです。従って、ここではその討議の一つの素材として、私個人の試案を述べてみましょう。そして、このばあい、個々の項目については、先に挙げた『部落解放』第七九号の「解放教育の原則」を是非参照していただきたいのです。

（1）解放教育成立の基本条件

これまでもそうでしたが、解放教育が解放教育として成り立っていくか否かという基本的な条件は、今後ますます重要になっていくでしょう。それは、部落解放運動との結合と民主主義政治との結合だと考えます。

①　部落解放運動との結合

先に触れた地対協の意見具申では、六五年の同対審の基本精神を否定しながら、しかも同対審答申の最も否定的な個所はそっくり踏襲しています。それは同和教育と解放運動の峻別であり、「教育の中立性」の厳守という点です。なぜこの点を彼らは再確認しているのでしょうか。解放教育を解体して融和教育へと大きく後退させるためには、この点が是非とも必要だからです。逆に言えば、部落解放運動と民主主義政治から切り離されたところでは解放教育は成立しないのです。運動に支えられ、政治の助けを得て解放教育は初めて成立しますし、逆に解放教育によって運動も政治も支えられるという関係にあります。

改めて述べるまでもなく、解放教育は学校の中だけで、教師だけで行なわれる訳ではありません。学校の外での地域や家庭での子どもたちの生活があり、遊びがあります。子どもたちの身体や知能や情操の発達の多くの部分がそこでなされております。そこにはまた、親たちの生活と労働があり、解放へのたたかいがあります。そして、その中で子どもたちは育っております。解放運動と解放教育の密接な結びつきの基盤がそこにあるのです。

ここで、「自主的民主的同和教育」が解放教育を攻撃している二つの点を検討しましょう。それは運動との結合に対する攻撃だからです。

その一つは、学校教育に対する外部団体からの「介入」とか「干渉」という点です。もう一つは、六九年の矢田教育差別事件の発端となった木下文書にも出ている「どんな良いことでも、お上（行政）からきめられたことはダメだ。自ら要求し自らかちとったものが身になり肉になる」という点です。（詳細は全国解放研編『解放教育の原則と展望』明治図書、八五年、第二部Ⅴ「教師の自立と教育実践」を参照）ここでは簡単に述べるにとどめましょう。

現在では、父母の要求を学校教育に反映させようという意見は誰もが言いますし、臨教審でも、後に触れますように「保護者の希望を生かす」と言っています。ここで最も重要なことは、その要求や希望がどんなものであるかという点です。それが多数であるか少数であるか、要求を反映させる手続きがどうであるかという点は、重要であり、配慮すべきことではありますが、要求や希望自体の当否と同列に置くわけにはいきません。要求自体が正当であれば、それが少数のものであれ、多数のものであれ、個人のものであれ、団体のものであれ、あるいは内部から出ようが、外部から持ち込まれようが、上からでも下からでも、何所から出ようが、基本的には問題はない訳です。それをまず明確にした上で、多数とか少数とか、中とか、外とか、上とか下とか、その手続きがどうかといったことが慎重に考慮されるべきだと思います。「自主的民主的同和教育」では、これを逆転して考えているうちに、肝じんの要求や希望の当否を無視し、内部の多数決による要求をそのまま正当とし、外部や少数のものをそのまま不当と考えるプラグマティズムに陥っている訳です。

② 民主主義政治との結合

解放教育だけでなく、解放運動も反動政治に対決している民主主義政治と結びつかなくてはその成立も発展も保障出来ないでしょう。反動の側はそのことが解っているからこそ、逆に「教育の中立性」を執拗に押しつけてきているのだと思います。事実が示しているように、この「教育の中立性」は教育が反動政治と結びつくことを一向に妨げないばかりか、そのことを促進しているのです。「日の丸」「君が代」の押しつけはその一例です。

ところが、革新の側の多くは、現在国民の間に広く普及している「教育の中立性」の幻想を打ち破る努力をせずに、逆にそれに依拠しているのが現実だといえましょう。

ここでは改めて教育の階級性については述べませんが、現在、「解放教育は偏向教育だ」とか「解放教育は『教育の中立性』を侵かしている」といって攻撃している日本共産党も、かつては教育の階級性を唱えていた事実だけを明らかにしておきましょう。それは例えば次の通りです。「身体の発達も精神の発達も、社会の経済的・政治的なしくみや、思想支配のからくりに影響されずにはいません。したがって、学校教育は、制度の面でも、内容の面でも、政治性、階級性をさけることができません。制度としての学校教育は、教育という階級的な思想闘争がもっともはげしくたたかわれる領域でありますと」と。さらに、「マルクスもレーニンも、教育を受けながら経済や政治に関与することが可能であり、教育の効果を高めるものであるとしただけではなくて、このことなしには未来のほんものの教育は考えることができないとしました。適切な保護のもとで子どもたちが生産労働に従事することと、人民の諸闘争へ子どもなりに接触したり参加したりすることは、まさに労働者階級が闘いとるべき課題のひとつであり、子どもたちが健全に育っていくための基本的な条件であり教育方法です」と（日本共産党中央委員会編『教育の軍国主義化とのたたかい』六五年、六五ページ、九四ページ）。

日本共産党が、「数育の中立性」擁護へと転落した経緯は少しも明らかにされていません。ただ、レーニンの言葉をプラグマティックにねじ曲げた点がその一つの発端になったのではないかと推察されます。レーニンは「学校と政治との結びつき」という「基本的な原則」を「へたくそに」「乱暴に適用すること」を厳しくいましめていたのです。恐らく、この「適用」の仕方に注意を集中しているうちに、「基本原則」の方が忘れられてしまったのでしょう。

（2）解放教育の本質

七〇年代の初め、同和教育は民主教育の一環であるという意見（主として共産党）と同和教育は民主教育の原点であるという意見（主として解放教育）が対立していました。また、それまでに「同和教育を民主教育（一般）に解消してはならない」「部落抜き、差別抜きの同和教育は同和教育とはいえない」という主張も強く出されていました。

それらのことを考慮して、七五年の私たちの原則では、民主主義教育との同一性と独自性という項目を立てました。そして、そこでは、私たち人民が推進する民主主義教育は、あらゆる差別とたたかいうる人間の育成という点で解放教育と同一であるし、同時に、解放教育が常に部落差別を中心に据えるという独自性を持つことを明らかにしました。

ただ、それは解放教育の原則の一つというのではなく、現在、解放教育とは何か、その本質は何かという問題に答えるものだったと改めて考えております。従って、それは次のようにはっきりさせるべきではないかと思います。即ち、解放教育は部落差別を中心にして、あらゆる差別とたたかいうる人間を育成する民主主義教育の徹底である、と。

戦後の同和教育の理論的指導者の一人であった小川太郎は六三年に次のように書いております。「同和教育はまさに国民教育そのものである。ただ同和教育は、部落の解放という課題に焦点を合せている。国民の階級的な差別と支配の最大の被害者である部落の子どもという原点から国民教育を考える。そして、まさにそのことによって、同和教育は国民教育の問題点を、その最深部、その本質においてとらえ、国民教育の推進の最前線に立つのだということができる」と（小川太郎編『同和教育の理論と方法』部落問題研究所出版部、七七年、二八〜二九ページ）。この文章の中の「国民教育」

を「民主主義教育」と読み変えれば、その内容はもっと明らかになるでしょう。

中曽根前首相の唱えた「戦後政治の総決算」を教育に適用し、戦後の民主主義教育を全面的に打ち壊そうとしているのが臨教審の答申です。そこで、今後は、民主主義教育が、その基本思想から始って、制度、方法、内容の全てにわたって攻撃されてくるでしょう。また、地対協の意見具申に従って、解放教育をねじ曲げようとする動きが強まると予想されます。そして、臨教審も地対協も決して異質のものではありません。

従って、これらの動きに反撃し、民主主義教育を護ることは、そのまま解放教育を護ることになり、解放教育を護ることは、そのまま民主主義教育を護ることになるでしょう。

（3）解放教育の諸原則

①　集団主義

解放教育の原則として集団主義が伝統的に確認されてきたことはもう説明するまでもありません。そこで、現在特に大切にされなくてはならないと思われる一つの点だけを述べることにしましょう。それは、子どもたちの間に存在する仲間に対する人間らしい配慮を、集団主義の芽として大切にすることです。

最近の子どもたちは、物心がつく前から、テレビの影響を強く受けて育っています。内容もわからないままにコマーシャル・ソングを覚えている幼児も珍らしくはありません。そのことは、現在の子どもたちが、極めて早くから直接ブルジョア思想に教化されていることを示しています。こうして、薄汚い個人主義と自由主義が子どもの人間らしい心に泥を塗っています。激化する受験競争がそれに拍車をかけ、仲間のことなどかまってはいられないという気持ちに追い込んでいきます。無関心、無気力、無責任、無感動の四無主義が子どもたちを支配していると言われてからすでに久しいわけです。けれども、そのようないやらしい思想にまみれながらも、子どもの心の中から消し去ることが出来ないのが人間らしい共感です。例えば、受験競争の真只中に置かれた高校生でも、学園祭や修学旅行の際に明らかに示す集団的な喜怒哀楽の感情は誰もが認めるところです。現状の反動的な思想攻勢の中にあっても、私たちが楽天的な見通しを持てる根拠の一つはまさにこの点です。子どもたちの間に、日常見え隠れしているこの仲間への人間らしい配慮や共感を、私たちがきちんと認め、それを基盤にして集団主義の思想にまで育ててあげることが現在特に大切だと思われます。

ここで、子どもたちの間でよく見られる「可哀そう」という気持ちをどう受けとめ、どう対応するかということについて、再検討する必要があるでしょう。これまで解放教育では、可哀そうというのは差別的な感情だとされ、差別への怒りの感情を対置して来ました。それは間違いだったとは言えません。しかし、その受けとめ方と対応の仕方に性急さがあった場合が多いと思います。他人のことなどどうでもよいという一般的な風潮の中で示された、友だちに対する「可哀そう」という子どもの気持ち（ほんね）は、現在、消極的であっても、人間的なプラスの感情として受けとめるべきものだと思います。そして、それを相手の「可哀そうなどと思われたくない」「同情はご免だ」という一層人間的な誇りの感情に直面させることによって、反省させ、相手の気持ちに本当に共感できるように指導することが大切だと思います。解放教育は、思想変革のための働きかけであり、一人一人の子どもたちが心の中で自分の醜い反人間的な差別の気持ちと美しい人間的な共感との内面的なたたかいをするのを促がし、そして、人間らしい、強くて美しい人間に育てていくことだといえます。そのためには、教師や指導者にも性急さは禁物です。解放教育の「空洞化」といわれる弱点を克服するためにも、子どもの現実に即した辛抱強い働きかけが必要でしょう。

② 生活・労働との結合

この原則は今日では、子どもの現実から全く離れてしまったように見えます。すでに述べましたように、塾やテレビやファミコン等に生活の時間を殆ど奪われ、今では学校が勉強や子どもらしい遊びの場であるよりも、一息入れたりいじめで憂さばらしをする場になる危険すらあります。部落の子どもたちも決して例外ではなく、遊びや生活を奪われ、労働とは殆ど切り離されており、さらに、子ども会活動の不振も各地で聞かれます。

けれども、このような現状を肯定し、放置することは出来ません。逆に、そのような現状を打ち破り、子どもたちに子どもらしい生活を取り戻させ、集団的な遊びと労働の楽しさを味わせるような条件を整備していく任務が解放運動と解放教育に課せられていると言わねばなりません。「低学力」の克服という課題も、そのことと結びついて始めて本当に解決されると思います。

この原則の身近かな実践は、現状の中でも決して不可能ではありません。家の中でも、子どもが少しでも弟や妹と遊んでやったり、面倒を見たりすること、労働で疲れて帰る父母にねぎらいの言葉をかけ、あるいは進んで家事を手伝うことなどは現状でも直ちに実践に移せるでしょう。こんなことからでも、子どもたちは、自分が本当に家庭の一員であり、生活の主体者だと自覚する端緒になりますし、もっと人間らしい生活を望むきっかけとなるでしょう。学校や子ども会でも同じです。共同の仕事や遊びを現在よりも少しでも多くさせることは、全く可能なことです。そして、その実践の中でこそ、子どもたちは自分の存在価値を自覚するとともに、友だちを本当に友だちとして見ることが出来るようになるでしょう。真に人間らしい人間関係がこうして育てられていくことによって、反人間的な差別に対して集団的に反撃する共通の怒りも燃え上ってくると思います。

③　自己の社会的立場の自覚

六〇年代の高度成長期以後、表面上均等化されて来た生活実感の中で、日本の労働者の多くが「中間層」意識を持たされてきました。決定的ともいえる思想闘争の弱さ、労働運動の分裂と弱体化がその意識を助長しました。この「中間層」意識は、労働者が自分の受けている階級差別に気づかないだけでなく、「中間層」として、一層下の者へその差別を転嫁していることに外なりません。「上見て暮すな、下見て暮せ」という訳です。ですから、労働運動の統一・強化によって、労働者が労働者階級の一員としての自分の立場と使命を自覚し、差別の転嫁ではなく差別撤廃の闘いのために団結することが緊急の課題になっているのです。そして、そのためにも、せめてマスコミの宣伝にごまかされないだけの思想闘争の強化が不可欠だといえましょう。

解放教育で早くから解放の学力を唱えていたのも、ただ「非行と低学力」の克服という当面の課題だけに答えるものではなかったのです。子どもたちが将来、部落解放運動を受け継いで発展させ、同時に日本の労働者の解放のたたかいを担う意志と能力を養おうと考えたのです。ですから、解放の学力は、あくまで部落の子どもを中心に据えながらも、部落外の全ての子どもたちにも育てようとするものです。ただ、解放教育の「空洞化」が言われ始めた現在、この解放の学力が改めて問い直されており、学力の実態調査の結果とも相まって、子どもたちに共通に育てあげるべき学力の具体的な内容をもっと明確にすべきであるという意見が出されています。これは全く正しい指摘であり、今後、早急に取り組まなければならない課題でしょう。また、六六年の『期待される人間像』を実際にはね返せるような、私たちの人間像も具体的に作り上げねばなりません。さらに、そういった課題を追求する過程で、読・書・算という基礎学力中の基礎学力や科学を、解放の名のもとに軽視したり、否定したりする一部の傾向も克服されていくでしょう。

（4）解放教育の性格

①　学習権の公的・普遍的保障

臨教審は、愛国心教育や教師の思想に対しては国家統制を強めながら、教育行政、学校制度、教育方法、教育内容の面で統制や規制を緩和しております。つまり、不当な統制は強化しながら、当然なすべき統制や規制は緩めて、国の責任を放棄しようとしているのです。その一つに通学区域の規制緩和があります。

臨教審第三次答申では、現行の通学区域が「選択の機会に対する配慮に欠け」「学校教育の画一性、硬直性、閉鎖性と子どもの自主的精神・個性の伸長を妨げていることなどの一因となっている」としています。そして、第四次答申では、「通学区域の存り方の見直し」として、「現行の市町村教育委員会の学校指定の権限は維持しつつ、保護者の希望を生かすための工夫を行う方向で改善するとともに、様々の改革プログラムの総合的検討を進める。学校選択の機会を漸進的に拡大していくため、当面、具体的には、調整区域の設定の拡大、学校指定の変更、区域外就学の一層の弾力的運用、親の意向の事前聴取・不服申立ての仕組みの整備など多様な方法を工夫すべきである。」としています。これは、能力主義による学校の多様化、教育内容・方法の弾力化、多様化と並んで、子どもの学習権の平等性を打ち壊そうとするものです。子どもにとっては、教育を受ける権利・学習権は、生存権と並ぶ最も重要な基本的人権です。従って、解放教育は学習権の公的・普遍的保障を要求し、全ての子どもたちに、例外なく、平等に学習権を保障するためにたたかってきたのです。六八年から数年にわたって大阪で展開された越境反対闘争も子どもの学習権の平等を保障させるたたかいでした。本来、通学区という規制は、子どもの住んでいる地域がどこであろうと、その教育の機会均等と学習権の平等を保障するための教育行政上の必要な措置です。もしこの措置が緩和されれば、子どもたちの学習権が実質的にどのように破壊されるかは、六八年以前の大阪の実態からも十分推察されます。一例を挙げますと、ある進学有名中学校の三年生の四九・五%が越境生であり、逆にある部落を抱える中学校三年生の三八・五%が他校へ越境していたのです。しかもそれは、法（規制）を侵していたのです。「多様な方法」でこの法（規制）自体が緩められたり、あるいは「学校選択の自由」の名のもとに、堂々と学習権の平等性が無視されていたわけです。臨教審はさらに、通学区域などに一切拘束されない私立の小・中学校を増やし、民間教育産業に依存して、公教育に対する国の責任を放棄しようとしています。

学習権の公的・普遍的保障という解放教育の性格は、このような教育の自由化、私事化に強く反対するものなのです。

②平和教育との結合

最近の政府の露骨で急速な軍備拡張、改憲と侵略戦争肯定のための教科書攻撃、天皇崇拝と愛国心の押しつけ等に対して、反戦・平和教育の緊要性が痛感されています。

けれども、直接的な戦争の惨禍や人間の生命、個人の幸福について教えるだけでは反戦・平和の教育としては極めて不十分です。あらゆる差別に反対する徹底した人権擁護の思想、どんな民族的偏見にもまどわされない国際主義の思想、そして、それらの思想を確乎として支え、非合理主義に反対する科学の思想が育てられなくてはならないでしょう。解放教育が反戦・平和の教育と固く結びついているのもこの点です。

この三つの思想（結合の原則）に反対する反動思想が天皇制のもとで着々と国民を教化し、次第に国民を侵略戦争に協力させていきました。一つは、国内でのあらゆる差別の思想です。一方では、天皇を不可侵の神としながら、部落差別、男女差別、障害者差別、民族差別等が当然のこととされていき、次第に日本全体が兵営のような一大差別体制となりました。その二は、独善的・排他的民族主義の思想です。日本民族が世界一の優秀民族であり、他民族は劣等・劣悪だと決めてかかり、国内の階級矛盾は全て他民族との間の矛盾としてすり代えられていきました。「赤魔ロシア」「暴支膺懲（ようちょう）」「鬼畜米英」というスローガンはその典型でした。そして、その三は、物事を合理的・科学的に考えようとしない非合理主義の思想です。「物事は理屈では割り切れぬ」といった日本古来の考え方を国家神道を中心とする右翼思想が強力に補強していき、終りには「神風」とか「みそぎ」、「大和魂」といった神がかりにまで行きつきました。そして、部落差別や男女差別にもこの非合理主義が大きな役割を果していました。

このような思想が、戦後の反動化の中で新しい装いのもとに、再び強力化されております。そして、それと対決しているのが解放教育であり、従って本物の反戦・平和教育と固く結びついているのです。

あとがき

今後、情勢は次第に厳しさを加えることが予想されます。けれども、厳冬の中で樹木の年輪の固い部分が形成されるように、解放教育も、まさにこれからその強固な核心が形成されていくと思います。

そして、そのさい私たちが見落してはならないことがあります。

その一つは、たとえいかに困難な情勢のもとに置かれようとも、挫けることなく解放の旗のもとに結集して来た部落解放同盟が健在であり、弱体化したとはいえ、民主主義教育を護って来た日教組があることです。

その二は、たとえ現在、力量と経験が少なくとも、また数が少ないとはいえ、新鮮で意欲に燃えた、戦闘的な教師や指導者が次々と私たちの隊列に加わっていることです。

その三は、子どもたちの中にある、本能的ともいえる平等の感覚、仲間を思い、仲間を求める感情です。この感覚と感情は、やがて明確な反差別の意識や集団主義となる芽といえるでしょう。そして、この芽はいかなる反動も摘み取ることは出来ないでしょう。

その上、人権と平和に関する国際世論が次第に広がりを見せていることです。

私たちが恐れることなく自らの弱点を克服し、足もとを踏み固め、毅然として明日に向って力強い一歩を踏み出すことを、これらの事情は私たちに要求しているといえるでしょう。

（一九八八年十二月）

解放の学力のさらなる追求を

「個」の徹底的追跡と抽出促進

「部落の子どもの学力の現状を明らかにし、学力保障の条件と方法論を追求しよう」というのがこの分科会のテーマであった。予定通り、報告は二つ行われた。まず、そのあらましを紹介しよう。

1 「立てるか、K児!」(三原市沼田東小学校)

「この子たちに学力をつけてほしい」という被差別部落の親たちの願いに応えて結成された部落子ども会は、当初、解放への自覚、集団主義、基礎学力の充実という三点を主要な目標としていた。やがて解放同盟の支部や青年部の批判と援助を受けて、この子ども会の活動の重点が変わっていく。すなわち、右の三目標のうち初めの二点に子ども会活動の重点を置き、基礎学力の充実の面は学校教育の現場に返していくのである。そこから学校教育の中身と方法が問い直されるようになる。たとえば、100a = 1ha ということを一応知っていても、その 1ha が実際にどのくらいの広さかはまるでわかっていないし、わかろうともしない、といった情況があった。また、計算や読解をある程度できるようにするのはそれほど困難ではないが、自主的な学習態度を一人ひとりの子どもの身につけさせるのは容易なことではない。

したがって、学習と生活の結合、生活全体の変革という課題が教師たちに意識されてくる。ここから、教材の精選、自作、組み替え等の研究・実践が始まる。また、子どもたちの遅れの事実・原因を個人別に詳細に追求するため個人カードが作られる。その場合、「一年間に一人の教師が一人の子どもを変える」ことが実践目標とされる。こうすれば、「義務教育九年間に九人の子どもを変革することができ、……落ちこぼれのない教育もできるし、部落差別によって奪われた教育を取りもどすことができる」と考えるのである。

このような全体的な取り組みのなかで、被差別部落の子どもK児に対する学力保障の実践がでてくる。それは、教師と親と子どもたちの三者によるK児の変革である。教師は授業中や放課後の個人指導、家庭訪問などによって、「わからないことがわからないといえる、そして、ひとつでもわかればその喜びを味わわせる」ことをめざす。親は己の被差別体験と解放への闘いを語り聞かせる。子ども会は盟休で狭山闘争を闘う。こうして、K児はその闘いのなかで小学生代表として決意表明をするまでになる。

しかし、日常生活や子ども会活動のなかに表れたK児の積極性や根気は、まだ学習の面では見られない。そこで、生活日課を確立させることによって、解放への自覚と学習への自主的な姿勢とを結びつけるように指導を強める。同時に、子ども会での狭山闘争を児童会活動に結びつけ、学校全体で学習意欲を高めていく。こうして、K児の学習への自覚が少しずつではあるが深まりつつある。

2 「抽出促進指導の問題点」(松原市立第三中学校)

その特徴を簡単にいえば、次のようになろう。解放運動の成果である促進指導に全校的に取り組み、部落生徒のつまずきの原因を究明し、その指導の方法と内容を集団的・科学的に明確にすることによって、学校全体の教育内容と方法を変革する。つまり、促進を徹底することによって促進を克服し、学校の教育全体を変革するのである。

まず、抽出促進指導の三原則が確認される。すなわち、対象を部落生徒にしぼること、解放への意識、原学級復帰である。この三原則に則って、教師と生徒の側の指導・学習態勢が集団的に具体化される。そのさい、数年前までの「低学力」との闘いから得た次のような共通認識が教師の側にあるのである。まず、「『低学力』の原因は、勉強しない子どもの側よりも、子どもにつまずきをつくる教科指導の欠陥にその多くが求められる」。したがって、「教育内容の創造なしには『低学力』の克服はありえない」。そこで、「教育内容創造のための取り組みは一時間一時間の授業内容の洗い直しからはじめられ(各教科、学年で統一した)、『最低必要事項』として整理されてきている」。

一方、生徒に対しては、「授業集中の徹底と家庭学習の定着化、そして班学習、この三つを学力向上の必要かつ十分な条件として要求してきた」のである。さらにこの抽出促進指導においても、松原三中の伝統となっている集団主義が貫かれる。すなわち、教師の側には、教科、学年、各部会、委員会等々での徹底した集団的討議と全校的な集約、教組分会活動の強化による労働条件の改善といった全教師の相互批判と相互援助の態勢があり、それが学校全体に規律と統一をもたらせている。生徒の側では、一方で、個々の促進生徒の決意とその実行をクラス集団への責任、解放への展望と結びつける。他方、それを支える班や原学級、および子ども会の集団的な活動があり、学習への規律がある。

なお、松原三中のこの実践が最近の激しい逆差別攻撃のなかで行われている点もつけ加えられた。

学力観の転換と子どもの変貌

以上の二つの報告をもとに、討議された内容をまとめると次のようになろう。

1　部落の子どもの学力実態をどうつかみ、どう克服するか

一般に「低学力」といわれるものが、社会の底辺に置かれた子ども、被差別部落の子どもに集中的に表れていることは今さらいうまでもない。また、それが歴史的な差別の結果として表れていることもすでに明らかにされている。しかし、その正確な実態や「落ちこぼされる」筋道については、まだ十分究明されてはいない。

討議のなかでは、学力の遅れを学校の枠内だけでなく、多面的・継続的に追求する試みが報告された。たとえば、個々の子どもの生育歴を両親の結婚生活にまで溯って調べ、それを同盟支部と保育所が共同で個人カルテとして活用し、補充していく。それはやがて、小・中学校へと継承されていくのである。また、小・中学校が独自に個人指導カルテを作っている事例もある。それらは、一人ひとりの学力の発達や遅れの経緯や実情を、家庭生活や子ども会活動とも関連させて明らかにしようとする試みである。

次に、学力の遅れを克服するに当たって強調された主要な点は次の通りである。（イ）学力全体の遅れの決定的要因である言語認識の乏しさを克服する場合の保育所の役割の重要性、（ロ）保育所、

小・中・高校教育の一貫性の問題とその態勢作り、（ハ）部落の子どもの生活・労働・遊びでの積極性を学習に緒びつける必要性と、そのさいの子ども集団の役割の重要性、等々である。

さらに、学校の態勢として早急に改善すべき点として、次の二つが指摘された。すなわち、（イ）学力の遅れが明確に顕在化する小学校三、四年の受持教員が、未経験な新卒教員や、学校と地域の実情に疎い転入教員によって占められているといった一般的な傾向、（ロ）一時間、一時間の授業の見直し、とくに短時間の授業のなかで理解の遅い子どもをつい見逃してしまう傾向、である。そして、促進指導についても、（イ）対象生徒を教師がすぐ引取るのではなく、生徒集団の教育力を最大限に活かすこと、（ロ）単に抽出だけでなく、入り込み促進など、形態や運用を子どもの実態と学校・学級の実態に即して適切に選ぶこと、（ハ）一度軌道にのっても、惰性に流れず、常に新しい発展の展望を探ること、等々が強調された。

2　学力観の転換

ここで問われているのは、あくまでも部落解放と結びついた学力である。だが、言葉では解放の学力といっても、まだその中身が十分明らかにされてはいない。しかも一方では厳しい受験体制がある。したがって、教師にも部落の親にも子どもにも、解放の学力というものが十分理解されてはいないのである。それが最も露骨に表れるのが、高校進学を前にした中学三年の時である。進学競争に有効であれば何でもよいという学力観、固定的な能力観に基づく排他的・個人主義的な学力観、現行教科書を絶対視した学力観、等々である。こういったものを現行の進学体制のなかで克服するのは容易ではない。しかし、現状に妥協するのではなく、個々の学校の教育実践のなかで克服し、事実によって教師や親や子どもたちを説得していくこと、そして、学習を部落解放闘争の発展の展望と結びつけ、そのなかで集団的な遊びや生活や労働と学習を結びつけることの必要性が強調された。そして、二つの報告にもあったように、個々の学校で、個々の教科の内容を創造する実践から、やがて統一した我われの教育課程を作りあげていかねばならない。それはまだ部分的にせよ我われの仲間によって進められている。

3　子どもの変貌

戦後の青少年の意識や行動の変化についてはこれまで数多く論じられてきた。阿部進の『現代子ども気質』が広く論争を呼んでからでも、もう一五、六年になる。最近では三無主義とか四無主義、あるいはシラケの時代といわれている。このことは部落の青少年にも無関係ではない。以前は差別の厳しさを身をもって知っていたが、今はそうでない、かつての怒りがみられない、おとなしく、こじんまりしてきた、頑張っている子も指導の枠内に止っている等々といったことが今度の討議のなかで指摘された。子ども会や青年部のリーダーの後継者ができにくいという報告もあった。そして、このような状態が、解放運動の発展による部落の生活環境と学校の教育諸条件の変化に結びついていることも指摘された。

しかし、部落の青少年の物的諸条件の一定の改善にもかかわらず、彼らの意識や行動の低下が部分的にせよ表れているとすれば、その原因は何か。それについての突込んだ討議はできなかった。ただ、このような現象が現在の日本の青少年の一般的傾向でもあること、および、民主陣営全体の思想闘争の弱さとも関連させて考える必要があろう。解放運動の場合にも条件整備の闘いを思想闘争と結びつける点で弱かったのではないか。この点で運動の側も学校の側も再検討の必要があろう。そうでなければ、奇妙な禁欲主義や道徳主義が運動と教育の足をひっぱり、「特別措置法」打切りに格好の口実を与える危険性が出てくるであろう。

非合理主義的学力観と「中立的」な「基礎」学力観の克服を

学力の問題が独立の分科会で討議されたのは、今年でまだ二度目である。昨年の討議の中心は、学力における技術主義と政治主義の克服という点にあったが、それは今度も形を変えて表れている。つまり、部落解放という明確な方向をもった学力を個々の子どもたちに自覚的に獲得させるには、何をどうすればよいか、という点が討議の中心であった。この点は今後もさらに一層深く追求される必要があろう。それは、被差別部落の子どもの学力問題に止らず、日本の子ども全体に関わる先駆的な実践を導き出すための努力でもあるからである。

そのさい、次の二つの考え方に注意し、批判を加えていかねばならないだろう。その一つは、新学習指導要領に表れている非合理主義的・道徳主義的学力観であり、もう一つは、それを補強している「中立的」な「基礎」学力観である。

「ゆとり」のなかで「人間性豊かな児童生徒を育てる」といわれる今度の指導要領に表れた学力観とは何か。科学的な概念や系統的な知識が全くいいかげんにされたのと逆に、「心情」「態度」「道徳」「実践」が極度に重視され、超自然的・超人間的なものへの「畏敬の念」がかきたてられる（この「畏敬の念」は一九六六年の『期待される人間像』以来一九七一年の中教審答申を経て今日まで一貫している)。これは、よくいわれるような単なる心情主義とか態度主義に止まらず、今日の反動思想の中核をなす非合理主義であり、新しい装いをした神秘主義である。それは、「知育偏重」や「科学万能」を改めるという反動の掛声が指導要領として具体化したものである。

同時に、「君が代」が「国歌」とされ、小・中学校の歌唱共通教材から外国の歌がすべて排除されたことに典型的に表れているブルジョア民族主義的愛国心の涵養を目指している。そして、この排外主義は青少年の間の不当な優越感と劣等感によって支えられる。すなわち、これまで以上に「個性」「能力」「適性」を強調し、選択科目の増大や進路指導を徹底することによって、差別と選別の一層の強化と系統化・「合理化」を目指しているのである。

こうして、行きつく先は次のようになる。「能力による区別は差別ではない。適材適所で、学力など問題ではない。やる気があるかないかだ」、あるいは、「知識や科学は末の末のことであり、人間教育の究極の目標は『聖なるものに対する畏敬の念』(『期待される人間像』)と愛国の熱情である」と。したがって、現在落ちこぼされている子どもには、現在の「能力」や「適性」に応じて、「道徳的心情」や「実践的な態度」の育成に力を注ぎ、「複雑なもの」や「抽象的かつ高度な内容」などは最後まで教えられはしない。そして、このような子どもは、できるだけ早くから「自分の特徴を知り、長所を伸ば」し、「常に明るく、誠実に行動」する「愛国心」に富んだ「日本人」になるように期待されているのである。

これは解放の学力とは全く逆の方向である。解放の学力とか自己の社会的立場の自覚という場合にも、意欲や心情や態度が大切なことはいうまでもない。しかし、それは差別と闘うという方向をもち、系統的な学習(科学的・合理的にものごとを考え、批判し、判断し、行動するための基本的な知識と方法を身につけること）と一体となっているものである。ますます複雑化していく日本の社会のなかで、解放の方向を堅持するにはこの学習が一層重要性を増している。したがって、いかなる名目であれ、科学性や合理性をいささかでも軽視する学力観に対しては徹底的に批判していく必要があろう。

次に、「基礎」学力観に簡単に触れてこの報告を終わろう。最近、日本共産党は学力という語をいつの間にか「基礎」学力に変えてきている。それは、従来の基礎学力ともニュアンスが異なり、およそ学力といわれるものから政治的・イデオロギー的・階級的な臭いのするものをすべて棄て去るのである。また、その主張は、「偏向教育」に対置されているところに特徴がある。しかし、その「偏向教育」とは、これまでそのレッテルが貼られてきた例からも明らかなように、恣意的・幻想的に設定した「中立性」からの偏向であって、民主主義の原則からの偏向・逸脱ではない。この場合、「中立性」を恣意的だというのは、己に都合の悪いものを常に「偏向」呼ばわりするさいの基準となっているからである。また、階級社会では教育の「中立性」など存在しえないから幻想的というのである。

学力は「中立的」でないかも知れないが、「基礎」学力となれば言語や自然のエネルギーや道具と同じように超階級的なものだ、と彼らは思い込んでいるのであろう。だが、中立的・超階級的な教材であっても、それが一度現実の教育のなかに組み込まれれば、その教育とその教育の成果としての基礎学力や学力一般はもはや中立的ではなくなる。このことは文部省ですら本能的に気づいているようである。すなわち、新指導要領の中学校社会科では、現行通り次のように規定している。「内容の指導に当っては教育基本法第八条の規程に基づき、適切に行うよう特に慎重に配慮して、生徒の公正な判断力の育成を目指すことが必要である」と。

全国解放教育研究会結成当初より我われは解放の学力を主張してきたが、それは「中立性」の侵犯だとか、「偏向教育」だという非難を覚悟したうえである。我われがあくまで護るべきものは、「中立性」でなく、全ての差別と特権に反対する民主主義の原則なのである。

（一九七七年十二月）

集団主義とは何か——その思想

最も一般的に言えば、集団主義とは、抑圧され、差別されている人々が、その抑圧と差別をはねかえして、人間らしく生きるために、互いに力を合わせることである。だから、それは解放の思想であり、戦闘的なヒューマニズムの思想でもある。

では、人間らしい生き方とは何か。それは第一に、現代社会に相応しい物質的な生活の最低限が保障されることである。第二に、人間としての誇りを互いに尊重しながら、愛情豊かな相互関係が結び合えることである。そして第三に、それらのことを踏まえて、われわれがもっと利口に、もっと人間らしくなり、われわれの住む社会をもっとよくしていくために、ますます力を合わせて努力することである。

この集団主義は子どもたちの教育にも適用されてきた。戦前のピオネールや少年少女水平社の運動がそれであり、今日の解放教育はその伝統を受け継いでいる。さらに、'50年以後、マカレンコの集団主義教育論が翻訳・紹介されて、一時集団主義は流行し、全生研を中心に多くの学校で実践もされた。けれども、それは日本の教育界の悪例に漏れず、教育技術上の一時的な流行に過ぎなかった。そして、今日、はっきり集団主義を教育原則として掲げているのは解放教育だけである。

では、なぜ今日、集団主義がこのように多くの学校で無視されているのか。それは流行だけでは説明できない。むしろ、エゴイズム、個人主義、そして自由主義が広まったからである。ますます激しくなる受験競争は、子どもたちから友情を奪い、そして、彼らを排他的で孤独なエゴイストに仕立てている。労働運動の分裂と弱体化は、教師を含む日本の労働者を個人主義と自由主義に向かわせ、マスコミがそれを補強している。また、日本では、戦前・戦中の天皇制ファシズムが共産主義を弾圧した後に個人主義と自由主義をも弾圧した。そのことから、戦後においても個人主義と自由主義が反ファシズムの思想だと考えられてきた。そして、それを批判する集団主義をファシズムと混同してきたのである。その上、現在のソ連・東欧の激変はこのような考え方をますます強めている。

だから今、一方では、「お互いがお互いをそっとしておくこと、これが民主主義だ」とか、「私のことはほっておいてくれ。私は私の自由を制限されたくない」、あるいは、「この世で頼るべきものは自分の力だけだ」といった考えが普及している。そして他方、「人間はどうあがいても、己の運命を変えることはできない」とか、「人間の努力には限りがある。最後はやはり神仏の力にすがるべきだ」という説教に多くの人が耳を傾けているのである。

このようにして、どうなったのか。かつて、'60年代の高度成長期に、所得倍増のかけ声と共にマイホームの夢がばらまかれた。民衆の中には、激しい自由競争の中で孤独な働き蜂となって残業に励み、やっとのことで蓄えた預金にローン（借金）を加えてマイホームを手に入れた者もいる。それでも、欧米の人々から、そのホームは「ウサギ小屋」と軽蔑された。現在、日本は世界一の債権国となり、金余りとすら言われている。けれども、身を粉にして大企業をそのように富ませた民衆には、もう「ウサギ小屋」ですら夢のまた夢になっている。肝心の土地が大企業に買い占められ、日本の国土がますます日本の民衆から遠ざけられているからである。

大企業はまた、子どもたちから自然を奪い、家庭を奪い、友情と希望を奪い、その上、次々に考え出した商品を強引に売りつけて、子どもたちをいっそう孤独にしている。「非行」、校内暴力、家庭内暴力、不登校、果ては自殺といった悲惨な教育荒廃はその結果に外ならない。それは、個々の家庭や教師ではどうすることもできないのである。

けれども、神や仏に頼ったところでどうなるものでもない。大企業や政府や文部省にお願いしても、われわれ自身の力が弱い限り、門前払いを食わされるだけである。しかし、われわれ自身の力を分散させている個人主義と自由主義を克服して、われわれが力を合わせさえすれば、道は開けるのである。個人主義的なマイホームの取得ではなく、共同の住宅を集団主義的な努力によって獲得した部落解放同盟の成果は、そのささやかな実例である。「非行」と「低学力」の克服で成果を挙げてきた松原三中の集団主義教育の実践もある。もっと一般的な最近の例は、昨年夏の参議院の選挙である。野党がほんの少し力を合わせて、消費税に対する民衆の怒りを結集しただけで、あのような勝利となった。このような、われわれ自身の実例を生かし、集団主義が個人の自由や個性を奪うなどといった誤った宣伝を事実によって打ち砕こう。参議院選挙で力を合わせた者の個性や自由が失われなかったのは言うまでもない。解放同盟の個々のメンバーや松原三中の一人一人の生徒に自由と個性がないなどと言えば、大笑いされるだけであろう。人間らしい本物の自由と個性を護り、生かせるためには集団主義が不可欠であることを、もう一度考えよう。

なお、集団主義が現実に正しく発揮されるために欠くことができないものがある。それは人間と社会についての科学的な知識を与える教育である。日夜、集中豪雨のように降り注ぐマスコミの一方的な影響をはねかえし、「日の丸」「君が代」「天皇への敬愛」「畏敬の念」を確信をもって拒否できる科学的な教育である。現在の社会の中で、自分たちは一体何であるのか、自分たちの社会的立場や役割は何か、自分たちの共通の利害と自分自身の本当の個人的利害は何かを正しく判断できるための教育である。この教育や学習を伴わずに、ただ団結だけを唱えておれば、かつての天皇制の時代のように、抑圧者である天皇や財閥や軍閥に再び協力させられるであろう。

集団主義教育は、科学と結びついた集団主義の教育なのである。

（一九九〇年四月）

民族主義の克服と集団主義の再生を

一　時流に抗して

ソ連・東欧の崩壊は、戦後の日本のすべての解放闘争を底辺で支えてきたマルクス主義者に決定的な打撃を与えた。前世紀七一年のパリ・コンミューンの実験を経て、地球上初めての社会主義国家としてソ連邦が成立して七十余年。フルシチョフのスターリン批判の不徹底が後を引いていたソ連の国家と党の徹底した改革を唱えたゴルバチョフ。彼のペレストロイカには私も陰ながら大いに期待した。だが、この期待は完全に裏切られた。

これまで、私は不勉強でありながらも常にマルクス主義者であろうと努力してきた。部落解放教育の中での発言も、政府の文教政策や日本共産党の教育政策に対する批判も、他ならぬマルクス主義の立場から続けてきた。

しかし、この二年ばかりの間、私は筆を執ることなく、大学の講義とドブロリューボフの翻訳を細々と続けながら、過去に書いたものを検討し、ソ連の体制批判の本もふたたび読んで（たとえば、ヴォスレンスキーの『ノーメンクラツーラ』、文学では、ソルゼニーチン、ルゥバコフ、ジノヴィエフ等の作品）考えてきた。この孤独な内省を経た現在、私はあらためて、今日の反社会主義、反マルクス主義の時流にいささかの妥協も自分に許してはならない、と決意している。私のこれまでの思想闘争が、その本筋において決して誤りではなかったと確認するからである。むしろ、それは不徹底であり、不十分であった。そして、それはたんなる不勉強のせいだけでなく、生活の現状に妥協して、自分自身の内面的な思想闘争が不十分になっていたからである。

以上のように、私自身の思想的な立場を明らかにした上で、日本の思想状況を振り返ってみよう。

初めにのべたように、ソ連・東欧の社会主義体制の崩壊は日本のマルクス主義者に決定的な打撃を与えた。しかし、本当に打撃を受けた者はもうきわめて少数ではなかったのか。というのは、日本のマルクス主義の流行がとっくに過ぎ去り、その権威も失われていたからである。それは、六〇年安保闘争以後の高度成長による新しい資本の側の思想攻勢（強力なマスコミと生活の「中産層」化をともなった）と労働の側の分裂と対立による。そして、国際的には、スターリン批判、中ソ論争、さらにユーロコミュニズム等の影響を受けていた。

しかも、この日本のマルクス主義の凋落は、弾圧による強制的なものではない。敗戦直後の占領軍による検閲や朝鮮戦争当時のレッドパージを除いて、言論・出版に対する検閲や禁止はなく、名称と実体が矛盾しているとはいえ日本共産党も公党として存在している。

したがって、かつてマルクス主義者であった者が己の思想を棄てて転向していったのは、戦後の場合、自主的・自発的なものといわねばならない。資本のイデオロギー攻勢に敗北して、自らの思想を自主的に放棄したのである。

しかし、ごく少数とはいえそのような転向を拒否しているマルクス主義者は日本にもいる。ついでにいえば、崩壊したソ連にも、現在、「保守派」といわれて文字通り弾圧を受けながらも共産主義の再生のために身を挺して闘っている人びとがいることを忘れるわけにはいかない。また、かつて誕生直後の社会主義政権の息の根を止めるために大砲と銃でシベリアへ侵入した日本の政府と資本が、今度は札束で共産主義の息の根を止めようとしてエリツィンに協力していることも忘れるわけにはいかない。以前は「在留邦人の保護」などといい、今度は「人道主義的援助」などといっているが、日本の政府と資本がそれほど人間的であろうか。決してそんなことはない。

昨年、フィンランドで日本の過労死とカラオケが新聞に報道されている（この二つはローマ字で表現されていた）のを知って驚いた。週休二日制、学校五日制などのかけ声の陰で、着実に過激な労働が強いられているのである。もちろん、過労死だけではない。もともと資本は労働者を人間とは考えていないのである。このことを決して忘れていないのがマルクス主義者であり、そのためにこそ、思想における妥協を排してきたのである。

とにかく、現在の日本の思想情況を放置するなら、民主陣営は限りなく弱体化していき、青年は大企業とマスコミの一方的な思想攻勢の犠牲となり、やがて子どもたちも事実上文部省にすべて委ねてしまう事態になろう。この現状、この時流に抵抗し、少なくとも日教組と解放教育のなかまたちがもう一度反戦・平和と人権と科学の立場を確認し、私たち自身の思想点検を率直に行い、闘う体制をつくり直さねばならない。

二　民族的偏見・民族主義との闘い

さて、編集部からもらった「国際化と解放教育」という主題を私は表記のように「民族主義の克服と集団主義の再生を」と変えた。現在の思想情況から特に重要だからである。

ここでいう民族主義は、人種差別主義や自民族中心主義よりもっと広いナショナリズムである。しかし、ナショナリズムといっても、国家主義との闘いは思想的にそれほど困難ではない。国家は権力であり、人びとにとって外的なものだからである。だが、民族主義との闘いは困難である。人びとにとって、自民族は己自身をふくんだ、きわめて身近で日常的なものだからである。言語や生活様式を通じて植えつけられてきた自然な民族感情をねじ曲げ（優・劣といった民族的偏見）、不当に拡大したもの（自民族内部の階級対立を無視して他民族と敵対する、民族排外主義）が民族主義である。一つの例をあげよう。

八八年一〇月三日の夕刊で毎日新聞は次のように報道した。三省堂発行の高校二年生用英語教科書の「戦争」という章に自民党の一部の議員が「教材としてふさわしくない」と文部省にケチをつけた。三省堂は文部省にその章を「マイ・フェア・レディ」に差し替える申請をした、と。そして、実際「戦争」という章はなくなった。私はその章の文章全体を手に入れ、私たちの大学の新入生用教材として使ってきた。その章の内容を要約すれば次のようである。

一人の日本人が東南アジアの人たちと話をしていて、日本民族が最も残酷だといわれて非常にきまりが悪くなった。しかし、第二次大戦中にマレーシアで、ある日本兵が若い女性から赤ん坊を奪い、空中に抛り上げ、銃剣で刺殺したらしいということを知らされる。そこで、「戦争は人びとを残酷にする。だから、ある民族が他の民族より残酷だとはいえない」。さらに、ヴェトナム戦争中、米軍の毒薬空中散布によって、体や知能に障害をもった多くの犠牲者が出ている。「このような物語は悲しいものである。しかし、われわれの生活をよくするためには、時には不愉快なことも直視しなくてはならない」。

この章は、初めの括弧内で示した文章があるので、検定に合格したのであろう。また、日本兵士の赤ん坊虐殺の話には、用心深く「らしい」という語まで入れている。しかし、南京大虐殺すらなかったと強弁する例の自民党議員にはそんなことは通じない。彼らには、天皇の軍隊や日本民族に傷がつく恐れのある文章はすべて教材として許すことができないのである。

彼らのこのような強引な介入を毎日新聞は教科書検定の問題、表現の自由に対する干渉としてとりあげていた。しかし、それではまったく不十分である。この問題の内容は、他民族無視の不当な自民族美化であり、侵略戦争の残虐な本質を隠蔽しようとするものであり、それを青少年に押しつけようとするものである。

次に、現在問題となっている従軍慰安婦のことを考えよう。あくまでシラをきろうとしていた政府が、現在、つぎつぎにボロを出しているのは新聞で周知のことである。ここでは、従軍慰安婦制度の本質をみよう。それは、侵略戦争における天皇の軍隊独特の制度であった。戦前・戦中の天皇制のもとでは、日本民族は「神」である天皇の「赤子（せきし）」として世界唯一、最高の民族とされていた。しかも、国内では、天皇を頂点に、あらゆる差別が体系化されていた。帝国軍隊はそれを暴力的に反映していたのである。

そして、日本帝国には国家公認の女性差別・階級差別の制度として公娼があった。侵略戦争にさいして、この公娼制度が他民族蔑視・抑圧と結びついて慰安婦制度を生み出したのである。したがって、朝鮮の女性を中心に、他民族の娘たちが、たんに騙されるだけでなく、野犬狩りのように捕らえられたのも決して偶然ではない。

現在、天皇制は大きく変わり、帝国軍隊は自衛隊に衣更えした。公娼も制度としてはなくなった。しかし、タイやフィリピン等の女性が騙されて日本に連れて来られ、各地で私娼にされている。数年前には買春旅行も問題とされ、今またフィリピンでの子ども買春がとりあげられている。そして、それらは日本人の女性差別だけでなく、民族差別の意識の根強さを露呈したものである。さらに、それは戦後の民族主義批判の決定的な弱さをも示している。慰安婦の問題は決して過去のことではないのである。

ここで、八九年に定められた現行の学習指導要領を見よう。そこには、「世界の中の日本人としての自覚」、「各国民の相互理解」、「世界平和を確立するための熱意と協力の態度を育てる」等々と書かれている。そして、それらは「日の丸」、「君が代」、天皇敬愛と一体になっている。すなわち、政府の唱える国際化は、新しい天皇制のもとでの愛国心の発露にほかならない。

戦後は、国に殉ずるとか、天皇のために命を捧げるといった滅死奉公の愛国心は通用しなくなった。そこで、政府は個々人の私的利害や受益感を超階級的に民族的利害へと統合しようとしてきた。すなわち、個人主義と自由主義によって、まず個人を、己と利害を共にするなかまのことには無関心にさせる。己の人権は主張しても、なかまの人権には鈍感になり、人権の平等性の意識が薄れていく。そして、この孤立した個人が、まさに個人の間の排他的な競争の中で、家庭（マイ・ホーム主義）から企業、そして地域・府県（毎年、天皇や皇族を「迎え」て行われる国体や植樹祭等）、国家へと次第に民族的に統合されるのである。

この統合のシンボルとしての天皇も、帝国軍隊の大元帥であった戦犯天皇が四年前に死んで、イメージがやわらかくなった。中国訪問にみられるように、皇室外交がやりやすくなるだけでなく、国民に天皇敬愛を押しつけるにも抵抗がかつてほど強くはなくなろう。

しかし、この新しい愛国心のもとで、憲法九条は無視され、自衛隊はいわゆる冷戦終結後も相変わらず増強されている。そして、湾岸戦争後の掃海出動に引き続き、現在、陸・海・空三自衛隊のカンボジア派兵となっている。目にあまる企業の公害輸出はマレーシアで裁判沙汰にまでなった。国内では、在日韓国・朝鮮人に対する不当な人権制限は続けられ、アイヌ民族には冷淡な無視があらためられず、最近増加しているいわゆるニュー・カマーたちにはきわめて排他的である。このような政府の民族主義に対して、露骨なものだけでなく、「平和」を装ったものにも、厳しい反撃を加えなくてはならない。

重要なことは、現在上から押しつけられている民族主義が、われわれの中に根強く温存されてきた民族的偏見をその受け皿にしているということである。しかも現在では、日本人の外国旅行は年間一〇〇〇万人を超えており、また、ニュー・カマーも年々増加している。つまり、日本人と他民族との接触はこれまでになく増大し、日常化しているのである。したがって、われわれの内部に潜んでいる民族的偏見を、人権の立場からもう一度点検し、それとの不断の闘いを始めなくてはならない。そうでなければ、政府の民族主義に対する闘いも上辺だけのものになろう。

高度成長以後、貿易摩擦はますます激しくなっている。そして、日本の労働運動の分裂・弱体化はまだまだ克服されていない。この情況の中では、政府や資本の唱える「国益」や「日本の利害」に同調させられ、民族的怒りを外国に向け、知らず知らずのうちに「日の丸」のもとに団結させられる危険がある。

日本の資本・企業と外国の資本・企業との対立・矛盾を国や民族間の対立・矛盾にすり替えるのは

今に始まったことではない。しかもその場合、必ず、日本国内での資本と労働の対立・矛盾が弾圧やイデオロギー攻勢によって糊塗され、ないものとされた。

そして、それにともなって、国内でのあらゆる差別の問題も無視され、温存されたままで、国民感情がすべて民族排外主義へと統一されていった。この悲惨な経験から得た教訓は、国内での被差別者・労働者の団結と国際的な被差別者・労働者の連帯の重要性である。この階級的立場を貫くことによって、初めて民族主義との闘いに勝利することができよう。

三　集団主義の再建・強化を

あらためていうまでもなく、われわれの解放教育は当初から集団主義を基本原則としてきた。それは、実践的には、戦前からの部落解放運動やピオネール活動、それに労働者の国内的・国際的な闘いに学んだものである。そして、理論的には、戦後解禁されたマルクス主義と五〇年頃日本に紹介されたア・エス・マカレンコの著作に学んだものである。一時、全生研でも、マカレンコの流行と共に集団主義がとりあげられていたが、その流行が去ると集団主義は棄てられた。そして、現在、教育の中で公然と集団主義に依拠しようとしているのは解放教育だけであろう。

けれども、本稿の初めにのべた国際的な激変は集団主義の思想にも新たな試練を与えるであろう。また、ソ連の崩壊で勢いを得た日本の政府やマスコミの「脱イデオロギー」というイデオロギー攻勢も解放教育を避けて通ることはないであろう。それでなくとも、集団主義が批判してきた個人主義と自由主義は、現在では日本の支配的な思想になっている。その思想は戦前・戦中には弾圧されたとはいえ、現在では弾圧どころか、官許・公認の思想となり、労働運動や解放運動を内部から突き崩すのに大きな役割を果たしている。

すでに七五年には、片岡徳雄氏のグループが黎明書房から『集団主義教育の批判』を公刊した。それは、当時流行のスターリン批判に乗じて、当時の全生研の実践とマカレンコの理論を中心に批判していた。それは、集団主義教育が「全体への奉仕における個人の否定」だと断定した。また、集団主義教育は「教育の政治への従属」をもたらし、「教育の自律性」「教育の政治的中立性」を否定するともいっている。

集団主義教育に対するこの「右」からの批判は、まことに残念なことに、梅根悟氏を会長とする日教組の教育制度検討委の基本思想とも一致していた。すなわち、検討委は、「教育の自律性」の立場から「国家の教育」に反対し、「国民の教育」を対置していたが、その「国民の教育」が依拠していたのはやはり個人主義と自由主義であったからである（『日本の教育改革を求めて』、七四年、勁草書房、『第二次教育制度検討委員会報告』、八三年、同、参照）。

検討委が批判した「国家の教育」の方をみよう。六六年の『期待される人間像』では、「正しい愛国心」「天皇への敬愛」と並んで、「自由」「個性」「自主的な個人の尊厳」「自我の自覚」が唱えられている。戦前の「忠君愛国」や「滅私奉公」とは大いに異なっているのである。

要するに、戦後の日本の教育思想の中では、「右」も「左」も個人主義と自由主義が主流なのである。そして、その惨めな結果は、すでに七九年の国際児童調査に現れていた。

その調査によれば、「兎小屋」といわれるほどに狭苦しい日本の家屋にもかかわらず、小学生が自分の個室を所有する率は世界一ともいえる高さであった。しかも、この日本の子どもたちは、「手伝い仕事をする」「乗り物で年寄りや体の不自由な人に席を譲る」「学校の廊下や校庭のごみを必ず拾う」という三つの点で、外国の子どもと比べて極端に低率の回答を示していた（千石・飯長『日本の小学生――国際比較で見る』、七九年、日本放送出版協会）。

この傾向は九二年現在でも大きな変化はないであろう。そして、それは小学生だけでなく、青年も同様であろう。ここに、戦後日本の「国家の教育」の「成果」をみることができる。しかも、皮肉なことに、その「国家の教育」に反対して、無原則に「個人」「私の自由」「ほんね」を擁護してきた「国民の教育」の結果でもある。

右の調査結果は、しかし、目新しいものではなく、われわれが日常観察しているところである。したがって、臨教審ですら、八六年の第二次答申の中で、「いじめ」に関連して「利己主義の行き過ぎ」（！）を指摘している。そして、この「行き過ぎ」を是正した「正しい意味での個人主義」（あくまで個人主義！）を基礎にして、彼らの新しい愛国心を形成しようとしているのである。

ところで、調査で現れたようにエゴイストに育てられた子どもは、人間らしい成長が押さえられ、自分と人との本当の関係が見えなくなり、なかまに対する人間らしい配慮もできなくされているのである。そして、このように視野が狭くなっていると、やがて、自分の利益だと実感さえすれば、「日の丸」も「君が代」も積極的に容認し、民族排外主義に簡単に同調するようになる。

エゴイストは常に己のことだけを考えながら、己と他人との本当の関係がわからないので、結局は己自身の利益にも反する行動をとるのである。たとえば、子どもが席を譲らないのは、譲れば自分の損になると考えるからである。老人や体の不自由な人は自分とは関係がないと実感しているからである。そして、そのような人に席を譲ることが本当に人間らしい行動であるだけでなく、成長期にある自分自身の足や腰が鍛えられ、バランス感覚もよくなるという簡単な自分自身の利益にさえ気づかなくされているのである。

解放教育はこんな子どもを育てるわけにはいかない。だからこそ、すでに一般的になっていた個人主義や自由主義の教育に反対して、集団主義の原則を打ち立ててきたのである。強力な権力の特権に抗して、平等の人権を護っていくには、バラバラの個人の力ではどうにもならない。共通の利害に基づく強力な団結によって組織の力を発揮しなくてはならない。そして、闘う組織である限り、そこには当然規律や統制が必要である。

この規律や統制は、軍隊や警察などと異なって、組織内の全員の討議によって民主的に決定される。したがって、この規律や統制に自発的・自覚的に服従するのは、自分となかまとの共通の利害のために、自分の恣意や狭くて粗野なエゴイズムに打ち克つことである。そして、そのことによって組織が強くなるだけではない。恣意や排他的エゴイズムという非人間的な薄汚い実感を克服することによって、個人も本当に自由になり、美しく、人間らしく、強くなるのである。

このように、集団主義こそ人権の平等性を現実に保障していく思想であり、最も人間的で強力な解放の思想なのである。したがって、われわれは解放教育において集団主義の原則を放棄することは決してできない。いや、むしろ、情況に流されて弱ろうとしているこの思想を再生・強化しなければならない。

最後に、別のところで書いたものではあるが、私のささやかな見聞をふたたび紹介しよう。

ある秋の日、近鉄の鈍行電車に幼稚園児たちが乗ってきた。この子どもたちはかなり混んだ電車の通路の真ん中に、進行方向に向かって二列に並んで立った。引率の先生は子どもたちに向かって立ち、一番前の二人の子どもの肩に片手ずつ手を置く。子どもたちは各人が前の子どもの肩に両手を置く。そして、電車が発車したり、停車するたびに先生は、「さあ動きますよ（止まりますよ）、前の子の肩にしっかり手をやって」と注意する。二つめの駅で座席が相当空いたが、子どもたちはそのまま立っている。揺れ動くけれども、誰も倒れはせず、嬉しそうにニコニコして立っていた。

これを見て、軍国主義だと実感するあわて者がいるかもしれない。だが、そこには軍国主義には不可欠の問答無用の押しつけや暴力は少しもみられない。逆に、立つも座るも子どもの自由ということで放任しておき、最低の秩序が保てなくなると、途端に怒鳴ったり、体罰という非人間的な暴力を振るうのが個人主義や自由主義の教育である。

私の見た子どもたちは、教師の優しい指導のもとに、互いに支え合いながら各自が自分の足で立ち、電車の震動に耐えていた。こうして、子どもたちは半ば遊びのような共同の行動から、体は鍛えられ、集団主義的意識が身についていく。しかも、そのこと自体が老人や体の不自由な人に席を譲るという人間らしい配慮に繋がっている。二重、三重の利益が一致しているのである。

解放教育のなかまたちよ、自信をとりもどそう。そして、時流に抗して、集団主義の原則を堅持していこう。

（一九九二年十一月）

第三章　平和と人権、軍国主義への警戒

ドブロリューボフの銅像
サンクトペテルブルク（旧レニングラード）のドブロリューボフ大通り立つ。ドブロリューボフはここ見えるのは、詩人ネクラーソフとともに住んだ家。

著者が渾身の力を込めて書いたのが「『神聖喜劇』の中の人権闘争」である。大西巨人の傑作痛快長編小説『神聖喜劇』は、軍隊生活の理不尽で反常識的な日常を描きつつ、その中心的なテーマを部落差別において、持ち前の明晰な頭脳によって理路整然とこれに立ち向かい、仲間たちとともに人間としての誇りを矜持し、意気揚々と生き抜く（あるいは成長していく）姿を描いている。著者は同じ軍隊生活体験者としてこの作品に没頭し、「五回か六回、読み直した」というほどに高く評価し、その批評を書き上げた。

本書の読者は著者の批評とあわせて、ぜひこの小説『神聖喜劇』を楽しんでいただきたい。この作品はおそらく、大岡昇平の『レイテ戦記』、大佛（おさらぎ）次郎の『天皇の世紀』（ただし、この小説は幕末の倒幕・佐幕双方の群像を描いている）などと合わせて、人類がこの世の中に残した偉大な業績の一つとして評されていくことになるだろう。

この章にはほかに「愛国心」についてのドブロリューボフの非常に説得力のある見解を紹介し説明している論文もある。愛国心とは人類愛の制限されたものにほかならない、というあたりは非常に素晴らしいと思った。フランスのラファイエットがアメリカの独立戦争に参加したからといって、彼は愛国心に欠けていると非難する人がいるだろうか、とも述べている。

天皇制に関する論文などもふくめて、われわれの身近な日常生活にありながら、あまり深く考えることのない問題について厳しい示唆を与えている。

『神聖喜劇』の中の人権闘争

はじめに

大西巨人の長篇小説『神聖喜劇』（全8部、5巻、一九八〇年、光文社）は、太平洋戦争勃発直後（一九四二年一月～四月）の対馬重砲兵連隊の一内務班における兵士たちの物語である。しかし、それはいわゆる軍隊小説の範疇を遙かに超えたものであり、天皇制国家の体制の下で虐げられ、苦悩し、悲しみ、愛し、共感し、反発し、そして闘う人民の物語でもある。帝国軍隊の一内務班という特殊な場所設定にもかかわらず、それは天皇制社会の縮図、典型となっており、戦争が政治の延長であるのと同様に、帝国軍隊が日本帝国の一般社会と本質的には同一の人間集団であることが明確にされている。また、『神聖喜劇』は天皇の軍隊を描きながら、天皇制の本質とブルジョア社会一般の本質とを切り離してはいない。そして、そのことは、天皇制下の日本人の意識（思想と感情）を全く特殊な過去のものとはせず、今日の日本人の意識と有機的に結びつけて考えることを可能にしている。

いまここで、この小説の中の重要な柱となっている軍隊内の人権闘争をとりあげるのも、まさに現在の問題としてであり、この小説の中で描かれた帝国軍隊内の人権闘争から、今日のわれわれの思想闘争の課題を改めて検討しようとするものである。

率直にいって私は、この小説を読み始めた時、主人公東堂二等兵の「我流虚無主義」や、ショーペンハウエルの主意主義とニーチェの超人主義への彼の好意的な言及に違和感を覚えた。けれども、読み進むうちに、そこには主人公の外部的な人権闘争と結びついた凄絶な内面の思想闘争が展開されてくる。戦後の日本の反戦、反軍の小説の中で、これほど徹底した自己の思想的格闘を展開したものがあろうか。しかも、この長篇が、作者にいわせると、その格闘のプロローグに過ぎないのである。すなわち、この小説は次のように結ばれている。「私の兵隊生活（ひいて私の戦後生活ないし人間生活）は、ほんとうには、むしろそれから始まったのであった。しかし、たとい総じてたしかにその胚胎が一期三カ月間の生活に存在したにしても、もはやそれは、新しい物語、――我流虚無主義の我流揚棄、『私は、この戦争に死すべきである。』から『私は、この戦争を生き抜くべきである。』へ具体的な転心、『人間としての偸安と怯懦と卑窟と』にたいするいっそう本体的な把握、『一匹の犬』から『一個の人間』へ実践的な回生、……、そのような物事のための全力的な精進の物語、――別の長い物語でなければならない。」（第5巻、三三八～三三九ページ）。従って、プロローグにせよ、胚胎にせよ、戦後のわれわれの思想闘争が決してそこまでも深められていなかったことを省るとき、初めに私が覚えた違和感は、改めてわれわれ自身の思想を点検し、主人公東堂とともに格闘し、真剣にそれを鍛え直す端緒とすべきであろう。敗戦と天皇制の崩壊によって禁止されたマルクス主義の思想をわれわれは、あるいはマルクスやレーニンの権威に依りかかり、あるいは上げ潮に乗り、あるいは衆を恃んで、自己の既成の思想との徹底した内部闘争なしに、安易に獲得してきたのではなかろうか。そして、現実が提起してくる重要な思想上の問題に直面したり、敵の思想と闘うばあい、マルクスやレーニン、あるいは毛沢東などの既成の解答を探し、そして自らは深く考えることなく、事を終らせようとしてこなかったか。そのため、折角探し出し、覚えこんだマルクス主義の教条も自らの血肉とはならず、スターリン批判や中ソ論争後の情勢の変化――これまでの権威主義では乗り切れなくなった――のもとでは、それまで日常的に身につけ、補強され、自己の本物の思想となっていた近代主義によって、マルクス主義の諸原則は教条主義批判の名のもとに次々と放棄されているのがまさに現状ではないか。今日、一段と強化され、「左」右から次第に反ソ・反共に収斂されてきている排他的民族主義についても同様のことがいえよう。近隣の諸国に再び深刻な軍事的脅威を与え始め、欧米各国にも経済侵出に対する警戒心を強めさせている今日の日本において、戦争反対、国家主義反対を唱えながら、右翼以上の民族主義を鼓吹する共産党が存在するという奇妙で不可思議な現象も決して突如として現われたものではない。戦後いち早く民族の独立を唱えながら、占領期、独立、独占資本の復活、驚異的な経済成長と次第に変化してきた日本の情勢の中で、現状に即した具体的な階級と民族の問題の科学的分析、階級意識と民族意識・民族主義の真剣な検討が彼らによってなされたことはない。一時、階級闘争とか階級意識を口にしていた時にも、自己の内部に蟠居していた近代主義や民族主義との格闘が行われた痕跡もない。全く平和裡に共存していたのである。従って、反動攻勢が強まる中では真に闘う力も態勢もなく、一歩一歩後退を重ねるうちに、表面的な階級意識は次第に剥落し、民族主義と近代主義の木地が次第に露わに、鮮明になってきたのである。今では、階級的立場とか階級的観点というものも言葉だけの、それも殆んど専ら彼らのいう「反党分子」に対する批判用の言葉として、そして稀には、党内の、彼らから見てすら余りにも度を外した自由主義的動きを統制するさいの決まり文句として用いられる道具に過ぎなくなっている。ところで、『神聖喜劇』の好評に狼狽した『赤旗』は、八一年四月一四日の紙上で、文芸評論家佐藤静夫と西沢舜一の意見を『赤旗』文化部長が司会してひき出すという形でこの小説を罵倒しているが、結局己たちの浅薄さと愚劣さを自ら暴露したに過ぎない。ただ、この座談会は、彼らの指導者宮本顕治がかつて痛烈に批判した徳永直らの宮本百合子に対する「漫罵」を想起させる点では興味深い。

1　帝国軍隊内での人権蹂躙と部落差別

帝国軍隊内で、軍人としての階級・序列が極めて厳しく、将校は神、下士官は大名、そして二等兵は人間以下として扱われたとか、「メンコ」の数が物をいったということは、全く周知のことである。しかし、その軍隊内の階級・序列と一般社会での階級・階層との関係、あるいは、一般社会における諸差別の軍隊内への反映については極めて部分的にしか明らかにされてはいない。むしろ、軍隊では、一般社会での階級・階層の差や諸差別は消えてしまい、軍人としての階級・序列が全てであったかのように考えられるのが普通である。そこから、帝国軍隊は一般社会から全く切り離された特殊な人間集団であったかのように考えられてきたのである。『神聖喜劇』がいわゆる軍隊小説の枠を遙かに超えていると先に書いたのは、右のような通俗の軍隊観を打ち砕き、帝国軍隊と天皇制社会との有機的な関係をリアルに描いているからである。

班付で、万年一等兵の村崎は主人公東堂二等兵に次のように語っている。「いったい軍隊は地方での家柄・地位、身命、学歴なんかがまるで物を言わん所じゃ、とか、軍隊じゃ華族も平民も傘持ちも貧乏人も大学出も小学校出もヒラヘイトウ（平等無差別）じゃ、とか、そげなことを、地方でも軍隊でも、よう言うじゃろう？　そりゃ、ひととおりまことしやかな言いぐさじゃばってん、煎じ詰めりや嘘の皮じゃ、とおれは思う。なるほど、短い目で見りゃ、地方での氏（うじ）も肩書きもまるで物を言わん、金持ちも貧乏人も同列じゃ、といちおう言われんことはない。地主の息子の二等兵が小作人の古年次兵から怒鳴りつけられてぶんなぐられたり、大学出の初年兵が小学校出の戦地下番下士官から絞り上げられて這わせられたり、社長の跡取りの新兵が小使の伜の班付上等兵のために襦袢袴下を洗濯して靴を磨いたり、そげな状況は、いろいろたくさんある。ばってん結局そりゃ、ただ目の先だけのこと、仮（か）りの栖（すみか）の中でのそのまた仮りの姿、ほんの一時的か部分的ちゅうごたぁる成り行き、イットキノギロギロ（槿花一朝（きんかいっちょう）の夢）じゃろうもん？　長い目で軍隊全体を見渡しゃ、地方での家柄、地位、身分、学歴なんかが、おおかたそれ相当にちゃんと物を言うとろうぜ。現にその男が軍隊での階級のオトマシイ（うとましい）序列の中でどこへんに置かれとるかちゅうことは、もとその男が地方での生まれやら育ちやら暮らし向きやらのオトマシイ序列の中でどこへんに置かれとったかちゅうことに――そっくりそのままじゃないにしたっちゃ、――かれこれたいがい見合うとろうぜ。そげなふうな正味で成り立っとるとが、軍隊ちゅう物の上から下までじゃろうぜ。」（第2巻、三〇六ページ）。実際、帝国軍隊の中には、たとえ公式には堀江隊長の説諭のように、「地方での教育、地位、身分の高い低いは、軍隊にはなんの関係もない。兵隊は、すべてひとしく陛下の赤子（せきし）じゃ。」（第1巻、二二五ページ）などといわれていても、天皇制社会のあらゆる差別が反映し、厳存していたのである。この小説では、特定県人に対する偏見（第4巻、一六二ページ）から始まって、軍隊内の、私生児に対する差別（第1巻、二七二、第3巻、三〇二～三〇四ページ）、職業差別（同、一〇四～一〇九、一二〇～一二二ページ）、学歴差別（同、一五五～一五六ページ）、心身障害者に対する差別（第1巻、二八一～二八五、第3巻、三〇三～三〇四、第5巻、一九一～二〇八ページ）、人種差別（第3巻、三〇〇

〜三〇一ページ)、民族差別(第1巻、三二七、三七六ページ)、女性差別(同、一二〜一三、三七六、三八六〜三八七ページ)が描かれ、そして、それらと結びつき、この小説の大きな山をなしている部落差別が終始克明に追求されている。外国の軍隊に比べて帝国軍隊の特色となっていた陰惨な体罰が、表面上・公式上の体罰禁止と共存していたように、公式には平等を唱えていた軍隊内での差別は、反って陰湿なものとなっていた。火傷のため幼時から左眼が引き攣っている鉢田二等兵は、大砲の照準訓練の時、大前田軍曹から、「左の目ん玉が小そうて、つぶるとに便利じゃからちゅうて、行き当りばったりに変な隙間からのぞきたがるな。」とののしられ(同、二八一ページ)、さらに、教官の白石少尉から、「片眼がつぶりやすいように出来とるのなら、二番砲手には持って来いだろう。」と追い打ちの揶揄を浴びせられる(同、二八五ページ)。そのような軍隊内での被差別体験を、軍隊外での体験とくらべ、また、戦友の受けている部落差別を見聞して、鉢田は端的にいっている、「……ばってん、軍隊の分けへだては、かえってエズウ陰に籠もっとるごともあるばい。」と(第5巻、二七ページ)。部落差別は一層陰に籠り、しかも執拗である。村崎は東堂に語る、「おれは、十年も十五年も前のことを話しよるとでもなからにゃ、どこか余所の部隊のことを言いよるとでもないぜ。それどころか、お主やらおれやらのすぐそばで、その『身分』が、悪う物を言いよるとじゃ。一週間ばかり前に、そうだ、ありゃ、今月初めごろの——三日の午後じゃった、堀江隊長殿が新砲廠教育班の班長班付全員を隊長室に集めて訓示さっしゃったとも、このことに関係しとった。ばってん、隊長殿のその訓示も、押し詰めたところ、肥船に幕を張れ、ちゅうごたぁることで、上べの体裁作りだけのことぜ。まあ、そりゃ、上べにゃあんまり出りゃせん。ちょこっと吹き出ることもある。……」と(第2巻、三〇九ページ)。部落出身の冬木二等兵に関する神山上等兵の「冬木はどっちにしろあんな人間だし、……」という言い方（第1巻、四〇ページ）、「そっちのなんとか太郎も、冬木の仲間か。」という衛兵の質問（同、六二ページ、傍点は原文）、大前田班長の冬木に対する「身のほどを忘れるんじゃないぞ。」という警告（同、一六五ページ）などは、漠然としながら、甚だ思わせぶりな言い方なのである。白石少尉に兵士の職業を披露して、「隠坊（おんぼう）」を口にした大前田班長が、「その、何か、隠坊まで、来ておるのか。どこにおる？」という少尉の質問に対して、有耶無耶に話を逸らせる（同、二九五ページ）といった場面も軍隊の陰湿な部落差別を現わしている。もっと卑劣な場面も描れている。週番上等兵松村が、班名を呼ぶのにことよせて、他の兵士たちの面前で部落出身兵に当て擦り、侮辱を加えるのである。つまり、松村は、ホ班、リ班、エ班、タ班、ヘ班と順次呼ぶさい、エ班とタ班には班を抜かし、しかも、その呼称の間隔をつめ、声も一段と高め、同時に視線をはっきり冬木に向けたのである（第5巻、一六八～一七一ページ）。冬木や橋本二等兵が部落出身者であることは、すでに入隊前に調査済みであり、班長班付たちにも知られており、それが「教育掛助教助手にゃ口止めがしてあるちゅうても、『ここだけの話しじゃが、』てろ『お前にだけ言うとじゃから、人に言うちゃいけんぞ。』てろでしゃべった者が、何人かおるごたぁる。大前田班長も神山上等兵も、何べんか仄（ほの）めかしたり当て擦（こす）ったりしたじゃろう？」（同、六九ページ）ということで、次第に兵士の間にも身元が知られていくのである。今日、各種の部落地名総鑑の発覚によって新たに問題となっている部落差別の道具としての身元調査は、帝国軍隊でも思想関係や刑余者など天皇制国家や軍隊の「公安」維持上重要とされた一連の項目の中に部落出身という項目も加えられて、入隊前に調査されていたのであろう。この軍隊の身元調査は『軍隊内務書』に基づく、兵隊人事の重要な業務となっていた（第1巻、三四八～三四九ページ）。また、「兵ノ身元調査ヲ為シ」という『軍隊内務書』に規定された人事掛准尉の職務は、兵士の入隊後も引続き執行されている。橋本が部落出身であり、焼き場で働いていたことは入隊前の調査で明らかになっていたが、彼が、部落弾圧のために虚構された「福岡連隊爆破陰謀事件」で懲役刑にされた人物の甥であるという「事実」は、彼が入隊後一カ月ばかりしてから人事掛准尉の掌握するところとなったのである（第5巻、一五二〜一五三ページ）。入隊前に、恋人とともにいる所を暴漢どもに襲われ、傷害致死事件を起して執行猶予の身となっていた（第4巻、一六八〜一八二ページ）冬木は、そのことと部落民ということが重なり、隊内で偶然起った剣鞘（けんざや）毀損・摩り替え事件の重要容疑者とされ、連日連夜、全く不当で理不尽な追求と取り調べを受ける。それに対して、後に述べるように、東堂を中心とした良心的な兵士たちの反対闘争が組織されるが、その一つとして橋本が冬木に関して有利な「目撃経験」を班長に申し出た（第5巻、二九ページ）。しかし、その申し出に関して人事掛山中准尉は次のように言う、「熱田生まれで、そんなだいそれた反軍事件の犯人の甥になる橋本が、しかも兵器損傷関係の事件についてだよ、橿原生まれの冬木に有利な証言を出しても、われわれが、いや上官上級者が、うぅ、班長班付が丸呑みにはしない・たやすくは採用しないのは、あたりまえじゃないか。」（同、一五三ページ）と。この「あたりまえじゃないか」という考えは、もちろん、軍隊に特有のものではなく、天皇制下の一般社会での通念でもあり、部落差別はなくなったと一部でいわれている今日の社会にも牢乎として存在しているのである。『神聖喜劇』は、このような軍隊内の、部落差別を軸にした諸々の差別・人権蹂躪を描くことにより、天皇制国家の差別体系を明らかにし、やがて、今日の日本社会の差別構造と、その中に組み込まれた日本人の精神構造の歪みをも暴露しているのである。

2　主人公東堂の生い立ちと部落問題

ここで、人権闘争の中心となる主人公東堂太郎の生い立ちと部落問題との関わりを見ておこう。彼と同じインテリ兵士でも、「厳原組」（インテリ兵士を中心とする上官・上級者への追従者たち）のような俗物たちは、兵士大衆を蔑視しながらその大衆に媚び、その場その場で無責任に、要領よく身を処していく。しかし、東堂は、一見孤高を守るかに見え、そして、俗物性、卑屈性を徹底的に嫌悪しながら、しかも、虐げられた兵士に心からの共感を寄せ、彼らからも人間的な共感を得ていく。この彼の思想的な素地は、もちろん入隊前に形成されていたのである。

東堂の家系は「旧幕時代の小身武士、明治・大正時代の小市民士族であった」（第1巻、三〇七ページ）。そして東堂太郎の父は中等学校や青年訓練所の教師をしていたが、漢学、国文学、書画、柔・剣道をよくし、貧困の中にありながら、古来武士道の克己的な倫理規範を生活に生かしていた（同、一四二～一四四、第2巻、一三六～一三七、第3巻、二〇五～二〇六ページ）。この父より、太郎は幼い時から「武士たる者は」、「侍（さむらい）の家は」、「武夫（もののふ）の道は」、「武士の子は」云々の教訓を受け、漢書とともにわが国の古い著作にも早くから親んでいた。たとえば太郎は次のように述懐している、「なかんずく『言志四録』は、『士道』とともに、これを少年私が目に読んだより以前に、それらの数章節句を幼年私が耳に聞き覚えた書物である。つまり私の父は、幼年私に『武士の子は』式訓誡を垂れるに当たって、よく佐藤一斉（さとういっさい）ならびに山鹿素行を引用したのであった（ただしこの父は、私の小学校中級以後、ほとんど私にたいして何事をも教訓せず何事にも干渉しなかった）。」と（第1巻、三三二～

三三三ページ)。そして、この父は古い克己的生活規範とともに、甚だ開明的な思想をも抱いており、また、幕末の尊皇思想・勤王運動に積極的な共感を示しながら、天皇や皇室には微塵も尊敬を示さなかったのである(第2巻、一三六〜一三七ページ)。逆に部落差別に対しては、断じて許さないという強硬な態度を堅持していた。ある陸軍将校から差別を受けた部落民が、東堂の父を差別者の軍人と人違えして復讐し、刀傷を負わせる。しかし、父は相手の不心得を厳重に戒めた上で、司直の断罪から極力庇い通し、さらに連隊にまで乗り込んで談判し、当の将校には、その差別的言行について部落民に陳謝させ、連隊長にもこの種の差別的行動の厳禁を連隊全員に訓示させた(第1巻、一四四〜一四五ページ)。

東堂太郎の入隊前の経歴は、小学校五年修了中学校入学、中学校四年修了高校進学という最短の秀才コースを歩み(同、一六三ページ)、高校在学中、マルクス・レーニン主義の文献にも親しみ、軍事教練に欄する学校当局との闘いを契機に、一人のマルクス主義者の親友を得る(同、一二五〜一五三ページ)。大学法文学部在学中、「左翼反戦活動」容疑で検束され、相当期間拘禁された後、証拠不十分で不起訴釈放されるが、その間に大学からは退学処分を受ける。退学の翌年、北九州の大東日日新聞社西海支社に入社し(同、一一七〜一一八ページ)、一九四二年一月、満二二歳数カ月で未教育補充兵として入隊したのである。

驚異的な記憶力と「武士の子」としての幼時からの躾は、彼の中に該博な知識と強固な克己主義、潔癖を育てあげる。彼の潔癖は、例えば、落第、カンニング、教師宅への訪問等に関する彼の考え方と行動に現われている(同、一五九〜一六〇ページ)。また、当時の先進的インテリゲンチャとしてのマルクス主義者への関心は、高校でのマルクス主義者の親友との交遊によって「能動的」なものへと転化した（同、一五五ページ）。しかし、同時に、当時の日本の社会的環境、つまり、大陸侵略・軍国主義の拡大、思想弾圧の強化、労働運動・民主運動の弱体化ないし潰滅状態、社会変革の見通しの不在は、彼を一種の虚無主義に陥れずにはおかなかった（第2巻、一四六ページ）。

こうして、彼の入隊時の思想は相当複雑微妙であった。日本の侵略戦争の本質について科学的認識を持ち、その戦争に反対する思想と感情を抱いている。しかし、同時に、その思想と感情を現実変革に結びつける可能性を見出すことができないところから絶望と無力感を抱かざるをえない。生と死に対する運命論にも近づく。だが、それらの思想や感情とともに、幼時より培われてきていた克己主義的・献身的倫理思想が彼の魂の根底に強く横たわっていたのである。すなわち、「毎日毎夜前戦にたたかい、傷つき、死んでいるのは、私とおなじ民族おなじ人民から出た無数の兵隊である。この現実この戦争を阻止する何事も私が実際的に為し能わず、現に為していない以上、五体満足な私が実戦への参加から逃げ隠れてただ他人を見殺しにするのは、結局のところ人間としての偸安と怯懦と卑屈以外の何物でもあり得ないのではないか。」という思想である（第1巻、二二ページ）。「一匹の犬」として死すべく入隊した彼が、三カ月の教育期間を経て「一個の人間」として生き抜く決意をして転属していくのは、帝国軍隊内で自他の人権が日夜無視され蹂躙されるのを黙視し、傍観しえなかった彼の人間の尊厳についての自覚と、自他の人間としての尊厳を護る闘いの可能性を、極めて制限された局面であるとはいえ、見出し、執拗にそれを実践したからであろう。

しかし、彼が冬木や橋本という部落出身の兵士に共感し、彼らに対する不当な差別に共に抵抗し、闘ったのは、彼に内在していた「一種の自然発生的な社会主義的傾向」（同、一三一ページ）やマルクス主義の思想と結びついた戦闘的ヒューマニズムだけではない。部落問題に対する相当広汎な知見とそれに基づく確信があったのである。彼は生後、幾度も居を変えながらもほとんど福岡県内で生活していたことから、被差別部落の存在とその実態を見聞する機会に恵まれていた。すでに述べた父の人違い事件後、当の部落民が彼の家に出入りし、幼い彼とも遊んでくれていた（同、一四六ページ）。また、母や伯母などの身近かな者から部落民に関する実話や伝聞をしばしば聞いていたし（同、三〇四〜三〇九、三四七〜三四八、三七〇〜三七一ページ）、部落民に関する差別的な「巷間囁囁（こうかんしょうしょう）」をも始終耳にしていた（同、三六七ページ）。新聞社に入社した後も部落民に関する彼の見聞は絶えることはなかった（第3巻、二九八〜二九九、第4巻、一二五〜一三三ページ）。さらに、部落問題に関する古典や明治以降の文献をも積極的に読んでいたし、父から文献に関する示唆をも受けていたのである（第1巻、三四六〜三四七、第2巻、一七七〜一八八ページ）。彼が得たこれらの知識や見聞には、差別に抵抗する人間的で感動的なものと差別を是認し拡大する反人間的で醜悪なものとがあった。この美醜混在する知見から彼が選び択り、彼の確信として、生活綱領の中に入ったのは、人間に対する差別を許さず、人間の尊厳を護る、という確信であった。彼は、「人が人を『特殊』扱いにして否定的に差別することを、断じて肯定してはいなかった」のである（第1巻、三〇九ページ）。だからこそ、入隊時の彼の対人関係の原則的基準が、「来タル者ハタイガイ拒ミ、去ル者ハ追ハズ」というものであった（第3巻、一六八ページ）にもかかわらず、入隊後、橋本や冬木と自ら積極的な関係を結ぶに到り、冬木に対する不当な差別に抗して、抵抗を組織するのである。また、橋本が後に、「おれは、ナシかこげなふうに――東堂二等兵は、東堂二等兵に限って、おれの部落生れとか隠亡をしとつたこととかを知ったちゃ、おれにたいして態度がちっとん変わらんじゃろう、ちゅうふうに――思いこんどった。」（第5巻、七二〜七三ページ）といっているのも、東堂の反差別の思想が生活綱領となって滲み出ていたからであろう。

3　軍隊内闘争の困難性と可能性

国家の対外的・対内的暴力装置としての軍隊、しかも、その装置内部が徹底した差別と抑圧の組織となっている天皇の軍隊では、人権のための闘いは極度に困難であった。「ここで拵える食事は、人間に食わせるのじゃない、兵隊に食わせるのだ。」という炊事上等兵の言葉（第1巻、一七八ページ）に端的に示されるように、兵隊は人間として認められていなかったのである。兵器や馬が人間である兵士以上に尊重されていたことは周知のことである。沈没直前の軍艦で千数百名の兵士の生命よりもたった1枚の天皇の写真の方が大切にされた話（渡辺清『戦艦武蔵の最期』、一九八二年、朝日新聞社、二四八～二四九ページ）も、反人間的な天皇の軍隊を象徴している。帝国軍隊は、この、人間以下の兵士を最底辺に、「神聖ニシテ侵スヘカラズ」とされた天皇を頂点とする絶対服従の組織であった。しかも、大元帥としての天皇は、最高の命令者としての責任は一切問われないのであるから、「『世世天皇の統率し給ふ所にぞある』、『わが国の軍隊』とは、累累たる無責任の体系、厖大な責任不存在の機構」（第1巻、二〇九ページ）でもあった。

このような機構の中では、当然のこととして上官の恣意・専横が下級の者に押しつけられ、下級の者はそれに屈服させられる。上級者に対する敬称の問題で堀江隊長が法令を無視した要求を村崎一等兵に押しつけ、村崎が謝るのを見て、東堂は考える。「……こんな具合で、上官上級者による法令無視が、軍規それ自体以上に不当な不文法的階級制度として下級者兵隊に押しつけられ、それが一般的に慣行化してきたというわけだな。ちょうどブルジョアジー（支配階級）自身によるブルジョア法律蹂躙が、ブルジョア法律以前ないし以下的な不文法的抑圧体制として、被支配階級に強制されてきたように、――ちょうどブルジョア法律の枠内での当然の諸権利さえもが、一般人民に事実上大きく制限されてきたように――そしてちょうどそのことに多数人民が現実的に屈従してきたように。」（同、二三七ページ）と。上官上級者の法規の無視は絶対服従の軍隊機構の中では、彼らよりも一層上官であり、上級者である者が是正することを期待する以外には、下級者による追及の道は残されていないように見える。絶対服従とは道理の有無に関わらず服従することであり、従って、反抗はもちろん、道理に従った反論、質問、口返答も許されないのである。入隊9日目の朝、東堂は、呼集時間をまだ知らされていなかった為に洗濯に行き、呼集に遅れそうになり、仁多軍曹につかまる。仁多から訊問された東堂は、呼集時間を「知らなかった」と正直に答えるが、仁多から、軍隊では「知りません」という語はないのだ、「忘れました」といえと強制される。しかし、東堂は「知りません」を押し通す（同、三〇～三三ページ）。また、そのことについて東堂は、神山上等兵に注意を受けたさい、「質問」という名の「口返答」をする（同、四三～五一ページ）。けれども、後で東堂は考える、「……仁多にしろ神山にしろ、もしちょっとでもその気になりさえしたら、一撃に私をたたき伏せてだまらせることができたにちがいない。そうする自由と権利とを、国家が、軍隊機構そのものが、その絶大な権力が、彼らに保障しているのである。」（同、六〇ページ）と。

絶対服従はまた、その違反者に対して「抗命罪」、集団的違反者たちには「党与抗命罪」等の軍隊の諸法規をもって取締り、脅迫しているのである。この小説においても、後に見る模擬死刑に抗議した兵士たちが、ほとんど『陸軍刑法』上の「党与上官脅迫罪」ないし「党与命令抗拒罪」に問われようとし、辛うじて、下級法『陸軍懲罰令』によって重営倉の罰を受けたのである（第5巻、二三〇〜二三六ページ）。

軍隊機構がこのような道理と人権を無視した絶対服従の機構であっただけではない。教育勅語と軍人勅諭が「聖典」とされていた天皇制国家における教育体系も人権無視、差別の合理化の精神で貫かれていた。従って、自他の人権、人間の尊厳に対する感情や意識は極めて低く、これに抵抗すべき労働者の組織的活動や解放運動の闘い、その活動や闘いを指導すべき共産党は、昭和初期から一六年戦争の進展過程で、治安維持法の強化、軍国主義的弾圧のなかで次々に圧殺されていった。ここから、民衆の、ひいては兵士たちの人権意識、人権感覚の未熟・鈍麻（どんま）が生じて来たのである。イェーリンクの概念を用いた東堂のいい方によれば、それは「多数下級者兵隊（民衆）における『法感情』の鈍感性あるいは不健全性」（第3巻、一七三ページ）であり、それが非道な軍隊機構と天皇制国家の秩序を下から支えていたのである。

しかし、絶対服従の軍隊は、「（『地方』での場合とは違って）肉体的にも精神的にも、または現実的にも観念的にも、逃げ所も隠れ場もないような、支配権力が鼻先にひねもすよもすがら立ちはだかっているような」所であるが（第4巻、三二二ページ）、軍隊内における兵士の人権のための闘いが全く不可能だったわけではない。

自己の人間としての尊厳の感情・意識から出発した東堂の闘いは、やがて、軍隊諸法規の研究・逆用へ、そして、個人的な闘いから組織的な闘いへと進んでいく。

右に述べた「忘れました」強制に対して、東堂は敢然と唯一人で抵抗し通すが、この孤立した、しかも先進的な闘いは、彼の内部にあるニヒリズムとの格闘を伴っていた。「……私が『忘れました』

を言いさえすれば、これはまずそれで済むにちがいなかろう。これもまた、ここでの、現にあり、将来にも予想せられる、数数の愚劣、非合理の一つに過ぎない事柄ではないか。これに限ってこだわらねばならぬ、なんの理由が、どんな必要が私にあろうか。一匹の犬、犬になれ、この虚無主義者め。それでここは無事に済む。無事に。……だが、違う、これは、無条件に不条理ではないか。……虚無主義者に、犬に、条理と不条理との区別があろうか。バカげた、無意味なもがきを止めて、一声吠えろ。それがいい。――私は、『忘れました』を口にするのを私自身に許すことが**できなかった**。顔中の皮膚が白壁色に乾上(ひ)がるような気持ちで、しかし私は相手の目元をまっすぐに見つめ、一語一語を、明瞭に、落ち着いて、発音した。『東堂は、それを、知らないのであります。東堂たちは、そのことを、まだ教えられていません。』」(第1巻、三三ページ。傍点は原文)。こうして、己の人間としての尊厳の感情はニヒリズムに打克ち、孤立を恐れぬ闘いの火花は飛んだ。ロシアの諺にいうように、「火花(イースクラ)から松杉林(スイル・ボール)も燃える」のである。谷村、佐野、市丸という卑俗な「厳原組」のインテリ兵士の湿った枯木にはその火花は飛び移りはしなかったが、冬木という良質の木には燃え移った。「班長殿。冬木(ふゆ)二等兵は、まちがえて、嘘を言いました。冬木も東堂二等兵とおなじであります。朝の呼集時限のことを、冬木二等兵も、忘れたとじゃなかったとで、知らんじゃったとであります。」と底力のある声で叫んだのである(同、三三ページ)。そして、この火花がやがて一層広く燃え広がるのである。

さらに、無法地帯に見える帝国軍隊も、よく見れば、それなりの法秩序と論理を保っているのである。入隊後、東堂は自己の見聞によってそのことを知り、そこに、極めて制限されているとはいえ、兵士の人権闘争の可能性を見出す。彼は考える、「軍隊では、問答は無用、理窟は不要、無法蒙昧(もうまい)が横行、――そんな巷間の通説ならびに私の観念的予想にもかかわらず、してまた上官上級者も同様のことをしきりに言明するにもかかわらず、ここは、ある意味では、理窟のすこぶる必要な、問答のたいそう有用な、さらに一挙一動一挙手一投足にも理論的典拠ないし成文規範なかるべからざる論理主義的・法治主義的世界のようである」と（同、二一〇〜二一一ページ）。そして、この法治主義的傾向の逆用に彼は自他の人権のための闘いの活路を見出し、軍隊法規の研究に取組むのである。「私が『典範令』、特に『軍隊内務書』、『内務規定』、『陸軍礼式令』などの勉強に積極的に取りついたのは、直接には『知りません』禁止、『忘れました』強制なる不条理の正体を突き止めるためにであった。しかし同時に、あるいは継起的に、それは、それらの書物内容すなわちこの特種の法治主義的領域における法令に通暁（つうぎょう）するためにであった。人は、ある物事を逆用するためには、まずその物事に精通しなければならぬはずである。」（同、二一一〜二一二ページ）。

4 闘いの展開

東堂の、軍隊諸法規の逆用による闘いは、上官・上級者に対する呼称（敬称の省略）の問題（同、二三七、二四八〜二四九ページ）、「知りません」「忘れました」問題と酒保への新聞備えつけ・閲読問題への質問と要求（第2巻、二〇八〜二一五、第4巻、二五八〜二六三、第5巻、一六四〜一六五ページ）、「軍隊流の読み方」への反論（第1巻、二四二、二四六〜二四七ページ）、兵器損傷に対する『陸軍刑法』による脅迫への反対の闘い（第3巻、一七一〜一七九、第5巻、一一八〜一二一ページ）、私物被服着用の要求（第2巻、二三二〜二四五ページ）、そして剣鞘事件不当容疑に対する冬木の「不条理上申」、東堂の「意見具申」（第5巻、一一五〜一五五ページ）となって展開される。しかし、ここでは、意識的・計画的な闘いとして剣鞘摩り替え事件不当容疑反対の闘いと、非計画的・半ば自然発生的な闘いとして模擬死刑反対の闘いだけをとりあげ、その展開を簡単に見ておこう。

剣鞘摩り替え事件不当容疑は、演習中、誤って自分の剣鞘を損傷した吉原二等兵が、処罰を恐れて、不寝番中に一緒に立哨していた冬木が厠に行っている隙に、己の剣鞘を湯浅二等兵のそれと摩り替えたのが発端である。翌朝、湯浅が届け出て、班長たちの犯人探しが始るが、すでに吉原は冬木を部落出身者で殺人犯の前科者（実は傷害致死で執行猶予）と知って、冬木に容疑がかかることを計算に入れ、立哨中に厠へ行く（規則違反）ことを唆かし、また、上級兵にも工作する。すでに引用した人事掛准尉の発言にも見られるように、吉原の計画は成功し、冬木が「前科者」で部落出身者ということから、予断と偏見によって上官・上級者たちは冬木を犯人扱いし、連日連夜取り調べ、自白を強要していたのである。これを知った東堂は、「軍（上官上級者）が不都合・不条理にも冬木を犯人あるいは重要容疑者扱いにすることにたいしては、精一杯あらがうべく今更決心した。」のである（第4巻、二〇八ページ）。前述の、冬木の「上申」、東堂の「意見具申」が功を奏し、事件は有耶無耶のうちに迷宮に入り、冬木に対する容疑も、決して一掃されはしなかったが、冬木に対する弾圧は一応打ち切られた。けれども、そこに到る過程は決して容易なものではなかった。冬木の容疑を晴らすためには、良心的な兵士たちの協力を求めて冬木が犯人ではないという事実を明らかにせねばならない。上官上級者に追従しない一癖も二癖もある良心的な兵士たち（「食卓末席組」）も、部落出身者の冬木と橋本に対しては、中学教師・神官出身の正源寺二等兵と東堂を除いては、ほとんど何れも差別意識を抱いており、それも根が深いのである。兵士たちが入隊前から身につけていた部落差別の偏見との闘いが東堂と正源寺によって執拗にくり返されねばならなかったのである。印版彫り出身の室町二等兵と床屋出身の村田二等兵の次の会話は、今日の社会でも「巷間囁囁の語」として存在を続けているものである。室町「そうそう。それに、おれたちが、なんぼ手職の人間じゃちゅうても、四つか何かじゃありゃせず、どっこも違う所はないとじゃもん。相手が誰じゃったちゃ、人様からそげんむやみに見下げられにゃならん訳はないよねぇ。」村田「そんなことを言うちゃいかんよ。」「軍隊でも、やっぱりそりゃ、具合が悪い。やたらに口にゃ出さんほうがええ。軍隊にゃ、いろんな人間が、たくさん寄り集まっとるじゃろう？　いまお前が言うたとは、おれたち四人だけにしか聞こえんじゃったろうけん、まぁよかったようなもんの、ひょっとしてそんな話しが妙な相手の小耳にでも挟まれてみろ、そりゃ、またどんなメンドウシイ（面倒臭い）ことになるかわからんぜ。」「……それも、ここだけの話しとしてなら、打ち割ったところは、そのとおりじゃ。お前は、嘘を言うたわけじゃない。それでも、あれぞ、その、……『四つ』がどうとかこうとか、そりゃ、こんなに大ぜいがあっちこっちから来て入り雑じっとる場所じゃ、心の中で思うだけにしといて、めったに言葉にゃ出さんごとせにゃなるめえぜ。それにまた、ちょっとそいつらの身にもなってみろ。ねえ？　そいつらにそんなことを聞かせちゃ、やっぱりむごいよ。そうじゃないや。」（第3巻、一二二～一二四ページ）。このような考えが、良心的な兵士の、従って、天皇制の下での気骨ある人民の中にも巣食っていた部落差別意識の典型であろう。この意識は、部落民に関する歪められ、誤った伝聞を自己の狭い見聞によって各自が補強し、確認し、次第に抜き難い偏見にまで固められているので、一度や二度の説得では決して取り除くことはできない。「新平民の顔」、「違う人種」などという誤った考えに対する事実と道理による論破、差別意識を持っている人間自身が受けている職業差別や階級差別を各人に想起させる説得も行われる（同、二九九～三〇二ページ）。ある犯罪が起きた場合、「前科者」あるいは「素姓のあやしい者」に警察は嫌疑をかけ、世間もそれを当然のことと考える「世間の常識」をも打ち砕かなければならなかった。「……朝鮮人にも支那人にもアメリカ人にもドイツ人にも日本人にも、日本人のうちの『部落民』にも非『部落民』にも、罪悪を犯す人間もおり、犯さぬ人間もおる。つまり――さつきとおなじわかりにくい言い方になるけれども――朝鮮人、支那人、アメリカ人、ドイツ人、日本人、『部落民』、非『部落民』、『前科者』、非『前科者』は、犯罪事件一般との関係においても原則的に平等なのだ――。」「……したがって、『初手から』、『頭から』、『たしかな証拠なしに』嫌疑が誰かに掛かるのは、言い換えれば、先入主・偏見・差別観の類にもっぱら立脚した嫌疑が誰かに掛かるのは、徹底的に不当で、まったく不条理だ。……」といった正源寺の説得(第4巻、一四三ージ)と東堂の同意に対して、室町は、「やっぱりそうか。東堂と正源寺が揃うてそう言うとなら、それが正しいにちがわん。じゃが正直に言うて、理窟は、いちおうわかったこたぁるもんの、感じが、もう一つすっきりせんとじゃ。村田は、どうや。」と、自分の感じを村田に質す。村田も、労働者出身の白水も、労働者出身でソ連不敗論者の曽根田もやはりすっきりとはしていないのである。室町はそれらを受けて、「問題は、感じじゃねぇ。四人が、みんなそう言うとる。」「それちゅうが、こりゃ、ここでの話しの大根が世間の常識と食い違うとるからじゃなかろうか。」と断定する。正源寺はなおも説得を続ける。「『感じ』について皆の言ったことは、それぞれ率直な気持ちだろう。『感じが、もう一つ腑に落ちない』ことの原因は『ここでの話しの大根が世間の常識と食い違うとる』ことではあるまいか、と室町が言ったのも、たぶん的中しとりそうだ。『感じ』の問題は、大切で微妙だから、今日ここで一気にすっきりするのは、むつかしいかもしれん。これこそ、またおいおいゆっくり話し合おう。ところで、片桐伍長の言う『常識的事実』、室町の言う『世間の常識』だが、その『常識』が、こういう場合には、毫も信用に値しないのだ。おれの言う『先入主・偏見・差別観の類』が、取りも直さずこういう場合の『世間の常識』だよ。今日の昼前に、室町も村田も、『いったい床屋、印判屋などという商売なり職人なりを裏か表かでむやみに見下げとる連中が、この世の中には決して少なくない』と憤慨しとっただろう？　そういう『商売なり職人なり』を『むやみに見下げる』のが――そんな甚だ不当不条理な見方・考え方が――『世間の常識』の一実例、否定的な一実例だな。」と、噛んで含めるように説得し、「村田が、『ははぁ。』と詠歎し、室町が、『ふうぅっ。』と歎息した」のである（同、一四三〜一四五ページ）。このような度重なる説得と、冬木、橋本の軍隊内での毅然とした態度と行動（例えば、冬木についていえば、第1巻、三三、一九四ページ、橋本については、同、二〇一〜二〇三、第2巻、一七五〜一七六ページ）を目にして彼らもやがて変ってこざるを得なかった。剣鞘事件の闘いが大詰めに来た頃、正源寺は次のように東堂に語っている。「……白水、村田、室町、曽根田も、めいめいまちまちじゃあるが、『前科者』とか『部落民』とかにたいする考え方が、少しずつ変化発展してきておるようだ……。」と（第5巻、一三二ページ）。さらに、東堂自身も周囲の兵士たちの言動から絶えず学び、感動し、強固な己のニヒリズムと格闘し、また、己の意識の底に潜む差別の正体に鋭いメスを加えていく。橋本が敢然と部落民宣言をする（第2巻、一七五〜一七六ページ）以前、すでに彼に対する己の共感を検討して、東堂は、「彼が部落民であろうとなかろうと、その私の心持ちに毛頭変転があろうはずはなかった。あるいは私は、仮りに橋本が部落民であるならば、彼にたいする私のその心持ちはひとしお深まり、彼にたいする私のその共感はいっそう強まるであろう、というふうにも感じたのであり、同時にそんな感じ方について多少の反省をも意識したのである。」（第1巻、三五一ページ）。つまり、「私のそんな感じ方は、いっそ実は部落民誰某ないし部落民一般にたいする隠微な差別的特殊視意識が私の内部に潜在することを物語っていはしないか、私のそんな感じ方は、かえって実は私における茫漠たる部落差別的意識の『倒錯せる顕現』を意味しているのではないか。」という反省である（第4巻、三二四ページ）。このような東堂の自己疑惑・自己点検は、部落差別の意識やすでに述べた我流虚無主義に向けられるだけではない。他の兵士たちの職業差別や民族的偏見を見聞したさい（第3巻、一一一～一一二、一二〇ページ、第1巻、三六九ページ）、あるいは、己の保守性（第2巻、三二ページ）、主我的「超人」意識（同、一四二ページ）、さらには、やがて行くべき戦場での己の行為や敗戦願望に関する曖昧さへの自省（同、一六七、第5巻、二一七～二二〇ページ）へ、と絶えず自己点検が行われる。この東堂自身の、不断の自己格闘を伴った、孤立を恐れぬ果敢な闘いが、冬木、橋本、正源寺等々の良心的で叛骨のある兵士たちの共感と協同行動を生み、冬木に対する不当な犯人扱いを終に停止させる。

次に、模擬死刑事件は、一期の教育期間もほぼ終りに近づいた3月中旬、兵士たちの間で半ば自然発生的に起った、人間の魂への凌辱に対する集団的抗議である。それは、演習砲台構内で兵士たちが休養中、第一班の末永二等兵が構外へ出て、民家から生干しの鯣烏賊（するめいか）2枚を盗んで帰って来たのが見つかり、第1班の班長仁多軍曹、第2班の班長田中軍曹たちに叱責されることから始まる。末永は知恵遅れの兵士として知られていた。この時も、「班長殿、末永二等兵は悪くありました。もう決して二度とあんなことはしませんから、今度のことは、許して下さい。……鯣烏賊二匹は、班長殿と上等兵殿に上げます。末永二等兵は、食べんでもよくあります。はい。……どうぞ勘弁、お頼みします。悪くありました。」という奇妙な哀願を繰り返すのである（第5巻、一九九ページ）。仁多たちは、退屈凌ぎに末永を弄り物にし、死刑で脅かして彼を松の木に縛りつけ、通じもしない携帯電話での部隊長との問答という芝居まで加えて、磔刑の決定を宣言し、果ては、兵士2名に着け剣でその刑の予行まで行わせる。末永は、それらが全て嘘であることがわからず、恐怖の余り終には身悶えして泣き叫び、途切れ途切れに上の哀願を繰り返す。この延々と続く残忍な人間侮辱を途中から見ていた東堂は、憤怒の頂点に達し、勇を鼓して絶叫する、「止めて下さい。誰にも許されていません、そんなことをするのは。」と。ほとんどその声と重って、「止めて下さい。人のいのちを玩具にするのは、止めて下さい。」と冬木も叫んだ（同、二〇九ページ）。この突然の抗議に立腹した班長たちは、班付に命じて、東堂と冬木を糾問・殴打させようとする。しかし、東堂たち第3班の班付村崎の介入によって果されず、直接、班長2名が糾問する。地方で人を殺した罪人が「人のいのち」などという資格があるか、という仁多の嘲りに満ちた問いに、冬木はきっぱり返答する、「はい。人を死なせたことは、なんぼ悔やんでも、悔やんでも、取り返しが付きません。なんぼ罪滅ぼしを心がけたところで、追っつかれるもんじゃありません。人殺しをしたり死なせたりするつもりは、これから先も冬木にゃなかったであります、とはいうもんの、……冬木のしたことで——冬木の手で——一人の人間がいのちを落したとは、まちがいのない事実でありますから。……もともと人のいのちは何よりも大切で、誰もが他人のいのちも自分のいのちも大切にせにゃなりませんが、……それでありますから、なおさら冬木は、根限り力一杯、人のいのちを大切にして行かにゃならんとであります。」と（同、二一六ページ）。生命を大切にするのなら、戦地では、一体どうするのか、という田中の詰問にも、冬木は、「はい、鉄砲は、……」「前とかうしろとか横とか向けてよりほか撃たれんとじゃありまっせん。上向けて、天向けて、そりゃ、撃たれます。」と、反戦の意志を公然と示す（同、二一八ページ）。東堂もそれに同調し、さらに、磔とか部隊長命令とか死刑などという虚偽に対して、軍隊法規を引用しつつ反論を加え、

「……そんな嘘で末永をあんな無残この上もない状態に追い込む権利は誰にもありません。それだから、『そんなことをするのは、止めて下さい』と東堂は申し出ました。」と、敢然と言いはなつ。冬木も、「それじゃから、『人のいのちを玩具（おもちゃ）にするのは、止めて下さい。』と冬木は申し出たとであります。」と重ねる（同、二二二～二二三ページ）。しかし、実際に、末永の身代りになる根性はないだろう、という仁多の挑発を冬木は受けて立つ。東堂も、喜んで身代りになると断言する。そこで、2人が班付上等兵たちに殴打されようとした時、再び村崎が介入し、こんどは第3班の橋本たち数名の兵を連れて、公然と身代り志願を募る。第3班の兵士中約半数の、東堂、冬木も入れると二一名（「食卓末席組」は全員参加、「厳原組」は1人も参加せず）がこれに応じて整列、続いて、村崎は第1班に呼びかけ、9名が応ずる。さらに、第2班の兵士に呼びかける途中で、教官の村上少尉によって止められ、この模擬死刑事件は幕となる。そして、その日のうちに、村崎、冬木、東堂、橋本は、「上官にたいする反抗的ないし不服従的態度」により重営倉、末永は軽営倉の懲罰処分が申し渡され、執行されたのである（同、二二三～二三七ページ）。

極めて簡単に素描したこの闘いは、半ば自然発生的であり、決して計画的なものではなかった。しかし、それは、剣鞘事件、私物被服着用要求等々のそれまでの人権闘争の必然的な帰結として起ったものである。しかもそれは、極めて僅少であるとはいえ個々の兵士の実質的利益が望まれた私物被服着用要求とは異り、恐ろしい懲罰を覚悟の上の、兵士たちのやむにやまれぬ行動であり、人間の尊厳を護る毅然とした闘いであった。

5　真の連帯と人間の尊厳

この『神聖喜劇』は、帝国軍隊を舞台にした過去の物語でありながら、天皇制も帝国軍隊もなくなった今日の日本の社会の諸問題を考えるに当って、幾多の教訓と示唆、および現状への批判を投げかけている。ただここでは、今日の人権闘争に関して特に重要と思われる問題のうち、連帯と人間の尊厳という2点についてのみ簡単に触れておこう。

まず、連帯について。

この小説の中では、数々の個人的な闘いとともに、幾つかの集団的な闘いが描かれている。そして、その集団的な闘いは、計画的・組織的なものであれ、非計画的・自然発生的なものであれ、何れも全て真に連帯という名に値する闘いであり、決して、「衆を恃む」類のものではなかった。このことは、戦後の各種の運動や五〇年以後の教育における集団主義の動向を検討する重要な契機を与えている。それはまた、今日における日本の民主陣営の右傾化・弱体化と惨めな分裂状態を克服するための示唆をも含んでいると考えられる。戦後、労働者の闘いや各種の運動では、「統一と団結」が叫ばれ、「連帯」が強調されてきた。集団主義という言葉も教育界に流行した。けれども、強大な敵に対して不屈の闘いを持続しうる、戦闘的で強固な統一と団結、個々の単位が独自的な闘いを果敢に展開しつつ、共通の目標を目指す階級的な連帯、あるいは、明確に個人主義と闘う集団主義の実践は、残念ながら決して多くはなかった。単に衆を恃んだ、ひ弱な集団的行動、水ぶくれの組織、形式的・技術主義的「集団主義」の実践が余りにも多かったと言わねばならない。そのため、「左」右の右傾化と民主陣営の分裂が続いている現在では、国家主義や国家の統制に反対するという口実のもとに、団結や連帯や集団主義に全く対立する個人主義や自由主義が逆に次第に再評価されてきている。そして、それらが民族主義や東洋的非合理主義とともに民主陣営内部で勧奨され、その弱体化と右傾化に一層の拍車がかけられようとしている。

ところで、この小説の中で東堂が最初、「忘れました」強制に1人で抵抗し、その抵抗を貫き通そうと決心したのであるが、その時彼を支配していたのは、不当・不条理な強制に従う自分を許すことはできないという自尊心であり、まだ、兵士たちの集団的利害という意識はなかった。しかし、この段階でも、彼の決意は、それ自体が最も人間的な、積極的な人権擁護であり、また、彼の主観にもかかわらず、客観的には兵士全体の人間としての尊厳と誇りを代弁するものであった。それは、真の連帯のための重要な環であり、集団主義思想の萌芽なのである。集団の利害には無関心で排他的な個人主義でもなければ、大衆蔑視の超人主義でもない。だからこそ、この時の彼の敢然とした発言は、すでに見たように、卑屈で低俗で排他的な3人の兵士の胸には届かなかったが、高潔で先進的な冬木によって直ちに支えられたのである。強大な国家権力に対する一個人の闘いの無力さを思いながらも、東堂は、「とまれかくまれ、しかし、『鱓の歯軋り』なしには、『われと墓穴を掘り下げること』なしには、『燕趙悲歌之士』なしには、『斉魯奇節之人』なしには、『握りしめたる拳に卓をたたきて、／“V NARÓD!”と叫び出づるもの』なしには、いつでも何事も始まらないであろう――万事は（兵隊私にとって）休するであろう。しかも一兵私の内部において、『決して万事が休してはならない』もしくは『決して私が万事を休せしめるべきではない』というような思想か観念かが、奇しくも我流虚無主義と同居しつつ、昨今いよいよすこやかに生い立ってもきたようである。」（第3巻、一七九～一八〇ページ）と内省している。そして、己の我流虚無主義と闘いながら、また、孤立した闘いをも辞せぬ決意を固めながら、次第に周囲に見出された同志に思いを至すようになる。「〃……いやいや、私は必ずしも『最後ノ一人』でもないらしい。橋本がいる。曽根田、室町がいる。村崎がいる。先刻その態度が私の予想を裏切ったとはいえ、冬木もいる。私がこんなふうにわずらわしくなったりいやになったりするのが、私の（橋本の泥臭い元気とか曽根田の能動的な無頓着とかに遥かに及ばぬ）消極性なのでもあろう。……広大な客観的現実の様相は当面さもあらばあれ、『微塵モ積リテ山ヲ成ス』こともいつの日かたしかにあり得るのではないか、――もし圧倒的な否定的現実に抗して、あちらこちらのどこかの片隅で、それぞれに、一つの微塵、一つの個、一つの主体が、その自立と存続と（ひいては、あるいは果ては、おそらくそれ以上の何物かと）のため、傍目にもわが目にさえも無意味のような・無価値のような・徒労のような格闘を持続するに耐えつづけるならば。〃」（第4巻、二〇九ページ、傍点は原文）と。こうして、実質的に孤立から連帯へと進むが、重要なことは、彼が、「『連帯』ということと『衆を恃む』ということとはおなじではない」（第5巻、一七六ページ）と考えていたし、また、実際に、彼が「衆を恃む」はしなかった点である。彼は「厳原組」のような品性下劣な連中には、多数であっても決して頼りはしなかった。そして、葉書も書けない、部落出身の橋本や「皇国」の意味もわからぬ鉱夫出身の鉢田から始まって、物静かなインテリの正源寺にいたるまで、少数ではあるが、人間として最も信頼しうる兵士たちの、それぞれの積極的な個性に依拠したのである。本気で闘うために、たとえ当面は少数であれ、また出身のいかんを問わず、最も信頼のおける兵士たちが持っている、それぞれの個性に応じた、最も積極的・肯定的・戦闘的な側面に依拠して連帯したのである。それに、彼は、「人間同士が共通の弱みや卑屈やにおいて寄り添いつつ相互に薄ぎたなくいたわり合うというような、その種の消極的連帯意識に与し得るはずがただささえなかった」（第1巻、五八ページ）のである。激烈な闘いにのぞみ、恃むべからざるものに、それがただ多数だということだけで恃むのは、単にその力が脆弱で戦闘に耐えぬだけではない。味方の中の最も信頼しうるものを見失い、その力を孤立させ、客観的には敵を利する結果になろう。真の連帯とは決してそんないい加減な、安直なものではなく、たとえ孤立しても闘い抜くという決意と真剣な内部闘争と忍耐強い説得とを必要とするものである。負の数が幾ら集っても正数にはならないように、弱さはそのままでは幾ら集めてみても、闘う力には決してならず、一撃のもとに粉砕されるであろう。また、各人の内面的な闘い、個々人の努力や犠牲を少しも要求しない、「自由な」、「安心して加われる」ような組織や集団は、サロンではあっても、闘う部隊では決してない。強大な敵に抗して、本当に闘おうとするのであれば、たとえ少数であれ、現在われわれの周囲にある、最も信頼しうる階級意識とその萌芽を見出し、確認し、育て上げ、結集することが急務であろう。それは、自己の社会的立場と使命の自覚、個人的利害を集団全体の利害に結びつける意志と能力、隣人の悲しみや痛みに対してはふるえ、人間への冒瀆に対してはじっとしておられぬ、といった強力で美しい感情、等々である。科学的世界観は、このような階級意識やその萌芽と結びついて初めて、革命的な行動への不屈の意志となる。だが、この積極的・肯定的な、強くて美しい人間的思想や感情、そして階級意識を育て上げるためには、それらを取り巻き、埋没させようとしている消極的・否定的な、醜悪な思想との不断の闘いを不可欠のものとしている。その思想とは、排他的で、非人間的なエゴイズムと個人主義、怠惰で無責任な自由主義とニヒリズム、自我を唯一の権威として全ての統制を拒否するアナーキズム、狭量で残忍な民族主義である。これらと不断に闘うことなしには、今日の弱体化した民主陣営・平和勢力を建て直すこともできないであろう。

真の連帯は、味方の内部に秘められた敵の思想との絶えざる闘いを抜きにしては決して成立しないのである。

次に、人間の尊厳について。

ベリーンスキーはヒューマニティ（グマーンノスチ）と人間の尊厳との関係を次のようにいっている、「ヒューマニティの感情は、人間が他の人々の人間的尊厳（チェラヴェーチェスコエダストーインストヴァ）を尊重しないとき、侮辱を感ずる。そして、人間が己の尊厳を己自身で尊重しない時、さらに一層侮辱を感じ、苦悩する。」（ベ・ゲ・ベリーンスキー、全集、第10巻、ソ連科学アカデミー出版、モスクワ、一九五六年、三二五ページ）と。そして、人間の尊厳は、「偏見や無知によって卑しめられ、また、あるいは人間の、己の近しい人に対する不公正によって、あるいは己自身の自発的な自己歪曲（ダブラヴォーリナエ ソープスベンナエ・イスカジェーニ）によって卑しめられる」（同、三一九〜三二〇ページ）と語っている。この、ロシアの革命的民主主義者の重要な指摘は、現在の日本で特に大切にされなければならない。人権抑圧の一大機構であった天皇制の崩壊によって、敗戦後の飢餓の中にあっても、その復活と成長がやっと保証されるかに見えた日本の民衆の人間的尊厳は、今日再び、巨大資本と結びついた国家権力の醜悪な手によって汚され、さらに、「中産階級」的生活実感の中で、民衆自身の手によって泥を塗られようとしている。そして、労働の側が右傾化し、民主陣営が分裂・弱体化するほど、民衆の中に非人間的で排他的な資本の論理と倫理が浸透してくる。例えば、今日の学校における体罰の増加は、子どもの人間的尊厳を冒瀆する最大のものであろう。また、薄汚いリベートや僅かなプレゼントによって己の人間的尊厳が汚されながら、そのことに気づきもしない教育労働者も稀ではなくなっている。教師だけではない。他の労働者の間にも、たてまえとしての人権尊重の陰に、醜い差別の思想、非人間的な金銭ずくの思想、自他の人間的尊厳に対する鈍感さがどれほど隠されていることか。そして、封建制打倒、自由主義と個人主義の謳歌、次々に売り出される新しい思想的流行への追従の中で、古くから伝わって来た民衆の貴重な思想的な宝がどれほど見捨てられてきたことか。また、わが国では、「人間的」、「人間らしさ」という言葉は、人間の持つ弱さや醜さを余りにも強調し、人間を動物の次元に引下げる傾向が強かったのではないか。けれども、社会の進歩や人類の発展を省るとき、その弱さ、醜さを人間は次第に克服し、人間だけが持つ、人間的な強さと美しさを身につけて来たのではないか。動物の中にはなく、また、資本の倫理の中には決して見出すことのできない「人間的な」美しさ、「人間らしい」強さをもっともっと強調すべきであろう。

さて、『神聖喜劇』の中では、人間の醜さ、弱さ、卑屈性、俗物性、人間に対する差別と侮辱等々に対する絶えざる闘いがリアルに描かれており、そこには戦闘的なヒューマニズムが貫かれている。主人公東堂の思想と感情の中では、彼のいう我流虚無主義と並んで、それと対立する「自然発生的社会主義的傾向」や意識的に獲得されたマルクス主義の思想があった。そしてまた、「人間としての倫安と怯懦と卑屈と」を拒否する強い意志が常に働いており、古い武士道の中の最も肯定的な要素が闘いの中で常に意識に登っていた。例えば、荻生狙来の「大抵勇を尚び死をいとはず、恥を知り信を重んじ、むさときたなく候事を男子のせざる事と立候習はし」(第1巻、一四一ページ)、あるいは、『葉隠』の中の、「惣じて用事の外は、呼ばれぬ所へ行かぬがよし」(同、三三二ページ)といったものである(後者の思想は、ロシアの最も先進的な貴族、ラジーシチェフの思想でもある。渋谷一郎訳、A・H・ラジーシチェフ『ペテルブルグからモスクワへの旅』《昭和三三年、東洋経済新報社》一一四、一三〇ページ参照)。このような肯定的要素は、決して支配階級としての武士に特有なものではない。この小説の中で、冬木が口にする「一寸の虫にも五分の魂」（第1巻、六一ページ）という諺の伝承によってもわかる通り、封建体制、天皇制を通じて、人権を奪われ、虐げられた民衆の中で根強く生き続けてきたものである。解放読本『にんげん』（4年用、一九八〇年、明治図書）の「おかあさんのメモ」にも、同様の、強くて、美しい人間的な怒りが描かれている。けれども、注意すべきことは、今日では、天皇制下と異り、「個人の尊厳」が個人主義と結びつけられ、「人間尊重」が反科学主義と結びつけられて、国家公認のスローガンとなり、そのこと自体によって人間の尊厳が無視され、さらに、その「個人の尊厳」が階級意識に対置されている点である（文部省『期待される人間像』参照）。従って、個人の尊厳の思想は、差別に反対する人間平等の思想と結びつき、人間尊重は科学と結びつかなければ、排他的な差別の思想に転落し、真の人間的尊厳の思想と対立するようになる。この点で、もう一度、ベリーンスキーの有名な次の言葉を想い起そう。「自尊心（チューストヴァ・サマリュービヤ）が辱しめられたのであれば、まだ我慢することができる。……けれども、真理の感情、人間的尊厳の感情が辱しめられたのを我慢することはできない。宗教の庇護と鞭の擁護のもとに、虚偽と背徳が真理と善行として説教されているときに沈黙していることはできない」（「一八四七年七月三日付「ゴーゴリへの手紙」、同前『全集』第10巻、二二二ページ）。見られる通り、ベリーンスキーは、人間の尊厳の感情を真理の感情と結びつけ、個人の自尊心を越えたものとして捉えているのである。

　この小説の終りの方で、兵士たちが別れて転属していく前に述べられている冬木の感慨、つまり、いわば生まれて初めて「人間らしい人間」に出会い、「友達らしい友達」が出来たような気がしていたのに、別れ別れになるのは残念だという気持ち（第5巻、二八一ページ）は当然であろう。残忍で、卑劣で、醜悪な人間冒瀆に対する共同の闘いによって各兵士の中に自覚された強くて美しい人間的な共感がそこにあったからである。生れや育ちが、また、学歴や職歴がいかなるものであれ、「人間が人間であることをやめない限り、共感せざるをえない」人間的な共感（ドブロリューボフ「昨年の文学上の些事」、『エヌ・ア・ドブロリューボフ著作集』第4巻、国立芸術文献出版所、一九六二年、モスクワ、レニングラート、五六ページ）があったからである。

（一九八二年十月）

「愛国心」教育における民族主義批判

ドブロリューボフ「真の愛国心とエセ愛国心」に学ぶ

はじめに

私はこれまで幾度か戦後の日本の教育思想に現われた「左」右の民族主義について批判してきた。しかし、現状では、残念ながら、今後も批判を続けなければならないだけでなく、もっと頻繁に、執拗に続けなければならないであろう。

六六年の『期待される人間像』には「日本人としての自覚」が説かれ、愛国心と国家への忠誠が唱えられている。その愛国心は、「天皇への敬愛」と結びつけられていることによって、その古さと露骨な反動性を暴露しているが、同時に忘れてならないことは、それが「自我の自覚」「自由」「自主性」「個性」の強調と共に主張され、「人類愛」とすら結びつけられていることである。七一年の中教審答申でも、「民主社会の規範と民族的な伝統を基礎とする国民的なまとまりを実現」することを根本的な教育目標として掲げている。さらに、七六年に答申された「小学校・中学校及び高等学校の教育課程の基準の改善について」でも、「家族、郷土、祖国を愛するとともに国際社会の中で信頼と尊敬を得る日本人を育成すること」を謳っている。つまり、現在の文部省の民族主義は決して滅私奉公といった露骨な、大時代的なもので固められているのではなく、その反動性はより「洗練された」ものである。従って、それを徹底して批判するためには、露骨な天皇讃美を批判するだけでなく、もっと基本的に、彼らのいう「民主社会の規範」「自我の自覚」「自由」「自主性」「個性」が実際に何を意味しているかを検討し、その反動的な本質を暴露しなければならない。そして、同時に、今日の独占資本が次々に具体的な国際問題に結びつけて打出してきている排外的なナショナリズムの宣伝と政策（北方領土、二百海里漁業専管区域、竹島（独島）等々の問題）の本質を暴露して反撃を加え、そして勤労人民の中にも広範に現存する民族的・人種的偏見を絶えず率直に批判し、彼らの階級意識、国際主義の精神を呼び起し、鼓舞していく必要があろう。

以上のような問題意識を基本にすえながら、今後教育の場やマス・コミに大量に持出されてくる反動的なナショナリズム（民族主義、国家主義、国民主義）の攻撃に的確な反撃を加えていくことがますます必要になってくると思われる。そして、その重要な問題の一つが愛国心問題である。敗戦後、一時愛国心は問題自体が殆んど全ての者によって忌避された。だが、独占の復活と軌を一にして反動の側から「日の丸」「君が代」と共に学校の中に再び持ち込まれ、これに対して民主陣営の側からも当然反撃が加えられた（その勝れたものは、三井田一男「愛国心（体制内存在）論」《同『現代経営思想と大衆社会論』、六三年学術出版社所収》、および、岩崎允胤「労働者教育と科学性の問題」《『唯物論研究』№10、六二年所収》がある。なお、六六年には『別冊現代教育科学』№９で、「戦後における愛国心の問題」を特集している）。だが、現在では、初めに見たような右からの攻撃はますます強化されているにもかかわらず、民主陣営からの反撃は極めて弱い。

本稿でロシアの革命的民主主義者ドブロリューボフ（一八三六〜一八六一年）の愛国心論をとりあ

げるのは、愛国心という概念をめぐって、「左」右の民族主義に対する反撃の一助としたいためである。

もちろん、今から百二十年前に書かれた彼の論文には、後に見るように時代の制約と当時のロシアの社会の後進性が反映せざるを得なかった。けれども、これまた後に見るように、それは当時の時代と社会の制約のギリギリの線にまで進みえたのである。だからこそ、今日の我々にとってもそれは依然としてその重要性が失われてはいないのである。とくに、戦後日本のマルクス主義の情況を考えるとき、彼の戦闘的な唯物論と革命的民主主義に基いた愛国心論から学ぶべき所は極めて大きいといわなければならない。次に訳出するドブロリューボフの愛国心論は、当時の反動的なスラブ主義者ジェレプツォフの国粋主義的著書を徹底的に批判した論文「ジェレプツォフ氏のデッチあげたロシア文明』(一八五八年)の第一部に含まれているものである。ただ、あらかじめ注意しておかなければならないのは、当時公刊された全ての論文や著書がそうであったように、この論文もツァーリ直属の帝室官房第三課による一般的検閲と宗務院による宗教的検閲という二重の厳重な検閲を経たものであるということである。従って、そこにはいわゆる奴隷の言葉やイソップの言葉で書かれざるを得なかった個所が少なくない。

一　訳出

「真の愛国心とエセ愛国心」

ニコライ・ドブロリューボフ

愛国心は、その純粋の意味では、人類に対する人間の種的な愛の現われの一つとして、完全に自然で正当である。それは、ぼんやりした、無意識の感情として、認識力の最初の発達とともに、幼児が己自身を外部の対象から区別し始めるや否やすぐ幼児に現われる。もちろん、この子どもの愛国心を何か重要な、素晴しいもののようにいう必要はない。けれどもまた、人生の幼年期におけるその意義を認めないわけにもいかない。人生の最初の年月には、人間はまだ抽象的な対象について考えることはできない。それに、国際的な生活の一般原理や恒久的な法則は、彼には一層理解できない。彼の中には、己に最も良いものを求めさせるエゴイズムが存在するし、また群棲種の動物の全ての場合と同様に、ぼんやりした本能があって、それが、最も良いものは孤独の中にではなく、己自身の中にでもなく、他の者との集団の中にこそ見付けられるのだということを秘かに教えているのである。その後の生活経験は日増しにこの子どものぼんやりした推察を一層確認し、はっきりさせてくる。そして、彼はもう己の幸福と他人の幸福との関係を理解し始めるのである。初めのうち彼は他人の幸福を己自身のために占有したいという志向に身をまかせる。そして、そのことに満足しているが、その満足は、周囲の環境が彼の中にある肉食種の本能の発達を促進する度合いによって、多かれ少なかれ続くであろう。けれども、子どもが正常に発達するさいには、彼のエゴイズムが己の主人のために他人の人格や所有権を圧迫しようとするのは暫くの間だけである。やがて彼は次のことに気付くであろう。即ち、他人のものを剝奪して己を養えば、彼は再び、恰も周囲のものを全て食い荒らすという唯一つの特別な使命を持つ唯一つの特殊な存在であるかのように、全ての者とは疎遠な、孤立したものになるだろう、と。そのような情況を自覚するのは不快なものである。それは人間の、さらには一般に動物の自然の本能に矛盾するからである。まさにそのために、教育家たちの観察によれば、子どものエゴイズムは、ただ個人的な、専ら動物的な要求を満足させることだけが必要であるような粗野な形態には、ほんの僅かしか止まってはいないのである。思考が目覚め、そして理性が働き始めるや否や、エゴイズム自体も異なった方向をとる。つまり、それを満足させるために、他人との共同関係が必要となるのである。この必要は、年長者が幼児に必然的に与える無限の奉仕とあらゆる種類の援助によってさらに一層発達する。まさにその年長者に対しては何よりもまず愛の感情が向けられているのであるが、その感情はもちろん、全ての人間の本性の中にあり、その後の発達の過程で、自ら全人類を包合すべきものである。その同じ愛を、愛する人々の物、習慣、観念等々に移すにはここから少し進むだけでよい。ここからはまた、

故郷の野や山、／懐しい故郷の空の輝き、
懐しいせせらぎ、／幼い日の幸せな戯れ、
また、幼い日の学び、

が、多くの人々に対して終生失われることのないあの魅力をも生み出すのである。

大人に対しても、もしその人が感情の領域に止まっている限り、そして、理屈をこね始めない限り、

その感情のせいで非難することはできない。私の個人的な生活を侵害しようとたくらむ権利は誰も持ってはいない。ヤロスラーヴリの捺染模様のテーブル・クロスが掛けられ、シューシュー音を立てているサモワールが乗せられているテーブルを見たり、あるいは、ギターの伴奏で歌われる『私は小川へ行くだろうか』というセンチメンタルな歌を聞いて、幼年時代の明るい想い出が私の中に蘇っているからといって誰が私を批難できようか。もしこれらのものが私の中に、あなたが当然だと考えるような印象よりもずっと強い印象を惹き起しているなら、あなたにとって私は滑稽であるかもしれない。けれども、あなたの側からの嘲笑ですら、もし私が誰の邪魔もせずに、つつましく己の主観的な気分に浸っている場合には、非人道的なものとなろう。しかし、もし私が己の感情を他人に押しつけ始め、周囲の全ての者に対して私と感情を共にするよう要求し始めるなら、問題は別である。その場合には、もう全ての者は私を批難し、私の幻想を嘲笑する完全な権利を持っている。なぜなら、その幻想は共通の判定を必要とする客観的な意義を持つようになったからである。もし私が、自分の感じたことを他の人々にも感ずるように要求していれば、その時には、私はもうそのために次のことを承認しているのである。即ち、私にあれこれの感情を惹き起した対象は、専ら私にだけ意義を持っているような偶然的な関係によってではなく、それ自体で実際にそのような感情を惹き起すことができる、ということを。一方、このことを承認することによって、私は、他の人々がそれに同意できず、私をそのために馬鹿だと認めることができるような意見をすでに表明しているのである。もし私が、例えば自分の幼時を想い出して気持良く感ずるある馬鹿げた歌に、他の人々も必ずうっとりしなければならないと考えるなら、このことによって私は、自分がその歌のつまらなさがわからず、逆に実際的な価値をその歌の中に見ていることを暴露しているのである。もちろん、このために私はまた美的趣味を持っていない人間だと認められるのであるが、しかし、私についてそのように言うことができるのは、私がこの歌を聞くのを個人的に気持良く感じているということだけに基いているのではない。どんな人間にも、また、彼がどのような発達段階にあろうとも、あれこれの習慣、偏愛、想い出が常に残っているものであるが、それらの馬鹿らしさを彼は理性ではわかっていても、彼の心情はそれから完全には解放されていないのである。人間の内面でのこの小さな不統一は、人間の本性の弱さによって不可避的なものであり、従って、それらが外面的な活動に現われるまでは、それを余り厳しく考えるべきではない。けれども、それが、この子どもじみた幻想を他の人々にも真実だと見做すようにという要求をもって現われている時には、それは暴露され、追及されねばならない。そして、この暴露に当っては、我々はもう最も完全な権利をもって躊躇することなく次のように言うことができるのである。即ち、そのような要求を示した紳士は低能であり、また、彼の要求自体が有害である、と。なぜなら、その要求には、己の愚鈍さを他人にも植えつけようとする企みが含まれているからである。

ここで、我が国で普通愛国心の名のもとに理解されているものに目を向けると、我々は、一般的に子どもの印象について言ったことから多くのことを、それにも適用できるのである。愛国心は、その最初の現われにおいては、故郷の野や山、幼い日の楽しい遊び等々に対する強い愛好以外のどんな形もとってはいない。けれども、それは可なり速かに、一層はっきりした形になり、そして、その中には子どもが身につけえた限りでの歴史的、市民的観念の全てが含まれている。この愛国心は、ある時期までは、全て己のものに対して——それが良かろうが悪かろうが同じことだ、といった風に、完全に、無制限に信服するという特色がある。そのような無差別の原因は次の点にある。即ち、子どもはまだ良いことと悪いこととの間の区別をよく理解していないのである。なぜなら、子どもは比較するための対象をほとんど、あるいは全く持っていないからである。他の都市についての観念を持たずに、どうして子どもは己の町の機構について不満を表明できようか。あらゆることにおいて己のエゴイズムを他人のエゴイズムと結びつけ、できる限り己のエゴイズムの領域を広げようとする唯一の望みに従って、本能的な生活をしている幼児は、どんな意味であれ自分で自分のものと呼ぶことのできる全てのものに強く心を惹かれている。その後の発達で彼の見解が新しい観念の獲得によって拡大すると、以前には全く完全だと思われていた事物の良い面と悪い面を区別する活動が始まる。このようにして、順次一つのことから他のことに移りながら、人間は無条件の偏愛を棄て、そして先ず己の生れた家族、己の村、己の郡について、その後、己の県、他の県、第三の県、首都、等々についての正しい見解を得る。その結果、終に地方的な偏見は棄てられ、そして、ただすでに民族もしくは国家的に共通の特色となっているものだけに熱中するということになる。けれども、正常に発達しつつある人間は、愛国心の現われのこの段階にも止まることはできない。彼は、自分の祖国に対する感情がいかに強く、また現実的であろうと、事柄をそれと同種のあらゆる現象との関連で研究することによってのみ与えられるあの合理的な明瞭さはまだ持っていないことを自覚している。かくして、発達が止まっていない人間は、己の民族や国家という思想から、他の諸民族の研究によって、全体としての民族および国家という思想にまで高まり、そして、結局、人類という抽象的な思想を理解するようになるのである。それ故、彼は己の心に浮ぶ個々の人間の中に、ドイツ人、ポーランド人、ユダヤ人、ロシア人等々ではなく、何よりもまず人間を見るのである。人間のこの発達段階においては、彼の愛国心の中の子どもじみた、空想的だったもの、現実と良識に矛盾した子どもっぽい幻想のみを惹き起していたものは不可避的に消えてなくなるに違いない。異常な予断や、一つの民族はある民族より、他の民族はまた別の民族よりも高い天命を有するという空想的な妄想や、相互の優越性に関する民族的な論争などは全て、正常かつ完全に発達した人間の思考の中では消えてなくなるのである。彼にとっては、高慢なポーランド人か誠実なロシア人か、等々といった類の問題や、今後の歴史において優位を占めるのはゲルマン種族かスラブ種族か、等々といったような問題はもう存在しない。そのような非常識な言い方を、彼はもう言葉の遊びと見做しており、そして、そのような言い方で気晴しをしているのであるが、それは丁度我々が、例えば我が国の若い文学で時々再開されているモスクワとペテルブルクとの論争で気晴しをしているのと似ている。けれども、同郷に対するこの理論的な冷淡さと無関心から、人間は高度に発達すれば愛国心が持てなくなると結論する必要は少しもない。反対に、人間は高度に発達して始めて真の、現実的な愛国者となることができるのである。——そして、それは次のようにしてである。

諸民族の歴史が進行する共通の、即ち不変の法則について理解し、人類に共通の必要と要求を理解するまでに己の世界観を拡大した教養ある人間は、己の理論的な見解や確信を実践的な活動の分野に移したいという必然的な欲求を感ずるものである。けれども、人間の活動の範囲は、彼の力や欲求自体と同様に、全世界に同じように広がることはできない。従って、彼は何らかの部分的な、制限された範囲を自分に対して選び、そしてその中で己の一般的な確信を適用しなければならない。この範囲は、恐らく、最も自然なものとしては祖国であろう。我々はより多くそれと親んだのであり、より多く知っているのであり、従ってその結果、それにより多く共感するのである。しかも、この共感は決して他の民族に対する愛と尊敬を損いはしない。そうではなくて、その共感は、他のものと較べてあるものを最も親しく知っているということの単なる結果なのである。我々はこれこれの喧嘩でこれこれの人数が殺されたということを平然と新聞で読んでいる。けれども、もしその殺された者のうち幾人かが我々の識り合いであれば、その同じニュースが我々に最も強い印象を与えるのである。それに、もしその殺された者の中に我々の最良の友がいれば、その同じニュースは我々を深い悲しみに陥らせることができるのである。しかし、そうはいっても、我々がその友人のことを悲しんでいるのは、他の死者が彼より劣っていて、我々の悲しみに値しないなどとは決して考えているのではない。もしも我々が彼らと親密であったとすれば、その場合には、我々は彼らについて一層深く泣き悲しんでいたかも知れない。けれども、運命が我々と彼らとを知己にはしなかったのである。それに、人間は他人の死を全て悲しむわけではないであろう。愛国心の場合も同様である。つまり、我々は己の祖国に対して一層多く共感する。なぜなら、我々は祖国が必要としているものを一層よく知っており、祖国の情況を一層よく判断することができるし、共通の利害と志向についての想い出によって祖国と一層強く結びつけられており、そして結局、自分は他の国に対するよりも祖国に対して一層役立つことができると感じているのである。かくして、ちゃんとした人間の場合には、愛国心は、自分の国の利益のために努力したいという願いに他ならないし、そして、それはできる限り多く、できる限り立派な善行を積みたいという望み以外の何物からも生じているのではない。従って、それ故にこそ、有名な活動家たちが、もし己の祖国よりも他国での方が自分はもっと役立つことができると考えて、己の活動をある国から他の国へ移しても、誰も彼を批難できないのである。ジョン・ロイはその財政理論をフランスで実施したし、ラファイエットはアメリカの《独立》戦争に参戦したし、またバイロンはギリシャのために闘っていたのであるが、しかし、そのために彼らを愛国心が不足しているといって誰が批難するだろうか。極めて当然のことであるが、ある者は己の計画を適用するのに一層好都合であるような環境を求めていたのであり、また、他の者は一層危険な所へ急いだのである。生き生きとした、現実的な愛国心は、まさにそれが民族間の敵意を全て斥けているという特色を持っている。そして、そのような愛国心に満ちている人間は、もし己が人類にとって役立ちさえすれば、全人類のために努力する用意があるのである。自分の活動を自国の範囲内に制限するのは、彼の場合にあっては、自分が最も役立つことのできる真の場所はまさにここだという自覚の結果なのである。だからこそ、真の愛国者は、己の民族を自慢し、ほめちぎるような絶叫を我慢できないのであり、だからこそ彼は、人種間の分裂のための境界を決めようと努めている者を軽蔑しているのである。人類愛の部分的な現われである真の愛国心は、個々の民族に対する敵意とは共存できないし、またそれは生きた現実的な現われであるから、常に何だか弔辞が朗読されている死体を想い出させるあの美辞麗句をほんの少しも容認しないのである。愛国心をそのように理解すれば、我々は、社会に意識的に利益をもたらせ、社会の計画に参加する多くの可能性を各人に提供している国々で愛国心が特に強力に発達している理由がわかるであろう。我が国では愛国心の発達が弱いと我々はよくこぼしているが、それは個々の大衆の活動が我国では事柄全体の経過と殆んど完全に切り離されており、従って各人の関心の範囲が狭くならざるをえないからである。あなたの馭者に、我々がアムールを攻略した、といってごらんなさい。初めのうち、彼にはあなたの言うことがわかりもしないであろう。国にとってこのことがどんな意義を持っているかを彼に説明してごらんなさい。彼はあなたの言うことに同意するであろう。けれども、それにも拘らず、あなたの話は彼に強い印象を与えはしないであろう。実際、アムールなど彼にとってどんな必要があろうか。また、アムール河沿岸地方は彼に対してどんな関係を持つことができようか。彼の関心を遙かに強く惹きつけているのは次のような考えである。即ち、あなたが片道を乗って彼に銀貨で五カペイク余分にはずむか、それとも公定相場どおり支払うか、ということである。……例えばイギリスでは、愛国心の発達はそのような状態ではない。即ち、そこでは全社会の獲得物や失敗は、恰も銘々の個人的な利害が問題になっているかのように大衆が関心を寄せている。そこでは、公共の福祉や国家の利益についての言辞は無駄に響きはしない。なぜなら、一人一人が社会的利害と己自身の利害との結びつきを実際に理解して、その社会的利害に関わっているからである。そこでは、人々は次のような意味で公共のために弁護しているのである。即ち、彼らは誰かが他人のものを少しでも着服するのを見たくない、ということ、つまり、全体の利益は、他ならぬ全体のうちの一人一人の利益を守ることによって、全体として保護される、ということである。この場合には当然のことながら、一人一人は公共の問題に関心を持っており、そして、民族の光栄とか、国家の偉大さについての美辞麗句は、そこでは、もしそれが人々の実際の利益に反するなら、彼らの心を惹きつけはしない。その代り、個人的な利益も公共の利益と完全に離れてしまうほど異常に優勢になることはできない。イギリス人やアメリカ人は、例えば己の勤務上の活動が国家の存続や民族の福祉にとって不可欠だなどと叫びはしないが、しかし、己の職務上の義務を個人的な利得のために売ることなどは決してしないであろう。こんなことは彼の愛国心の感情が許さないのである。旅行者たちの話によれば、それとは全く反対のことが、例えばオーストリアでは行われている。即ち、そこでは多量の愛国的な美辞麗句が、祖国の福祉に反するさらに一層多量の、あらゆる種類の犯罪の存在を妨げてはいないのである。これはもう、何といわれようが、オーストリアの新聞が何と書いておろうが、ともかく愛国心ではない。真の愛国心は全ての個人的な関係や個人的利害より高いのであり、そして、人類に対する愛と最も密接に結びついている。その現われの見本は、例えばイギリス人の場合に示すことができる。彼らは、インドでの虐殺に対する最初の憤激の爆発が静まるや否や、彼ら自身に罪があること、インドにおける統治制度を変える必要があることを証明しにかかったのであり、そして最後に東インド商会を廃止する決心をしたのである。もう一つの見本は多分、例えばアメリカ人の場合に見られるであろう。即ち、そこでは最高の高官たちが己の手中にある莫大な公金のうちほんの半カペイクも私消しようなどとは夢にも考えておらず、殆んど貧困の中に暮しており、またそこでは、大統領のホワイト・ハウスは中流市民の住宅と少しも違わないのである。

全く違った結果を示しているのはエセ愛国心であり、それは時として驚くべき厚顔さで祖国に対する真の愛という名でごまかしている。それは本物の愛国心とは全く反対である。あの真の愛国心は人類に対する共通の愛の制限であるが、このエセ愛国心は、反対に、己と己のものに対する愚かな愛の可能な限りの拡大であり、従ってまた、それはしばしば人間憎悪に近い。あの真の愛国心は世界に対する己の関係を理性的に定めた結果であり、また、個人的な活動を自覚的に選定した結果であるが、しかし、このエセ愛国心は坊ちゃん育ちの青年の間に現われるのであり、彼らはまだ理性的な決定ができず、世界における己の位置を認識できず、そして、できる限り名誉ある官位を帯びて徒食するために何としても、また、どこへなりと就職しようと努めているのである。もし子どもたちが誤った発達をしていると、そのエセ愛国心の現われはすでに子どもの時に認められるのである。つまり、人間憎悪と結びついた愛国心は、普通、愚かな好戦性のようなものとして、己の祖国のために敵を切ったり、負かしたりしたいという欲求として少年たちの中に現われる。ところが、この好戦的な少年はまだ祖国とはどんなものか、祖国の敵とは誰かもわかってはいないのである。これと全く同じ排他性は己の無力感と一体になっているが、それは少年が学校に入った時に、彼らの愛国的、セクト的論議の中に見られる。もし学校の中にいろいろな民族の少年がいれば、彼らはきっとお互いに自慢しあい、敵対的な気分を示し始めるであろう。そして、そのような気分は、少年たちがさらに大きく成長する時初めて消える。しかし、そこには甚だこれに近いもう一つの現象が現われる。つまり、少年たちのある者はこれこれの寄宿学校にいたとか、他の者は誰それの所で学んでいたとか、第三の者は教師某々のもとで授業を受けていた等々と自慢し、互いに罵り合う。これらの口論は全て一つの源から出ている。つまり、少年たちは己の学習について何かを自慢したいのである。しかし、彼ら自身は余りにも貧弱で、くだらないので、己の知識と判断に依拠することができない。そこで彼らは教師や学校の権威に己を仲間入りさせ、そして、それらの名声の光で己自身を照すために、他の全ての者の前でそれらを称賛しようと努めるのである。注目すべきことには、少年がより利巧でより活動的であればあるほど、己の旧師を自慢しようとする欲望は一層早く消失する。一つの学校に皆が一緒に在学して幾らか時間がたてば、そんな欲望などはもう最もくだらない、見込みのない怠け者にしか残ってはいないのである。これに似た現象を古風な召使いが示しているが、その典型は我国の長篇や中篇の小説の中でもう幾度となく描かれてきた。己の中に固有の個人的な意義を少しも見出すことができず、何事であれ己自身に依拠することもできず、自主的な個性の高潔なエゴイズムも失ってしまって、しかも、狭量で粗野な自尊心にとりつかれているので、彼らは己の主人を法外に称賛することによって己を重要視させようと絶えず努めていたのである。しかも注目すべきことには、己の主人に対する彼らのベタホメは純粋に奴隷的見地から成り立っており、まともな人間の目から見れば、当の称賛されている主人を余り立派に推薦するような性格のものではないのが普通であった。けれども、年とった召使いにはそんなことは思いもよらなかったのである。つまり、彼は異常な単純さで己の主人の猟奇的事件を語っていたのであるが、しかも、その事件を申し分のない偉大なものだと確信しており、そして次のように考えていたのである。「まあわしたちを見て下さいよ。わしたちは何という立派な御主人にお仕えしていたことか！」と。……

そのような役割り、つまり、未熟で傲慢な生徒とか年とった愚かな召使いの役割りに馴れた人々は、もちろん、道徳的および知的発達が極めて低い水準にあることを示すのである。これと同様に、愛すべき、栄えある偉大な祖国に対する己の愛を大げさに美辞麗句を濫用して語っているエセ愛国主義者たちも、無内容な美辞麗句以外には己に関心がないことを証明しているに過ぎない。彼らの発達は、他の諸国民の間での己の祖国の価値を理解できるほど高くはないし、彼らの感情は、実践的活動となって現われるほど強力ではない。また、彼らの個性は、何らかの意義を求める権利を己の力で主張できるほど自主的ではない。だからこそ、これらの精神的なお坊ちゃんたち、奴隷のように怠惰で、奴隷のように卑屈な性質をもったこの連中は、何か雷名のような偉大さで己の空虚を埋めるために、その名声の寄生虫となっているのである。この名声が祖国であったり、母国であったり、民族であったりすることは稀ではない。そして、まさにその場合にはもう、内面的な意味が全くなくなったあの華麗に過ぎる美辞麗句や雄弁な表現は果てしなく続くのである。しかし実際には、これらの紳士たちが、言葉の上であのように撓（たわ）みなく宣言している愛国心の痕跡すら持っていないのはもちろんである。彼らは己と同じ国の人間をできる限り搾取しようとしているが、それは、たとえ外国人を搾取するよりまだ多くないとしても、しかし、決して少くもない。また、彼らは同国人を平気で欺き、己の私的なもくろみのためにその人々を亡ぼそうとしているが、さらに、社会にとって有害で、恐らく国家全体にとっても有害な醜行であっても、己にとって個人的に有利であれば何でもやりかねないのである。

……もし彼らが、己の祖国の中のたとえ小さな一片の土地に対してであれ、己の権力を示す可能性を手に入れようものなら、彼らは侵略した土地に対するような処置をこの土地に対してとるであろう。……しかし、それにも拘らず彼らは祖国の栄光と偉大さについて叫ぶであろう。……だからこそ彼らはエセ愛国者なのである！（ドブロリューボフ　九巻著作集、第三巻、二六〇～二六八ページ）

二　ドブロリューボフの愛国心論の現代的意義

以上に訳出した彼の愛国心論の現代的意義は何か。第一に、それは動物に固有の自己愛（エゴイズム）の人間的な、理性的発展としての人類愛の制限されたものとして愛国心を位置づけた、極めて合理的、唯物論的なものだということである。ドブロリューボフがここで「高潔なエゴイズム（プラゴロードヌィ・エゴイム）」といっており、同じ論文の他の個所で、「公共の福祉に対する愛（人によっては、その中に献身をも、人間の個性の喪失をも見ることができよう）は我々の考えでは、個人のエゴイズムの最も高潔な現われに外ならない」といっているのは、後にチェルヌイシェフスキーが『哲学の人間学的原理』の中でさらに発展・定式化した「理性的エゴイズム」と同一である。このエゴイズムは己と己のものを愛し、己の利益・幸福を追求するが、現代流行の卑俗で狭量で排他的なエゴイズムとは全く異なって、己と己の利益や幸福を全体と、全体の利益や幸福と結びつけている。そして、そのためには、己個人と他の人々との関係、社会の中での己の位置を合理的・民主的に認識できなければならない。つまり、「まわりの全てのものに対する自分の本当の関係を理解して」いなければならない（『オブローモフ主義とは何か』）。ドブロリューボフが「正常かつ完全に発達した人間」といっているのは、まさにこのことができるようになった人間のことである。つまり、「地方的な偏見」も民族的な「予断」をも克服して、「結局、人類という抽象的な思想を理解する」に到った人間である。ドブロリューボフはこの論文より一年前に書かれた有名な『教育における権威の意義について』の中で次のように言っている。「もし、子どもの中に、祖国と人類に対する強い愛情が発達していないならば、このことは、もちろん、彼の認識の範囲が、まだ全人類を包含するほどには拡大されていないということによる。彼らはこれを知らないのであるが、しかし、知らないものは、また、それを愛することもできないではないか」と。このことは、今日、我々が愛国心を語るとき、合理的な知的・認識的要素を重視しなければならないことを教えている。初めに引いた『期待される人間像』の「正しい愛国心は人類愛に通ずる」というばあいの「人類愛」は、実は、「民族の生命」「人類の生命」「の根源すなわち聖なるものに対する畏敬の念」という全く非合理的な摩訶不思議なものであることに注意しなければならない。また、それが周知のように「天皇を敬愛すること」と結びつけられていることは、外ならぬ差別と侵略の象徴と結びついているということである。それとは逆に、ドブロリューボフは愛国心を自己愛に基づけ、自己愛の「正常な発達」の結果としての人類愛の自覚的・実践的な制限として愛国心を位置づけている。従って、この彼の理論には非合理的なもの、非科学的な予断と偏見、独断を一切斥けているのである。それは終始「合理的な明瞭さ」を特徴としている。東洋的な非合理主義、神秘主義の伝統が最近の「知識過剰」「科学万能」への批判という形で再び反動どもによって復活させられ、学校教育の中へも持込まれている。そして、狭くて粗野なエゴイズムを広くて理性的なものへと高められもせず、ただ受験有効性というプラグマティックで近視眼的な知識の断片だけを詰め込まれた青少年たちは、己と社会との関係を合理的に理解することができず、そのため、常に己自身のことばかり考えながら、肝心の己自身が一体何なのか、社会における己の立場、社会に対する己の価値は何かもわからなくなり、孤独で、排他的になり、無力感に襲われる。この己の無力感から救われるために、合理的な努力の方法も見通しも与えられていないので、容易に非合理的・神秘的な権威にすがりつくのである。最近の青少年の間に、東洋や西洋の迷信が秘かに流布しているのも不思議ではない。この状態は、反動どもによる非合理的で排外的な民族主義的愛国心の宣伝と教化には最適であろう。このようなことを考えると、ドブロリューボフのいう「合理的な明瞭さ」はとくに重要な意義を持ってくるのである。しかも、それだけではない。各人がそのような明瞭さに達し、完全に発達するのを保証するのはやはり環境の力であり、それが決定的に重要であることが指摘されている。ドブロリューボフは人間の発達に対する環境の影響力の決定的な重要性を到る所で強調しているが、ここでも、愛国心の発達についてそれを指摘している。即ち、「社会に意識的に利益をもたらせ、社会の計画に参加する可能性を各人に提供している国々」では「一人一人が社会的利害と己自身の利害との結びつきを実際に理解して、その社会的利害に関わ」ることができるので愛国心は強力に発達する。逆に、「個々の大衆の活動が我が国では事柄全体の経過と殆んど完全に切り離されており、従って、各人の関心の範囲が狭くならざるをえない」ので愛国心の発達は弱い、と。ここでドブロリューボフが問題にしているのは明らかに国家機構であり、国家的な環境である。従ってまた、真の愛国心が人民の間に広範に、強力に発達するためにはこの国家機構そのものが変革されねばならないことを暗示しているのである。

ドブロリューボフの愛国心論の現代的意義は、第二に、民族的排他性への痛烈な批判とエセ愛国者に対する徹底的な暴露である。彼は人種や民族についての予断や偏見を全て「現実と良識に矛盾した子どもっぽい幻想」として嘲笑し、「生き生きとした、現実的な愛国心は、まさにそれが民族間の敵意を全て斥けているという特色を持っている」としている。そして、「真の愛国者は、己の民族を自慢し、ほめちぎるような絶叫を我慢できないのであり、だからこそ彼は、人種間の分裂のための境界を決めようと努めている者を軽蔑している」と断言する。ここには唯物論者としての、人種や民族についての冷静で合理的な判断と同時に、人種や民族間の予断や偏見を煽って相互の敵意を醸成し、民族内部の矛盾（階級矛盾）を外に転嫁する者に対する革命的民主主義者として激しい怒りがこめられている。この論文が書かれた翌年に発表された、ウクライナの女流作家マルコ・ヴォフチョークの短篇集への評論『ロシア平民の性格描写のための諸特徴』の中で、彼は異なった民族の間でも人民同士が敵対するいわれはないこと、そして、もし相互の反目があれば、その責任は全て支配者の側にあることを指摘している。即ち、「人間的な関心を全て同郷に従属させる狭隘な愛国心は、たとえば、ヘッセン・ハンブルク伯爵領とか、リヒテンシュタイン公国とかのドイツ人でさえもう充分うんざりしている。だから、我々も自分をそれから解放できるのである。我々には小ロシアの人民と分裂する理由はない。……もし小ロシア人自身が我々を十分信用していないとすれば、そのことに責任があるのはロシア社会の行政にあずかっている部分が参加してきた歴史的な事情であって、決して人民ではない」と。後に触れるように、ドブロリューボフにはまだ階級についての科学的な概念は形成されてはいない。しかし、御覧のように、右の彼の主張の中には、民族間の矛盾を階級闘争を通じて克服するというマルクス主義の原則が萌芽的な形で含意されている。マルクス主義の文献と実践例を何時でも何所でも利用しうる条件に恵まれた今日の日本のマルクス主義者の一部が、階級闘争を捨てて、反動以上の民族主義的煽動と宣伝に狂奔しているのと比べれば、ドブロリューボフの思想の先進性は一層明らかとなろう。レーニンもいっているように、ドブロリューボフは「『国内のトルコ人ども』すなわち専制政治に反対する人民の蜂起を心の底から待ち望んだ」のである。ところが、現在の日本の共産党は常に「国内のトルコ人ども」＝独占と闘うどころか協力して「国外のトルコ人＝アメリカ」への憎悪を煽ってきた。こうして彼らが「民族の悲願」といってきた沖縄が返還されてから丁度五年経った。独占のヘゲモニーによる独立の実態が人民にとっていかに悲惨なものであるかを今沖縄の人々は身にしみて味わわされており、商業紙ですらその一端を報告している。それはまさに、右に訳出した愛国心論の最後のところで、ドブロリューボフがエセ愛国者の野蛮な収奪を摘発している文章を地でいくものである。つまり、「日の丸」と「君が代」のもとに愛国心についての美辞麗句を並べたてているエセ愛国者＝独占は「同じ国の人間をできる限り搾取し」、「平気で欺き、己の私的なもくろみのために彼らを亡ぼそうとし」、「己の祖国の中のたとえ小さな一片の土地に対してであれ、己の権力を示す可能性を手に入れようものなら、彼らは侵略した土地に対するような処置をこの土地に対してと」っているのである。

ところで、ドブロリューボフは「時として、驚くべき厚顔さで祖国に対する真の愛という名でごまかしている」エセ愛国心を真の愛国心との対比で次のように的確に規定している。「あの真の愛国心は、人類に対する共通の愛の制限であるが、このエセ愛国心は、反対に、己と己のものに対する愚かな愛の可能な限りの拡大であり、従ってまたそれはしばしば人間憎悪に近い。あの真の愛国心は世界に対する己の関係を理性的に定めた結果であり、また個人的な活動を自覚的に選定した結果であるが、しかし、このエセ愛国心は坊ちゃん育ちの青年の間に現われるのであり、彼らはまだ理性的な決定ができず、世界における己の位置を認識することができず、そして、できる限り名誉ある官位を帯びて徒食するために、何としてでも、また、どこへなりと就職しようと努めているのである」と。従って、真の愛国心は現在では、自己の階級的使命を自覚したプロレタリアートのものであり、エセ愛国心は愚かな徒食者＝独占のものであって、勤労人民には本来無縁なものであり、さらに、敵対的なものである。このことを人民の間に自覚させることが次第に重要な課題となろう。

さらに、ドブリューボフの愛国心論の中の反コスモポリティズムに注目しなければならない。彼はいう、「同郷に対するこの理論的な冷淡さと無関心から、人間は高度に発達すれば愛国心が持てなくなる、と結論する必要は少しもない。反対に、人間は高度に発達して初めて、真の、現実的な愛国者となることができる」と。そして、この発達した人間がその確信を実践に移したいという欲求が必然的なものであること、この欲求を満す実践の場が、最も親しく知っており、一層よく共感しており、従って、それに対して一番役立つと感じられる祖国であるのが普通だということ、また、己が最も役立ちうる場所として外国を選んだラファイエットやバイロンも愛国者であったことを証明している。ここには直接コスモポリティズムに対する批判はない。しかし、彼が「同郷に対するこの理論的な冷淡さと無関心」というばあい、その内容が地域的な偏見や民族的偏見からの解放を意味すると同時に、その冷淡さと無関心が、逆に最も熱烈な人類愛に基づく祖国愛の実践を呼び起すものであることを意味している。それは、卑俗な利己的打算に基づくコスモポリタンの祖国に対する冷淡さや無関心とは全く相容れない。ドブロリューボフが、「真の愛国心は全ての個人的な関係や個人的な利害より高いのであり、人類に対する愛と最も密接に結びついている」というばあいも、「儲けのある所、そこが故郷」というコスモポリティズムの入り込む余地は少しもない。むしろ、ドブリューボフが糾弾しているエセ愛国心の本質はコスモポリティズムと同様なのであり、ただ愛国的な美辞麗句と国境さえ除けば、エセ愛国心はそのままコスモポリティズムとなり、逆もまた真である。このことはまた、今日、文部省の愛国心教育に対して、コスモポリティズムや狭隘な自己主張＝排他的なエゴイズムを対置して抵抗しているつもりでいる近代主義者に対する批判ともなろう。

三　ドブロリューボフの愛国心論に現在補足すべきもの

これまで見てきたように、ドブロリューボフの愛国心論は、現在我々が「左」右のナショナリズムと闘う場合の有力な武器となっている。しかし、時代と社会の制約は、この愛国心論にも反映せざるをえなかった。その最も基本的なものは、科学的な階級概念の欠如であり、そこから、祖国あるいは国と国家との明確な概念上の区分も出来なかったことである。現在のブルジョア・ナショナリズムと闘う場合には、この欠陥を補わなければ十分に攻撃力を発揮することはできない。ドブロリューボフが言おうとしていた真の愛国心は現在の日本では、プロレタリア愛国心であり、エセ愛国心はブルジョア愛国心であること、このプロレタリア愛国心は、労働者階級の階級闘争を通じて、支配階級の階級支配の道具・弾圧機関としての国家を倒し、彼らに奪われ、壟断（ろうだん）されている祖国を人民の手に取り戻すこと、従って、世界の労働者階級に共通する階級意識こそがプロレタリア愛国心の中味であること、そして、それぞれの祖国における闘いを通して世界の労働者が結ばれるということ、等が明らかにされなければならないであろう。そして、現在の我々のところには、ドブロリューボフの場合と異なってそれを明らかにし、補強しうる武器庫が立派に存在し、近代的な修理工場も整っている。人民の闘いのためにそれを用いる意欲と能力さえあれば何時でも可能なのである。ところが、「左翼」民族主義者どもは、それを用いる意欲も能力もないばかりか、最も強力な武器を意識的に隠し、修理工場の機械に砂を嚙ませているのである。そのため、七六年十一月に出された『国民の期待にこたえる教育を』という日本共産党の提案は全て今日の独占資本にとって全く「気持の良い、無害な批判」（ドブロリューボフ）となっている。そして、その中の「民主的」道徳の項目の中に「⑩　排外主義や他民族蔑視でなく、真の愛国心と諸民族友好の精神」なるものが掲げられている。この「真の愛国心」なるものはそれまでも共産党によって唱えられ、「愛国と正義」などとスローガン化までされながら、今日まで、階級的視点に立った内容の説明がなされたことは一度もない。社会主義が科学となり、体制となって実現・発展している今日、しかも、ドブロリューボフのように厳重な二重の検閲をくぐらなければならないといった事情の全くない今日の日本で公表されたこの共産党の「愛国心」の告白はまさに意識的なナショナリズムの信仰告白に外ならない。だから、参議院選挙をひかえた最近、次々に出されている『赤旗』の号外には、〝全千島は歴史的にも日本の領土〟、「全千島はもともと日本の領土」と繰り返し繰り返し、大見出しで訴えかけ、独占や政府ですら「その真意を疑う」ほどの猛烈な勢いで国民のナショナリズムを煽っているのである。

さらに彼らは右翼民族主義者と歩調を揃えて、「民族の魂」とか「民族の血」といった非合理的・神秘主義的な観念を捏造して、大衆の中の遅れたナショナリズムの実感に媚びている。これは極めて危険である。従って、ドブロリューボフの使っている民族と人種の概念も、今日の日本ではとくに正確に区別する必要がある。生物学的概念である人種と歴史的概念である民族との科学的な規定も現在では決して困難ではない。

ところで、右にあげたドブロリューボフの愛国心論が持っている不十分な点は、しかしながら、当時のロシアの人民の成長にとって決して否定的な影響を与えはしなかったのである。それは、ロシアがまだ農民の国であり、近代的なプロレタリアートはまだ形成されていなかったという社会発展上の制約によるだけではない。さらに二つの重要な理由がある。一つは、彼が自分の実践的・理論的活動を、文字どおり全て、勤労人民の利益を擁護する闘いの課題に従属させていたからである。ドブロリューボフを偲んだチェルヌイシェフスキーの次の詩はそのことを端的に表現している。「おお、人民よ、汝を彼がいかに愛したことか。彼の言葉は汝のところまでは届かなかった。けれども、汝が彼の望んだものになった暁には、汝は知るであろう、この天才的な若者、汝の最良の息子が、汝のためにいかに多くのことをなしたかを。」そして、もう一つは、そのこととも関わるが、彼の理論的な探究が、当時の時代的・社会的制約のギリギリのところまで達していたことである。自由主義がロシアの人民の成長にとって有害なものに転化したことを彼がいち早く、鋭く暴露したことによって、あの偉大なゲルツェンをさえ一時動揺させたことは有名である。ここでは、科学的な階級概念形成への萌芽的な要素を二、三挙げておこう。まず彼は、愛国心論を展開した同じ論文の中で、歴史上の全ての人間を「労働している人々」と「寄食者ども」とに分けた上で、次のように言っている。「全く非生産的な仕事が尊敬されたり、また、高度に有益な労働が蔑視されていることがしばしばある。なるほど、寄食は今日では資本や各種の商事会社の陰に隠れているが、しかし、それにも拘らず寄食は到る所に存在して、貧しい勤労者たちを搾取し、抑圧している。そして、その勤労者たちの労働は十分な正当さで評価されていない。」と。そして、五九年に書かれた評論『モスクワからライプツィヒまで』では、ロシアもまた西欧と同じく資本主義の道を通るだろうということ、西欧よりももっと速かに、果断に、確信をもって進むことができることを、つまり「社会的な力と権力とが労働者や農民の手に帰する」ところまで進むことを洞察している。それは、「搾取する階級の間における啓蒙の発達とともに、ただ搾取の形態が変わって、より巧妙な、より洗練されたものとなるだけであって、その本質は搾取の可能性が残っている間は依然として変わらない」からである。

そして、その根本的な社会変革の主体は、すでに述べた「労働している人々」である。さらに、六〇年に書かれた評論『その日はいつ来るか？』の中では、単にこの「労働している人々」だけではなく、彼らの先頭に立ち、彼らを指導すべき「ロシアのインサーロフ」が求められている。そして、ロシアの湿った、うすぐらい「この環境そのものがこのような人間の出現を助けるほどに到っている。」「その日はついに来るだろう。」とドブロリューボフが予言する時、この「ロシアのインサーロフ」は自覚ある労働者階級の形象だと考えられないであろうか。

二五歳で亡くなったロシアの戦闘的な唯物論者・革命的民主主義者ドブロリューボフの著作の日本語訳は極めて少ない。それに、現在自由に買えるものはさらに少ない。今、新刊書店で買えるものは、金子幸彦訳『オブローモフ主義とは何か？　他一篇』（岩波文庫、他一篇とは『その日はいつ来るか？』である）と横田訳の『革命的民主主義の教育』（『教育における権威の意義について』外七篇、福村出版）、同『観念論と体罰への批判』（『笞で破られる全ロシアの幻想』外四篇、同）、同『反動教育思想批判』（『ロバート・オーエンとその社会改革の試み』他十篇、同）の四冊だけである。すでに訳されて、今絶版になっているのは、石山正三訳『闇の王国』（四九年、日本評論社、世界古典文庫）、重石正己・石山正三訳『うちのめされた人々』（四九年、同）、金子幸彦訳『モスクワからライプツィヒまで』（五四年、河出書房、『世界大思想全集、哲学・文芸・思想篇27』所収）であり、『闇の王国における一条の光』はずっと以前に翻訳・公刊されたと聞いているが私はまだ見ていない。しかし、邦訳されていない論文や評論は、主要なものだけでも『サルトィコフ・シチェードリンの〝県物語〟について』（一八五七年）、『ロシア文学の発達における国民性参加の程度について』（一八五八年）、『ジェレプツォフ氏のデッチ上げたロシア文明』（一八五八年）、『ピョートル大帝治世の最初の年月』（一八五八年）、『エカチェリーナ時代のロシアの諷刺』（一八五九年）、『ロシア平民の性格描写のための諸特徴』（一八六〇年）、等々多数ある。時間と出版事情が許す限り、私もそれらの邦訳と紹介に参加し、日本の働く青年や学生たちの思想的な成長のための一つの糧として提供したいと考えている。

（一九七七年七月）

「象徴」天皇制と天皇裕仁
天皇制打倒の闘いは資本との全面対決

ブルジョワにとっての「象徴」天皇制

天皇制を考えるばあい、戦前のそれと戦後のそれをはっきり区別する必要がある。

戦前の天皇制は、まさに国家体制としての天皇制である。天皇は主権者であり、立法・行政・司法の三権を一手に握っていた。また、巨大地主であり、巨大資本家であり、その上、大元帥として帝国軍隊の最高指揮官であった。つまり、人民の支配者であると同時に、地主、財産、軍閥の頭目であり、その土台の上で神格化され、不可侵のものとされていた。

戦後の天皇制は戦前のそれとは丸で異なる。主権者の地位とともに、土地、資本、軍隊のいずれからも離れ、イデオロギーとしての存在に化したのが戦後の「象徴」天皇制である。戦前の天皇は万能の「神」であったが、戦後の天皇はブルジョワの居候となっている。「象徴」として政治の外に立たされながら、むしろそれ故に、政治に利用されるのが今日の天皇である。利用価値がなければ「象徴」天皇制の存在意義はないからである。しかし、民衆にとっては、天皇制の利用価値など何一つない。天皇制は、戦前・戦後を通じて、民衆の敵対物以外の何物でもない。けれども、ブルジョワにとっては、「象徴」天皇制はきわめて重宝なものである。「君が代」「日の丸」『象徴』天皇制」という三位一体は、民族主義的反共愛国心の「象徴」、旗印として誠に利用価値が高い。ブルジョワにとっての「象徴」天皇制の存在意義はまさにこの民族主義的反共愛国心のシンボルとしての存在である。

したがって、「象徴」天皇制批判は、民族主義的反共愛国心批判というイデオロギー闘争ではあるが、「象徴」天皇制の打倒は、そのイデオロギー闘争をも含めた資本との全面的な闘いによらなければならないであろう。つまり、今日、天皇制批判を徹底しようとすれば、当然それは「象徴」天皇制打倒に行きつかざるを得ず、したがって、資本との全面的な階級闘争が不可欠となろう。それ故、天皇制批判のイデオロギー闘争はきわめて重要ではあるが、それだけでは甚だ不徹底であろう。

敗戦後の日本のブルジョワとアメリカ帝国主義との妥協の産物が、天皇裕仁の戦争責任の解除と「象徴」天皇制の誕生であった。そして、米軍の占領下にあったという特殊事情はあったにせよ、天皇裕仁の戦争責任が民衆の力によって追及できず、その上憲法に「象徴」として天皇制を残した。このツケが今日のXデー攻勢としてわれわれの上に廻されてきているのである。

ところで、Xデー攻勢には二つの側面が考えられる。一つは、「象徴」天皇制自体の永続化のための種々の攻勢であり、これまでの「天皇誕生日」「建国記念日」「元号法」等に続くものである。それは、天皇裕仁の病気と死に関わって押しつけられる種々の「自粛」として現われ、やがて、次の天皇の即位と「改元」に関わる「祝い」の押しつけに到るであろう。もう一つは、現天皇個人に関わる攻勢である。そして、それはさらに三つに分けられよう。第一に、天皇裕仁の明白な戦争責任を塗り潰し、逆にかれを「平和愛好者」に仕立て上げることである。これは戦後一貫して行なわれて来たが、Xデーを前にして一段と強められているのである。

第二は、「象徴」天皇第一号の死の「危機」に際して、国民を超階級的、民族主義的に「統合」しようとしていることである。第三に、天皇裕仁を一人の「人間」に仕立て上げ、「瀕死の床にある老人」「一人の『人間』の厳粛な死」として、これまた超階級的に民衆の同情と哀悼の感情を強要しようとしているのである。

「人間」天皇の政治利用を許すな！

この最後の点について、少し立ち入って考えよう。わたしも含めて民衆は人間である。親しい者の病気や死に対しては、同情を寄せ、悲しみの感情を抱く、疎遠な者に対しても、その死に対しては喜びの感情を持ったりはしない。少しぐらい被害を受けた者であっても、その者が死ねば、かれの生前のことは水に流しもする。死なないまでも、重症でもう無力になってしまったばあい、この時とばかり報復したりはしない。もし報復などすれば、当然、周囲の人びとからその行為の反人間性を批判されるであろう。こういったことは、われわれお互いに人間だからである。しかし、まさにこの民衆の人間性が反動によって最大限に利用されようとしているのである。

毎年八月十五日に天皇も出席して行なわれる戦没者追悼式にしても、靖国神社への閣僚の参拝にしても同様である。それは、戦没者を利用するだけでなく、戦没者の肉親の人間的な哀惜の感情をも徹底的に利用して、侵略戦争を美化して来た。今また、「人間」天皇に対する民衆の人間的な同情や悲しみを動員しようとしているのである。

ここではっきりさせなければならないのは、天皇裕仁は人間でないという点である。それどころか、かれは今世紀最大の反人間的な存在である。最大の戦争犯罪人であるだけでなく、あらゆる差別と抑圧の象徴でもある。こんな者の病気や死に対して人間的な同情や悲しみの感情を持つとすれば、それはもう最も悪い意味での浪花節的「人情」となろう。

天皇裕仁も生物学的にはもちろんヒトである。けれども、かれは人間では決してなかったし、現在も人間ではない。戦前、かれが人間でなく、「神」であったことは言うまでもない。敗戦の翌年一月のいわゆる「人間宣言」によって、恰かも人間になったたかの装いをした。しかし、それも己の延命の方便に過ぎなかったことをかれみずからが暴露した。「神格とかそういうことは二の問題であった」(高橋紘『陛下、お尋ね申し上げます』文春文庫、八八年、二五二頁)と。つまり、かれ自身も己を本当に人間とは考えていないのである。しかし、もっと重要なことは、かれが日本国民も他民族をも人間とは考えなかったし、現在も考えていない点である。だからこそ、かれはみずからの戦争責任を少しも感ずることなく生きているのである。

ここで、一八年前のかれの言葉をもう一度想い起こす必要がある。すなわち、七〇年十月の記者会見で、戦争責任について質問を受けた時、「そういう言葉のアヤについては、私はそういう文学方面はあまり研究もしてないので、よくわかりませんから、そういう問題についてはお答えができかねます」と答えている(同、二二六〜二二七頁)。同じ時、「原子爆弾が投下されたことに対しては遺憾には思ってますが、こういう戦争中であることですから、どうも、広島市民に対しては気の毒であるが、やむを得ないこととわたしは思ってます」と言ったのである(同、二二七頁)。これが一体、人間が人間に対して言う言葉であろうか。こんな言葉は、ほんの僅かでも人間的な感情があれば、決して出てこなかったはずである。このように、かれは終始天皇であって人間ではなく、また国民をも、ひたすら己どもの幸福、すなわち「皇運ヲ扶翼スヘ」き道具としてしか見ていないのである。

こんな天皇裕仁を、戦後もなお「象徴」として四十数年も担いできたことを、わたしは世界の人々に対して恥じる。そして、戦犯に対しては時効を認めないというドイツの人々の確乎とした反戦の意思と本物の人間愛に深く共感する。

本来なら、最高の戦犯として極刑に処せられるべきであった天皇裕仁が、戦犯どころか、逆に「象徴」として四十数年も安楽に暮し、今、最高の医療を手厚く受けながら、その「天寿」を全うしようとしているのである。せめて、最低限、日本の労働者があらゆる「自粛」を明確に拒否しなければならないであろう。それが、本当のヒューマニズムであり、そして「象徴」天皇制を許してきた労働者階級の自己批判の端緒でもあろう。

（一九九〇年一月）

中曽根の靖国公式参拝

敗戦四十年目の今年八月十五日、中曽根首相は閣僚とともに靖国神社に公式参拝をした。これは、侵略戦争を事実上肯定する政治行為であり、日本人民の平和と民主主義を擁護する闘いに対する公然たる挑戦であるとともに、近隣諸国に重大な脅威を与えるものである。当然のことながら、国の内外から強い抗議が湧き上っている。

ところで、例祭や敗戦記念日に首相や閣僚が靖国神社に参拝したのは中曽根内閣がはじめてではない。けれども、これまでは与党内でも憲法上の疑義（二〇条、八九条に関して）があると問題にされ、その参拝は「私的」なものと弁解されていた。今回は、中曽根首相が私的な諮問機関を通して礼拝形式や金の面での姑息な形式を案出させて「疑義なし」とし、強引に公式参拝へ踏みきったのである。

しかし、いかに姑息な形式を整えようと、公式参拝である限り、憲法二〇条に違反することは明らかである。さらに、それは憲法前文と九条の精神をも踏みにじっている。したがって、この公式参拝は現在の日本の反動どもの反ソ・反共のための目に余る軍備増強、有事立法や国家機密法の策動、学校に対する「日の丸」「君が代」の押しつけ等々といった、軍国主義路線の重要な一環として位置づけられよう。

元来、国家が戦死者をその信教のいかんを問わず一方的に靖国神社に合祀すること自体が、信教の自由の明白な侵犯であり、外国にも例のない乱暴極まるものである。そして、靖国神社は天皇の神格化、それと不離一体のものとして強行された国家神道による野蛮な宗教統制、および軍国主義の三位一体として存在してきた。したがって、それは敗戦後、各地の護国神社とともに解体されるべきものであった。戦後新たに千鳥が淵の戦没者墓苑が造られたのも、天皇制と軍国主義と特定宗教から解放されて、戦没者の霊を慰め、反戦平和の決意を新たにするためであったはずである。けれども、反動どもは戦後もずっと靖国神社に対して嘗ての三位一体を夢見続け、そのため戦犯東条をも密かに祀り、いままた首相の公式参拝を強行したのである。

たとえ公式ではなくとも、首相や閣僚が公然と靖国神社に参拝するのは、決してたんなる私人の宗教行為ではありえない。平和と民主主義に逆行する政治行為であり、侵略戦争の実質的な肯定にほかならない。公式参拝はそれを形式のうえでも公然化した政治行為であり、憲法改悪の地ならしとし、ふたたび靖国神社に若者の生命を吸い取ろうとしているのである。

中曽根首相に代表される反動どもは宗教行為を装い、戦没者の霊を悼むかの振りをしながら、その実は戦没者の霊を弄び、遺族の心情を道具にして、おのれの野望のために徹底的に利用しているのである。また、そのことによって、現在の青年や子どもたちの生命をもおのれの汚い利益の犠牲にしようとたくらんでいるのである。この宗教行為を装った反動的政治行為の悪辣さをわれわれは決して許すことはできない。

現在、靖国神社に祀られている戦没者の中の圧倒的な層は、生前、社会にあっても天皇制国家のもとで徹底的に差別され、抑圧されており、帝国軍隊においては人間として認められず、軍馬や銃剣以下の存在として扱われた。そして、「暴支膺懲」「鬼畜米英撃滅」といった侵略者どもの号令によって戦地に駆り出され、揚句の果てはかけがえのない命をも奪われてしまった。しかも、その後も「英霊」という名のもとに靖国神社に強引に祀りあげられ、政治的・軍事的・イデオロギー的に利用されてきたのである。

ところが一方、彼らを差別・抑圧し、殺し、利用してきた最高の侵略戦争責任者たる天皇は何一つ責任をとることなく、健康そのもので在位六〇年を迎え、ふたたび軍国主義の象徴になろうとしている。太平洋戦争の宣戦の詔勅に副署した岸元商工大臣も、一度戦犯を解除されるとふたたび反動政治の推進者となり、いまなお憲法改悪の策動に狂奔している。侵略戦争で大儲けをたくらんだ巨大資本も朝鮮戦争を契機に復活し、いまでは戦前と比較にならぬほど肥え太り、軍備の調達、他国への経済侵略や搾取と公害の輸出を臆面もなく拡大して、世界の各地で摩擦を起している。このような連中の代表者として首相や閣僚が靖国神社に公式参拝をしたのである。

彼らの号令によって多数の兵士が中国大陸で空しく死んでいったのであり、炎熱のガタルカナルで餓死させられ、サイパン島の穴倉で焼殺されたのである。また、国体護持という特権的で頑迷な利益擁護のため、降服が余りにも遅延させられ、そのせいで多くの若い命が特攻で散らされた。この兵士たちの霊がこんな参拝によって慰められると誰が考えられようか。

さらに、中曽根首相を代表とする反動どもは戦没した兵士の遺族の心情をも血まみれの手で弄び、利用し尽くそうとしてきた。自分の愛する息子や夫、父や兄を戦争で失った遺族はその愛する者の死を無駄だと思いたくないという心情をもっていても、現状では無理はない。また、古い世代の多くが宗教・宗派の差異に寛容であり、神仏を併わせて礼拝してきたので、自分の愛する者が特定宗教の靖国神社に強引に祀られても抵抗を感じなかった遺族も多かったかも知れない。さらに、「国のために命を捧げた」息子や父の祀られているところに一国の首相や閣僚が参拝するのは「当然であり」、あるいは「有難いことだ」と感じている遺族も少なくないかも知れない。

このような遺族の心情を、私はここで批判しようとは思わない。しかし、このような遺族の心情を弄び、利用して、侵略戦争を美化し、人権を侵害し、おのれの特権的な利益のためにふたたび青年の命を犠牲にしようとしている反動どもの野望は、決して許すことはできない。

（一九八五年十一月）

教科書問題と現在のイデオロギー

はじめに

今年は（一九八二年）はいわゆる“侵略”の問題で教科書問題が大きな政治問題になりましたが、実は教科書問題が国内で非常に大きくとりあげられたのは、むしろ昨年なのです。一昨年（一九八〇年）の末からいろいろ問題になってきて、昨年四月に正式採用予定の中学校の公民教科書が文部省の検定によって異例の措置として急拠、書きなおされるという事態が起こり、それにたいしてマスコミが検定問題を非常に大きくとりあげ、執筆者が文部官僚とのやりとりをテープにとって告発したり、検定反対の署名運動が起こるなど、大きな問題になったわけです。ところが、今年になって高校の教科書の検定が問題になったときは、六月ごろの新聞、テレビ、ラジオの論調――これは昨年と同じように盛りあがったんですが――肝腎要の執筆者の方が昨年のような態度を示さなかった。たとえば毎日新聞の記事によれば「検定の内容について公表したくない、公表すれば、教科書会社と文部省との間にはさまって非常に苦しい立場におちいる」というような、なさけない声が聞かれたのです。私も含めてですが、日本のインテリゲンチャの無責任さ、弱さの一端があらわれたような気がしました。ところが七月にはいって、中国、韓国、朝鮮、東南アジアの諸国から侵略の問題について批判が巻起ころとまず政府が動揺し、執筆者も含めて民主勢力の側は急に元気づきました。これは、悪い意味では決してなく、どのような条件でも有利なものは利用して相手を攻撃することはいいことです。しかし、九月以降、政府が、中国や韓国の批判を受け入れて、次の検定期限を一年くり上げて記述の訂正に応じるという形で外交問題が一応の決着を見ると、外国からの批判にあれほど敏感に反応しておきながら文部省は再び、はっきり居直って、国内からの教科書批判を全然問題にしなくなりました。すでにこれまでの新聞に公表されただけで三件——三つの教科書会社の教科書訂正申請（正誤訂正）を門前払いにしました。それで、執筆者が会合して抗議声明を出したり、教科書問題を考える大衆集会が開かれたりしているわけですが、大した力を発揮していません。はっきりいってなさけない状況ですが、われわれがバカにされているとしかいいようのない状態がつづいているわけです。こういう状況を許しておけば、教科書を軸として教育の反動化はますます進んでいくでしょう。教育反動化を阻止する最大の力はやはり、教育労働者の団結した闘いの力なのですから日教組の闘争力をいかに強めていくか、そのことをわれわれは真剣に考える必要があると思います。

教科書攻撃の思想的内容

昨年二月に出版された本に『疑問だらけの中学教科書』（ライフ社）という本があります。政府とまったく同じ論調で現行教科書を偏向教科書と決めつけている悪名高い本です。文部省が教科書を攻撃するときに口実として、はっきり言っているのは「今の教科書は中立性を逸脱しており、偏向教科書だ」ということです。たとえば、記述が平和、人権にかたよりすぎている、政府の悪口を言っている、ソ連をもち上げすぎているというようなことで中立性が欠けていると言うのです。問題はそれに対して革新の側がその土俵に乗ってしまって「教科書は事実を公正に書いている、逆に政府が中立性を犯している」といったような受身の反論しかなしえておらず、結果として「中立性」という無内容なものを基準として受け入れてしまっていることです。その典型が日本共産党の主張で、たとえば『赤旗』では「政府は最悪の偏向教育を押しつけようとしている」と言っています。しかし、本来教育問題に偏向などという言葉を使うべきではないのです。偏向という言葉が使われるのは右翼偏向とか左翼偏向というように、マルクス主義の原則から右にそれたり左にはずれたりした場合であって、国家権力から教育の中立性や偏向というような使い方はすべきではないのです。政府の教科書攻撃の狙いは平和や人権の考え方を否定し少しでもこれを制限していくことにあるのですから、私たちは、これに反対して闘うのであって、ものごとの考え方の基準をあいまいにしたまま中立とか偏向とか言っても有効な反撃にはならないのです。問題は平和と人権を守り発展させていくのか、それとも、それを制限し、否定していくのかというぐあいに具体的に提起されなければなりません。そこで以下、政府の教科書攻撃の思想内容を整理しておきましょう。

①基本的人権の制限と否定

まず第一に基本的人権の制限と否定ということです。社会科のどの教科書をとってみても基本的人権について非常に強調して記述されています。政府文部省は人権について、教科書は書きすぎだと不満を述べていますが、それではダメなのか、ということが教科書論議の一つの大きな柱としてある。この点では、『疑問だらけの中学教科書』を読むと人権の平等性に対して非常に挑戦的なことが書かれていて、政府の意図が一層よくわかります。それによると、船が沈むときには、誰も平等にではなくて、一番重要な人からさきに助けるべきだというふうなことが書いてある。人間の価値の重みはその社会的地位や能力によって違っているというふうに人間の価値の勝手な重さづけをして、人権は誰もかれもに平等に与えられるものではないと言っているのです。国際法上、船が沈没するときには、まっさきに病人、子ども、女性、身体障害者、老人など弱い人たちから助けるのであって、屈強な男、船の乗務員、そして船長が一番最後に船を離れるのです。この本の論理でいけば、最初に船長や一等乗客、そして機関士等の乗務員が助け出され、子どもや女性、老人、身体障害者などの人々は一番最後まで放っておかれるということになります。このように、政府や文部省、そしてしきりに教科書攻撃をくり返している連中は、はっきり人権の平等性を否定し、それを制限しようとしているのであって、私たちはあくまでそれに反対し、人権の平等を主張して闘わなければなりません。

②独善的・排他的な民族主義と国家主義

第二番目は、独善的、排他的な民族主義と国家主義の強要です。国家主義についてては世上よく言われてきましたが、問題は民族主義と国家主義の関係です。国家主義は外ならぬ民族主義を最も強固な基盤にしているのです。戦後、民主勢力が政府独占の反動攻勢と闘う際に忘れていたのは、この民族主義なのです。つまり、敗戦直後のアメリカ教育使節団の報告書でも、文部省の改革案『新教育指針』でも、「超国家主義（ウルトラ・ナショナリズム）」の批判はなされるが、民族主義への批判は、忘れられてきたのです。そこで、政府・文部省は戦後の教育政策において国家主義的な方向ももちろん忘れてはいませんが、その場合でもむしろ民族主義の面を強調するようになったのです。なぜ、民族主義の問題が見過ごされてきたのか。それは戦後民主勢力の多くが、民主主義を「公」対「私」の対立軸のなかでしかとらえられなかったという弱点に起因しています。戦後、戦前の国家主義思想の反動から、近代主義思想が急激に広まりました。この近代主義思想により、国家の利益より私的な利益を優先するという考え方が強くなり、「公」に対して「私」、これが民主主義なんだという誤った考え方が民主勢力の間にも広まってきました。たとえば、関経連の日向方斉が徴兵制について発言をしたとき、青年達はどういう反応を示したかというと、徴兵制に対して一致団結して公然と反対するのではなく、そういうことはどうでもいいことで俺は一人で逃げるという消極的な、全く私的な姿勢にあらわれています。今の青年達の多くは、国家の政策を客観的な真理にてらしてそれが正しいかどうかではなく、「私」、つまり個人のエゴイズムの視点からしかとらえることができないのです。このような個人のエゴイズムが国家主義や民族主義と有効に闘える力をもちえず、状況さえ変化すれば容易に国家や民族の集団エゴイズムに転化するのは歴史の教える事実です。

最近の反動攻撃との関係でいえば学習指導要領の変更によって郷土愛とか地方意識を育てるということが強調されるようになりました。つまり、個人をいきなり国家に結びつけるのではなく、我々が常日頃親しみをもって接している個人や家族、共同体といったものに対する愛着―郷土愛などを利用して、国家主義を支える基本的なものを養っていくという動きです。このような民族主義と国家主義との結びつきが実はあまり理解されていないように思われるのです。

私たちは民族主義をよく批判しますが、民族的な感情というのはある意味で自然な感情です。私たちが問題にすべきは全く自然な民族感情が不当に歪められ拡大された排他的・独善的な民族主義のイデオロギーです。独善的・排他的な民族主義イデオロギーが過去に何をもたらしたか、それは中国に対する侵略、朝鮮に対する植民地化でしかなかったのです。日本軍が行った南京虐殺について考えてみますと、私も軍隊にいたのですが、敗戦まで人を殺すことはありませんでした。しかし、戦争目的を遂行する上で障害となる中国民衆の抵抗があった場合、当時の自分の思想、立場からして私なら銃をむけなかったかというと決してそうは言えません。私たちは小学校に入る前から「日本民族は世界で一番優秀な民族である。」「中国民族は劣等民族である。」と教え込まれ、他の民族を侮辱し差別する意識を植えつけられていたのです。中国民衆のことを、当時は“支那人(しなじん)”と見下してよびました。彼らは劣等民族であって日本民族の発展のために利用する、利用されれば彼らは光栄と考えなくてはいかんというような考え方でした。だから、殺さなければ自分が殺されるという戦争下の論理だけではなくて、当時の日本に対する排他的な尊大の意識や中国民衆に対する蔑視の念があったからこそ、奪いつくし、焼きつくし、殺しつくすというあのようなむごたらしい大虐殺をいとも簡単に日本軍はおこなうことができたのです。敵、味方どちらも対等な人間と考えていたら、あれほどひどいことはしなかったでしょう。

③現体制への忠節と反ソ・反共主義

第三は、現体制への忠節と反ソ・反共主義ということです。現体制への忠節というのは、これは「今の日本の悪い姿ばかりみせるな」という言い方にあらわれており、教科書検定では現体制の批判をさせないというのが重要なポイントになってきています。『疑問だらけの中学教科書』ではカナダの例をあげて次のように言っています。カナダのある州では教科書の中で、現体制を批判してはならないとされている。だから、日本もこれに学ぶべきである、と。このようなファッショ的な姿勢は、反ソ主義、反共主義と深く結びついています。現在の独占資本主義の支配体制をなんとしても守りたいという衝動が、資本主義の対極としての社会主義——その代表としてのソ連に対する独占資本家の階級的憎悪をかきたてるのです。今日、日本で最も悪口を言われている国はソ連ですが、国内の反ソ気分を盛り上げる際に最大限に利用されているのは、またしても日本人の民族ナショナリズムです。中国人に対してはかつてのような民族的蔑視や差別意識がまだまだ根強く残っているとはいえ、日中国交回復十周年を迎え、また日本が昔、中国から文化をとり入れて発展してきたという歴史があるし、人種も同じということで多くの日本人が親近感をもってきています。しかし、ソ連に対しては、日露戦争や三国干渉さらに、第二次大戦末期のソ連の対日参戦等の歴史的経過や人種がまったく違うということで、非常に警戒感が強い。さらに戦後一貫し、最近とくに強化されている反ソ宣伝によって、右も左も関係なく、反ソ的な気分が蔓延しています。これは非常に危険な兆候です。今度の教科書問題で、それを利用し、逆に日本の対ソ侵略を否定し、美化しているものとしては、高校の日本史の教科書のシベリア出兵についての記述があります。実教出版の日本史で、検定前は「シベリア出兵を行ない、七万三千人に達する兵力で東シベリアを占領した」とあった記述が、検定後は「最高七万三千人に達する兵力を東北シベリアに派遣した」と変えられたのです。この、最高という言葉をつけ加えたこと、占領した事実を隠し、ただ単に派遣したと言いかえたこと、これは許せないことです。ソ連はこのことについて批判をしていませんし、今日まで日本の民主陣営でもほとんどとりあげていません。しかし、シベリア出兵の本質は、革命直後の動乱に乗じて革命政権を破壊することと、同時にできることなら、極東、東シベリアを占領し植民地化する狙いをもった反革命戦争でした。結果的には、日本軍はソ連の赤軍によってたたき出されたのですが、それでもアメリカやイギリスなどが手をひいたあともしつこく居座り、四年間の長きにわたってシベリアの地を占領し、ソ連国民を苦しめたのです。このことに触れている書物は文学でも記録でも極めて少ないのです。（黒島伝治の短篇小説『渦巻ける烏の群』はその中の勝れた作品です。）教科書問題では、日本政府は中国や韓国などの諸外国からの指摘、批判があると、あわてて記述の変更に応じましたが、ソ連については除外しているように思います。現在の日本の民族主義というのは、民族主義一般ではなく、次第次第に反ソ民族主義に方向づけられています。明確に一定の政治的目的をもった反ソ宣伝が強力になされているのですからこの傾向は今後もますます強まるでしょう。革新勢力の側が、これに反撃しないばかりか、率先して反ソを叫んでいるようでは、国家主義とも有効に闘えません。

④非合理主義

教科書攻撃の思想的内容の四番目の特徴は、これはすでに述べた全体を貫くものですが、一口で言えば、非合理主義です。右翼的な思想というのは必ず非合理主義と結びついています。非合理主義というのは簡単に言えば、わけのわからない考え方のことです。日本の場合、伝統的に科学的、合理的な考え方が弱く、民衆の感情として非合理主義が根強く生きています。非合理主義は、今日では物質万能主義への批判という形をとった精神主義の強調や、あるいはヨーロッパ流の科学では割り切れない日本的な特殊性の強調という形で現われています。それは科学の一般的可能性の否定を特徴としています。現在の科学水準では解決できない問題——たとえばガンの治療（これは将来、科学が発展していけば新しい治療法とか特効薬が発見されて、必ず解決される問題ですが）——をとりあげて、それを本質的に解決できない問題にすりかえて、科学に代わる何らかの宗教的、精神主義的な解決法

――たとえばおまじないとか、あるいはもう何をやってもダメだとあきらめて居直ってしまうとか――に逃げ込むやり方です。非合理主義の現われ方は、非常にバカげているのですが、しかし、これが案外広くいきわたっていて、たとえば不景気になると商売の神様――恵比須さんがはやるように社会現象としてはまだまだ根強く存在しているのです。

今の自民党政府は、福祉切捨ての口実として自立とか自助とか言っていますが、自立、自助というのは、要するにいくら生活が苦しくても、国家や地方公共団体に頼らず個人の努力と相互扶助でやれということです。西欧型福祉国家の批判という形で登場してきた考え方ですが、物質的裏付けを欠いた自立、自助の精神の強調ほど無責任で非合理なものはありません。非合理主義が一定の政治目的をもった他の思想と結びつくと、非常に危険なファッショ的行動を呼び起こすことに注意する必要があります。ですから学校教育の中でも物事を徹底して合理的に考えていくということを一つの習慣となるくらい系統的にやるべきだと思います。

問われるべき争点

以上のように思想的攻撃の内容を具体的に整理することによって、はじめて中立か偏向か、という無内容な議論を実践的に克服することができます。すでに明らかになったように、問われるべき争点は、

①差別に反対し、人権擁護を徹底させるか、どんな口実であれ人権を制限抑圧するか。

②反戦・平和を貫くか、侵略の道に転落するか。（憲法改悪に反対か賛成か）

③労働者の団結と国際連帯か、独善的・排他的な民族主義的団結か。

④科学と合理主義の見地を貫くか、訳のわからぬ東洋的非合理主義に妥協するか。なのです。

その際、革新陣営が目指すべき方向は、戦後三十年にわたって忘れさられてきた労働者階級の階級意識の確立です。階級意識の侵食は、一つは中流意識という実感主義が労働者のなかに持ちこまれたことによって、今一つは、自然に生み出される民族的感情に労働者の階級的国際連帯を結合させてこなかったことによる民族主義の強化によって、なされてきました。民族主義についてはすでに触れましたのでここでは、実感主義について、少し述べておきます。

今日、国民の八割までがいわゆる中流意識をもっていると言われています。ここ二〜三年は春闘にまけたり、物価が騰貴したり、税金攻勢もきつくなり、このような意識にも一定の間隙ができつつあるように思いますが、それでも、これほど中流意識が浸透しているということは、日本の労働者の階級意識が極めて低いことをあらわしています。これは日本の革新政党、労働運動指導者、それと同時に私も含めてインテリゲンチャの大きな責任です。階級意識は、自然と芽ばえてくるのではなく、労働者階級の中へ意識的に持ちこむことによって、初めて芽ばえてくるものです。独占資本の側がマスコミや教育その他の手段を通じて、ブルジョア・イデオロギーを氾濫させているのに加えて、特に六十年代の高度成長以後、労働者の一定の生活向上自体が——向上したといってもそれは相対的なものにすぎなかったのですが——労働者の階級意識を低めてきました。最近では、服装によって肉体労働者かホワイト・カラーかの違いはわかりません。家庭においても、冷蔵庫やカラーテレビ、自動車等がひととおりそろい、生活も便利になりました。家の大きさは〝ウサギ小屋〟という批判はあったにもかかわらず、住めば都といった風で、生活実感としてはあまり貧困を感じない。つまり、高度成長にともなう生活水準の相対的向上によって階級や身分の違いを実感として知らされることが少なくなったということなのです。諸外国と比べてみると、日本はステレオや自動車、テレビなどの消費財が相対的に安いかわりに、宿泊代とか住宅費、食糧などの節約することのできない必需品が相対的に高いので、実際には決して豊かではないのです。西ヨーロッパ諸国と比べてみるととくに道路や公園、下水、公共住宅、教育施設など、いわゆる社会資本の蓄積という点でも、日本は及ぶべくもありません。にもかかわらず生活の状態は中位という意識が一般的にあるのは物事を表面的にしかとらえない実感主義がひろまっているからです。実感主義は、ただ、今の自分の実感が全てであり、判断の基準をすべて自分の実感のみにおく考え方です。このように感じるのだが事実ははたしてどうであろうか、という科学的分析がないのです。今はやりの〝ルンルン〟というのがその典型です。社会的におかれた自分の状態を正しく見つめることなく、その日その日が楽しければそれでいいのだというまさに今日の実感主義的気分を表現しています。部落解放運動でよく社会的な立場の自覚ということが言われますが、これは労働者全体にとっても今日徹底的に問い直されなければならないことだと思います。

現在闘われている人事院勧告凍結に対する反対闘争でも、日教組の半日スト――これは結局二時間ストにダウンされましたが――、日共系の都教組の実体はこれはひどいものでした。今に始まったことではありませんが、「父母、市民の理解を得る、そのためには無謀なストライキをやるべきではない」というお定まりの理由で、ビラ配りと署名、そして集会が行われ、その結果、彼らは「国民の理解が得られると同時に、賃金、物価に対する不満という国民の世論が高まった」と自画自賛していまず。しかし世論がいくら高まっても、世論だけでは決して敵を倒すことはできません。物価や税金の上昇を喜ぶ人はほんの一部であり、そんなことは世論調査をする必要もありません。にもかかわらず、ここ数年間に国民一人あたりの税負担や物価は確実に上昇しています。世論がいくらあっても、この世論を代表して実際に闘う主体がないとダメなのです。世論を現実的な力に転化するのは、主体的な労働者の側の反撃であり、その反撃の力の中心になるのは階級意識です。労働者というのは、個々の利益と階級的な利益の一致を本来求めるものです。個々の利益が相対立する場合、それを克服していこうと努力するのも階級意識の一つのあらわれです。個々の利害関係をバラバラに訴えても力にはならない、つまり、烏合の衆と同じです。共産党は、そういうバラバラな数を――ただ数だけを問題にしているようですが、それではどうしようもありません。すべての世論が正しいわけではありません。まちがった世論、遅れた意識に対しては正しい意見を恐れずにぶつけて、いくら時間がかかってもそれを変えていく努力が必要です。正しい世論を結集してそれを実際の行動に転化させるために、問われている争点を明らかにして労働者の中に階級的な背景をしっかりと据えつけていく努力が、今切実に求められています。

民主陣営内部の理論的弱点

最後に、教科書問題を通じて明らかになった民主陣営内部における理論的弱点についてふれておきます。まず第一には、「教育への政府の介入」反対、「教育の中立性擁護」という考え方です。もちろん、統一して政府と闘うために一時的妥協は必要ですが、このスローガンは原則的には全く無内容なものです。この考え方の根底には、教育は「純心な子どもの問題」「聖なる問題」であって、政治は「大人の利害関係がいりくんだ、汚ない領域」であるというような教育と政治を機械的に切り離した考え方があります。そこから「教育には政治はなじまない」というふうな言い方も出てきます。しかし、実際には階級社会では教育と政治を切り離すことなどできないのです。民主教育を求めようとするのであれば、民主的な政治が保障されなければなりません。両者は、車の両輪のように、互いに補いあっており、どちらが欠けてもダメです。政治は権力の問題です。権力を奪取したり、維持しようとすれば、どうしても教育が必要になってくるのです。どのような階級が権力を握っているにせよ教育を重視しない政治権力が長つづきしたためしはありません。今日でも、自民党政府が文教予算を削ったからと言って、教育を軽視しているということには決してなりません。その場合でも自民党政府は彼らにとって一層効率的な予算の配分をし、精神教育とか道徳教育という形でも反動的な教育政策を押し進めてきているのです。私学補助を減らしても政府の統制はゆるみません。だから、教育と政治を切り離す考え方では、一体、私たちはいかなる政治勢力に依拠して闘いを進めるのかという方向性が全く出てこないのです。それどころか敵は決して切り離さずに攻撃してくるのですから、結局、「中立性」の名の下に最も反動的な介入を許すのがオチなのです。

さらに「国家権力から教育の私事性を守れ」という主張ですが、これを徹底させると教育を全くのアナーキズム状態に置くことになってしまいます。この「私事性」の内容は個々の親の権利であり個々の子の権利であって、個々の親がその子をどのように教育しようが、他から一際干渉されない権利であり、教師はその権利の単なる受託者なのです。この考えを徹底させると教科書の出版は完全に自由・勝手でなければならず、いかなる統制も加えてはなりません。内容の正否は関係ないのです。教科書の採択も全く自由でなければならず、採択する者は教師ではなくて、それを使用する子どもと父母になるのです。義務教育という考えも否定されます。各家庭の方針により、私のとこは十年、うちは六年というようになるのです。教育は受けたいものが受ければいいのであって、その選択はすべて個々人の「私的」な主観に還元されてしまいます。つきつめれば教育の否定にまで行きつかざるをえません。私たちが教科書を重視するのは、教科書は子供の教材としてやはり不可欠なものだからです。人類が長い歴史の中で築き上げてきた貴重な遺産を次代を担う子供たちに伝えるためには基本的に重要な知識や考え方を系統的にわかり易く教科書としてまとめることが絶対に必要です。「教育の私事性を守れ」などとアナーキーなことを言っておっては教科書の内容を議論することもできません。私たちの力がもっと強くなれば、教科書にどのような内容をのせるべきかを積極的・具体的に出す必要があります。部落解放教育運動の中で勝ちとってきた読本『にんげん』のように、教科書に対して何を入れ、何を排除するのか、という基準を民主勢力の側から作り出し、それを普遍的なものにしていく努力が必要です。現在のような誤った国家統制は廃さなければなりませんが、それに代る民主的な統制を私たちははずすわけにはいかないのです。

おわりに

教科書問題といえば、労働者階級全体の問題ですが、やはり教科書問題と真先に取り組まなければならないのは、日常子どもに接しそれを使用している日教組の労働者です。その取り組み方も、政府の露骨な教科書攻撃に打ち勝つためにはただ単に集会を開くという程度ではなく、ストライキをやるだけの実際の力が必要になってきます。こういう力があって初めて、まともな世論を背景にした反撃が可能となります。しかし、現状はとてもストライキを打つどころの話ではありません。いかにして日教組の戦闘力を回復するか。この点で注目してほしいのはかつて六十年代後半から七十年代にかけて教師のストライキに対して徐々にではあるが、一般の支持率が高まっていたという事実です。日本の場合、教師に対する一般世論は非常に厳しかったのですが、年々春闘が活発になりストライキが頻発するという社会情勢の下では、それもかなりゆるんできていたわけです。これを逆流させたのが「教師聖職論」です。と同時に、公務員は全体の奉仕者であるという「公務員＝全体の奉仕者論」が出され、「スト万能論」批判などが宣伝され、結局、全ての労働者がストをひかえなければならないようになったのです。先進資本主義諸国のなかで、日本は一番ストが少ない国になってしまいました。ヨーロッパでは、半日以下のストはストライキではなくて、単なるサボタージュとされています。日本ではまだわずか二時間のストライキをうつことで必死ですが、二時間でもそれを努力目標として、ストライキを打つ過程で一般労働者の支持、とくに父母の支持をとりつけることが重要だと思います。少なくとも現状から一歩でも闘う体制にもっていくように、その体制づくりに努力していくことが、教科書問題についても、私たちが闘っていく道であると思います。

――これは『関西労働講座』一九八二年十二月例会での横田三郎氏の講演を編集部の責任においてまとめたものです。

（一九八二年十二月）

第四章　教員組合運動・労働運動への提言

ベリンスキー
(1811~1848)

チェルヌィシェフスキー
(1828~1889)

農奴解放(1860 年)前後のロシアを代表する革命的民主主義者。

この第四章こそ日本の民主陣営が反動政治と果敢にたたかうことを妨げているネックについて厳しく指摘しているところである。基本的には、（1）国家の教育統制に対して国民の教育権と教育の自由を対置し、統制に対して自由、国家に対して国民を対置するという間違い。（2）政治と教育を切り離し、教育の中立性を守る、教育こそもっとも政治になじまないものであるとする間違い。この二つの間違いが本質的で根本的だ。すべてはここに帰着するという指摘である。

確かに今日の学校教育現場ではまことに典型的な「偏らない教育、政治から切り離された教育の中立性」が実現しつつある。全国の学校で議決機関としての職員会議が廃止され、職員連絡会となって、教員の自発的な意見などは求められもしない。生徒たちを主眼においていろいろな意見を出し合い、真剣に議論することを通じて結論を見出していくことが本当の民主主義であり、そのことによってのみ、先生方は学び、賢くなるものだと思っていたが、校長と校長が任命した運営委員によって、教育委員会の指針に則って公的な立場からどこにも偏らない（中立的な）一番いい方針をつくるのだそうだ。他方、教員たちはほとんど考えることもせず（その必要もなく）、黙って受け入れ、仕事に励めばよいのだ。

そういうロボット学校のような現実が進行しつつある。こんないびつな校舎のなかで、もっとも不幸なのは子どもたちだ。しかし、こうなったのは公権力の作為だけではないだろう。それを監視し、適切なたたかいを組めなかったわれわれの側の責任も大きいと考えなければなるまい。

教育労働運動強化のために

一　労働運動の中の近代主義と民族主義

第一次米国教育使節団が一九四六年三月初めに来日して、約一カ月後にマッカーサー（Gen. MacArthur）に提出した『報告書』も、四六年五月から四七年二月にかけて発表された文部省の『新教育指針』も、共に戦前・戦時中の日本の教育を支配した軍国主義と「極端な国家主義」（ウルトラ・ナショナリズム）を批判し、戦後の新教育が依拠すべき「民主主義」の思想と方法を展開している。そして、戦後の新教育は実際にこの「民主主義」に基づいて行われた。しかし、この「民主主義」は、敗戦後の国民の飢餓状態、帝国軍隊の解体、天皇制の崩壊という状況の中で予想された人民の革命を防止することを当面の至上目的とし、新しい資本主義の発展を目指す近代主義であり、個人主義的、自由主義的「民主主義」であった。(1)

また、『報告書』と『指針』は軍国主義と極端な国家主義を批判しながら、軍国主義を支え、国家主義の不可分の契機となっていた民族主義にはほとんど触れることなく、そのまま免罪していた。(2)そして、五〇年には「日の丸」「君が代」の復活を文部省が指示して、右からの民族主義復活の先鞭をつけ、「左」からも、占領軍に対する闘争が反米民族主義の性格をとり、プラグマティズム批判、アメリカ式生活様式批判も階級的視点を後退させた民族主義的批判となっていた。その後、朝鮮戦争、ヴェトナム戦争を経て急速に巨大化した独占資本は近代主義に加えてナショナリズム（国家主義と民族主義）を強力に文教政策の中に打ち出してくる。しかし、日教組運動に重大な影響を与えている日本の「左」翼の一部はこの政策を正確に捉えることはできなかった。遅蒔きながらやっと独占資本の復活を認めたものの、それも対米従属と規定し、その対米従属に民族独立を対置しているのである。そして、国家主義的統制に対しては近代主義を、つまり、自由主義的な反統制の個人主義、「私事性」を対置し、こうして「左」から民族主義と近代主義を強力に補強しているのである。

1　運動と組織を内部から解体する近代主義

戦後の新しい反動思想である近代主義思想については、二十年ほど前に私はその特徴を明らかにし、私なりの批判を加え、注意も喚起しておいたので[3]、ここではその細部に立ち入ることはしない。ただ、その後アメリカやヨーロッパでは実存主義と現象学の役割が増大し、プラグマティズムの「科学性」を批判し、「自我」の主張の不徹底性を補強していることに注目すべきであろう[4]。日本でも、再びハイデッガー（M. Heidegger）、ヤスパース（K. Jaspers）、フッサール（E. Husserl）等が蒸し返され、P・ティリッヒ（P. Tillich）、O・ボルノー（O. Bollnow）、M・ランゲフェルト（M. Langeveld）、M・ブーバー（M. Buber）等が翻訳され、紹介されていることは周知の通りである。すなわち、これらの動きは、マルクス主義の唯物論と集団主義に対抗する反動思想連合として、プラグマティズムと実存主義的現象学の相互補強が急速に進められていることを示している。そして、労働運動にとって直接重要となっているのは、この近代主義が集団主義に敵対している点である。すなわち、その個人主義と自由主義によって、組織・集団に対するニヒリズムが徹底し、労働者の戦闘組織は内部から解体させられるのである。戦後の日本では、戦前の半封建的な個人の抑圧、戦時中の滅私奉公、全体主義に対する人民の反発が近代主義思想に逆用され、公に対しては私が、組織・集団に対しては個人が、統制や規律に対しては「自由」が高唱された。そして、民主主義の名のもとに、「公共の福祉に対して私的利益の優先を」とか、「正しい意味での個人主義」といったものが恰も進歩的であるかのように語られ、人民の中にもそれが広汎に定着させられていったのである。こうして、労働運動やその他の民主的運動の内部にも反規律、反統制の思想、組織や集団全体の利益より個々人の利益や都合や実感を優先するエゴイズムが普及し、教育やマス・コミおよび現代化し互いに疎隔されたマイホームの生活によって、ますます抜き難いものになろうとしている。もちろん、一方では、労働運動その他の中で団結や統一、民主的な統制や規律の重要性が学ばれ、さらに、五〇年以後にはマカレンコ（A. S. Makarenko）も翻訳・紹介されて、教育の中でも集団主義が唱えられた。けれども、その集団主義の把握が形式的・技術主義的傾向を帯び、個人主義、自由主義に反対する戦闘的な思想として捉えられることは少なかった。従って、現にわれわれの周囲に絶えず見られる集団主義の思想やその萌芽を的確に捉え、それを育て、それに依処して強固な組織を作りあげていくことができなかったのである。かつて全生研（全国生活指導研究協議会）の中であれほど論議されていた集団主義も、現在ではほとんどその言葉も使われなくなっている。しかし、高揚期はもちろん、分裂・沈滞している労働運動の中でも、また、三無主義、四無主義といわれる子どもたちの生活の中でも、集団主義の思想とその萌芽は無数に認められる。集団的な形を少しもとっていなくとも、仲間に対する人間的な配慮から始まって、個人的な利益や都合を仲間全体の利益に従属させる献身的な行為まで、われわれがはっきり目を開けば幾らでも見ることができる。そして、そのような行為を支えているのが、現在の極めて困難な思想状況の中でも消えることのない最も先進的な集団主義の思想やその萌芽に外ならない。しかも、それらの行為が強制されたものではなく、自発的で自由なものであり、個性的なものであることに注意する必要があろう。

先進的な労働者や自覚的な子どもたちの間に秘められたこの思想をさらに育てあげ、集団全体に認識させ、自覚させていくという点で、労働者の指導者たちや教師の指導性は余りにも低かったといわねばならない。われわれの闘いを勝利に導くものは科学的な情勢判断とそれに基づく的確な政策、その政策のもとに闘う労働者階級を中心とする人民の広汎な統一と団結の力、そして、それを支える集団主義の思想である。現在、独占資本は大量のマス・メディアを通じて、近代主義とナショナリズムによる思想攻撃を日夜行っている。また、自衛隊は、対外的な戦争遂行機関としてだけではなく、対内的な治安＝弾圧機関としての質と量、訓練を増強しており、警察も同様である。一方、ボーイ・スカウトやスポーツ少年団等に見られるように、半官製の少年組織には集団活動を求める少年たちの参加が増大している。このような情勢の中で、われわれが、自分自身や子どもたちに個人主義や自由主義を吹き込むことによって自ら武装解除するほど愚かなことはないであろう。今、問わるべきは、全体主義か個人主義か、規律か自由か、権利か義務かなどではない。特権擁護と人間不信に基づく全体主義か平等の権利と人間の尊厳に基づく集団主義か、弾圧と抑圧のための他律的・官僚主義的規律・統制か自己と人民全体の解放のための自覚的・集団主義的規律・統制か、排他的・差別的特権か平等で自由な人権か、さらに、誰に対する、いかなる義務かが問われなければならない。

2　階級意識を麻痺させる民族主義

先にも述べたように、戦後、米占領軍と日本政府によって「極端な国家主義」と軍国主義は批判された。しかし、国家主義は「極端な」もののみが批判され、民族主義は免罪されたのである。また、軍国主義と国家主義を支えた強固な人種的・民族的偏見は温存され、今日の民族主義の自然発生的な温床となっている。民主陣営も、政府の国家主義に対しては批判の声を高めながら、民族主義の批判は怠ってきた。そして、今日の日本では、「左」右の両陣営から超党派的に民族主義が宣伝され、鼓吹されるといった極めて危険な情況を呈している。とくに、最近の「北方領土」問題やポーランド、アフガニスタン問題では、「左」翼の反ソ民族主義は右翼の反ソ・反共民族主義を牽引する役割すら果たしている。

周知のように、民族主義は抽象的・一般的に問題にするのでなく、歴史的・具体的に取りあげなくてはならない。そして、抑圧民族と被抑圧民族、大民族と小民族の民族主義を区別する必要もある。われわれ日本民族は大民族とまではいかないにしても、決して小民族ではない。また、GNPで世界第三位といわれてからすでに幾年もたっており、八一年度も自動車、鉄鋼の生産は米国を追い越し、世界第一位となることが確実となっている。日本の独占資本の海外進出は、今では北極を除いて全世界の全ての地域に及ぶとさえいわれている。その上、軍事力も朝鮮、中国やASEAN諸国から恐怖の目で見られるようになっている。もちろん、日米安保条約に見られるように、アメリカ帝国主義との強い依存関係は存在しているが、それはヨーロッパの先進資本主義諸国も同様であり、しかもその依存関係も一方的な、主―従の関係などではない。現在の日本の独占資本は、「左」翼の一部がいうような、アメリカ帝国主義のいうままになる従属した関係に置かれているわけでは決してない。日米の双方が帝国主義国として相互に協力し、依存もし、対立もしているのである。つまり、現在の日本民族は被抑圧民族などではなく、再び危険な抑圧民族になっているのである。独占資本の海外進出は、商品や資本の輸出だけでなく、新興諸民族に対しては低賃金と公害まで押しつけている。民族主義を考えるばあい、さらに重要なことは、新興諸民族のばあいと異なって、現在の日本には労働者の大軍が近代的な階級として形成されているということである。従って、今日の日本の民族矛盾は、完全に階級矛盾に従属するものとなっており、そのため、民族主義は（「左」右ともに）階級闘争にはっきり敵対するものとなっている。だからこそ、独占資本や政府は学校教育や社会教育、マス・コミを総動員して民族主義の宣伝と普及に躍起になっているのである。彼らは階級矛盾を民族矛盾に解消してしまおうとしているのである。彼らは六〇～七〇年頃までの高度成長期を利用して、国民の中に中間層意識（労働者の階級的無自覚）を醸成するのにある程度成功した。この中間層意識と民族的偏見に基づいて国民の中に強力なナショナリズム（国家主義、民族主義、国民主義）を形成しようとしているのである。このような時に労働者の民族的自覚などを訴えて独占資本のナショナリズムを「左」から補強するのは許すことのできない利敵行為であろう。

今緊急に必要なことは、労働者の階級的自覚を促すことであり、国内のあらゆる民族主義と非妥協的に闘い、労働者の階級意識の成長に最大の努力を払うことであろう。最近、「かげり」が見え始めたといわれる中間層意識も、まだまだ広く根をはり、日本の労働者階級の階級的自覚の低さの指標にさえなっている。そして、その「かげり」といわれるものも、思想闘争の成果ではなく、春闘の連敗や物価の上昇、税金攻勢等による労働者の生活の低下に原因すると考えられる。そして、この生活の低下は、そのままでは決して階級意識の高揚にはつながりはしない。もし、積極的に民族主義と闘い、労働者の階級的自覚を促す努力をしなければ、逆に民族主義の虜となり、かつての十五年戦争の時のように、「生活の向上」のためにも独占資本の海外侵略に協力することになりかねないであろう。

3 近代主義と民族主義による国家主義の補強

八一年の夏、『防衛白書』が発表されると、当然のことながら民主陣営からの激しい批判がそれに浴びせられた。その批判点の重要な一つは、「国家体制を守る」という白書の中の文言である。しかし、この点についてはもっと慎重に批判する必要があろう。かつて五〇年の第二次米国教育使節団報告書に対して、その中の反共という明らかな文言のみが取り出されて、池田・ロバートソン会談の秘密協定とともに激しく批判された。しかし、反共という文言を少しも使用せずに、反共思想を十分に展開していた第一次報告書には少しも批判が及ばなかったのである。こういった過ちを再び繰り返してはならない。防衛白書のこの箇所は、抽象的な反国家とか私的利害の擁護といった、国民世論の中にある近代主義的気分に依拠しては決して批判することはできない。批判どころか、逆に白書の論理を補強することになるであろう。防衛庁も現在の国民世論、国民の思想状況について決して無知ではない。「防衛」問題への関心度、国民意識、「侵略」に対する態度、自衛隊への対応等々を、各新聞社の世論調査によって、白書の中に適当に取り入れている。自衛隊の隊員募集に当っても、「滅私奉公」はもちろん、「愛国」や「国防」などのスローガンは慎重に避けられ、個人的利益（給料、手当、各種国家免許の取得、退職後の就職援助等）で誘導し、「君の輝く未来、陸・海・空自衛官」と銘打っている。その募集ポスターも最近の青年のムードに媚びた恰好の良さに訴え、「燃えて青春、ぶつかって飛躍」、「友がいる。青春がある」といったスローガンが掲げられている。ごく最近になってやっと「国防」と「愛国」がほのめかされてきたが、それも「愛国」や「国防」の言葉を使ってはいない。すなわち、笑顔の子どもと自衛隊員の写真を掲げて、「この笑顔を守る誇り」と書き、美しい自然の写真をバックにして、「好きだ、日本の土」と軟らかく青年の感情に訴えているのである。白書の、国家体制を守るという箇所も次のように書かれている。「国民の多様な意識や価値観を受け入れ、その多彩な活動を支えることができるのは、自由で、経済的に活力のある国家である。このことから、守るべきものは、国民であり、国土であると同時に、多様な価値観を有する国民にそれを実現するため、最大限の自由を与え得る国家体制であると考えるべきではなかろうか[5]」と。つまり、近代主義的な世論の動向を十分計算に入れ、国民の価値観の多様性、最大限の自由を守るための国家体制の擁護を唱えているのである。しかも、今度の白書は、すでに新聞でも暴露されたように[6]、ソ連の軍事力を意図的に過大に描いて対ソ恐怖感、反ソ・反共の民族主義を煽っている。

こうして、結局次のような論理になる。すなわち、「自由を抑圧する」共産主義や、価値観の多様性を認めない「全体主義国家」ソ連の「侵略」に備えて、「自由」と価値観の多様性を守るためには、もっと軍備を増強して、あくまで「自由主義国家体制」を擁護せねばならぬという論理である。ここには、近代主義と民族主義と国家主義が見事に統一されている。最近ではさらに、民族主義を「国民意識」として国家主義に積極的に一体化しようとする動きが「野党」の一部も巻き込んで、政府・財界に出てきている[7]。防衛白書の中でも、「日本人が日本人としての意識を持つこと、すなわち国民意識を持つことが大切なことである[8]」として、国民意識が強調されている。

これまで民主陣営の一部では、恰も国家一般、権力一般に対立するものとして国民が捉えられ、国家の教育対国民の教育などと主張されてきた。しかし、その超階級的な国民概念が、その無力な集団ニヒリズム、アナーキズムと共に当然含んでいた民族主義的内容を、現在の独占資本とその手先は十二分に利用して、このように国民意識の教育を唱えているのである。彼らはこのようにして近代主義と民族主義を結合・合体させ、新しい、危険な国家主義を完成しようとしているのである。われわれはこのことを冷静、慎重に考えるべきであろう。

二　教育の「中立性」論と「私事性」論

教育労働者が教育をどのように観るかということは、直接子どもの教育に関わるだけでなく、自らの教育労働者としての闘いのあり方とも関わる重要な問題である。この節では、政府が戦後一貫して教育労働運動を弾圧する道具として用いてきた教育の「中立性」論と、それに対抗して民主陣営の中から打ち出された教育の「中立性」論、および、それと一体となった教育の「私事性」論を検討し、両者が共に教育を政治から観念的に切り離し、教育労働者を教室に閉じ込めようとするものであることを見よう。

1　二つの「中立性」論

最近の一連の露骨な教科書攻撃も、その露骨な主張と共に教育の「中立性」を持ち出し、現行教科書の「偏向」を摘発するという形をとっている。戦後、教育基本法第八条と、それをさらに反動的に明確にした中立性確保法（「義務教育諸学校における教育の政治的中立の確保に関する臨時措置法」、五四年）は、公務員法や教育公務員特例法と並んで、政府が教師の教育活動と労働運動を規制し、弾圧する法的な拠り所としている。それはまた、教師が自らの活動に自主規制を加える原因ともなっている。この「中立性」論の思想については、これまで私は幾度も批判を加えてきたので、(9)ここでは繰り返さない。しかし、この「中立性」の思想を最も鋭く批判することを期待されていた日本共産党が、現在では完全にこの「中立性」の思想を容認し、積極的に宣伝すらしていることは指摘しておかねばならない。現在、反動の側からの教基法の改悪に対してわれわれが断固反対しなければならないのはいうまでもない。しかし、逆に教基法全体を不可侵の聖物とするのは、階級的観点に立つ限り、明らかに誤りであろう。かつては共産党も、憲法・教基法の「民主的な諸条項」に依拠するといっていたのである。しかし、今では全面的に、無条件に教基法を祭りあげ、教基法で最も問題とされねばならない第八条に積極的に依拠し、(10)さらに、それに基づいて「偏向教育」攻撃をすら文部省に先駆けて行うまでになっている。(11)

ところで、この文部省の「中立性」論に対抗して、もう一つの「中立性」が出されている。それは日教組の教育制度検討委員会が打ち出した教育の「中立性」論である。その委員会は報告書『日本の教育改革を求めて』の中で次のようにいっている。「教育が権力による一方的統制に対して自律的であること――この意味における教育の中立性――を要請する」(12)と。つまり、ここでの「中立性」は、自主性、自律性、あるいは自由であり、それは「権力の一方的統制」に対立するものとされている。このさい、「権力」にいかなる形容詞も制限もつけられていない点には今は触れないでおこう。しかし、この権力に対して教育の自律性を「要請」することが、近代主義者たちの好んで使う「反権力」、「反体制」とはならず、ここでは一層惨めな「中立性」の「要請」となっているのはなぜであろうか。それを解く鍵は、報告書を一貫している反政治性、あるいは非政治性の思想である。報告書はいう、

「もともと教育は、政治にもっともなじまない性質のものでありながら、しかも政治がもっとも関心を寄せる領域である。今日のわが国の為政者は教育に異常なまでの熱意を燃やしている[13]」と。ここでの教育と政治の一般的・抽象的把握も今は問題にしないでおこう。ここでいわれているのは、一般に政治と教育は水と油の関係であるにもかかわらず、一般に教育は政治からの強い干渉を受ける、ということであろう。そして、文脈からいえば、ここでいわれている「わが国の為政者」とは反動政治の推進者であろう。しかし、この文章の論理では、進歩的な政治家も教育に「異常なまでの熱意を燃やして」はならないし、教育に介入してはならないことになる。また、教師であっても、教育に政治を持ち込んではならないことになる。論理だけではない。実際に報告書は次のようにいっている。「教職員に完全な市民的権利を保障するということは、教室に政治を持ち込み、政党的宣伝をおこない、特定の世界観を教育の場で子どもに教えこむことを認めるということではない。『体制的』であろうと『反体制的』であろうと、政治的宣伝や世界観の一方的な教えこみは非教育的であり、教育の場から排除されなければならない[14]」と。ここでいわれている「政党的宣伝」とか「政治的宣伝」とかが、もし事実のねじ曲げとか虚偽の押しつけであるなら、もちろん非教育的であろう。また、子どもの発達段階も考えずに、下手くそに、乱暴に政治教育をすることも排撃されねばならないであろう。しかし、そのことは「特定の世界観」を学校教育に持ち込んではならないとか、教室に政治を持ち込んではならないということではない。一体、階級社会の中にあって、教育を政治から切り離すことができようか。教師が教室の中に政治を持ち込まないようにいくら努力しても、教室の中にも、子どもの頭の中にもすでに十分政治は入っているではないか。教科書でも取り上げてみよう。

こんどの教科書攻撃を「政治の教育への介入」などと一部では叫ばれているが、すでに現行の教科書の無償制から始まって、教科書の内容、それの基準となっている学習指導要領や教科書検定制度等の何れをとっても、それらは決して「純」教育論議の成果などではなく、これまでの日本の教育と政治との結合の結果であり、教育の領域での階級闘争の一定の成果として存在しているのである。つまり、「政治の教育への介入」はとっくの昔から行われてきているのである。政治は大人の問題で汚濁に満ち、教育は子どもの問題で清潔であるとか、政治は虚偽の世界であり、教育は真実の世界だといった全く抽象的な空想や「要請」(今日の日本のいわゆる世論の多くもその傾向を持っている)に発するこの報告書の「中立性」の要請は、教師と教育が政治的に「偏向」するなという文部省の「中立性」と一体どこが異なるであろうか。しかも、この報告書の反政治性の思想は、現在早急に克服すべき、いわゆる「国民の政治ばなれ」、とくに青年の「政治ばなれ」をかえって助長する役割をも果すであろう。

2 教育の「私事性」論

教育制度検討委員会の教育の「中立性」論と不可分の一体となっているのは教育の「私事性」論である。すでに述べたように、戦後、組織・集団に対して個人を、公に対しては私を対置し、公益に対して私的利益を優先させることが進歩的であるかのように考える傾向が強く、教育の分野にもその傾向が色濃く反映してきた。教育の「私事性」論もその一つである。「近代市民社会の教育原則」として把握されたこの「私事性」とは、その現在の中心的イデオローグ堀尾氏によれば、「人間の内面形成にかかわる問題は、国家権力の干渉してはならない『私事』[15]ということである。そして、この「私事」は、単に国家権力のみならず、全ての外的・集団的圧力が排除される純粋に私的なことがらとして把握される。堀尾氏はコンドルセ（M. Condorcet）の教育論に依拠しつつ、「内面形成に関しては、国家権力はもとより、外的・集団的圧力が加えられてはならず、それはすぐれて私的（家庭的）問題である（教育の私事性[16]）」と述べている。そして、彼はこの教育の「私事性」原則なるものを、今日の日本の「国民教育論」に適用するにさいして、左はマルクス（K. Marx）、エンゲルス（F. Engels）、レーニン（V. I. Lenin）、そして、右はラッセル（B. Russell）、デューイ（J. Dewey）、ブラメルド（Th. Brameld）まで動員している。この見事な思想上の平和共存、文字通りの価値観の多様性の承認には驚嘆する外はない。彼はこのように、基本的に矛盾する諸原理・諸学説からの断片を恣意的に継ぎ合わせ、折衷して、自らの自由主義、個人主義に極彩色を施しているが、このさいラッセルやデューイ等はもちろん問題にする必要はない。しかし、一体、マルクスやレーニンの革命の論理（プロレタリアートの集団的な力によるブルジョア権力の打倒と、自らの権力の樹立）が教育の「私事性」などという正真正銘の小市民思想とどうして結びつくことができるのか。あるいは、「組織された私事性」などというサークル主義、せいぜいアナルコ・サンジカリズムで、今日の強力な反動教育政策に太刀打ちできると彼は考えているのであろうか。

もともとブルジョア革命期の進歩的な思想家たちが排撃し、打倒したのは、人民の平等な人権に敵対する王制と教会制の特権国家であった。そして、その打倒の後に登場した共和制国家に対しては、堀尾氏も認めているように、それを変革された特権と見るか、人民の共同利益の執行機関と見るかで、彼らの見解の相違があり、そこから、国家と親権との関係に対する見方も異なっていた。しかし、最も重要なことは、何れのばあいも、身分的特権に反対して、人権の平等を徹底するという点で一致していたことである。そして、その後ブルジョアジーは新たな階級的特権の確立に向かい、労働者階級は階級的特権を頂点とする全ての特権に反対し、人権の平等を徹底する闘いに向かうのである。この闘いの過程で、労働者階級は、個人主義や自由主義が私有財産的特権の思想であり、階級の一員としての団結の思想こそが己の思想であることを自覚するに至る。「万国の労働者団結せよ」という集団主義の思想を彼らは次第に身につけていったのである。

ところで、教育の「私事性」というばあい、その教育は教授（アンストリュクシオン）と区別された教育（エデュカシオン）が中心とされていた。つまり、訓育・道徳教育が中心となる。そして、それは、国家のみならず、いかなる外部の、集団の統制や介入も許されない全く私的な、家庭的なことがらだとされているのである。全く私的なものであり、外部からの介入を許さないのであるから、その教育の方法と内容にはいかなるものが入っていてもよいのである。差別や特権の思想も野蛮な体罰の方法も全く無制限に入ってくる。ここで、「入る」という言葉を私が使っているのは、もちろん、外から内に入ることを意味しているのである。人間の内面形成といっても、外部から、社会や自然から素材が入ってこない限り、それは全く不可能だからである。家庭もまた、自然や社会から隔絶されれば、内面形成どころか、存在そのものが成立しない。教育を「私事」として、全く私的・家庭的なものに閉じ込め、各家庭で、お互いがお互いをそっとしておくプライバシイを守ったところで、そんなことには一切関わりなく、外部から、社会から、その内面形成の素材、つまり内容と方法は無遠慮に押し入ってくる。とくに現在の子どもたちは、物心のつく以前から、家庭の中に一日中入り込んでくるマスコミの影響を家族と共に受けており、また完全に商品化された消費生活を余儀なくされている。子どもたちが、全く自由に、自主的に思考し、あるいは親の指導のみを受けて内面形成を行っていると見られるばあいも、この社会の影響から逃れるわけにはいかない。しかも、この社会の支配的な思想は、支配階級の思想、つまり現代の反動思想なのである。従って、子どもたちは公教育の場において、労働者階級の一部隊としての自覚ある教育労働者によって、その内面形成に「介入」されない限り、科学的な世界観や民主主義的道徳によって、自己の内面形成をなしうる保証はない。教育の「私事性」論はその介入を拒否するのである。従って、それは国家権力の教育統制に反対し、人間の内面形成の自由を守るという口実のもとに、現実には、現在の反動的な思想攻勢の前に子どもたちを全く無防備のまま放り出し、現在の国家が反動的に子どもの内面を形成する自由を保証しているのである。

3 教育と政治との意識的結合

以上見てきたように、民主陣営の中の教育の「中立性」論と、それと一体になった教育の「私事性」論は、その対立物として国家の統制、政治権力の教育介入を考えている。そして、そのばあいの政治権力、国家は現在の反動的なものには止まらない。その性質がいかに変革されても、つまり、社会主義国家となり、人民の共同利益の執行機関としての政治権力となっても、およそ国家であり、政治権力である限り、教育については条件整備のみに限定して、教育内容への介入は一切許さない、というものである。だから、教科書の反動的統制に反対するばあい、いつもイギリスなどの自由発行、自由採択が理想とされ、それが本来のあるべき姿だとされるのである。しかし、教科書が自由に発行・採択されているイギリスに、また、文部省の機構も権限も日本のそれに較べて遙かに小さいアメリカに、教育の「中立性」でも存在するであろうか。そこには「政治の教育への介入」がないのであろうか。すでに述べたように、教育の「中立性」は、文部省式のものであれ、教育制度検討委式のものであれ、何れも階級社会では存在しえぬ幻想に過ぎないのである。このような幻想にしがみつくのではなく、教育と政治との有機的な結びつきという現実をはっきり確認することこそ重要ではなかろうか。そして、民主的な教育は、「政治の介入」を排除することによってではなく、反動政治と闘う民主政治との結合によってしか支えられないという自明の事実を再確認する必要があろう。

実際、現在の反動の側からの教科書攻撃が政治的であるのと同様に、それに反撃しているわれわれの闘いもまた教育闘争に止まらず、政治闘争でもある。文部省が教育の「中立性」をふりまわすのが政治的であるのはもちろんであるが、それに反対して教育の「権力からの自立」を求めるのも、決して、純粋に教育的、非政治的なものではない。問題は、政治か教育かの二者択一ではない。それは、もともと不可能な二者択一なのである。しかも、その不可能な二者択一を現実の闘争に持ち込み、「教育への政治の介入」反対などという反政治的、小市民的スローガンが掲げられるばあい、闘いの幅は当然狭くなり、全く弱々しいものにならざるをえないのである。例えば教科書闘争をとってみよう。

現状では、まだ日本の労働者が労働者階級の極めて重要な問題として教科書闘争を捉えるところまではいっていない。その主要な原因の一つは、政党や労組の指導者たちが教科書闘争を「非政治的」な、「純粋の」教育闘争と捉え、「教育への政治の介入」に反対しようとしているからだといえよう。「非政治的」であろうとすれば、闘争が政治的な性格を帯びないように、階級的な色合を持たないように、政党も正面に出ないように、労働組合も労働組合として動かないように、といったつまらぬ配慮も当然出てこざるをえない。労働者の組織（階級的）としてでなく、「中立の」、「純粋の」教育者の集りとしての日教組の教科書闘争を、地域の父母や学者・文化人の「非政治的」な臨時組織が支援するといった形にならざるをえない。これでは、労働者階級が自分の問題として教科書攻撃を取りあげ、組織をあげて反撃することは期待できず、勝利の展望も出てこない。従って、われわれは、いわゆる教育運動、教育闘争なるものを意識的に政治運動、政治闘争と結びつける努力をこそしなければならないであろう。

三　教職の「専門職」論と「聖職」論

右に見た教育の「中立性」論、「私事性」論と固く結びついているのが教師＝「専門職」論と教師＝「聖職」論であるが、何れも教師を「非政治的」、反階級的に捉え、できるだけ「純粋に」教育の専門家として位置づけようとするものである。そして、この教師＝「専門職」論と「聖職」論は右翼と「左」翼の両陣営から唱えられながら、教育労働者をその特殊性に藉口して他の労働者の隊列から引き離す役割を共に果しているのである。

1　教師＝「専門職」論の思想

七一年の中教審答申は、教職に関して次のように述べている。「教職は本来『専門職』でなければならないといわれる理由は、それがいわゆるプロフェッションの一つであって、次のような点において一般的な職業と異なった特質をもつことにあるといえる。すなわち、その活動が人間の心身の発達という基本的な価値にかかわるものであり、高度の学問的な修練を必要とし、しかも、その実践的な活動の場面では、個性の発達に即する的確な判断にもとづく指導力が要求される仕事だからである[17]」と。そして、このことから中教審は教師に対して、次のように強く要望し、警告する。すなわち、「教員の地位が高い専門性と職業倫理によって裏づけられた特別の専門的職業として、一般社会の尊敬と信頼を集めるためには、教員が自主的に専門的な職能団体を組織し、相互にその研さんに努めることが必要である[18]」し、「すべての教員と教員団体は、教育の政治的中立性を確保するため、その組織が強い政治的性格をもったり、教育の場に政治的活動を導入して教育の中立性と学校の秩序を乱したりすることのないように努めなければならない[19]」と。

長々と中教審答申を引用したのは外でもない、それが教師＝「専門職」論の反動的な本質を明瞭に示しているからである。ところが、この教師＝「専門職」論は日教組内部にも勤評闘争以前からすでに存在していた[20]。そして、とくに七一年の給特法（「国立及び公立の義務教育諸学校等の教育職員の給与等に関する特別措置法」）、七四年の人確法（「学校教育の水準の維持向上のための義務教育諸学校の教育職員の人材確保に関する特別措置法」）を巡る闘いの過程で日教組内部の教師＝「専門職」論が明瞭になり、内部の相互批判をも巻き起こした。しかし、日教組の組織としては、文部省の「専門職」論に原則上の妥協を行うのと引き替えに賃金の若干の「改善」を得たのである。そして、この原則上の妥協は、教師を他の労働者から引き離し、さらに教師の中に官僚なみの職階制と職務給を導入しようとする政府の教員統制の基本的枠組を受け入れたことに外ならない。七四年の教頭法反対闘争や、現在各地の地教委段階で闘われている主任制反対闘争が困難になっている一つの原因は、教師＝「専門職」論における原則上、思想上の妥協にあると考えられる。しかし、この日教組の妥協とその指導上の誤り、およびその責任については、東京都教組墨田支部長の内田氏がすでに早くから繰返し明らかにしている[21]ので、ここでは詳細に亘ることは避けよう。

ところで、教師が素人ではなく、専門の知識や技術を身につけて教職に携っていること、教育労働者が他の労働者とは異なった特殊性を持っていることは自明のことであり、そのこと自体に問題はない。問題は、その専門性、特殊性を「専門職」として位置づけ、他の労働者と質的に異なったものとするか否かにかかっている。ここで、階級存在と階級意識の問題が出てくる。階級存在は全く客観的なものであり、意識とは無関係である。現在、国民の八割が自らを中間層と考えているといわれる。しかし、彼らがどのように考えていようと、その大部分が労働者階級に属する点には変りはない。教育労働者が自らを労働者と考えようと、中間層、専門職、あるいは聖職と認めようと、さらに、政府からどのように規定されようと、労働者としての客観的な存在には何の関わりもない。

しかし、労働者が自己の労働者としての客観的な階級存在を正確に意識し、自己の階級的使命を自覚するか否かは、労働者階級にとっても、資本家の側にとっても死活の問題となる。ルカーチ（G. Lukács）がいっているように、「いまや社会的闘争は、意識をめぐっての、つまり社会の階級性の隠蔽または暴露をめぐってのイデオロギー闘争という形であらわれる[22]」のである。資本の側は、教育、宣伝、立法手段、賃金操作等々のあらゆる手段を、労働者の意識水準に応じて分断的に行使し、階級意識の形成と成長を妨害しているのである。従って、労働者階級の指導層の任務は、この妨害活動に反撃を加え、労働者階級の物質的な諸条件をめぐる闘いにおいても、常に階級意識の形成と成長に努力することである。しかし、戦後、とくに六〇年以後、経済闘争をこの思想闘争と結びつける点で日本の労働者階級の指導層の努力は極めて不十分であったといわねばならない。その結果が中間層意識の増大となっているのである。

給特法に始まる日教組の賃金闘争においても例外ではなかった。つまり、その賃金闘争の結果は、それまでのような単なる賃金の引き上げではなく、「専門職」として、他の労働者とは質の違った賃金を受け取ることになったのであり、さらに、教育労働者内部の分断のための五段階賃金への足掛りを与えたからである。これは、教育労働者の階級意識の成長に対して、賃金による歯止めをかけられたといえよう。教育労働者は、すでに述べたように、教育公務員特例法や中立確保法によって、その闘争に法律的な箍がはめられていた。だから、「専門職」の容認はもう一つの箍がはめられたことになり、階級意識の成長にとって大きな制約となろう。けれども、現在のところ、これらの箍は意識の成長を金縛りするほどのものではない。極めて困難な条件の中で各地で闘われている主任制手当返上闘争に見られるように、また、公務員労働者のスト権奪還闘争に見られるように、闘いによって制約そのものを取り除くことは決して不可能ではない。

2 古い「聖職」論と新しい「聖職」論

教育労働者の階級意識の成長に対して、「左」の方から箍を作り出し、それを仲間にはめようとしたのが、七四年四月の日本共産党の教師＝「聖職」論である。これについて私はすでに批判を加えた(23)ので、ここでは詳述を避けよう。しかし、「教師は労働者であるだけで『聖職』ではないなどというのも、正しくありません(24)」と説教し、自民党と共産党の何れが教師を『聖職』だとまじめに考えている(25)」かを自信をもって競った共産党も、何故かはわからないが、現在では少くとも「聖職」という言葉を堂々と使ってはいない。けれども、そのことは、教師＝「聖職」論を自己批判し、撤回したということではない。七四年当時、教師＝「聖職」論を批判する者を共産党は「反共」と罵り、「機械的労働者」論ときめつけたが、そのやり方が今日に至るまで、党の各種の出版物の中で忠実に行われていることからも、党が「聖職」論を堅持していることがわかる。この新しい「聖職」論に基づいて、共産党は教育労働者のストライキに全力をあげて反対し、政府の弾圧に先駆けて闘争を内部から潰そうとしているのである。

ところで、戦前の古い教師＝「聖職」観には、教育勅語を中心とする天皇（現人神）の教えを臣民とその子弟に布教する伝道師という意味がこめられていた。そして、教師は「清貧に甘んずる」ことも強いられ、賃金も賃金としてでなく、単なる「生活資料」として天皇から「下賜」されるものとされていた。この古い「聖職」観を戦後日本の教師が克服するのは決して容易なことではなかった。かつて、日教組副委員長今村彰氏は次のように語っていた。「われわれは七年前教員組合をつくろうとして『教師は労働者であるかどうか』を神経質な程に長時間をかけて討議した。それにもかかわらず遂に全員が納得する程の自信のもてる結論は得ることができなかった。」「われわれの過去の皇道精神と生活経験をもってしては、敗戦に伴う社会構造の急変に即応して直ちに労働者の頭に切りかえるということが不可能に近いことであり、無理なことであった。」「このような脆弱性を内包して成立した教員組合に階級闘争の最初の展望を与えたのは、賃金闘争であった」と。このような苦闘の中で、やがて五二年六月の日教組第九回定期大会（新潟大会）によって「教師の倫理綱領」が採択され、その第八項目では「教師は労働者である」と明記され、最後の第一〇項目では「教師は団結する」との決意が表明された。それはあくまで「倫理綱領」であり、目標を示したに過ぎないにしても、戦後の日本の教師の階級意識の形成と成長にとって重要な里程標となるものである。その後も、文部省からの古い「聖職」観と「中立性」の押しつけ、日教組内部での「聖職」意識と中間層意識との挾み撃ちの中で、教師の階級意識の形成と成長の道は極めて険しいものであった。

やがて、愛媛から始まり、一九五八年を中心とする勤評闘争は、教師の階級意識の形成と成長の第二の、しかも戦後最大の里程標となった。しかし、同時に、五八年の日教組第一七回（上ノ山）大会での勤評闘争の方針を巡る内部対立は、組合の路線の問題であるとともに、教師の階級性についての認識の相違とも結びつき、その後の階級意識の形成と成長にずっと影響を残した。すなわち、勤評闘争の過程でようやく成長してきた教師の労働者としての階級的自覚に対して、教育者としての自覚を不当に強調する傾向が出てきたのである。この教育者としての自覚は、「父母・国民の信頼に応える」という形で出てきたが、それは労働者階級の使命とは全く別の、教育者としての特殊な使命の自覚であった。けれども、日教組の組合員は、内部のそのような傾向にもかかわらず、他の労働者との共闘の中で、六六年の一〇・二一闘争には大規模なストライキを行い、七四年の春闘においては、さらにそれを上回るストライキで闘うまでに成長していた。この日教組のストライキに対する政府の弾圧の最中に、『赤旗』が公然と教師＝「聖職」論を唱え、政府の弾圧に抗議するどころか、世論の最も遅れた部分に依拠して、先進的に闘う部隊に追い討ちをかけたのである。その裏切り行為は労働者階級として決して許すことのできぬものである。

ところで、現在では、たとえ自民党の頭の古い連中が未だに「聖職」という考えを教師に押しつけているにせよ、もうかつての、清貧に甘んずる天皇の下僕という古い「聖職」の内容を押しつけているのではない。その内容は、先に引用した中教審の「専門職」の内容と同じであり、「教育の中立性」を守り、「全体の奉仕者」として政治活動から離れて教育活動に専念せよということである。つまり、端的にいえば、教師は労働者としての階級意識を棄てよ、ということである。そして、さらに、給特法にも現われたように、賃金の面でも労働者とはっきり区別して、物質面からも教師の階級意識を骨抜きにしようとするものである。『赤旗』が、「どちらがまじめに考えているか」「本気で考えているかを競ったその自民党の「聖職」論は、『赤旗』が想像しているような古臭いものではなくっているのである。つまり、自民党の「聖職」論も『赤旗』の「聖職」論も全く同じであり、新しいものなのである。ただ一つ異なる点は、『赤旗』が「労働者」という「左」翼的な言葉をそれにくっつけていることである。しかし、その「労働者」は「聖職」性と民族主義によって階級意識は全く帳消しにされたものである。それ故、労働者の当然の権利としてのストライキに対して、あのように組織をあげて反対するのも全く当然なのである。けれども、日本の教育労働者は決して愚かではないし、臆病でもない。いかなる困難があろうと、挫折しようと、やがて団結し、他の労働者と共に障害を乗り越えて進んでいくであろう。

注

（1）横田三郎「官制『民主』教育のイデオロギー――『米国教育使節団報告書』（第一次）と『新教育指針』の限界」『現代教育科学』二九五号、一九八一年五月、参照。
（2）前掲論文参照。
（3）横田三郎「教育における近代主義批判」『現代教育科学』一九六二年五月―七月号（横田三郎『現代民主主義教育論』福村出版、一九七一年に再掲）。
（4）例えば、次の二冊でも読まれるとよい。D. E. Denton (ed.) Existentialism and Phenomenology in Education, New York & London, Teachers College Press (Columbia Univ.), 1974. D. Vandenberg, Being and Education――

An Essay in Existential Phenomenology, Englewood Cliffs, New York, Prentice-Hall, 1971

（5）防衛庁編『昭和56年度版防衛白書』大蔵省印刷局、一九八一年、一〇二頁。

（6）例えば、『毎日新聞』は八一年十月七日の朝刊で「水増しだった『ソ連の脅威』」という見出しをつけて、今度の防衛白書の中のソ連軍の「極東兵力見積り」の誇大さを暴露している。

（7）例えば、『毎日新聞』一九八〇年十月十八日朝刊は次のように報道している。すなわち、八〇年十月十七日の衆議院文教委員会で民社党の和田耕作氏は、「義務教育の中で、国家や国民ということについて正しく教えられていない。これでは独立国の国民を育てるには不十分だ」と発言した。それに対して田中文相は、「心から感銘した。文相として諸般の意見を加え、善処したい」旨の答弁をし、国家・国民意識の高揚のための教育に力を入れることを約束した。

（8）前掲『防衛白書』一六七—一六八頁。

（9）横田三郎、前掲書、第二篇第一章、第二章。

（10）例えば、『赤旗』一九八〇年三月三日の「主張」「教育の国家統制の策謀許すな」を参照。

（11）例えば、日本共産党中央委員会出版局『大阪府民と同和問題』一九七五年、二八頁を参照。

（12）教育制度検討委員会・梅根悟編『日本の教育改革を求めて』勁草書房、一九七四年、九一頁。

（13）前掲書、五二頁。

（14）前掲書、四五八、四五九頁。

（15）堀尾輝久『現代教育の思想と構造』岩波書店、一九七一年、九頁。

（16）前掲書、一四頁。

（17）文部省『教育改革のための基本的施策』大蔵省印刷局、昭和四六年、八六頁。

（18）前掲書、三八頁。

（19）前掲書、四一頁。

(20) 例えば、小川・黒田・今井他著『戦後教育問題論争』誠信書房、昭和三三年、「十　教師論をめぐって」を参照。

(21) 内田宜人『教育労働運動の進路』土曜美術社。さらに、この妥協の源流として、勤評闘争中期からの宮之原氏らの民同右派や共産党の動きについては、同じく内田氏の『ある勤評反対闘争史』(新泉社、一九七九年)に詳細かつリアルに描かれている。

(22) ルカーチ、平井俊彦訳『階級意識論』未來社、一九五五年、三九頁。

(23) 横田三郎「日本共産党の教師＝聖職論批判」『社会評論』二号、一九七六年一月(横田三郎『教育反動との闘いと解放教育』明治図書、一九七六年に再掲)。

(24) 『赤旗』一九七四年四月十七日「主張」(『教育政策と教育運動――日本共産党の主張』日本共産党中央委員会出版局、一九七五年に再掲)。

(25) 前掲論文。

(26) 例えば『労働運動』一九〇号(一九八一年十月)の特集Ⅰ「平和・民主教育の実現めざす教職員組合運動」の諸論文を参照。そこには、何れの論文にも、かつて『赤旗』が指示した「聖職」なる言葉は一つも見えないが、しかし、「階級的・民主的教職員組合運動」(八九頁)、「日教組の階級的民主的強化」(九三頁)なる主張(この「階級的・民主的」という言葉が、恐らく教師＝労働者＋「聖職」という七四年の『赤旗』の主張のスマートな言い替えであろう)とともに、「機械的労働者」論の「スト乱発の傾向」(四五頁)、「スト中軸論(機械的労働者論)」(六一頁)、「一部教組の『スト万能論』」(八一頁)が非難されている。そして、部落解放同盟の「教育介入」なるものが糾弾され(四二、四六、八七頁)、「教育の自主性、教職員の自主的権限」が繰り返し唱えられている。

(27) 「公立諸学校の教員は、待遇官吏として任用され、官吏相当の待遇を受けてきた。そして、官吏の俸給は、『天皇の官吏』たる地位と威厳とを保たしむるに足る金銭給付としての性格をもっていた。待遇官吏たる教員の俸給は、労働力の対価というよりも、『忠実且無定量の義務』を負う者に対して、天皇が給付する生活資料にすぎなかった。」日本教職員組合編『日教組十年史』日本教職員組合、一九五八年、四三二—四三三頁。

(28) 今村彰「日本の教員組合」岩波講座『教育』第八巻所収。

(29) 前掲『戦後教育問題論争』二八二—二九四頁、参照。

（一九八三年三月）

日教組の「教育制度検討委員会」報告に対する思想上の批判

はじめに

日教組教育制度検討委員会（以下、「制度委」と略す。）の報告は、戦後日本の民主教育運動の歴史の中で画期的なものであろう。それは、「中教審」の答申に真向から対決する姿勢を示していると同時に、嘗て日教組教研集会のなかで検討されていながら途中で立ち消えになった『民主教育確立の方針』と較べて、一層現実的、体系的である。その内容においても、「中教審」答申の極めて反動的、差別的な性格とは逆に、教育における平等の権利を、これまでの通念を越えて徹底しようとする極めて進歩的な性格をもっている。

だが、この報告はその姿勢と個々の提案内容に見られる進歩性にもかかわらず、残念ながら全体の基本思想が近代主義に貫かれ、それがまた個々の内容をも歪めている。だから、この報告が持つ歴史的な意義を考えるとき、その基本思想を無視して、個々の内容の部分的批判、修正に終始することはできない。従って、われわれはその基本思想に対して解放教育の立場から率直な批判を述べ、現在の反動文教政策に対決しうる確乎とした思想形成の一助としたい。ただ、「検討委」が五月に出す予定の最終報告には、まだ目を通していないことを予め断わっておかねばならない。

1　国家対国民という小市民的把握

報告書の全体を貫く現代日本教育の基本的対立は、家永裁判における杉本判決と同様に、国家の教育権対国民の教育権となっている。すなわち、「教育における能力主義と国家主義、それをささえる教育の中央集権的統制主義、それら全体の基礎にある国家の教育権という考え」（一次報告、Iの二）に対して「教育の制度理念としての正義の原則」（同、IIの一）、「国民の教育権と教育の自由の原則」（同）を対置しているのである。以下これを検討しよう。ただし、「正義の原則」については他の機会に譲る。

(1)　抽象的・一般的反国家、反権力

報告書では、国家、権力、政府などの概念が全て無限定に、抽象的・一般的に使用され、それらが諸悪の根源とされている。もちろん、報告書の文脈からいって、それらは今日の日本の国家・権力を意味するのであろう。しかし同時に、それらが国家一般、権力一般をも意味していることも明らかである。むしろ、全体の文脈と思想からは後者に力点が置かれていることは疑いえない。小市民的、自由主義的実感に追従したこのような国家観は、何もこの「制度委」に限らず、戦後の日本に大いに普及しているが、ここで国家論を展開する余裕はない。しかし、次の点だけは指摘しておかねばならない。

現在の日本の国家が悪の根源であるのは、それが私有財産制に基づくブルジョアジーの階級支配の

道具であり、今日では独占資本と癒着し、専らその代理機関として私的に機能しているからであって、それが単に国家や権力であるからではない。従って、現在の日本の国家を攻撃するのは、それが働く人民に敵対する私的な国家であり、われわれの公的な国家ではないからである。従ってまた、そのばあい、われわれは将来における働く人民の真に公的な国家・権力を展望しつつそうしているのであり、国家一般、権力一般を否定しようとするものではないし、また、この展望なくしては実際に現在の国家を打倒することもできない。さらに他方では、現在の国家主義と不可分の危険な民族主義（国民の側からのも）を報告書が全く無視しているのも指摘しておく必要がある。

(2)　無原則な反統制、反画一自由主義

われわれが徹底的に反対しなければならないのは、人権の自由と平等を無視した、独占資本の特権擁護のための官僚的統制であり、反人民的画一主義である。そしてまた、われわれは、第一次米国教育使節団報告書が唱えた一般的・抽象的反統制、反画一主義が労働者を中核とした人民の統一と団結のために不可欠の規律や統制、民主主義的中央集権制の思想にいかに破壊的な影響を与えてきたかを覚えている。また、六三年の経済審議会の答申が反画一を唱えることによって、現在推し進められている資本のための選別と差別の多様化政策の理論的土台を築いたのも知っている。さらに、大阪で、解放教育読本『にんげん』の配布と教授に反対するために、ニセ共産主義者たちが反動と共に反統制・反画一を合唱していることも忘れはしない。

報告のこの思想が最も露骨に、救い難い状態にまで達している一例として体育がある。すなわち、三次報告Iの二では、条件つきとはいえ「集団行動」や、「命令一下、子どもたちに特定の運動をさせる」ことが否定され、その代り、「自分の体を、その特徴にもとづいて自分自身で鍛錬し、健康を保持する態度と方法を学校や学級の集団の中で習得させ」るという。しかも、体育は芸術と同様に第一階梯からいきなり選択課程とし、毎週授業時数試案では、第一〜第三階梯を通じて、週二時間となっている。つまり、統制や画一に反対するあまり、全ての子どもの健全な身体の発達を平等に保障する中心教科としての体育が徹底的に軽視されているのである（この体育軽視はまた、心身の発達に対する文字通り観念論的教育観が原因となっている）。

(3) 反政治主義

教育における闘いは、政治および経済における闘いと結びつかなければ無力なものとなる。これは、僅か三十年の戦後日本の歴史からもはっきり言える。また、この三十年の歴史は、反動の側からの教育と政治の分断、教育の「中立性」の幻想の執拗な宣伝と、これに対する民主勢力の極めて受動的な対応でもあった。この受動性、もっと正確には、教育における反政治乃至非政治の理念が「制度委」の報告にも一貫して現われている。その典型的なものは、杉本判決の文章と重なる次の表現、すなわち、「もともと教育は、政治にもっともなじまない性質のものであり」（一次、Ⅰの二）とか、「教育が権力による一方的統制に対して自律的であること——この意味における教育の中立性——を要請する」（同、Ⅱの一）とかである。

ところで、文部省は教師の政治活動制限のため、以前よりさらに厳しい法案を準備中であり、今年の春闘で、日教組が初めて二四時間ストを敢行したが、それが政治ストであるとして、独占資本とその代弁者たる政府は非難、攻撃、さらに強制捜査すら行った。こうして資本は労働者の闘争を常にちいさな経済の枠内に閉じこめ、教師を他の労働者と切離し、そのエネルギーを個々の狭い教育活動の中で窒息させようとしているのである。このような中では、たとえ政治主義的偏向を批判するばあいにも、一般労働者や教育労働者を政治からいささかでも切離そうとする思想は反動に手を貸すものでしかない。また、現在のわが国に広範に存在している「政治不信」は、現在の反動政治への不信というモメントも持ってはいるが、むしろ、その具体的な反動政治の本質を把握できないことや、労働者階級を中心とする民主勢力に対する確信のなさから、政治一般に対する不信、逃避というニヒリズムを特徴としている。しかも、報告はこの「政治不信」に通じ、それに追従しているのである。

(4) 闘いと運動の中核の欠如

「中教審」答申ならいざしらず、日教組の制度委の報告でありながら、その運動主体としての労働者がほとんど出てこず、専ら「教師」と「父母、国民」「地域住民」でしかない。むしろ、故意に労働者(せめて勤労者とか働く者でもいいが)という語を避けたのではないかとすら考えられる。しかし、報告のもっているこの用語上の大きな特徴は、もしそれが単に言葉だけの問題に止まるのであれば、わざわざとり上げる必要はない。だが、労働者という言葉が用いられている数少ない個所で、われわれは報告書にいう国民が、労働者の代名詞では決してなく、文字通り全ての国民であることを知る。すなわち、「労働者・農民その他の働く国民」(三次、Ⅲの一)「主権者国民」(頻出)と。もちろん、今日の国家独占資本の体制のもとでは、労働者階級のみならず、資本家をも含めた広範な反独占国民運動を築き上げる客観的な条件があり、全ての子どもの学習権を保障しようとする教育運動のばあいは特にそうであろう。

しかし同時に、教育は社会現象の中でも最もイデオロギー的な分野であり、最も熾烈なイデオロギー闘争の場である。だからこそ、教育は報告もいうとおり、「政治が最も関心を寄せる領域であ」り、独占資本の代弁者としての「今日のわが国の政治担当者は、教育に異常なまでの熱意を燃やしている」（一次、Ⅰの二）のである。従ってそこでのわれわれの運動は、単なる運動というものではなく、まさに闘いなのである。闘いであるからには勇敢で有効な指揮官＝指導者、戦闘的な中核部隊、強固な規律と統制がなくては、いくら「主権者国民」が多く集ったところで勝利は決して得られるものではない。報告には、教育の根本的な改革という独占との一大決戦を布告しながら、この点が全く脱落し、まさに国民の中の戦闘的な中核が姿を消してしまっている。さらに戦後、特に六〇年以降は国民の中の階級分化が大きく進んでおり、いわゆる新・旧中間層の転落、農民の急激な没落と減少、婦人労働の増加といった、全般的なプロレタリア化（＝生産手段からの解放）が進行しながら、逆に意識においては中間層意識、マイホーム主義で知られるエゴイズムとニヒリズムが増大している。そして、このことがまた、労働運動や大衆運動における統一と規律の欠如、積極的な労働者階級の指導性の弱化をも招来していることを考えるとき、労働者階級自体の階級意識の教育が緊急の問題となっているのである。

また、労働者が労働者階級としての意識を最も明確に現わすのはまさに生産点において組織的に闘っているときであって、家庭や居住地域にバラバラに置かれ、単なる父母となり「国民」となったときには、その多くは戦闘性を失うということを考慮せねばならない。報告書にいう「地域住民」「住民参加」「住民運動」というばあい個々の運動で成果をあげた事例を列挙するのではなく、また、単に多様な「下からの」運動というのでなく、運動の中核に労働者を据え、その組織性と戦闘性に依拠すべきであろう。

2 近代主義的教育観

これまで見てきたように、近代主義的傾向は、報告書の教育観にも明瞭に現われている。そして、それは、民主主義的原則と、プラグマティズム、実存主義との見事な折衷となっている。また、折衷主義が常にそうであるように、ここでも民主主義的原則は、近代主義に屈服してしまっており、折角の「正義の原則」まで極めて弱いものになり下っている。

(1) 不可知論的教育観

デューイはその著『民主主義と教育』の中で、次のように言っている。「私たちの掛け値のない結論は、生活は発達だということ、そして、発達すること、成長することは生活だということである。これを教育に当てはめれば、(i)教育過程はそれ自身を超えたところに目的を持たないということ。そして、(ii)教育過程は一つの継続的な再組織、再構成、変形である、ということになる」と。これは周知のように、目的は無であり、過程が全てだとする典型的なプラグマティズム教育の命題であり、戦後の新教育での生活学習、経験学習を導き出した思想である。

一方、報告書は次のように言う。「発達はあらかじめ誰かによってきめられたゴールや定型の到達、あるいはそれへの近接度によって評価されるよりも、むしろ変化の過程それ自体の豊かさにこそ価値がみとめられねばならない」（第一次、Ⅱの一）と。これが右に見たデューイの命題と同じであることは誰の目にも明らかであろう。しかし、ここには、単に目的がないだけではなく、発達や進歩の基準もない（報告では「近代以降、人権思想の発達に伴って」とか、「教育における差別は次第にとりのぞかれ」といっていながら、それが社会進歩の一つの基準であることに気づいてはいない）。それに「変化の過程それ自体の豊かさにこそ価値がみとめられ」、とか「多様な価値観への寛容の思想」などというところからは全くの相対主義、あるいは、ウェーバー流の没価値主義しか出てこない。だから、「未来への志向」「未来への背のび」「明日のよりよき社会」「未来に開かれた新しい価値」といっても、その具体的な内容は何でもよいことになる。

さらに、報告書は、「子どもや青年の無限の発達可能性」は、教師の、そして「おとなたちの予想、予測をこえ」るものだから、およそ教師たる者は「人が人に教えることへのおそれと、人間にひそむ可能性への深い信頼と寛容さが不可欠である」という。これは、将来の社会を担う子どもの可能性と人権に対する教師の極めて誠実な態度のように見える。だが、この「おそれ」と「信頼と寛容さ」は、むしろ「予想をこえた発達の可能性に賭ける理想主義的（実存主義というべきであろう―引用者）ないとなみ」からは当然でてくる臆病な態度に過ぎない。すなわち、誠実でなく、謙虚でなくても、不可知なものに賭けるのだから、「おそれ」も出ようし、その可能性の内容についての価値判断の基準はないし、またそれを問いもしないのだから、そのまま「深い信頼と寛容」につながらざるを得ないであろう。

(2) 反動思想と差別への覚容

この報告の中でわれわれが最も驚くのは、この「多様な価値観への寛容の思想」である。これは、本質においては、反動と差別を容認する思想であり、方法においては、なりゆきまかせの自然成長主義である。それは、戦後登場してきた、新しい反動思想でもある。アメリカ占領軍を解放軍と間違ったり、第一次米国教育使節団の報告書に随喜の涙を流した頃ならともかく、敗戦以来三〇年も経過し、「自由」「民主主義」「ヒューマニズム」「全体主義の脅威」「画一主義反対」などという掛声とともに現われた新しい反動思想にいかに平和運動、民主主義運動、労働運動が弾圧され、分裂させられてきたかはもう周知のことではないか。また、六三年の経済審議会の答申もこの「多様な価値観への寛容の思想」に貫かれていなかったか。これは、民主主義の原則とは全く逆の差別の思想にもつらなる。つまり、特権に反対し、差別と闘おうとする思想も、特権を擁護し、差別を温存、再生しようとする思想も、自分の個人的利害に直接関係しないものには全く無関心なエゴイズムも、性と暴力と金にのみ生き甲斐を見出す思想も、全て等しく寛容する。言いかえれば、現状をそのまま肯定するのである。

もちろん、われわれは何が何でも「父母たちの社会に蓄積されている文化価値や父母たちの心にしみついている慣習やモラルに子どもたちをしばりつけ」ようとしているのではないし、「新しい価値観や思想」の全てに不寛容であるのでもない。価値観や思想という、個人にとっても社会にとっても基本的に重要なものを、何の基準もなしに、単に新・旧で判断するところからは、教育における指導性も目的意識性も出てくるはずはなく、何の基準もない「新しい世代の権利」とか全く抽象的な「人間性への信頼」ということでは、ただ「新しい」なりゆきにまかせるしかない。しかも、このような「多様な価値観への寛容の思想」、「ひとりの人間に潜在する可能性の多面性、個性、多様性とそのことをふくんでの人間性への信頼」の思想の貫かれる「自由な社会」を報告書はひたすら念願している。これでは、およそ積極的な民主教育というものも成り立つはずはない。

(3) 目標と指導性の欠如

報告は、右のような基本思想に基づいていながら、「国民の教育権」による根本的な教育改革を目指すのであるから、どうしても旧い世代が新しい世代に対して目標を設定せざるをえないという「矛盾」につき当る。これを解決するのが新しい世代に対する「願望と期待」であり、事実、「憲法と教育基本法の人間像」、それを「さらにかみくだい」た五つの点をあげている。しかし、それらの目標は、是非とも到達せねばならない教育目標では決してない。このような目標は立てるけれども、それが「価値の多様性と新しい未来を志向する自由な個性の主体的な展開を阻んだりすることにならないように、きびしい自制を必要とする」し、また、「人間像は、基本的にはひとりひとりの人間が人生とは何かを考え、自己の未来を想いえがく過程で、みずから選びとり、つくりあげていくもの」だからである。

従って、明確に教育目標を掲げて、それに従って、教育内容、方法などを展開していくのではなく、教師として、旧い世代として、新しい世代に対する「願望や期待」を持つことを「許」していただく程度のものでしかない。従ってまた、そのような「期待や願望」が裏切られても、それは「新しい世代の権利」によってそうなったのだから、それは「寛容」されねばならないのである。教育目標の設定という、教育における最も基本的な事柄がこのようにいいかげんな、自信のなさで行われるのであるから、教育の方法における厳しさ（厳しさや規律なくして民主教育は成立しない）は、もう全く望むべくもない。報告を貫く「自由」が規律も厳しさも含んでいないのは、右のことからも当然といえる（にもかかわらず、報告には、「集団主義」などという言葉がまぎれ込んでいるのはどういうことか（三次、Ⅰの二））。

教師が「偏狭、独善的で、おしつけ的」にならぬよう「きびしい自制を必要とする」ことには、われわれも全く同意する。しかし、それは指導性の放棄を決して意味するものではない。また、子どもの「個性や多様性」を無視しては民主教育が成立しないこともわれわれは承知している。しかし、そのことと、子どもの日常生活や教育の過程でしばしば現われる人間に対する差別的な態度や意識、エゴイズム、反科学的思考などを「個性」や「多様性」の名のもとに「寛容」することとは全く別である。

3　青少年の中の解放へのモメント

子ども・青年の実態について、報告はそのマイナス面として、「勉学意欲の減退」（一次、はじめに）「基礎的な学力、歴史を洞察しうる学力」の不足（同、Ⅰの一）「無関心、無気力、無責任の三無主義」（同）、「いわゆる『非行』」（同）、「集団の崩壊と連帯感の欠落」（同）、「孤立感、孤独感」（同）、「労働の疎外」（同）等を挙げている。そして、その原因として、「権力のあやまり」と同時に「教師の中に抜きがたく存在している権威主義や自己保身主義、父母の中に牢固として存在する事大主義やエゴイズム」（同）をも挙げている。それはそれでよいとしよう。

そこで、このようにマイナスな面を、われわれが克服しようとするばあい、現実の青少年の中に見られるプラスの面（たとえそれが萌芽的なものであれ）をはっきりつかみ、それに依拠しなければならない。だが、その点に関して、報告には次のように書かれているだけである。すなわち、「こうした不安定な社会状況の中でも、多くの子どもたちや若者の健康なエネルギーは表現をもとめ、新たな人間的連帯と社会再建の熱意をもっている。すぐれた芸術に接して感動したり、サークル活動の中で自己表現と連帯を求めている若者もある。思いきり身体をのばし、思いきり早く走り、思いきり高く跳びたいという肉体の要求ももっている」（同）と。「健康なエネルギー」や「肉体的要求」などは、成長中の子どもや青年については当然のことであり、何もとりたてていう必要もない。それにかれらのばあいは、エネルギーの存否ではなく、その方向にこそ問題がある。従って、ここでは「新たな人間の連帯と社会再建の熱意」と「すぐれた芸術に接して感動」するのが積極的なプラスの面として残るだけである。

これでは、それに依拠して青少年の意識や態度を積極的に変革していくには余りにも弱い。報告も指摘するように、現在の反動攻勢は、物心両面にわたってますます青少年を毒しつつある。ラジオ・テレビなどのマス・メディアの圧倒的普及だけを考えても、反動のイデオロギー攻撃は戦前や敗戦直後とは比較にならず、その方法も、古臭い、押しつけや統制的なものよりもむしろ、青少年の遅れた意識に媚び、追従するという方法が多くとられている。だから、われわれは、このことを考えに入れ、厳しい現実の中で意識的に闘っている青少年の積極的なプラスの面をはっきり見分けてそれに依拠すべきであろう。そして、それは全国的に無数に存在している。ここでは、解放教育読本『にんげん』の中から、事実に基づいてつくられた教材を数個だけ挙げておこう。

まず、現在の非科学的・非合理主義的思想に抗して、科学的・合理的な思想を身につけ、将来、労働者としての自己の地位と使命を明確に自覚するための基礎として、まず一人一人の子どもの学習権と学力の保障がまさに平等に、「画一的」に行われる必要がある。「勉強ができなくても」とか、「頭は悪くても」などといって済ませるわけにはいかない。その点では、いやがる少年が、教師や父親や解放同盟役員などの努力により、自ら積極的に学ぼうとする決意を持つにいたった例（『にんげん』、中学生、3「やがてぼくも」同、小六、2「母の字」）。また、自分の個人的な、目に見える利害には敏感であっても、人間としての誇りや尊厳ということには全くニヒルで、労働の価値などは少しも理解していない青少年の多い中にあって、自らの愛する母親の人間としての誇りとその労働の尊さを傷つけられたことに非妥協的な怒りを見せた少年の例（同、小四、2「おかあさんのメモ」）。あるいは単に「自己表現と連帯を求め」るサークル主義的活動を遙かに超えた子どもたちの集団的な越境反対闘争の例（同、小六、9「みずからの力で」）。さらに、人のことなどかまってはいられぬという現代の反動的な風潮に抗し、一人の子どもの問題を学校の各集団で何回も討議し、その過程で個々人のエゴイズムを克服しつつ、やがて学校全体の力強い民主的要求にまで高めていった例（同、小五、6「キミ子のべんとう」）。これらは、単に青少年だけではなく、教師や一般労働者の意識と行動の変革にさいしても依拠すべきものであろう。

以上、紙数の関係で充分意を尽くせなかったが、諸兄の御批判に待つ。

（一九七四年七月）

労働者としての自覚と集団主義の思想を

これは『解放教育』誌への提言というより、この雑誌を読まれている先進的な教員の皆さんや解放運動に関わっている方たちへの老生からの訴えである。

現在の子どもたちは戦後嘗てないほどの困難で厳しい状況におかれている。小学校ですら学級崩壊が問題になっているのは、そのことを端的に示している。これはグローバルな資本からの強力な反動攻勢の結果であり、従って、地域や学校や学級の中だけでは決して解決することはできない。けれども、ここでは敢えて学校の教師と地域の運動家に限定して考えよう。つまり、教師や親たちが日常的にどう子どもに取り組むかということである。ただそれは近ごろ流行のマニュアルとかレシピではなく、どういう立場で、またどういう基本思想で子どもに取り組むかということである。

今、多くの教師や親は困難な子どもの対応に追われ、本来の教育や指導の原則をじっくり考える暇もないのが実情であろう。しかし、このままでは子どもの人権はおろか、生存まで脅かされるであろう。けれども、われわれが強く団結し、個々人の創造性を発揮すれば、やがてこの反動攻勢に反撃を加えることができよう。

そこで、今こそ自覚すべきは、世界のあらゆる人種・民族を問わず、男や女や地域の区別なく、年齢や学歴や職種にも拘束されない労働者の立場である。部落民としての立場もこの労働者の立場と固く結びついている。ところで、七十年代からぐらつき始め、九十年代には殆ど崩れてしまったのが他ならぬこの労働者としての立場の自覚である。サラリーマンや中間層にされたり、庶民と呼ばれたり、日本国民や日本民族に統合されたりしているうちに、肝心の労働者としての自覚も力も誇りをも失っていったのである（労働者のインターナショナリズムは民族主義を乗り越えるが、資本のグローバリズムは民族主義と共存する）。この自覚を取り戻そう。でなければ、この厳しい社会環境の中で子どもを護ることはできないし、子どもをわれわれの力強い後継者に育て上げることもできない。皮肉なことに、リストラによる首切りや過労死、不当配置転換、賃下げなどが、労働者としての立場の自覚を促す契機となっている。しかし、この契機を逆用して自覚を高めるためには、日常的に、不断に降り注ぐ反動思想に抵抗して内外の先進的な思想と運動に学び、互いに討議し、高めあっていかなければならない。

次に重要なのは集団主義の思想である。この思想については嘗て本誌に何度か書いたので、簡単に述べよう。集団主義が個人や個性を抑圧するというのは資本の側からの嘘である。逆に、資本の思想である個人主義と自由主義が労働者を分裂させ、孤立化させ、そしてその人格と個性を抑圧しているのは、これまでの運動で十分知らされてきた。本当の集団主義は労働者としての自覚と固く結びついた団結の思想であり、個人主義と自由主義（新自由主義も）に反対して、労働者の共通の利害のために自分の小さな利害を一時控えたり、後回しにすることである。例えば、デートと職場会議が重なった時、デートを延期して職場会議に出席し、そこでは、自分の個人的な意見や不満をも堂々と述べて討議し、共通の目的達成に寄与するのである。やや情緒的に言えば、集団主義は、共に闘っている仲間に対する人間らしい配慮である。

今こそ子どもを護るために団結しよう。労働者としての立場の自覚と集団主義の思想を早急に取り戻して！

（二〇〇一年四月）

反戦・平和と人民に対する教育研究者の役割

一　清水幾太郎氏の変節は他人事でない

本稿を書くに当って、久しぶりに船山謙次『戦後日本教育論争史』（58年、東洋館）と小川・黒田・今井他著『戦後教育問題論争』（58年、誠信書房）を読みかえした。とくに前者で今度感慨が深かったのは清水幾太郎氏の発言である。現在では彼が反動の側のチャンピオンとして老骨に鞭打っていることは誰もが知っているし、また、彼が戦後いち早く「進歩的」、「左翼的」見解を教育の分野にも披露していたこともよく知られている。そのうち、五〇年前後の彼の「進歩的」発言が船山氏の著書の中で数多く肯定的に紹介されているのである。誠に感慨深いものがあるけれども、このさい清水氏の戦前・戦後の思想遍歴などはどうでもよい。彼については、現在適切にも変節漢とかオポチュニストとか極反動という烙印が押されているし、真面目な日本の教師に対する彼の影響などは現在ではほとんど考えられないからである。むしろ問題は、彼を批判し、罵倒している人々の一部にある。つまり、日本共産党とその党員に彼を批判し、罵倒する資格があるか、ということである。実際、清水氏は変節した。しかし、彼らも変節していないであろうか。五〇年前後の彼らの発言と今日の彼らの発言を比べる時、それは変化とか発展とかいわれるものでは決してなく、右への大きな後退、原則の放棄、つまり、明らかな変節なのである。しかも、清水氏のように、もともとエゴイストで無責任な一個人の変節ではなくて、常に党派的（セクト的ではない）、階級的であり、終始人民に責任を負うべき党と党員の変節は、清水氏のばあいなどとはまるで比べものにならないほど重大である。その上、この変節は、全く自主的・自発的に行なわれたものであるだけに一層重大である。かつて、治安維持法や厳しい検閲制度などの天皇制下の弾圧の中で、たとえ転向者が出、またいろいろな過ちをおかしたにせよ、共産党と宮本顕治氏、志賀義雄氏などの中心的な党員は最後まで節を曲げることなく革命の大義を護った。ところが、戦後三十七年の間、占領期の一時期を除いて検閲制度は存在せず、己の所信を公表するのに何らの勇気も必要ではなく、奴隷の言葉も不要であった。にもかかわらず、右への大きな後退、原則の放棄が行われていることについては、いささかの責任転嫁も許されず、一切の責任は全て自らが負わねばならない。このことは党のみならず、個々の党員にもあてはまる。党の方針や個々の文書や指導についての誤りに気づけば、それを批判し、訂正していく義務と権利が全ての党員に与えられているはずであるし、また、そうでなければ人民に対する責任を果すことはできない。

二　教育の「中立性」批判から擁護へ

戦後を問い直すことは現在を問い直すことと結びつく。日共の変節ということで、教育の分野で誰もが知っている最も顕著な例は七四年四月に出された教師＝聖職論である。因みに、先に挙げた『戦後教育問題論争』の十「教師論をめぐって」、および、その当時からさらに数年に亘る国分一太郎氏の教師＝インテリ論に対する左翼からの批判と現在の党の教師論を比較すれば、事柄は極めて明瞭になる。

ただ、この問題については、すでに以前に私なりの批判をしておいたのでここでは繰返さない（拙稿「日本共産党の教師＝聖職論批判」、拙著『教育反動との闘いと解放教育』、明治図書所収）。ここでは、教師の階級的性格と並んで、戦後の教育反動化の大きなテコとなっている教育の「中立性」論について見てみよう。まず船山氏の本の第四章教育科学論争を見ると、たとえば、海後勝雄氏に対する矢川徳光氏や東大教育学部助手会などの批判がある。その批判の論理構造や説得性についてはともかく、そこでは教育における党派性や階級性が的確に強調されているのである。この明確な見地を教育の現実に即して一層論理的に仕上げ、説得性あるものとして、労働者階級を中心とする国民世論の先進的な層に徹底させていくべきであった。反動の側からはすでに教基法第八条を反動的な方向で明確化した中立性確保法も五四年には押しつけていたのである。個々の法案や措置に反対するだけでなく、その奥にある理念や思想に反撃して世論の変革に向うのが当然であった。しかし、事実は逆の方向に進んだ。私が幾度か挙げてきたように、七五年三月には部落解放同盟の「教育介入」なるものに対して、「教育基本法がさだめ『同対審』答申も確認している『教育の中立』にたいする乱暴な侵犯」だとして攻撃している（日共中央委出版局『大阪府民と同和問題』）。これは、世論の中に存在する「中立性」の幻想と部落差別の意識に依拠した、文字通り右翼的な発言であり、共産主義の原則の完全な放棄である。もっと最近の主張を見よう。八〇年三月三日の『赤旗』の主張「教育の国家統制の策謀許すな」では、「『教育の政治的中立性』にしても、政府・文部省が実際にすすめている教育行政こそ、その原則をおかすのです。」、「政府・自民党のすすめる反動的教育行政こそ、『教育の政治的中立性』を著しく侵害する偏向教育にほかなりません」と繰返している。このような教育の「中立性」の積極的な擁護は、教育における階級闘争の放棄に外ならないが、それは次のようなむき出しの民族主義と一体となっている。即ち、八一年六月三日の『赤旗』の主張「祖国を愛するものと売るもの」ではアメリカの核積載空母の横須賀入港に抗議しているが、そこでは、「日本国民にとって絶対許すことのできない民族的屈辱」、「国民多数の胸に燃える民族の怒り」、「内閣や政党が、国民の民族的利益を代表せず、逆にそれを裏切る『売国』の責めを負うのは当然です」等々、超階級的で、しかも右翼的な民族的実感に訴えることに終始しているのである。

三　折衷主義による原則の放棄と唯物論の不在

一体どうしてこのようになったのか。それはもちろん政党次元の問題であるが、ここでは敢えて研究者党員の研究方法に限定して考えてみよう。戦後始まった教育理念・政策上の論争に加った党員研究者たちの力量が当初不十分であったことは否定できない。そのため、論争においても教条主義に陥ったり、説得性が不足したりしていたが、しかし、天皇制の弾圧下での永い研究上の空白を考えれば、決してそれは責められるべきではなかろう。問題は当初の論争から後である。論争の中で気付いた己の理論上の浅さをマルクス主義の原則に基いて唯物論的に深める代りに、その原則から離れ、近代主義、非合理主義の方に折衷していったのである。己の理論上の浅さ、制約を不当にもマルクス主義の制約と考えたのである。そして、そこから政治・社会・経済などは何とかマルクス主義で、しかし、教育の分野で中心となる人間・個人、精神や道徳、芸術などでは実存主義やプラグマティズムを受入れるといった状態になったのである。しかし、プラグマティズムの政治学や近代経済学の攻勢の中で、政治や社会、経済の面でもマルクス主義を一貫させることができず、結局、全面的に折衷主義（それも近代主義の圧倒的優勢のもとでの）に陥り、残るはただ恣意的に挿入されるマルクスやレーニンからの引用やマルクス主義の言葉の断片だけが僅かに赤い色を帯びているだけといった情ない現状となったのである。しかも、それが意識的に階級的原則を放棄したり、唯物論から目をそむけた結果ではなく、マルクス主義を自分なりに深め、「弁証法的に」発展させようという善意と熱意の結果であるだけに、問題は一層深刻なのである。ディドローなどのフランスの唯物論者たちやフォイエルバッハの唯物論、一九世紀ロシアの革命的民主主義者たちの人間論などの成果によって、マルクスやレーニンが全く自明のこととして簡単にしか触れなかったり、全く触れなかった点、および今日の新たな諸問題の解決とそれに対する実践的な対応に関しては、まずマルクス以前の唯物論者たちの発言や国際共産主義の実践を中心にして原則に基づいて学ぶ必要があった。しかし、そのようにはしなかったのである。心を空しくして（無原則に）観念論に教えを乞うたのであり、後には、マルクス主義の原則から離れた近代主義的ユーロ・コミュニズムに歩調を合わせていったのである。観念論者についていえば、戦後の教育反動との闘いにおいては、上原専禄氏や勝田守一氏のような良心的な観念論者が数多くマルクス主義者と進んで協力していた。これは誠に喜ばしいことであった。しかし、この喜ばしい行動の統一から彼らの思想との平和共存へ、さらに敗北的な折衷主義へと陥っていった。この過程では、観念論者たちには何の責任もない。彼らの思想体系に拝跪し、己の貧弱な唯物論を放棄していった者に全ての責任がある。

ところで、誠に奇怪なことは、六〇年以前と比べて極めて増加したといわれる党員の教育研究者たちの誰一人として、今日の党の教育政策や教育論に疑問を持たず、教師＝聖職論や教育の「中立性」論に同調し、さらに、それらを批判する者に対して、反共のレッテルすら貼っている点である。しかし、反共とは、いうまでもなく共産主義に反対することである。党の誤った政策や主張に反対することではない。さらに、今日の党および党員がその輝かしい名前にもかかわらず、また、その熱意あるいは善意にもかかわらず、実際的に共産主義に反対してはいないか。国家主義に反対していながら、その不可欠の要素としての民族主義の鼓吹に全力を尽して、階級的な立場を放棄していないか。一方では団結を唱えながら、国家の教育権に反対するということで個人主義や自由主義を礼賛してはいないか。現在の教科書に対する反動攻勢に反撃するさい、「教育に対する政治の介入」反対などという近代主義的なスローガンを先頭に立って掲げ、教育と政治とを観念的・恣意的に切り離し、国民の政治離れに拍車をかけていないか。価値観の多様性の承認ということによって、教育における指導と思想闘争を放棄してはいないか。まだまだあるが、これらのささやかな疑問が全て否定されれば、私の考えが誤りであり、不当に党や党員を誹謗したと責められても、それは甘んじて受けよう。しかし、私のことなどどうでもよい。現在の党員があるべき党員に、真の革命的なマルクス主義者に、真の戦闘的な唯物論者になってくれれば良いのである。現状のままでは、彼らが口でいかに平和教育を唱えようと、帝国主義戦争を容認する思想情況が着実に進められるからである。

四　教育研究者の戦争責任

最近の政府・独占の露骨で急速な軍備拡張と反動ジャーナリズムの「防衛」論調、改憲と侵略戦争肯定のための教科書攻撃等々の危険な動きに対して、反戦・平和の教育の緊要性が次第に認められてきている。しかし、この反戦・平和の教育が真に力強いものとして推進されるためには、その教育の思想的な根底を固めなくてはならない。排他的な競争や差別の思想、仲間の利害に無関心な個人主義、己の行動において全く無責任な自由主義、科学を超え、否定する非合理主義、これらが根底にあれば、いくら広島・長崎の原爆を教材にしようと、人間の生命、個人の幸福の尊さを教えて戦争に反対する教育を行っても、それは誠に脆いものであろう。この思想的な根底を固めるのが教育研究者、とくにマルクス主義者の重要な任務であり、責任であろう。

ところで、責任といえば、七九年に長浜功氏が『教育の戦争責任』（大原新生社）を公刊し、その中で十五人の教育研究者の戦争責任を追及している。長浜氏はマルクス主義者ではないし、彼の近代主義的な思想には私は共感できない。しかし、本来ならマルクス主義者がとっくにやっているべきこのような仕事を彼なりに立派にまとめたことは、彼の大きな功績として、また、マルクス主義者の恥として認めなければならない。今こそこの本が教育研究者の間で感情抜きに広く読まれなければならないであろう。そして同時に、長浜氏が扱っている時期以前、とくに大正デモクラシイといわれた頃から治安維持法が強化される昭和初期の頃までの教育研究者たちの公表された論調が重要だと思われる。長浜氏が批判している十五人の研究者たちの戦争協力の責任は少しも容赦できないが、当時彼らの論調が狂信的であったにせよ、国民世論から決して浮上っていなかったという事実を考える時、そのような国民世論を形成するのに与（あずか）ったそれまでの教育と教育研究者、思想家の責任は、後の十五人の「進軍ラッパ」のように明確には現われていないけれども、その責任の重大さの点では決して劣るものではない。そして、それは現在只今の教育研究者の反戦・平和の教育のための責任を考える重要な糸口にもなるであろう。

（一九八二年七月）

第五章　ドブロリューボフの思想と教育

ドブロリューボフ（1836~1861）
農奴解放前夜のロシアを代表する革命的民主主義者。25 歳
の若さで亡くなるも、すぐれた文学批評、教育理論を遺した。

この章ではドブロリューボフの今日的意義について述べられている。ドブロリューボフはロシアの人であり、それも今から一五〇年以上も前の一八五〇年ごろの農奴制社会に生きた人である。そのような人に著者が「惚れ込んでしまった」とはどういうことか。

ロシアのこの時代に生きた歴史上に傑出した人たちを革命的民主主義者と呼んで、この言葉は彼らに敬意を表して言及するときのいわば代名詞のようになっている。ドブロリューボフ（一八三六〜六一）のほか、ベリンスキー（一八一一〜四八）、チェルヌィシェフスキー（一八二八〜八九）、ピーサレフ、ゲルツェンらがいるが、とくに最初の三人の人物が名高い。これらの人は『同時代人』という雑誌をつくって当時の社会や文学を批評し、よりよい社会をめざした。しかしツァーリ（皇帝）による厳しい弾圧下での過酷な言論活動により、ドブロリューボフは結核にかかり二十五歳の若さで、チェルヌィシェフスキーは二〇年間のシベリア流刑による衰弱のため死亡した。しかしこの二人の信頼関係は篤く、理論的にも深く交流があったようだ。

西欧の政治（フランス革命、一八四八年のドイツ革命）や理論（フランス唯物論、ヘーゲルを頂点とするドイツ観念論やフォイエルバッハの唯物論など）にもよく通じていて、ツァーリによる権力とその体制を打ち倒さないかぎり農民にとって搾取からの解放も自由（民主主義）もないという革命的な慧眼（けいがん）、唯物論的な人間観を身につけていた。

マルクスやエンゲルスとほぼ同じ時期に、まったく異なる歴史的・社会的条件のもとで、チェルヌィシェフスキーがマルクスから「偉大な学者で批評家」と評されたように、理論的発展の高みに立った。

ここに集録する四つの論文はいずれも非常に説得力のあるドブロリューボフの入門であり、すぐれた研究である。

ドブロリューボフと私 1

前書き――なぜ私はドブロリューボフの翻訳をするのか

1

ドブロリューボフと言っても、今の日本の若い人たちにはほとんど知られていないであろう。だから、先ずここで、経歴を中心にして極めて簡単に紹介しておこう。その思想や活動については、次回から見ていくことにする。

彼は一九世紀ロシアの革命的民主主義者の一人であり、農民を主体とするロシアの人民の解放のためにその生涯を捧げた。一八三六年ニージニー・ノーヴゴロト（モスクワの東方にある古い都市）の貧しい司祭の長男として生まれた。当初、父の跡を継ぐため、初等神学校から中等神学校へと進むが、やがて、世俗の職業に就きたいという気持ちから、ペテルブールクの教育大学へ入学する。しかし、入学してから一年の間に両親を病で失い、七人の弟妹と共に孤児となる。彼は大学を退学して弟妹を養おうと決意するが、親戚と知人たちがその子どもたちを引き取ってくれたために、辛うじて学業を続ける。けれども、家庭教師のアルバイトで稼いだ金を妹や弟たちのために送る。この弟妹たちに対する援助は、彼が亡くなるまで続けられる。そして、それは、金銭的なものだけでなく、日常生活や勉強、進学や結婚等のアドバイスにまで及ぶ愛情に満ちたものであった。

彼の四年間の大学生活は、普通の学生とは全く異なった充実したものであった。神学校時代に引き続き、内外の文学や哲学、ゲールツェンやベリーンスキー、或いはフォイエルバッハ等、当時のロシアや西欧の先進的な思想を吸収し、新聞・雑誌によって現実の社会問題を検討した。そして、それを詩や論文にまとめて、雑誌に投稿していた。この論文がきっかけでチェルヌィシェーフスキーと知り合い、それ以後の彼の活動の方向が定まる。当時のロシアで最も革新的な雑誌《同時代人》に拠って、戦闘的な批評活動を展開していたチェルヌィシェーフスキーは二八歳であったが、すでに有名であった。一方、ドブロリューボフは二〇歳で、まだ学生であった。しかし、この二人は、最初の対面から互いに強烈な印象を受け、互いに相手の非凡な才能と高潔な志向と感情を洞察したのである。

それ以後、ドブロリューボフは事実上《同時代人》の同人となり、帝政・農奴制・ロシア正教の三位一体に対する非妥協的な闘いを始める。やがて彼は優秀な成績で卒業するが、学長の妨害によって、ペテルブールクの高等学校へ就職することはできなかった。しかし、彼は卒業前に密かに《同時代人》の正式の同人になっていて、これ以後亡くなるまで、この雑誌の定期的執筆者、編集人として奮闘する。

厳しい検閲のもとでの弛(たゆ)まぬ活動は、終に彼の肺を冒す。チェルヌィシェーフスキーとネクラーソフが、半ば強制的に彼を南の国へ療養に行かせる。一八六〇年五月のことである。翌年七月に帰国するまで、彼はドイツ、フランス、スイスに転地し、最後にイタリアでは半年ばかり滞在する。しかし、療養のための外国旅行が、彼の場合は結局取材旅行となってしまった。しかも、外国にいて外国の事情を検討しながら、常に祖国ロシアの現状に目を向け、特に農民問題を巡る帝政政府と自由主義者との妥協に仮借のない批判を加えていた。そのため、七月にオデッサに着いた直後喀血し、医者に旅行を厳禁される。

けれども、その禁を破ってペテルブールクへ帰り着き、直ちに執筆、校正、検閲官との折衝といった激しい仕事に打ち込む。そして、終に一一月、彼は肺結核で亡くなった。まだ二五歳半の若さであった。

だが、彼の残した偉大な思想的な業績は、その後のロシアの人民の解放に測り知れない貢献をしている。そして、ロシアのみならず、世界の勤労人民の解放にも大いに役立っている。我が国でも、一八八九年に二葉亭四迷によって彼の論文が抄訳・紹介されて以来、戦前戦後に幾つか論文が翻訳され、それが相当広く読まれていた。

2

さて、私がドブロリューボフの教育論を翻訳し、三冊の本にして出版したのはもう二十数年前である。その後、教育論から彼の思想全体へと移り、昨年までに四冊公刊してきた。今後も私の心身の健康が何とか維持されている限り、翻訳・出版を続けるつもりである。

その場合、例えば、『闇の王国』や『オブローモフ主義とは何か』のように、すでに邦訳されているものは除いてきたし、今後もそうしようと思っている。専門の立派なロシア文学者が翻訳されたものを、私のような未熟者が改めて訳するのはおこがましいからであり、また、すでに邦訳されたものは、少なくとも古い図書館へ行けば読めるからである。

ただ、困難な事情が二つある。その一つは出版事情の急激な悪化である。七〇～七二年に教育論を三冊福村出版から出した時はまだ良かった。普通の出版であり、少額とはいえ印税も手に入り、その中の一冊は再版もされた。しかし、その後、出版事情は大いに変わり、八三年に『闇の王国の中の一条の光』を出す時には、もう自費出版でなければ公刊は不可能になっていた。そして、昨年の『ドブロリューボフ著作選集（三）』はその出版費が三倍にまで高騰していた（ただ『著作選集（一）』と『著作選集（二）』は解放教育研究所がその出版を引き受けてくれた）。

今後、出版事情はさらに困難になるであろうが、しかし、それは決して不可能ということではない。いかに困難であろうと、努力さえすれば、恐らく二、三年に一冊は出版できよう。それを主要大学と公共の図書館に寄贈しておけば、何時かは役に立つだろうと思っている。近畿では、京大、阪大、関大、関学等の図書館と大阪府立中之島図書館、大阪市立中央図書館等である。もちろん、解放教育研究所にも備えてある。こうしておけば、若い人びとが何時でも借り出して、読んだり、コピーすることができよう。さらに、たとえ現在出版できなくとも、訳稿さえ残しておけば、何時か事情が好転した場合、それが誰かによって公刊される可能性はあろう。

もう一つの困難な事情は、他ならぬ私自身の語学の能力の低さである。英語か、せめてドイツ語であれば、ロシア語ほど困難ではないであろう。しかし、それは、ロシア語が英語やドイツ語より難しいということでは決してない。語学としては寧ろ逆ではないかとさえ思えるほどである。問題は私自身の語学力である。おまけに四〇歳を過ぎてから独学で学んだロシア語では、とてもすらすら読めるというわけにはいかない。若い時から正規に学んだ者なら、一時間で読めるものが、一〇時間、或いはそれ以上もかかるといった有様である。しかもその上、私は未だに初歩的な誤りも犯すのである。

だから、私の翻訳は、生硬であるだけでなく、誤訳も多いであろう。ただ、そのような欠陥は、ドブロリューボフの思想の偉大さが幾分なりともカバーしてくれるであろう。

3

そんな困難な事情にも拘らず、私がドブロリューボフの翻訳を続けるのは、主として次のような理由による。

その一つは、ドブロリューボフの日本語訳があまりにも少なく、しかも日本のロシア文学者の翻訳の計画もほとんど聞かなかったからである。事実、この二〇年間には、七五年に金子幸彦氏が『オブローモフ主義とは何か』を岩波文庫で再版した時、「他一編」として『その日はいつ来るか？』を新しく翻訳されただけである。それ以後新しい翻訳は、昨年、哲学者の森宏一氏が『一九世紀ロシアにおけるユートピア社会主義思想』（光陽出版社）の中で、ドブロリューボフの論文四つの抄訳をされているだけである。そこで、敢えて私がやろうと考えたのである。ただその際、五六年にモスクワからファインバークの『ドブロリューボフ哲学論文選集』が英訳で出ていて、大いに役に立った。

次は、私自身のことである。すなわち、彼の思想と生き方に私が全く魅せられてしまったからである。惚れ込んだ、と言ってもよい。彼の論文はもちろん、日記や手紙を読めば読むほどその魅力は増していく。思想的な原則に対する非妥協的な一貫性、何ものをも恐れぬ革命性、人民に対する深い愛情と信頼、極めて豊かな諷刺力、等々がいかに私の自由主義といい加減さと怠惰を反省させたことか。そして、彼の三倍も生きていながら、とても彼の足もとに及ばないという思いと同時に、彼への愛情はますます深まるのである。彼が二五歳半で亡くなった時、チェルヌィシェーフスキーは「私とて有用な人間です。けれども、彼よりは私が死んだほうがよかったのです。……まことに、ロシアの人民は己の最良の擁護者を失ってしまったのです」と言った。それは彼の個人的な感傷などではない。ロシアのために、ロシアの人民のために心の底から嘆き悲しんだのである。

第三の、最も大きい理由は、ドブロリューボフの思想と生き方が当時のロシアの人民だけでなく、現在の我が国の民衆、特に若い人びとにとっても極めて貴重だ、ということである。

六〇年代の高度成長期以後、日本のマルクス主義の「流行」は去り、実存主義、現象学、構造主義等がそれに替わっていく。そして同時に、ロシアの革命的民主主義者の翻訳書も次々に絶版になっていった。天皇制に代わって資本の論理が「検閲」の役割を引き継いだのである。それに抗して、阪大の文学・美学研究会と大阪市大の文学論研究会の学生諸君は、六九年の七月、ドブロリューボフの『オブローモフ主義とは何か』、『闇の王国』、および『今日という日はいつ来るか』の三つの論文を絶版の文庫からプリントして、非売品として学生の間に配布した。そして、当時の学生諸君の間にはそれを受け入れる思想的な渇望があったのである。

現在はそれからさらに二五年以上経っている。ソ連や東欧の社会主義の壊滅は、すでに極めて少数になっていた日本のマルクス主義者に最終的な打撃を与えた。こうして、曾（かつ）てマルクス主義者の大部分は、早々と自己批判をしたり、要領よく転向をすませたりして、現実主義に、リベラリズムに移っている。逆に、右翼的な思想や脱イデオロギーというイデオロギー攻勢は強まっている。また、若い労働者や学生の間には連帯の思想が弱くなり、個人主義は深まっている。さらに、いわゆる「固い本」を読まない傾向が指摘されてからもすでに久しい。

けれども、この現状に人びとが満足しているわけでは決してない。特に若い人たちはそうである。たとえ少数であれ、また、かなり歪んだ形をとっていることがあっても、彼らは自発的に各種のボランティア活動、解放運動、環境擁護運動、等々に参加している。このことは、彼らが決して個人主義やエゴイズムに凝り固まってはいないこと、若者らしい現状改革の志向を持っていることを示している。ここに将来への芽がある、と私は考えている。そして、彼らに対して本当に人間らしい高潔で革命的な思想、本当に人間らしい強くて美しい生き方とは何かを、ドブロリューボフの論文紹介によって伝えたい。幼い時から一方的に植え込まれたマスコミ情報や今日の生活の実感から学んだ排他的で利己的な「ほんね」を、若い人びとが自分自身で批判・克服するための一つの素材となれば幸いである。

（一九九五年四月）

ドブロリューボフと私　2

検閲――当時のロシアの検閲をめぐって

1

ドブロリューボフに限らず、当時のロシアの革命的民主主義者たちの闘いを眺める時、常にそこに立ち塞がっていたのは検閲である。しかし、現在の日本の若い人びとには、当時のロシアの検閲はもちろん、検閲ということ自体が疎遠なものであろう。そこで、まず日本の場合を見てみよう。

たとえば、芥川龍之介の短編小説『将軍』は、N将軍（乃木大将）を痛烈に皮肉ったものであり、誠に愉快な小説である。けれども、この小説の一番初めの一白襷隊では、検閲によって相当文章が抹消されている。日露戦争の時の決死隊の兵士たちを描いたこの短編で、彼らの会話が無残に抹殺されているのである。たとえば、連隊長以下の将校たちの敬礼で見送られた兵士の次のような会話がある。

「こちとらはみんな死に行くのだぜ。して見ればあれは ××××××××××× さうって云うのだ。こんな安上りな事はなかろうぢやねえか？」「それはいけない。そんな事を云っては ××× すまない」「べらぼうめ！　すむもすまねえもあるものか！　酒保の酒を一合買うのでも、敬礼だけでは売りはしめえ」この ×× が検閲の爪跡である。

この小説が発表されたのは一九二一年の末である。大正デモクラシーと言われていても、このような有様である。治安維持法が強化されてくると検閲はますます狂暴になり、単行本や新聞・雑誌の出版・発行禁止が広がっていくが、出版されても、検閲の凶暴な爪跡が無残な姿を留めている。一ページで文字の数より ×× の数のほうが多かったり、丸々白紙といったものはもう決して珍しくないようになる。

2

帝政ロシアの場合も同様である。すでに一八世紀の末、ア・エヌ・ラジーシチェフの著作『ペテルブールクからモスクワへの旅』が、折角検閲の目を潜って、密かに出版されたが、あの啓蒙君主と言われたエカチェリーナ女帝の目にふれ、直ちに厳重な禁断の本とされ、それ以後一〇〇年以上も日の目を見なかったのである。

帝室官房第三部という皇帝直属の検閲機関が国中に厳重な監視の目を光らせていただけではない(この第三部は検閲だけでなく、日本の戦前の特別高等警察のように、民衆の間の思想を監視し、スパイし、摘発もしていた)。宗教や軍事、法務や内務等の諸官庁が、必要に応じて、細かく検閲を行うのである。そして、その検閲は、専制、農奴制、ロシア正教に逆らうものを厳重に取り締まることを目的としていた。

一八五五年二月に、暴君ニコラーイ一世が死んだ。三〇年にわたってロシアのあらゆる進歩的な思想を抑圧してきたこの皇帝の死を、人びとは喜んだ。そして、その息子アレクサーンドル二世に過大な期待がかけられていた。しかし、ドブロリューボフは、まだ学生であったが、少しの幻想も抱かなかった。彼は次のような詩を書いている。

一人の暴君が消えると、もう一人が王冠を着けた。
こうして再びこの国に暴政がのしかかっている。
…………
そして、ルーシは愚かな息子のもとで苦しむだろう、
父親のもとでの三十年間の苦しみのように。

ただ、ニコラーイ治世のように一本調子で、強引に「荒れ狂う」検閲の様相は、いくぶん変わらざるを得なくなる。それは、クリミヤ戦争の敗北によって、遅れたロシアの農奴体制の弱点が世界の注目するところとなり、農民の暴動も軍隊でなければ鎮圧できないようになってきたからである。こうして、アレクサーンドル二世は、「下からの」農奴解放・革命を避けるために、「上からの」農奴制廃止・自由主義的改革を考える。

裁判から始まって、いろいろな情報の「公開性」が、自由主義的ジャーナリズムに歓迎されるのもこの頃からである。また、国際的・国内的な状況の変化によって、検閲の重点が変わったり、個々の検閲官によって厳しさに違いが出てくることも、もちろんである。しかし、全体的に検閲は依然として厳しく、特に、当局から常に監視されていた雑誌《同時代人》への検閲の厳しさは尋常ではなかった。

一八五九年一一月、ドブロリューボフは学生時代のある友人に宛てた手紙で、その状況を詳しく述べている。フランスの現状、特にナポレオンに対する批判、禁酒に関する論文、一手販売について語ること、分離派教徒問題、等々「政府の意向に反する」ものが、発禁になったり、切り縮められているのである。

3

けれども、どんなに検閲が厳しくても、革命的民主主義者たちがペンを曲げたり、捨てたりすることはなかった。ペンネームを次々と変え（ドブロリューボフも、ラーイボフとか、ヤーコフ・ハム等、三八のペンネームを用いていた）、あるいは無署名にして、当局の拘束やシベリア流刑をかわし、いわゆる奴隷の言葉やイソップの言葉を用いて検閲当局を煙に巻きながら、真意を読者に伝え、また、政治・経済・社会を直接取り上げずに、文学批評や書評、あるいは、諷刺の型式を用いることも広範に行われていた。

一八六〇年二月、彼はある手紙の中で書いている。

「私は先月、僧侶に関する論文の公表を禁止され、また、ピロゴーフに関する論文（『鞭で破られる全ロシアの幻想』）は毟（むし）られました。今月は、ベケートフ（検閲官）が印刷紙一枚半、つまり、トゥルゲーネフの新しい中編小説に関する論文（『今日という日はいつ来るか』）の丸半分を抹消しました。……あなたの短編小説についても私は論文を書きましたが、その論文の地色は要点がないわけではありません。つまり、ここには、ロシアの百姓に関する甘ったるい頌詩や田園詩を書かない人間がいる、と述べました。その人間はそんなことは出来ない。彼はグリゴローヴィチやピーセムスキーのような芸術家ではないからだ、等々と書きました。逆に、彼の場合には、ロシア人の生活の中に、『教養ある』社会が夢にも見なかったような天稟（てんぴん）を見付けている、というわけです。一体それはなぜなのか。それは、人民は玩具ではなく、我が王国ですでに活動的な役割を担うようになったこと等を、その人間が意識したし、また、意識すべき時が来たからではないのか、と書いたのです。これらは全て、もちろん、文学的な要素で飾られていましたが、しかし、これらは全て毟（むし）り取られております。……そして、残ったのはただその文学的な要素だけ、或いは何が残ったか誰にも判らない、と言った方がよいでしょう。……全く、見るのも胸が悪くなります」

このような状況の中で彼が導き出した対検閲闘争の教訓は、次のようなものであった。

「検閲について申し上げねばならないのは、検閲にかかる論文が臆病であればあるほど、検閲は狂暴になる、ということです。イヴァーン・ペトローヴィチをフョードル・フェドローヴィチと呼び替える以上には出ていない論文は、検閲の通過が非常に困難です。しかし、非常に大胆で、広範な見解は検閲でのトラブルは遥かに少ないのです。ただ、必要なことは、事実や根拠を、特別の説明などせずに、また、どんな大声も挙げずに述べながら、冗談として語るか、或いは逆に、全く真剣に語るかの何れかです。検閲官の注意が何かに向けられていない時には、常に検閲官を説き伏せることは出来ますし、何らかの文章の変更の点で彼と駆け引きすることも出来ます。しかし、筆者自身が高潔な憤激にかられて、或いは自己の念願を表明して、自己の秘密を暴露している場合には、もう持ちこたえるのは実際困難です」

彼が、このような厳しい検閲のもとでも、その革命的な思想を読者に伝えようとして様ざまな工夫をこらしたことはすでに述べた。そして、私の翻訳のテキストとなった『ドブロリューボフ九巻著作集』では、検閲で削られたり、言い代えを強いられたりした箇所が、注で具体的に示されている。翻訳に当たって、私はそれらを忠実に訳した。だから、それを読めば、当時のロシアの検閲の実態の一部は判るであろう。

4

ところで、戦後、我が国では、占領中の期間を除いて、検閲制度はなくなった。これは大いに歓迎すべきことである。言論、表現の自由が制度的に保障されたからである。けれども、この自由は我われ自身の力によって獲得されたわけではない。いわば、占領軍によって与えられた自由である。だからこそ、現在、商業主義の徹底のおかげで、平たく言えば金儲けのために、セックスに関わる表現の自由はほとんど完成に近くなっているが、一方、天皇と天皇制の問題は、あたかも検閲のもとにあるかのようである。制度はなくても、マスコミが自主規制をし、筆者の多くも自発的に表現の自由を抑制しているのである。右翼暴力団の暴力がその口実となっているが、しかし、保守党出身の長崎市長でも、その暴力には屈しなかった。私たち、特に革新とか、左翼を自称してきた者は大いに学ばなければならないであろう。さらに、現在の日本では、「資本の検閲」とでも言うべきものがある。それは、何も暴力や強制を伴ってはいない。その内容がどうであれ、売れそうなものはどしどし出版され、逆に、読まれそうにないもの、したがって、売れそうにないものは、出版されないのである。商売の常識だと言ってしまえば、それまでであるが、果たしてそれでよいのであろうか。これからの日本の社会を背負って立つ若い人びとの思想的な成長を願う時、どのような手段であれ、この「資本の検閲」を打ち破っていかなければならないと思う。

（一九九五年五月）

ドブロリューボフと私 3

子どもの現状――オブローモフ主義と現代の四無主義

1

昨年亡くなられた金子幸彦氏が以前に翻訳して弘文堂書房から出版されていたドブロリューボフの論文『オブローモフ主義とは何か』を、改めて岩波文庫の一冊として出されたのは一九五二年の一月である。そして、その年の四月頃であっただろうか、私がこの本を手に入れ、それを読んだのは。これが、私のドブロリューボフとの最初の出会いであった。その時の感激は今でも忘れることはできない。まだ学生の時、『共産党宣言』を読んで目から鱗が取れた思いがしたが、それ以来初めての強烈な印象を受けたのである。

ところで、この翻訳は一九七五年に、やはりドブロリューボフの論文『その日はいつ来るか』と一緒になって、岩波文庫から再版された。

論文『オブローモフ主義とは何か』は、イー・ア・ゴンチャローフの長編小説『オブローモフ』の評論という形をとっているが、この小説も米川正夫氏の翻訳で岩波文庫から四冊（後には三冊）に分けて出されている。

この小説の評論という形をとった論文『オブローモフ主義とは何か』は、文学に対する「現実的批評」の一つの典型であり、それは、「芸術のための芸術」批評に鋭く対立する。そして、一八五九年に書かれたこの論文は、オブローモフに代表される「余計者」の本質を明らかにして、それが社会進歩に何の寄与もしないだけでなく、逆に進歩の妨害物になっていることを証明した。そのことから、さらに、社会の革命的変革のための行動の必要とその主体の現れを暗示している。それは、もっと一般的に言えば、自由主義に対する幻想を打ち破り、それに革命的民主主義を対置しているのである。このこと自体が、現在の日本の状況にきわめて教訓的であるが、この自由主義批判については次回以降に譲り、ここでは教育思想上のこの論文の意義について述べよう。

それは、人間形成における環境と教育の決定的役割を明らかにしたということである。すでに一八世紀のフランス唯物論（エルヴェシウス、ディドロー、ラ・メトリー等）によって、人間形成における後天的要素、すなわち、環境と教育の決定的役割は古典的に明らかにされている。それがロシアの革命的民主主義者たちによって、継承発展させられているのである。そして、『オブローモフ主義とは何か』の中で、ドブロリューボフはこの環境と教育の決定的役割をきわめて説得的に説明している。それを、この論文と小説『オブローモフ』に即して見ていこう。

2

オブローモフという人間は、「お人好し」で完全な「怠け者」である。そして、彼の性格の主たる特徴は「地上に生起する全てのものに対する、完全な無気力にある」。しかし、彼は「不活動を本質的な、根本的な特質とするような、或る特別の種類の人間に属している」わけではない。彼の性格は「彼の外面的な立場に起因するものであり、また、彼の知的・精神的発達の状態に起因するものでもある」。つまり、この性格は「決して生来的な現象ではなく、純粋に後天的な現象である」。そして、「彼の怠惰と無関心とは教育と環境との結果」なのである。

もう少し具体的に見よう。オブローモフも子どもの時は心身ともにまったく普通の少年であった。盛んな成長期にある子どもに相応しく、駆け出したり、腕白をしたり、冒険を試みたりしようとする。けれども、地主貴族の家庭に生まれ、無為を美徳とする両親の過保護のもとに置かれ、その上彼に奉仕する召使いが何人も彼の周囲にいる。そのため、彼は自分で何かをしようと思っても、どうしてもできないのである。すべて、召使いたちがやってしまう。そのうち、彼はその方がずっと楽だと思うようになり、自分では何もせずに、命令や要求だけをするようになる。こうして、「外部に現れようとする力は内部に向けられ、萎えしぼんでしまい」、無精者であることに慣れてしまい、「しばしば意思に反してさえ無為に時を過ごし、遊惰に日を送る」ようになったのである。こうなると、「まじめな、自主的な行為に対する嫌悪」が身についてしまい、「自分の希望の可能性と実現性とを計量することが出来なくなり、手段を目的に適応させる能力をすっかり失ってしまい」、「周りの全てのものに対する自分の本当の関係を理解」できなくなる。そこで、また、「自分が何をすることが出来、何をすることが出来ないかをよく判定することが出来ない——従ってまた、何かをまじめに実際的に望むことも出来なく」なる。彼はただ「空想することを好み、空想が現実と触れあう瞬間をひどく恐れる。そこで彼は物事を誰か他の者に押しつけようと努める。もし誰もいない場合には、偶然をあてにする」ようになる。これはもう「惨めな精神的奴隷状態」以外の何物でもない。

オブローモフはまた、当時の習慣に従って、初等・中等教育を受け、大学でも学ぶ。すなわち、友人のシトーリッツの家へ送られて、シトーリッツの父親からドイツ式の教育を受け、大学へも進学する。しかし、オブローモフ自身の怠惰と両親のオブローモフ主義的干渉によって、その教育は台無しになり、大学も単に惰性的に終えるだけである。彼は学問をしても、「その学問が自分にとって一体何の役に立つのか判らなかった。これが判らないままに彼は書物を隅の方に積み重ねて、それが埃に覆われるのを冷ややかに眺めていることに決めた」のである。つまり、彼も人並みの好奇心を起こして、或る本を読もうとはするが、しかし、「本は読み終えられずに、理解されずに、彼の傍らに横たわっている。……彼にあっては、熱中するよりも、熱の冷める方がもっと速いのである。彼はこの見捨てられた本をもはや決して再び取り上げようとはしなかった」。

3

ところで、オブローモフの生まれ育った環境と教育を、現代の日本の青少年の間の四無主義（無関心、無気力、無責任、無感動）を生み育てている環境と教育に比較してみよう。

オブローモフは、農奴制の最終段階にあった遅れた帝政ロシアが生んだものである。一方、四無主義は、今日の最も進んだ資本主義の、しかも新しい天皇制の国家が育ててきたものである。オブローモフの育った家庭は、「三百五十人の農奴を所有する」地主貴族である。他人の労働を搾取し、無為徒食している。しかし、現在の日本の青少年は、その圧倒的な部分が勤労者の家庭に生まれ、父親だけでなく、母親も働きに出ている場合がますます多くなっている。また、当時のロシアの学校教育の普及はきわめて遅れており、住民の大多数は読み書きができなかった。今日の日本では、九割の中等学校進学と四割の大学進学を維持している。教育内容もきわめて「現代的」である。したがって、両者の環境と教育はまったく異なるように思える（専制ツァーリズムと象徴天皇制、農奴制的私有財産制度と資本主義的私有財産制度との共通性と相違性については、ここでは触れない）。けれども、オブローモフ主義と現代の日本の四無主義とは奇妙に重なっているのであり、その生まれた背景も見かけほどには異なっていない。広大なロシアの平原、豊かな森、美しい川といった恵まれた自然環境にもかかわらず、オブローモフはその中で思いきり走り回り、跳んだり、跳ねたりすることを許されなかった。一方、六〇年代のいわゆる高度成長以後の日本では、まず自然が破壊され、公害で汚染され、道路は車の洪水となり、子どもの自然な遊び場は次つぎと奪われていった。都市の子どもだけでなく、田舎の子どもさえ急速な都市化によって同じように遊び場は奪われている。電話と自家用車の急速な普及は子どもの歩行を極端に制限した。農村での機械化と全国的な家庭電化、さらに受験競争の激化は、子どもをお手伝いから解放し、子どもなりの労働を奪ってしまった。したがって、今の日本の子どもたちは、オブローモフと同じく、自然の中で体を自由に思いきり動かして遊ぶことも、家庭の中で働くこともしなくなった。その上、受験期になれば、多くの母親が心ならずも子どもの「奴隷」となり、もっぱら子どもに仕え、奉仕することによって、その子を「奴隷」以下の「奴隷」に仕立てている。また、自然な遊びを奪われた結果、自然発生的な子ども集団もできず、それを補う教育的な集団も地域や学校でほとんどつくられていない。逆に、排他的な個人競争に駆り立てられ、しかもその競争が受験競争であるために、受験有効科目に競争が集中し、たとえいくら学校教育の中で豊かで幅広い教育課程がつくられていても、実質的には受験予備校の教育と大差はなくなってくる。こうして、子どもたちは、家庭でも、地域でも、また、学校でも、家族や友人や他の身近な人びとに囲まれていながら、常に一人ぼっちで孤独であり、その知識や能力もまったく片寄ったものとなり、自分のことだけを考えながら、しかも、自分のことがわからず、自分と周囲の人びととの関係も理解できなくなる。それだけではない。刹那的、感覚的、金銭万能的でまったく無責任な思想や行動を、きわめて幼い時からマスコミが子どもたちに絶えず吹きこんでいる。したがって、このような環境と教育は、かつてオブローモフを生んだそれよりもずっと複雑であり、その変革は遥かに困難であろう。けれども、それを放置しておくことはできないし、また、個人的・部分的な改良で済ませられるようなものでもない。それを全体的・根本的に変えない限り、今日の日本の青少年の四無主義的頽廃を食い止めることはできないであろう。そしてまた、その頽廃状況が生み出した「いじめ」や自殺もなくならないであろう。

「おのおのの個人の発達に影響をもつものは、その人の個人的関係ばかりでなく、その人が生活すべく運命づけられた社会環境全体である」と、ドブロリューボフも論文『その日はいつ来るか』の中で言っている。しかも、その社会環境全体の中には、彼がしばしば指摘していたように、われわれ自身がふくまれているのである。したがって、われわれ自身が変わり、そして、社会環境全体を変えなければ、日本の子どもの健全な発達は望めないであろう。

（一九九五年六月）

ドブロリューボフと私　4

自由主義批判 その一――一八五〇〜六〇年代のロシアの自由主義批判

1

一八五六年のクリミヤ戦争でのロシアの敗北は、世界的にロシアの後進性を暴露し、ツァーリ政府自体もその後進性を自覚せざるをえなくした。この後進性の最たるものは、もちろん、農奴体制である。この農奴体制の矛盾は、すでにスチェパン・ラージンやプゥガチョーフの反乱という形で、すでに一七世紀、一八世紀にも明らかに示されていたが、専制政府は暴力的な鎮圧という手段でそれを糊塗してきた。そして、その後も農民の騒擾とそれに対する軍隊の鎮圧はずっと続いてきた。

専制政府打倒の闘いも、やはり武力によって鎮圧されたとはいえ、すでに一八二五年末、デカブリストたちの決起によって現実に試みられていた。

農奴制の桎梏（しっこく）は、一九世紀の中頃には、農業生産自体でもその矛盾がますます明らかになり、産業資本もその矛盾に気づくようになる。

さらに、専制と農奴体制に対する革命的民主主義者たちの思想的批判も、一八世紀末から次第に強くなってきていた。

このような状況の中で、ツァーリとその政府は、もし農民の反乱を武力で鎮圧するだけでは、やがて農民の力によって下から農奴体制が崩されるだけでなく、専制体制自体も倒壊する恐れがあることを認めざるをえなくなる。このような農民の革命を回避するために、ツァーリとその政府は農奴体制の「上から」の改革を選ぶのである。

暴君として悪名の高いニコラーイ一世が一八五五年に死に、アレクサーンドル二世の治世となり、五六年のクリミヤ戦争の敗北を迎えると、五七年には農奴解放に関する秘密委員会が設定される。そして、それと並んで、裁判の公開や税制の改良、教育や自治体の改革等の自由主義的改良が政府のイニシアチーヴのもとで行われる。

2

チェルヌイシェーフスキーと共にドブロリューボフが自由主義に対する仮借のない批判を加え、また、そのために《同時代人》誌の同人からトゥルゲーネフやトルストーイが離れていき、さらに、国外にいたゲールツェンと対立するようになったのは、以上のようなロシアの状況の中であった。そして、チェルヌイシェーフスキーやドブロリューボフが自由主義を批判したのは、かつてニコラーイ一世の時代には進歩的役割を果たしえた自由主義が、五〇〜六〇年代になると最早その役割を終え、逆に反動的な役割を担うようになったからである。彼らはこの自由主義の社会的役割の変化を逸早く見ぬき、社会進歩の対立物に転化した自由主義に対して容赦のない批判を加えた。

ところで、前号で取り上げた論文「オブローモフ主義とは何か」の中で、ドブロリューボフが明確に指摘したのは、このオブローモフの自由主義的本質である。すなわち、第一に、オブローモフは、「頭と心と手とを共に動かす、現実の行動」にはまったく不向きな口舌の徒であるばかりではない。彼は労働を蔑視し、労働者を蔑み、女性に対して人間的な振る舞いをすることもできない。第二に、この怠け者は、他人の人権を尊重することができないだけでなく、己自身の人間としての誇りをも平気で捨て去るのである。第三に、オブローモフは団結や連帯とはまったく無縁である。「彼らはどうしたであろうか？　一つに共同の仕事のために互いに結び合ったであろうか？　敵対的な状況から自分たちを守るために固い同盟を結んだであろうか？　そのようなことは何一つなかった。……全ては塵となって四散した。万事はオブローモフ主義によって片付けられた」のである。団結や連帯に欠くことができないのは共通の目標の明確な自覚であり、自主的・自覚的な規律と統制であるが、それらは何れもオブローモフが嫌悪するものである。したがって、オブローモフたちは団結も連帯もできず、敵対的な状況によって各個に押し潰されるか、その状況に妥協して、その状況の一部となるかの何れかしか彼らには残されていない。だからこそ、彼らは文字通り余計者なのである。

しかし、この余計者オブローモフに一見対立するように思われるシトーリツをドブロリューボフは決して肯定的に見てはいない。それは、シトーリツが、個人的な事柄に関してはきわめて活動的、積極的でありながら、社会的に重要な問題にはきわめて消極的で、「大胆な闘い」を避け、「おとなしく頭を下げよう」としているからである。そして、シトーリツと結婚し、彼と暮らしながらも、「その闘いにそなえ、それを待ち焦がれている」オーリガに将来の希望を託したのである。

3

ところで、当時のロシアの社会情勢の中では、シトーリツのこの態度は専制と農奴制への原則的な妥協を意味する。そして、チェルヌィシェーフスキーやドブロリューボフ等の革命的民主主義者は、専制と農奴制を積極的に擁護する反動どもと闘っただけでなく、この体制に原則的に譲歩し、急激な変革を避けようとしていた自由主義者たちにも容赦なく批判を加えた。それは、根本的な変革が焦眉の問題になっている時に、部分的な改良や瑣末な批判に終始することは現体制を温存し、根本的な変革を無限に引き延ばすからである。ドブロリューボフが自由主義的作家の瑣末拘泥主義や政府の改良主義的「公開性」に対する賛美を常に嘲笑し、罵倒したのも、まさに彼らの原則的妥協に対する批判であった。

この自由主義の原則的妥協に対するドブロリューボフの批判の典型を、論文「鞭(むち)で破られる全ロシアの幻想」と「一難去ってまた一難」の中で見てみよう。

それは、具体的な内容としては、学校における体罰とその体罰への妥協に対する批判である。そして、私自身が過去の体罰容認を自己批判し、爾後体罰にはいかなる妥協も自分に許してはならぬと心に決めた直接の動機は他ならぬこれらの論文であった。

この二つの論文は、一九七〇年に福村出版から公刊した私の翻訳『観念論と体罰への批判』の中にあるが、ここではきわめて簡単にその内容を要約しよう。

有名な外科医であり、教育行政においても優れた民主主義的改革を実施したエヌ・イー・ピロゴーフを議長とするキーエフの教育委員会が、一八五九年の夏『キーエフ学区高等学校生徒の非行と罰に関する規則』を作成し、施行した。この「規則」には、これまでピロゴーフ自身が批判し、反対していた鞭打ちが、制限付きとはいえ容認されていた。すなわち、「我がロシアの教育から鞭は完全に追放されるべきである。……鞭は道徳感情を汚し、罪を犯した者の自白の自由を小心な恐怖、およびそれに普通伴っている嘘、奸策（かんさく）、および偽善などに変えながら、それは教師と生徒の間の道徳的な結びつきを決定的に断ち切る。……けれども、なお我が国では、直ちに鞭の使用を廃止することは出来ない。家で鞭打たれている子どもたちが我が国の教育機関に入ってくる間は、遅滞を許さぬ場合、罰として何か他のものを考え出すことはまだ困難である。差し当たり、我々は次のことを規則とする他はない。すなわち、この手段は極めて慎重に用いること、そしてただ破廉恥な罪が迅速で、強力で、瞬間的な感化を要求する場合にのみ用いるということである」と。

このようなピロゴーフの考えの動揺と矛盾と妥協に対してドブロリューボフは批判を加えるのであるが、それは、体罰が「いかなる時にも、いかなる者にとっても有害であり、不名誉であり、不道徳である」からであり、「不快至極な悲惨事」であり、「人間の尊厳を傷つける」ものだからである。しかも、この体罰否定の原則的な考えはピロゴーフ自身ももっていたのである。だから、ドブロリューボフは言う、ピロゴーフは「譲歩したのであるが、それも些細なことでではなく、原則で譲歩したのである。つまり、以前にはそれに反対して、自己の見解を断固として明確に表明していたことで譲歩したのである」と。そして、ピロゴーフの原則での譲歩に至る思考過程をていねいに批判する。「果たして困難ということと出来ないということは全く同一であるのか。困難なのは、何か他のものを考えつくことがそうなのである。けれども、それはそれにも拘らず、可能なことを意味しないだろうか」また、「一体、鞭打ちをしないことが不可能であるということなど、どうしてあり得ようか。……もし仮に、少年を鞭打つことが、例えば飲み食いのように緊急の、自然な要求であり、生活の条件として不可欠のものであるならば、その場合は不可能について語ることは出来よう。食べないこと、飲まないこと——これは実際不可能である。けれども、鞭打たないこと——これは大いに可能である、と思われるのだが」と。

後に、ピロゴーフが学区監督官の職を追われた際、自由主義的ジャーナリズムはこの高潔な人物を称賛しながら、同時に、ドブロリューボフの論文「鞭で破られる全ロシアの幻想」を誹謗した。すなわち、「ピロゴーフ氏の如き人の人格を毀損しようと考えるとは何と不快なことではないか」とか、「甚だ性急に人を非人道的に遇している」「無礼な論文」といったものである。それに対して、ドブロリューボフは論文「一難去ってまた一難」でふたたび体罰への原則的な妥協を批判するとともに、体罰という重要な事柄自体が問題になっている時に、その事柄を離れて、個々の人間の人格や個性に論議を集中する自由主義の無責任や安価なヒューマニズムをも仮借なく批判したのである。

（一九九五年七月）

ドブロリューボフと私　5

自由主義批判 その二――特権的自由への批判と現代の我われ

1

これまで述べてきたオブローモフは、克服され、打倒されるべき人間であったが、根はまったくお人好しであった。また、ピロゴーフは、体罰という基本的な事柄で妥協したとはいえ、有能で高潔な人物であった。けれども、自由主義が常にこのような人物に体現されているわけでは決してない。それはまた、自由主義的美辞麗句を弄しながら、それに隠れて己れの特権的・反民衆的自由のみを護り、拡大し、民衆の解放の敵となっている狡猾な人物にも現れるのである。

この、反動的で狡猾な自由主義に対する批判の典型は、ドブロリューボフがイタリアから書き送った、いわゆるイタリア物と言われる諸論文に見られる。ここでは、その中の一つの論文「二人の伯爵」を中心に見ていこう。

2

この論文の中で、彼はイタリアの自由主義的政治家カミッロ・カヴールとフランスの教権党々首シャルル・モンタランベールの二人の伯爵の性格を比較しながら、二人に共通する自由主義の特権的・反民衆的特徴を暴露している。

二人の伯爵は、互いに批判し合い、憎み合っていながら、それにもかかわらず、狡猾な自由主義者という点で完全に一致しているのである。ドブロリューボフはまず、二人の一般的な共通性を次のように指摘する。

「そうだ、彼（モンタランベール）もまたイタリアを愛し、自由を愛し、進歩を愛し、革命を憎んでいる。彼は、なるほど、何時もカトリックのことばかり言っている。しかし、カヴール伯もまたカトリックを拒否していないではないか。……カヴール伯自身もカトリックの隆盛を念じ、そして、自由な宗教的感情の発展と向上に寄与するという点から、まさに自由を考えているのである。そこで、基本的な点においては、彼らの間に本質的な差はない、ということになる」と。

この指摘に続いて、二人の自由主義的穏やかさと臆病をドブロリューボフは皮肉たっぷりに描いている。

「この時から彼（カヴール）は戦争を恐れており、一方、革命に対しては尤(もっと)もな憎悪を抱いているが、それは何よりも、革命が向こう見ずに何にでも襲いかかるという理由からである。彼は、右からも左からも、後ろからも前からも身を護ってから、或いは、もう誰からも身を護る必要のない頃合を見計らってから、闘いに出るのを好んでいる。その時には彼は勇敢で、不屈で、意欲的になり、またその時には彼はあらゆる障害を物ともしない覚悟が出来るのである」。モンタランベールも、「まもなく『無政府主義は自由を台無しにする』ことを発見し、従って、種々の復古的な方策を弁護し始めた。……彼は『時流に逆らうのは危険だ』と考え、常に中庸の枠内に留まるように努めていたのである。一八五二年、クーデターの結果フランスを覆った臆病な沈黙について語ったさいに、彼は次のような言い方すらしている。すなわち、『これは疑いもなく有益で不可欠でもある衛生法であり、従って、もちろん、私はその法を拒否する最初の人間になりたいとは思わないであろう』と。何かと闘うことが必要な時に、このように先頭には立ちたくないという点で、モンタランベール伯は、彼自身が考えているより遥かに多くカヴール伯の常套政策に類似しているのである」と。

彼らはまた、民衆の自由を求める現実の闘いを嫌悪し、お喋り（しゃべ）が大好きであり、議会での雄弁を溺（でき）愛（あい）している点でも共通している。すなわち、カヴールは「常に教養ある自由主義に身を委ねていたが、しかし、騒々しい運動は全て彼を恐怖に陥らせていたのである。彼は議会における討論の自由を除いては、他の自由に耐えることが出来なかった」。モンタランベールも同様である。彼が発行している雑誌《通信員》をドブロリューボフは次のように性格づけている。「これは、あの激しい批判を受けている旧習の信奉者でもなく、遅れた保守主義者でもない——おお、決してそうではない！　決してそうではない！　それは反抗者となっているが、しかし、何か空想的な企てを目指しているのではなく、現実的で高尚な成果を目指す、分別のある反抗者である。それは『束の間の』利害のために騒ぎはせず、『儚（はかな）い』事実によって勇み立ったりはしない。そうだ、それは深い、永遠の思想と要求を持っており、そこから一歩も退かないのである。その思想と要求の基礎となっているのは常に一つの思想、つまりカトリックの法である。けれども、この思想は、それ自体としてはもう余りにも一般的で生彩がないので、それを背景にして、他の、もっと特殊なものが常に前面に描かれている。すなわち、貴族階級の諸権利、議会主義の甘美さ、急激な大変革に対する嫌悪、合法性の限界内での節度ある自由、貴族階級と僧侶との同盟によって支持される合法性、等々である」。

この自由主義者たちの愛している自由は、彼らだけの特権的な自由であり、したがって、民衆の自由とは無縁のものである。いやむしろ、民衆の自由を抑圧したところに成立する自由に他ならない。「両伯爵は、自由が余り極端な自由にならないようにするためには、どんなことでもする覚悟がある。それは第一に、彼らは獲得された自由ではなく、いわば贈られ、下賜(かし)された自由を好んでいる。人々が、己れの自由を他人の『お蔭で』、他人の寛大さによって得る場合には、彼らが、自由とは彼らの権利であり、この権利の獲得は彼ら自身のお蔭だと考える場合よりも、彼らは一層慎ましく、一層穏やかであるだろう、と二人は考えている」。だからこそ、彼らは共に自由を唱えながら、「イタリア人の革命的な精神を『鎮圧し、圧殺する』ことが出来たのであろう」とドブロリューボフが言うのも当然である。

3

ここまで見てきたドブロリューボフの自由主義批判は、現代の我われにとってどのような意義をもっているであろうか。結論を先に言えば、まさに現在の日本の思想状況の中でこそ、彼の自由主義批判が学ばれ、あらゆる民主的な運動の中で生かされる必要がある、と私は考える。

戦後の日本では、特に六〇年代のいわゆる高度成長期以後、そしてとりわけ九一年末のソ連崩壊以後、共産主義はもちろん、社会主義もほとんどまったく姿を消してしまった。しかし、それは、戦前・戦時中のように国家権力によって強引に弾圧され、禁止されたわけではない。もちろん、それらの思想が権力によって歓迎されたり、奨励されたりすることはなく、逆にそれらは常に敵視され続けてきた。また、それらの思想をもっているという理由から、解雇されたり、不当な差別を受けた例も多い。けれども、占領期を除いて検閲はなく、マルクスやレーニンの文献は自由に出版され、実態はともかく、共産主義を標榜する政党も公然と活動している。私自身について言っても、誠に不十分ながら教育の中立性に対する批判、民族主義批判、天皇および天皇制に対する批判等々を続けてきたが、少しも勇気を必要とはしなかったし、また、筆を曲げることはもちろん、ドブロリューボフが心ならずも用いなければならなかったようなイソップの言葉も何一つ必要ではなかった。大学に勤めていたという事情があったにせよ、教室の中ではなく、出版物での発言となれば、小・中・高校の教師やフリーの筆者と基本的な相違はない。第一、私はきわめて臆病であり、戦前のような検閲制度のもとでは、天皇制批判はもちろん、文部省に対する批判などとてもできなかったであろう。したがって、現在の日本の反社会主義的思想状況は強制と弾圧によるものではなく、共産主義者や社会主義者が思想闘争に負けて、心ならずも、あるいは自発的に現状に妥協し、転向してきた結果に他ならない。

共産主義が解禁になった戦後、その思想は若者を中心に相当広く国民の間に浸透した。けれども、その共産主義思想を宣伝・普及する中心となるべき戦後の日本の共産党には当初から唯物論の基礎づけが弱く、現実社会の科学的な階級分析がいい加減なまま階級闘争を叫んでいた。

たとえば、戦後二度に亘る農地改革によって農村の階級構成は基本的に変わり、農民が土地所有者となったことさえ容易に認めようとはしなかった。そして、この土地の所有が農民の保守化の物質的な基盤となったことも、もちろん考慮せず、長い間農民を戦前の小作人と同様に見て、そのまま労働者との統一を説いていたのである。

そして、そのような弱点が克服されずに、反米（後に反ソも）民族主義と議会主義が加わる。また、国民的な広範な統一を性急に求めるあまり、思想闘争に代わって思想の平和的共存が唱えられ、その結果プラグマティズムや実存主義と闘わず、それに頭を下げていった。

こうして、たとえば、教育の面では、中立性批判から中立性擁護へと変身し、解放教育をも偏向教育として攻撃し始めたのである。しかも、労働運動や平和運動だけではなく、あらゆる民主運動にセクト主義を持ちこみ、実質的に広範な統一運動を台無しにし、運動の分裂を深めた。

したがって、たとえもしソ連の崩壊がなかったとしても、日本の民衆が共産主義や社会主義に幻滅を感じるのは当然であろう。そして逆に、戦後マルクス主義と共に解禁されていた個人主義や自由主義が六十年代以後の民主主義運動の分裂と凋落とともに急速に民衆の中に浸透していったのも当然の結果であろう。

しかし、この現状を黙視することはできない。個人主義と自由主義はメダルの表裏であり、ドブロリューボフの自由主義批判で見てきたように、平等の人権を求める民衆の思想とは対立するからである。権力と金力を持たない民衆が解放を求めるさいに拠り所となるのは、共通の利害の明確な自覚のもとに固く結ばれる統一と団結である。ところが、それを内部から崩すのがまさに自由主義であり、個人主義である。そして、解放教育が大切にしてきた集団主義はこの個人主義と自由主義を克服することに他ならない。

（一九九五年八月）

ドブロリューボフと私 6

体罰——体罰の即時・無条件的禁止

1

今回体罰をとりあげるのは、私自身が犯した重大な過ちに対する痛恨と自己批判をこめてである。

敗戦直後、私は島根県のある中学校（旧制）の教師に任命された。戦前・戦時中の軍国主義のもとで、その学校も盛んに体罰を行っていたらしいが、敗戦になると占領軍の命令もあり、また、民主主義というスローガンの手前、体罰は姿を消していた。それに替わって、生徒を職員室へ呼んで、他の教師のいるところで長々とお説教をするのが普通であった。生徒たちはそれを嫌っていたし、私もそれを苦々しく思っていた。ちょうど中学生くらいの年齢期には、ごちゃごちゃお説教をされるよりは、一発か二発がんとやられて、無罪放免になる方がずっといいと彼らは考えていたし、私もそう思っていた。そして、私自身が、軍隊でやられていたように、生徒を殴ったこともある。しかも、それが本物の教育だと考えていた。この考えが誤りであり、人権の思想とまったく矛盾するものだと気づいたのは、ずっと後になって、ドブロリューボフの論文に親しむようになってからである。その直接の動機となった論文は「鞭で破られる全ロシアの幻想」と「一難去ってまた一難」であり、間接的には彼の教育論、特に「教育における権威の意義について」である。

2

敗戦後五〇年経った現在、もう民主主義や人権については今更何も言う必要がなくなったように思われている。けれども、学校での体罰は敗戦後数年で早くも復活し、今では、人権の掛け声と体罰が仲よく共存しているのである。しかも日本の場合は、かつてのロシアや今日のイギリス等と異なり、学校での体罰は近代教育制度の初めから法律によって禁止され、戦後は教育基本法に次いで重要な学校教育法の第一一条で無条件に禁止されているにもかかわらず、そうなのである。そして現在、この体罰に厳しい反対の態度を表明しているのは、文部省や教育委員会や日教組でもなく、法律家の団体である。何と情けないことではないか。下級の法律や条例の違反に対しては厳しい処罰を行っている文部省や教育委員会も、体罰にはきわめて寛容である。裁判問題にまでなるような重大な傷害や殺人という結果を招かない限り、見て見ぬ振りをしているし、時には、明瞭な体罰を体罰ではないと強弁して、体罰教師を弁護する場合すらある。そして、この点では、日教組も個々の教師の多くも文部省と大して変わらない。教育学者の多くも例外とは言えないであろう。

今から一五年ほど前、告訴事件にまで発展したひどい体罰を体罰ではないと強弁して、暴力教師に無罪を宣言した静岡県教育長は言っていた。「今度の事件はまったく問題ではない。私は日頃、体罰と言わず、瞬間的スキンシップと言っている。これは古今東西行われてきた教育的措置であり、これすら認められないというのであれば、教育は行われない」と。この瞬間的スキンシップは、ドブロリユーボフが痛烈に批判した「強力な瞬間的影響」とか「迅速で強力で瞬間的な感動」とまったく同じ反人間的な暴力に他ならない。

どうしてこんな状態が続いているのか。その理由のうち、二つだけ取り上げよう。

第一に、ドブロリューボフが言っているように、体罰は「いかなる時にも、いかなる者にとっても有害であり、不名誉であり、不道徳で」あり、「人間の尊厳を傷つける」ものだという原則的な思想が確立されていない。そして、体罰を単なる教育手段の一つ、教育的措置の一つと考えていて、教育の結果（それも短期の、目に見える成果だけに限られている）からその手段の善し悪しを判断するのである。だから、有効で無害な体罰と有害無益な体罰、あるいは、良い体罰と悪い体罰などという考えが出てくるのである。良い体罰とか有効で無害な体罰が存在するのは熊や犬を調教する場合だけであり、人間の教育の場合には決してありえない。この原則的な思想が、「愛の鞭」に対する抜きがたい信仰によって退けられているのは、現代の日本においても、かつてのロシアにおいても同様である。世界の体罰の現状やその歴史を詳細に紹介し、かつての社会主義国での毅然とした体罰否定にも触れている教育学者沖原豊氏も、最近の「非行」や校内暴力の増加にさいして、次のように言っている。すなわち、「体罰の是非はさておくとしても」「そのような状態の中にあって、『生徒に手を出してはならない』『体罰はいかなる場合にもダメである』と言っておられるであろうか」と。つまり、沖原氏は、体罰一般はともかく、「愛の鞭」は承認しているのである。

一四〇年ほど前のロシアの反動的な教育家ミレル・クラソーフスキーも傲然と次のように言っていた。「以前に度々行われていた父親の殴打は、ペーチャの心に強情さをたたき込んだが、まさにこの分別ある、公平な教師が三発の頬打ちによってペーチャを徹底的に立ち直らせたのである。この物語が実話ではなく、作り話だと言って我々を疑ったり、非難する者は、きっと生活というものを見たことがないのであり、彼が精通しているのは机上の空論だけである。我々は繰り返そう、教師の人格の意義は大である、と」。この教師の人格の影響、すなわち道理に従わせるのではなく、「愛の鞭」という非人間的な暴力に訴える蒙昧な「リアリズム」をドブロリューボフが痛烈に批判し、嘲笑したのは言うまでもない。学校の中であれ、家庭内であれ、体罰は子ども自身の人間としての誇りを奪うだけでなく、同時に子どもの中にある他人の人権に対する尊重の意識や感覚をも麻痺させてしまう。目に見える、速効の効果のみをねらった体罰の代償がどれほど重大なものであるかを冷静に考える必要があろう。

私はこれまで何度か、いわゆる家庭内暴力や校内暴力の遠因の一つが体罰であることを述べてきた。家庭や小学校で、親や教師の命令を聞かなかった子どもが体罰を受ける。「口で言っても聞かないからだ」と言われる。抵抗しようにも、体力の差が大きくてどうすることもできない。また、反論しようにも、まだうまく反論を組み立てることはできない。仕方なく従わざるを得ない。しかし、その子が中学三年にでもなれば、体力は増して、親や教師に十分対抗できるし、反論のための理屈も一応こねられる。そうなった時、「口で言ってもわからない」親や教師に対して、かつて自分が受けていたような暴力で報いることになるのである。しかも、この非合理的な暴力が合理的な説得よりもはるかに簡単で容易であることも子どもはもう知っているのである。これが家庭内暴力や校内暴力である。

親や教師の暴力が体罰と呼ばれて、ほとんどの場合教育的な措置の一つとして是認されていながら、子どもの暴力はずばり暴力そのものとして、しかも目上に対する暴力として固く取り締まられ、警察が出動することさえある。これでは、あまりにも不公平ではなかろうか。

家庭内暴力や校内暴力だけではない。本誌の今年の四月号で、福岡教育大学の秦政春氏は、教師の体罰と子ども同士のいじめとの相関関係を論じておられる。不登校や子どもの自殺と体罰との関係はすでにテレビや新聞・雑誌でも度たび報道されている。

3

第二に、学校で体罰が温存される理由の一つに両親の要求が挙げられている。「うちの子はゴンタですので、びしびし教えてください」とか、もっとはっきりと「うちの息子はなかなか言うことを聞きませんので、殴ってくれてもいいですから、きちんと教えてください」と親が教師に頼むのである。日本だけではない。帝政ロシアでも、今日のイギリスでも同じである。ドブロリューボフによれば、「ポルタヴァ県の或る郡立学校で、もう笞刑が行われていないことを聞きつけた多くの親が自分の子どもたちをその学校から連れ去ったという。キーエフでは、或る私立の寄宿学校が繁盛しているが、そこでは相当資産家の息子たちが教育を受けており、しかも生徒たちには一貫して笞刑が行われてい」た。現在のイギリスでも、「多くの両親にとっては、学校時代の経験から体罰を学校での正常な罰の形態として受け入れるようになっている。労働者階級の居住地域の中等学校教師の多くが報告しているところでは、子どもたちの小さな非行に対しても鞭打ちがされなくなったことに両親が驚きを示したり、子どもたちを鞭打ってくれるように頼んだりした」という。しかも、イギリスでは「鞭を惜しめば、子どもは駄目になる」という伝統的な考えがまだ残っており、教師は親権の代行者として生徒に体罰を加える権利を認められている。

けれども、このイギリスでも、すでに反体罰教員協会（STOPP：Society of Teachers Opposed to Physical Punishment）の教師たちが教員組合や両親たちに体罰反対の積極的な働きかけを行っているのである。日本の伝統の中にはキリスト教の原罪の思想はない。それに、先にも述べたように無条件に体罰を禁止している学校教育法が現存している。したがって、たとえ親が学校に対して体罰を求めたとしても、それを拒否するのはイギリスなどよりもはるかに容易であろう。

かつて私が話し合った親たちは、言葉では体罰を容認しながら、実際に求めていたのは教師の真剣な教育であり、子どもが立派に育つことであった。だから、親が体罰を求めているからというのは、教師の体罰を合理化する理由にはならない。そして、たとえ家庭で体罰が行われていても、せめて学校の中だけでも体罰を即時・無条件に取りやめ、もっと合理的で人間的な罰を導入することで家庭に模範を示す必要があろう。

体罰の即時・無条件的廃止は、現状では困難かもしれない。しかし、ドブロリューボフが言っているように、「果たして困難だということと出来ないということは全く同一であるのか。困難なのは、何か他のものを考えつくことがそうなのである。けれども、それはそれにも拘らず、可能なことを意味しないだろうか」。さらに、「体罰をしないことは不可能であるということなど、どうしてありえようか」。だから、せめて解放教育を実践している学校やクラスからでも、直ちに体罰追放の手本を示していこうではないか。

（一九九五年九月）

ドブロリューボフと私 7

合理的な教育――子どもの個性・能力と教師の合理的な指導

1

日常われわれが耳にする「世の中は理屈では割り切れない」という言葉の通り、我が国では東洋的非合理主義が西欧的合理主義を越えるものとして、歓迎される傾向があり、それが社会のあらゆる部門に現れている。教育もその一つである。合理的な説得よりも非合理的で非人間的な体罰が幅を利かせているのは前号でも見てきた。また、何か大きな矛盾に出くわすと、必ずといって良いほど「知識万能主義批判」が出てきて、非合理で反動的な道徳教育が宣伝される。さらに、学業成績の悪い子が、「勉強はできなくても、気立てが良い」ということで、その子の成績向上のための努力が放棄されている場合もある。おまけに、それを個性尊重の教育だと強弁したりする。そのため、その子はもっと利口になる権利と機会を奪われ、社会に出てから、無知と人の良さによって悪賢い連中からひどい目に遭うであろう。

すでにオブローモフ主義を検討するさいに明らかにしたように、子どもの個性や能力や創造性は主として環境と教育によって後天的につくられるものである。しかし、文部省はそれを先天的なものとして固定化し、現在の支配階級の排他的な利益にしたがってそれを序列化し、重点化している。そして、それによってできるだけ早くから子どもを選別しようとしているのである。教育投資論の論理によって、投資効率を高めようとすれば当然選別は早くなる。それが文部省の「能力主義の教育」であり、「個性尊重の教育」である。

けれども、このようにして選り取られた少数の子も、選り捨てられた多数の子も、共に人間らしい性格を奪われる。そして、一方では、悪賢い政治家、冷酷で非人間的なエリート官僚、財閥の番頭、そのまた番犬の高級軍人と学者等の候補者がつくられ、他方では、機械の歯車のようにただ従順に効率的に働かされるだけの労働者や下級兵士や下層の警官の大群が準備される。さらに、この大群からさえはじき出された子は、早くから「非行」少年として、学校から施設へ送られ、犯罪予備軍の道を歩まされる。

現在、教育の荒廃と言われて、いじめや校内暴力、家庭内暴力、不登校や自殺等が取り上げられ、教師と家庭の責任が追及されているが、しかし、その基本的な責任は他ならぬ文部省の「個性尊重の教育」にある。むしろ、この「個性尊重の教育」を無視し、あるいは反対して、非常な困難にもかかわらず子どもの本当の人間的な個性や能力を育てようと努力している教師や親が少数ながら存在しているからこそ、この教育の荒廃がまだこの程度に収まっていると言うべきであろう。

2

では、本当の人間的な個性や能力を育てる教育とはどういうものか。それをドブロリューボフの論文から探ってみよう。

まず初めに、教育の中立性批判とも結びつくが、個性や能力の方向性を確認しておく必要がある。詩人の才能についてドブロリューボフは次のように言っている。「批評にとって、文学にとって、また社会自体にとっては、芸術家が自己のうちに、抽象のうちに、また可能性として、どれだけの才能といかなる特質を持っているかということよりも、彼の才能がいかなるものに対して用いられ、いかなるものの中に表現されるかという問題の方が遥かに重要だと我々には考えられる」と。この発言は子どもの個性や能力を問題にする場合もわれわれは常に念頭においておく必要があろう。解放教育では、周知のように、解放のための学力を一つの目標にしてきた。それは個性や能力を育てる場合にわれわれが目指すべき方向なのである。

当時のロシアの教育は子どもの自由と人間性を無視して、狭い実用主義の観点から「犬に芸を仕込む」ようなやり方をしていた。それをドブロリューボフは批判して、「社会の虚偽に満ちた傾向との闘争への準備を教育は我々に対して全然やっていない。教育は我々に高い人間的な確信を植えつけるための配慮すら全くしていない。教育はただ、我々を学者や法律家や医者、軍人等々にするためにのみ尽力している」と言っている。そして、「単に知的教育のみならず、さらに一層情けないことであるが、子どもの道徳教育さえも我が国ではドグマと外面性と無気力によって損害を蒙っている。このような惨めな状態から解放されること、注意を死んだ文字でなく生きた精神に、外面的な形式の完成にではなく、内面的な人間の発達に向けること、ここに現代のロシアの教育に課せられている実践的課題がある」と言う。また、従順や謙遜を一方的に執拗に要求していた教育に対して、彼は反駁する。「我々は悪との闘いをやり通すことが必要であり、自分の精神的な純潔を維持し、虚偽や暴圧や利己から社会的な真理を擁護する必要がある。このため、我々にとって必要なことは、単に従順や謙遜を身に付けるだけでなく、精神の強固さ、権利と真実を信じること、全ての不正な企図に反対して、自己の自主性を護る能力を身に付けることである」と。彼のこのような発言は、現在の我が国の教育を再検討する場合にも極めて示唆に富む。

また、現代の我が国では、学校教育だけではなくマスコミの子どもに対する影響が極めて大きい。そこで、少年・少女用の雑誌を批評していたドブロリューボフの次の言葉は現代のわれわれにも参考となる。すなわち、「我々の社会は、それでなくとも、あらゆる理想的な志向を何か恐ろしい、不幸なもののように見、そして、絶えず子どもたちに現実的な要領の良さという俗悪な処世法を、時には必ずしも公正でないものまでも教え込もうとしている」と。そして、その結果、「子どもは自分自身の思慮分別に対する信頼をなくし、自分で判断する勇気と力を失い、何か自分自身の考えを組み立てることを恐れ、それが太陽のように明らかに見える場合ですら、敢えて自分の確信に従おうとはしない」ようになるのである。もうこうなれば、子どもの道徳感情も麻痺し、「善悪に無関心となり、道徳感情に矛盾する行為も、『そのように命令されている』ということで正当化しながら、良心の呵責もなく遂行する」自動人形のようになるか、あるいは、反対に、「彼を抑圧した者に対する激怒から、彼は自分の中に反抗精神を成長させ、もはや濫用に対してだけでなく、社会に受け入れられている正当な原則自体にも反抗する」無法者になるかの何れかである。

3

ドブロリューボフの場合、子どもの人間性や自由、個性や能力を尊重することは、「子どもにできるだけ早くから、あらゆる種類の資料や事実を最も多く知らせる」こと、および、「物事についての正しい理解、生き生きとして強固な確信を教え、子どもが善なるものと真理への尊敬から、そしてまた恐怖とか私利的な称賛や報酬とかの観点からでなく、自覚的に行動させるように努力すること」と一体となっていた。つまり、子どもの自発性と教師の合理的な指導性とがしっかり結合してこそ、初めて子どもの自由な、真に人間的な成長が保障されると彼は考えていたのである。この合理的で積極的な教師の指導は、社会の一般的な傾向が真実を覆い隠し、外面的な印象や感じだけで物事を判断させようとしている時、特に重要な意味を持つ。そのような指導を、子どもの自由や個性に不当に干渉するものとして放棄すれば、それは、子どもが非常に早くから身につけさせられている偏見や非合理的な考え方を助長し、逆に、子どもの自由な発達を阻止するばかりでなく、それによって社会の現状維持に奉仕することになる。したがって、子どもの自由や個性の尊重と教師の合理的な指導の統一という原則は、社会進歩のためにも不可欠のものである。

ドブロリューボフが言うように、もし「生徒自身の『内面的人間』を抑圧せずに、それを発達させるように努力する」なら、すなわち、「教育が合理性に支配される」なら、子どもは、不当な要求や命令に屈伏したりせず、また逆に、あらゆる規律や統制に反対するエゴイストになることもなく、自分の個性や能力を自由に発達させることができるであろう。「もし子どもが、最初の年から、自分のしていることについて考える習慣をつけられ、もし子どもが、自分の行うどの行為も、その必要性と公正さを認識して遂行するとすれば、そして、もし彼が自分自身の行動を明瞭に理解し、他人に命ぜられたことを、命じた人物に対する尊敬からではなくて、行為自体の正しさに対する確信からそれを実行するように習慣づけられているとすれば、その場合には、その知力は何と立派に成長でき、その人間の中にどれほど確信のエネルギーが生じ、そして、それが彼の全存在と統一されることであろう」。

この指導の合理性は子どもの感性を育てる場合にも一貫されねばならない。ドブロリューボフは、たとえば、プーシキン、ホフマン、アンデルセン等の優れた童話やお伽話を推薦している。それは、それらの物語が周囲の現実のさまざまな対象と現象を生き生きとした興味ある形式で照らしだし、それを空想的な人物や動物に具象化しているからであり、したがって、それらの物語は子どもを現実の生活から切り離さず、しかも同時に、子どもの創造的な想像力に豊かな栄養を与えるからである。

さらに、人間の健全な成長にとって、身体の発達と共に労働の重要性をもドブロリューボフは指摘している。そして、当時の農民の中に秘められた人格の不可侵性の観念が、労働の権利と義務の観念と結びついていることを明らかにした。ここから、子どもの肉体と精神の発達に即応した活動的な遊び、頭と手足を用いる仕事や労働の必要性が出てくるのである。今の日本の教育には、この点もほとんど考慮されていない。

以上のようなドブロリューボフの指摘は、古いロシアの現実の中で考えられたものであるが、しかし、まさに現在の日本の教師や親や子どもたちにとっても極めて大切なものだと私は考える。

（一九九五年十月）

ドブロリューボフと私 8

唯物論的人間観――唯物論的人間観と社会変革

1

マルクス主義の流行がとっくに去ってしまった今日、何を今さら唯物論など、と言われるかも知れない。けれども、他ならぬ日本の現状を直視し、それを反戦・平和、人権および科学の原則に基づいて民主的に変革しようとすれば、胡散臭い観念論に振り回されるのではなく、科学と結びついた唯物論にしっかりと依拠せざるをえないであろう。ここでドブロリューボフの唯物論を紹介するのもそのためであり、また、天皇制と一体となった神道的非合理主義に犯されて、侵略戦争に協力したわれわれ自身の自己批判とも繫がる。

　さて、ドブロリューボフは戦闘的な唯物論者であり、無神論者であった。彼は、当時の自然科学の成果に依拠しつつ、世界と人間との物質的な統一性を証明し、物質と離れた力が存在するという宗教的・神秘主義的幻想を打ち砕いた。専制、農奴制と一体になっていたロシア正教の権威を失墜させ、その若い世代への悪影響を断ち切るためには、教会や僧侶の世俗的な悪業を暴露するだけではなく、正教自体の根源となっている非合理主義と神秘主義を徹底的に批判する必要があったのである。

彼は科学の発達と人類の進歩との相補関係について楽天的な確信を抱いていた。論文「闇の王国の中の一条の光」の中で、彼は次のように言う。「物神崇拝の馬鹿げた考えや、あらゆる種類の宇宙開闢のたわごと、そして、その後は色々な占星術や中世の神秘哲学の秘法が、どれほど人類に災厄を与えたことか。天文学や物理学の発見をし、或いは、新しい哲学原理を確立した純粋科学の学者たちは、自然で健全な頭脳の要求を聞くことが出来たし、また、全体の安寧を整えるのに害をもたらしていたあれこれの不自然な構想から人類が免れるのを助けてきた。これら全ての人々とともに、人類は正常で自然な考えの発展において、新しい一歩を進めてきた」と。

この科学の発展に依拠して、彼は世界と人間との物質的な統一性を次のように説明する。「この世界では全てのものが発展の法則に従っており、また、人間の脳は、心理学者たちの言い方に従えば、最も繊細な物質である。自然界では、全てのものが単純なものから一層複雑なものへと漸次進んでいる。けれども、何処においても全く同一の物質であり、ただ異なった発達段階に置かれているだけである。……動物の中で最も完全な人間は、見られる限りの宇宙における世界的な諸存在の最後の発達段階にある」と。そして、人間の意識から独立に存在し、人間の意識に作用している物質世界の第一次性を示して、観念論的認識論を批判する。「我々は至る所で自分たちとは違った外部のもの、つまり非我が我々に働きかけているのを感じている。このことから我々は、自分たちの他にまた何かが存在すると結論するのである。なぜなら、もしそうでなければ、我々は自分たちの我に対するどのような外部からの働きかけをも感ずることが出来ないからである。従って、このことから、対象の存在が我々に認識されるのは、ただそれが我々に働きかけているからだということ、従ってまた、運動のない対象を示すことは出来ないということになる」。

そしてドブロリューボフは、物質から切り離された力などという超自然的な、非合理的な考えを完全に否定する。「我々は物質界の中で次のような物体は一つも知らない。すなわち、その物体の中で、最小部分の物質であれ、その物質に固有の何らかの力、つまり、その力のお陰でその小部分があれこれの化合物の中で或る役割を果たしているような、そのような力を持っていない物体である。まさに同様に、物質に依存しない力を想像することは不可能である。力は物質の根本的な、奪うことの出来ない本性であり、独立に存在することは出来ない」と。

彼はまた、純粋の理念のみが真の現実性を持ち、全ての存在は最高理念の反映に過ぎないと考える観念論を批判して、次のように言う。「今やもう、そのようなプラトン流の妄想を投げ捨て、そして、パンは空虚な符号ではなく、すなわち、生命力という最高の抽象的理念の反映ではなく、単にパン、すなわち、食べられる物だということを理解すべき時ではなかろうか」と。

2

同時に、ドブロリューボフは唯物論の機械的な、卑俗な歪曲に対しても反対していた。彼は人間の精神活動を脳という物質の働きと見るが、俗流唯物論者とは異なって、脳の働きを他の全ての物質の働きと区別し、また、人間の精神的側面を他の生理機能と区別していた。先の引用からも知られるように、彼は人間を全物質の中で最高の発達段階にある存在と見る。そして、人間の意識や感情の物質的器官としての脳が、他の全ての身体活動とは質的に異なった最高の機能を果たしうる物質であることを彼は正確に捉えている。

さらに彼は、先に紹介した物質と力との不可分の関係を人間の有機体とその活動に適用する。そして、人間の肉体と精神を切り離したり、対立させたりする考えを厳しく批判し、肉体的発達と精神的発達との不可分の統一という唯物論的思想を、さまざまな観念論や俗流唯物論との論争の中で展開した。中でも、ドイツの科学者K・F・シュネルとK・E・ボックの著書を肯定的に評論した論文「人間の道徳的および知的活動と結びついた身体の発達」（横田訳『観念論と体罰への批判』、福村出版に所収）はその最も輝かしい業績である。この論文の中で、彼は「人間の本性の、一見矛盾する諸事実を全く簡潔に、理論的に説明することは、我々が人間を徹頭徹尾単一の、分割できない有機体として見る場合に、初めて行われる」という点を明確にした。そして、ここから、精神的機能を保持している身体の健康、特に感覚器官、神経系統および頭脳の健康が保障されて初めて、子どもの精神発達が正常に行われるという教育の唯物論的原則の一つも出てくるのである。

3

一八世紀のフランス唯物論や一九世紀のドイツの唯物論、特にフォイエルバッハに学びながら、ドブロリューボフは決してそこにとどまってはいない。そして、それは彼の環境変革に関する考え方に明白に現れている。

まず、彼は環境の中でも物質的な要因に特に注目する。先にも見たように、オブローモフを完全な怠け者にした環境の基盤は、無為のまま生活できるという地主貴族の経済的な基盤であった。また、人びとが悪環境から脱出し難い理由を考えながら、彼は言う、「まさにその場合、我々の前にちらっと現れるのは、我々が『闇の王国』と名付けている淵の深みに人々を沈めておく重し石である。この重し石は物質的な従属関係である」と。

次に、この「闇の環境」、すなわち、専制・農奴体制が全ての人間に悪影響を与えること、また、その際、抑圧者と被抑圧者とでは、影響のされ方が異なることをドブロリューボフは明らかにしている。「その農奴体制は、一方の側《被抑圧者》を外面的な方法で圧迫し、押しつけながら、同時に、他人を迫害して生活しようと思っている当の連中《抑圧者》を内面的、本質的に、一層決定的に破滅させてきたのである」と。この違いを毒薬と麻薬の相違に譬えて、次のように説明している。「他の者たち《被抑圧者》に対しては、それは普通の毒のように害を与え、苦しい痙攣を引き起こす。だが、彼女《抑圧者》に対しては阿片のように作用し、彼女に魅惑的な幻想を与えるが、しかし、まさにそのことによって、有機体の健全な力は鈍らされ、徐々に滅ぼされる。一度麻薬の毒の誘惑に身を許した者は、その毒から手を引くことは困難である。そして、一層困難なのは専横と支配という道徳的な害毒から手を引くことであるが、それは、その専横と支配が我々に、これまた幻想的であるとはいえ、まだ最も低い発達段階にある人間にとっては、甚だ魅惑的な便宜をもたらすからである」と。

以上に述べた環境の中の「物質的な従属関係」と「闇の環境」の影響の異なりは、この環境を変革する際の決定的な要因として現れる。そして、それらの要因の洞察はドブロリューボフをそれまでの西欧の唯物論者や空想社会主義者たちとはっきり区別するものである。つまり、社会変革の現実的・根本的な方法とその変革の主体の選定の点で、彼は科学的社会主義の理論に大きく近づいたのである。

人権の平等を徹底させるための社会の変革、すなわち、社会環境の民主的変革は、神の奇跡や英雄的な個人の超自然的な力によって行われるのではない。現在の社会環境自体の中に含まれている人びとの行動によって変革されるのであるが、その行動は、現状に基本的な利益を感じている者とそれに基本的な不利益を感じている者との闘いとして現れる。つまり、抑圧者と被抑圧者との闘いである。そして、それは、ドブロリューボフの言う「物質的な従属関係」をより強固なものとするか、その関係を弱めて、やがて断ち切るかという闘いである。ロバート・オーエンの社会改革の努力を非常に高く評価していたドブロリューボフが、それにもかかわらず、オーエンに全面的には賛同していないのも、まさにこの闘いに関係している。つまり、オーエンは、労働者階級の解放に、支配階級からの援助をも当てにしていたが、ドブロリューボフは逆に支配階級との闘いを唱えていたのである。

社会環境の民主的・根本的変革は、その社会の被抑圧者たる勤労者、したがって、この環境の民主的な変革に最も利益を感じ、この環境の「物質的な従属関係」を断ち切る力を持った人民大衆とその指導者の強固な闘いによってこそ実現されるのである。ドブロリューボフはこの変革の主体を「新鮮な勢力」と呼んでおり、それが、小説『オブローモフ』の女主人公オーリガ、トゥルゲーネフの『その前夜』の中のエレーナ、オストローフスキーの戯曲『雷雨』の中のカチェリーナ、さらに、マルコ・ヴォフチョークの短編小説に出てくる農奴の娘マーシャ、ナジョージャ、カチェリーナ、そして農民エフィーム等に象徴されていることを明らかにしたのである。

われわれも今改めて周囲を注意深く眺め、この荒廃した環境にもかかわらず、その中で苦闘している労働者、特に若者層の中に秘められている「新鮮な勢力」を見出すことが必要であろう。

（一九九五年十一月）

ドブロリューボフと私 9

ヒューマニズム――戦闘的ヒューマニズム

1

一般に、人間的とか、人間らしいという言葉は、強さよりも弱さを示すものとして用いられているようである。良いとは判っているが、なかなかそれができない。逆に、悪いと知りつつも止められない。理想通りにはいかない。これが人間的なのだ、といった類いである。そして、例えば、体罰は悪いことだということは判るが、そう簡単に止められるものではない、として、教師が互いに許し合い、目をつむりあっている場合が多い。これでは、たとえ教師の方はそれで済むにしても、子どもの方はたまったものではない。

けれども、社会は発展しており、それを発展させてきたのは他ならぬ人間である。弱い、弱いと言われながら、その弱さを少しずつ克服してきたのが人間である。

人間の思想的な成長は、物質的な文明の発展とは異なって、一〇年や二〇年といった短い期間ではなかなか明らかにはならない。また、いろいろな事情によってその成長は遅らされたり、逆行したりすることもある。しかし、一〇〇年、二〇〇年、あるいは五〇〇年という幅で見れば、人間の思想的な成長は明らかになる。

人権思想について見てみよう。人間が生まれによって差別されてはならないという思想は、今では我が国だけでなく、ほとんどすべての国で認められ、たとえ本音はそこまで行っていなくとも、少なくとも、建て前としては誰も否定できない。しかし、そのような思想や建て前は封建体制以前の社会では、なかったか、あってもまったくの例外であった。封建体制が打ち破られる過程で、一部の先進的な人びとの人権思想が民衆の中に受け入れられ広がっていったのである。現在では、さらに法律の上だけでの平等ではなく、実質的な平等を目指す闘いが世界の各地で、多様に展開されている。これは、無知で、無自覚で、弱かった人間が次第に啓蒙され、自覚し、強くなってきたことの現れと言えよう。

したがって、人間はまだまだ弱いとはいえ、科学と社会の発展に伴って、次第に成長し、強くなっていく存在である。そして、そのことを考えれば、人間的とか、人間らしいという言葉をもっと強さを示すものとして考える必要があるであろう。今回ドブロリューボフのヒューマニズムについて考えるのも、そのことを頭においてである。

2

次の二つの手紙からの抜粋をまず読まれたい。その一つはドブロリューボフが、三番目の妹に宛てたものである。

「……ところで実際、君に勉強の後休息し、自由の身で生活し、人々を観察し、そしてもし嫁に行くとすれば、自分の好みに従って、また自分の側に立ってするのが遥かに良い。私はもうヴァシーリー・イヴァノーヴィチ《叔父》に手紙を出し、君が卒業すればすぐ君をニージニーへ呼び戻す努力をしてくれるように頼んでおいた。そうすれば、君はそこでニーノチカ《一番上の妹》と一緒に住み、リーザ《一番末の妹》の勉強をみてやれるだろう。……もし君たちが皆ニーノチカの周りに団結すれば、非常に良いのだが。ヴァロージャ《上の弟》は私がペテルブールクの私の家へ引き取って、勉強をみてやりたいと考えている。もうあの子も勉強を始める時期だ。

「君のるいれきがまだ今までに全快していないことだけが私の気がかりだ。少なくとも、以前より良くなっているかどうかを私に知らせなさい。いいね。

「差し当たり、十ルーブル同封して君に送る。愛する者よ、君には今年誰も何も送らなかったようだが、しかし君は金が必要でないかどうかを誰にも一度も言わなかったね。……しかし、きっと何かに金が必要だったに違いない。……」孤児となって、親戚や知人の家に預けられた弟妹たちに対する愛情と思いやりに溢れた手紙の一つの例である。

もう一つは、告発の手紙の初めの部分である。ドブロリューボフがまだ学生の時、暴君ニコラーイの死を悼んで、事実を歪めて暴君を賛美しているグレーチの論文がある雑誌に載せられた。これを読んだドブロリューボフは激しい怒りに燃え、直ちにそれを告発する長文の手紙を書いた。「復活したベリーンスキー」という署名をつけたこの手紙は専制と農奴制を厳しく糾弾するものであり、同時に、人民に対する心からの愛情に満ちたものである。長いこの手紙の内容の性格は、次のような書き出しからも十分窺えるであろう。

「拝啓、あなたはまともな人間が返答するに値しないことはもちろんです。しかし、《北方の蜜蜂》

紙に書かれたニコラーイ・パーヴロヴィチの死に関するあなたの論文を読んだ際の私の憤激は極めて強かったので、あなたに対して常に抱いてきた深い軽蔑の念を数分間忘れ、また敢えて己を卑しめて、あなたに手紙を書こうとするものです。もっとも、私がこの際考慮に入れているのは、あなたよりはむしろ、同じような論文の出現を喚起しつつある政府自体であります」この手紙はグレーチによって秘密警察に届けられ、警察は匿名の筆者を捜索したが、特定はできなかった。

上の二つの手紙から判るように、ドブロリューボフは、自分の弟妹から始まって、弱い者、虐げられた者、額に汗して働いている者に対する温かい思いやりと深い信頼と愛情を示すと同時に、それらの者を抑圧し、虐げ、搾取する者に対する激しい怒りと憎悪をもって、この連中と闘い、その闘いの中で短い生涯を終えたのである。だから、私は彼のヒューマニズムを、正当な人間的怒りと無縁な、弱々しい「お涙頂戴の」ヒューマニズムとは明確に区別して、戦闘的ヒューマニズムと呼ぶのである。

3

自分たち以外はロシア人の名に値しないと自惚れている「教養ある階級」に反対して、ドブロリューボフは言う。「けれども、利口な皆さん、本来のロシアは私やあなた方の中にはないのである。我々が頑張っていられるのはひとえに、我々の下に頑強な基盤——真のロシアの民衆があるからである。しかし、我々自身は偉大なロシア民族のうち全く取るに足らぬ小部分をなしているだけである。あなた方は、生命のない自然や愚かな動物に対する権力を人間に与え、また我々を群衆よりも高めているあの教養の特権について弁じたてて、我々を論駁するつもりかも知れない。けれども、あなた方の教養を自慢するのはお待ちなさい。少なくとも、この群衆がいなくてもあなた方が何とかやっていける手段とか、或いは、この群衆があなた方に与えているのと同じだけのものを彼らに与える方策を発見するまでは。全ての法律、全ての獲得物、全ての事物は、結局、利益や便宜をより多数の人物や対象に提供すればするほど優れているのである。ところが、幾世紀もの間、全てのことが幾百万の人間には注意も向けずに、幾百人とか幾千人の人々にのみ限定されているということは、一体何という偉大な現象なのか！……しかも本当のところ、これら幾百万の人々は己の無学に何の責任もない。つまり、彼らは自分の意思で知識から、芸術から、詩歌から遠ざかっているのではない。そうではなくて、知的な資産を己の手に占有できた連中こそが、彼らをそこから遠ざけ、軽蔑しているのである」。

サルトィコーフ＝シチェドリーンの『県の記録』に対する評論の中で、ドブロリューボフは人民への深い信頼をこめて言っている。「この人民は、我々がこの論文の初めで語っておいたような巧言令色を弄する人間などではない。……そのような紳士たちはただ美辞麗句を弄するだけであり、その存在の内面は怠惰と無関心が支配しているのである。しかし、この生き生きとした新鮮な大衆はそんなことはない。つまり、彼らは多く語るのを好まず、己の苦痛や悲しみを誇示せず、しかもそれらを自分でもよく理解していないことさえ屡々（しばしば）ある。しかしその代わり、もしこの物分かりが良く、有能な『農民共同体』が何かを理解し、もし彼らが己の率直な、生活から出た言葉を発するなら、その言葉はしっかりしたものであろうし、また彼らは誓ったことは実行するであろう。彼らは信頼できるのである」。

彼はまた、人民の力によってのみ社会の基本的な改革が可能になるという確信を表明して、「歴史を繙（ひもと）いてみられたい。人民の実践的な要求によって強制されずに、ただ賢人たちの確信の結果としてのみ行われた国民生活の根本的改良なるものは何処で、何時あっただろうか」と言っている。

古くから差別され、虐げられてきた女性の人間としての権利と尊厳を回復するためにも、ドブロリューボフは当時の一般的な女性蔑視の思想を激しく攻撃している。そして、オストローフスキーの戯曲『雷雨』のヒロインであるカチェリーナを「闇の王国の中の一条の光」と呼んでいる。彼女は、暴君の抑圧のもとで、徹底して人権を奪われてきたが、人間としての尊厳を護るために、尋常の手段が不可能になった時、ヴォルガ河に身を投げる。己の人間としての誇りを奪われたまま、惨めで無意味な生活を続けるよりは、死によっても己の誇りを護ろうとしたのである。ドブロリューボフは、この一見か弱いカチェリーナの中に、死を賭しても己の人間としての権利と尊厳を護ろうとする極めて強力で新鮮な力を見、その力こそが基本的な社会改造への「一条の光」だと認めていたのである。

最後に、ドブロリューボフは、人間を、「労働している人間」と「寄食者」に分け、「寄食者」を真の人間とは認めていない。「全く非生産的な仕事が尊敬されていたり、高度に有益な労働が蔑視されていることが多い。なるほど、寄食は今日では資本や各種の商事会社の陰に隠れているが、しかしそれにも拘らず、寄食は至る所に存在していて、貧しい労働者たちを搾取し、抑圧している」からであり、また、「搾取する階級の間における啓蒙の発達とともに、ただ搾取の形態が変わって、より巧妙な、より洗練されたものになるだけであって、その本質は搾取の可能性が残っているあいだは依然として変わらない」からである。そして、このようなドブロリューボフの人間観が彼の戦闘的ヒューマニズムの基盤となっているのである。私はそこに、今日のわれわれのヒューマニズムとか人道的行為なるものを考え直すための一つの貴重な示唆を見る。

（一九九五年十二月）

ドブロリューボフと私 10

愛国心——真の愛国心とエセ愛国心

1

一九七七年の七月、私は雑誌『社会評論』の第一〇号に、「『愛国心』教育における民族主義批判」を書き、ドブロリューボフの愛国心論を紹介した。今回は、それを簡単に要約して述べようと思う。それは、現在、「日の丸」「君が代」、天皇敬愛と結びついた愛国心教育が文部省から強制されており、それに対する反撃が極めて弱いからである。そして、その反撃が弱いのは、日教組が分裂しているという組織的な欠陥によるだけではない。われわれの側に愛国心についての確固とした考えも理論もなく、そのため、ただ「押しつけ反対」といった自由主義的泣き言しか言えないからである。また、愛国心を軍国主義と同一視して、右翼団体の占有物にし、それに対して個人主義と自由主義を対置してきたこれまでのやり方は早急に改めなくてはならない。これでは、反撃そのものが全く無力であるばかりでなく、私的な利益のために、逆に右翼の宣伝に同調しかねない。そこで、この機会にドブロリューボフの愛国心論を振り返り、われわれの理論を打ち立てる一助としたい。

2

論文「ジェレプツォーフ氏のデッチあげたロシア文明」（一八五八年）の第一部で、ドブロリューボフは愛国心について論じている。それは、検閲を考慮しながらも、巧みにイソップの言葉を使い、相当細かく論じているが、ここでは紙数の関係から要約に止めざるを得ない。彼は次のように論じている。今回は引用ばかりになるが、お許し頂きたい。

「愛国心は、その純粋の意味では、人類に対する人間の種的な愛の現れの一つとして、完全に自然で正当である。……」

「愛国心は、その最初の現れにおいては、故郷の野や山、幼い日の楽しい遊び等々に対する強い愛好以外のどんな形もとってはいない。けれども、それは可なり速やかに、一層はっきりした形になり、そして、その中には子どもが身に付けえた限りでの歴史的、市民的観念の全てが含まれている。……」

「その後の発達で彼の見解が新しい観念の獲得によって拡大すると、以前には全く完全だと思われていた事物の良い面と悪い面を区別する活動が始まる。このようにして、順次一つのことから他のことに移りながら、人間は無条件の偏愛を捨て、そして、まず己の生まれた家族、己の村、己の郡について、その後、己の県、他の県、第三の県、首都、等々についての正しい見解を得る。その結果、終に地方的な偏見は捨てられ、そして、ただ既に民族もしくは国家的に共通の特色となっているものだけに熱中することになる。」

「正常に発達しつつある人間は、愛国心のこの段階に止まることは出来ない。彼は、自分の祖国に対する感情がいかに強く、また現実的であろうと、事柄をそれと同種のあらゆる現象との関連で研究することによってのみ与えられるあの合理的な明瞭さはまだ持ってないことを自覚している。かくして、発達が止まっていない人間は、己の民族や国家という思想から、他の諸民族の研究によって、全体としての民族および国家という思想にまで高まり、そして、結局、人類という抽象的な思想を理解するようになる。それ故、彼は己の心に浮かぶ個々の人間の中に、ドイツ人、ポーランド人、ユダヤ人、ロシア人等々ではなく、何よりもまず人間を見るのである。」

「人間のこの発達段階においては、彼の愛国心の中の空想的だったもの、現実と良識に矛盾した子どもっぽい幻想のみを引き起こしていたものは不可避的に消えてなくなるに違いない。異常な予断や、一つの民族は或る民族より、他の民族はまた別の民族よりも高い天命を有するという空想的な妄想や、相互の優越性に関する民族的な論争などは全て、正常かつ完全に発達した人間の思考の中では消えてなくなる。彼にとっては、高慢なポーランド人か誠実なロシア人か、等々といった類いの問題や、今後の歴史において優位を占めるのはゲルマン種族かスラヴ種族か、等々といったような問題はもう存在しない。……」

「諸民族の歴史が進行する共通の、すなわち、不変の法則について理解し、人類に共通の必要と要求を理解するまでに己の世界観を拡大した教養ある人間は、己の理論的な見解や確信を実践的な活動の分野に移したいという必然的な欲求を感ずるものである。」

「けれども、人間の活動範囲は、彼の力や欲求自体と同様に、全世界に同じように広がることは出来ない。従って、彼は何らかの部分的な、制限された範囲を己に対して選び、そして、その中で己の一般的な確信を適用しなければならない。」

「この範囲は、恐らく、最も自然なものとしては祖国であろう。我々はより多くそれと親しんだのであり、より多く知っているのであり、従って、その結果、それにより多く共感するのである。しかも、この共感は決して他の民族に対する愛と尊敬を損ないはしない。そうではなくて、その共感は、他のものと比べて或るものを最も親しく知っているということの単なる結果なのである。……」

「我々は己の祖国に対して一層多く共感する。なぜなら、我々は祖国が必要としているものを一層よく知っており、祖国の状況を一層よく判断することが出来るし、共通の利害と志向についての想い出によって祖国と一層強く結びつけられており、そして結局、自分は他の国に対するよりも祖国に対して一層役立つことが出来ると感じているのである。かくして、ちゃんとした人間の場合には、愛国心は、自分の国の利益のために努力したいという願いに他ならないし、そして、それは、出来る限り多く、出来る限り立派な善行を積みたいという望み以外の何物からも生じているのではない。……」

「生き生きとした、現実的な愛国心は、まさにそれが民族間の敵意を全て退けているという特色を持っている。そして、そのような愛国心に満ちている人間は、もし己が人類にとって役立ちさえすれば、全人類のために努力する用意があるのである。自分の活動を自国の範囲内に制限するのは、彼の場合にあっては、自分が最も役立つことの出来る真の場所はまさにここだという自覚の結果なのである。だからこそ、真の愛国者は、己の民族を自慢し、褒めちぎるような絶叫を我慢できないのであり、だからこそ彼は、人種間の分裂のための境界を決めようと努めている者を軽蔑しているのである。」

「人類愛の部分的な現れである真の愛国心は、個々の民族に対する敵意とは共存できないし、また、それは生きた現実的な現れであるから、常に何だか弔辞が朗読されている死体を思い出させるあの美辞麗句をほんの少しも容認しないのである。……」

「我が国では愛国心の発達が弱いと我々はよくこぼしているが、それは個々の大衆の活動が我が国では事柄全体の経過と殆ど完全に切り離されており、従って、各人の関心の範囲が狭くならざるを得ないからである。……全体の利益か、他ならぬ全体のうちの一人一人の利益を守ることによって、全体として保護されるという場合には、当然のことながら、一人一人は公共の問題に関心を持っており、そして、民族の栄光とか、国家の偉大さについての美辞麗句は、そこでは、もしそれが人々の実際の利益に反するなら、彼らの心を引き付けはしない。その代わり個人的な利益も、公共の利益と完全に離れてしまうほど異常に優勢になることは出来ない。……」

3

「全く違った結果を示しているのは、エセ愛国心であり、それは時として驚くべき厚顔さで祖国に対する真の愛という名でごまかしている。それは本物の愛国心とは全く反対である。あの真の愛国心は人類に対する共通の愛の制限であるが、このエセ愛国心は、反対に、己と己のものに対する愚かな愛の可能な限りの拡大であり、従ってまた、それはしばしば人間憎悪に近い。」

「あの真の愛国心は世界に対する己の関係を理性的に定めた結果であり、また、個人的な活動を自覚的に選定した結果であるが、しかし、このエセ愛国心は坊ちゃん育ちの青年の間に現れるのであり、彼らはまだ理性的な決定が出来ず、世界における己の位置を認識できず、そして、出来る限り名誉ある官位を帯びて徒食するために何としても、また、何処へなりと就職しようと努めているのである。……」

「愛すべき、栄えある偉大な祖国に対する己の愛を大げさに美辞麗句を乱用して語っているエセ愛国主義者たちも、無内容な美辞麗句以外には己に関心がないことを証明しているに過ぎない。彼らの発達は、他の諸国民の間での己の祖国の価値を理解できるほど高くはないし、彼らの感情は、実践的活動となって現れるほど強力ではない。また、彼らの個性は、何らかの意義を求める権利を己の力で主張できるほど自主的ではない。」

「だからこそ、これらの精神的なお坊っちゃんたち、奴隷のように怠惰で、奴隷のように卑屈な性質を持ったこの連中は、何か雷鳴のような偉大さで己の空虚を埋めるために、その名声の寄生虫となっているのである。この名声が祖国であったり、母国であったり、民族であったりすることは稀ではない。そして、まさにその場合にはもう、内面的な意味が全くなくなったあの華麗に過ぎる美辞麗句や雄弁な表現は果てしなく続くのである。」

「しかし実際には、これらの紳士たちが、言葉の上であのように淀みなく宣言している愛国心の痕跡すら持っていないのはもちろんである。彼らは己と同じ国の人間を出来る限り搾取しようとしているが、それは、たとえ外国人を搾取するよりまだ多くないとしても、決して少なくもない。また、彼らは同国人を平気で欺き、己の私的な目論見のためにその人々を滅ぼそうとしているが、さらに、社会にとって有害で、恐らく国家全体にとっても有害な醜悪行為であっても、己にとって個人的に有利であれば何でもやりかねないのである。……もし彼らが、己の祖国の中のたとえ小さな一片の土地に対してであれ、己の権力を示す可能性を手に入れようものなら、彼らは侵略した土地に対するような処置をこの土地に対してとるであろう。……しかし、それにも拘らず彼らは祖国の栄光と偉大さについて叫ぶであろう。……だからこそ彼らはエセ愛国者なのである！」

われわれはせめて今、天皇敬愛と「日の丸」「君が代」に結びついた愛国心なるものが、ドブロリューボフの言う真の愛国心なのか、エセ愛国心なのかを考える必要があろう。

（一九九六年一月）

ドブロリューボフと私 11

民族主義批判――反戦・平和と勤労大衆の国際的連帯のために

1

前回の愛国心に関連して、どうしても付け加えておかなければならないのは、民族主義に対するドブロリューボフの厳しい批判である。彼がエセ愛国心として厳しい批判と嘲笑を浴びせていたのは、当時のロシア帝国の民族主義に他ならない。そして、この批判は今日の我われにとっても切実な問題提起となっている。

まず二つのことを考えよう。その一つは、戦後の戦争批判が政治批判とあまり結びついていなかったことである。未曾有の悲惨な戦争体験を強いられた我われ日本人は、ほとんどの者がもう二度と再びあの戦争の惨禍を繰り返すまい、と心の底から願った。そこから反戦・平和運動は思想・信条をこえて広く民衆が参加するものでなくてはならないという当然の考えが出てきた。そして、戦争被害からやがて戦争加害へと反省が深まってきた。けれども、戦争と政治が切り離された。たとえば、憲法の前文にある「政府の行為によって再び戦争の惨禍が起ることのないように」という点、あるいは「戦争は、政治とは異なった手段による政治の延長である」という有名なクラウゼヴィッツの指摘が疎かにされてきた。そして最近では、一方で戦争反対を唱えながら、他方では、「政治不信」なるものに安易に同調して、民主主義的政治を護る闘いをいい加減にし、「脱イデオロギー」攻勢に屈して、思想闘争をも回避するようになってきた。したがって、たとえば、実質的に自衛隊を承認しながら、文民統制を、文民自体の内実も性格も検討せずに、無条件に平和の砦のように考えてはこなかったか。

もう一つは、今回取り上げる民族主義批判であろう。反戦・平和の闘いできわめて重要でありながら、しかもほとんど無視されてきたのは民族主義批判である。敗戦後、解禁された自由主義や個人主義の立場から、いわゆる「おかみ」や国家に対する批判は単に言葉や文書の上だけでなく、現実の日常的な行動の中でも公然と行われてきた。日教組でも「国家の教育」に対して「国民の教育」を掲げていた。しかし、国家主義自体との闘いは、思想的にはそれほど困難ではない。国家は権力であり、いかにそれが強力であっても、人びとにとってはそれは外的なものだからである。ところが、民族主義との闘いは、思想的にはきわめて困難である。国家と異なって、民族となると、人びとはその中に自分が含まれていることを直感し、自覚しており、しかもその直感や自覚はきわめて自然であり、日常的である。民族の最も重要な指標である言語はもちろん、考え方や日常的な生活慣習も、すでに生まれた時から民族的な特徴をもって身につけられる。そして、自民族と他民族との相違は、ほとんどの場合、言葉や態度、あるいは外見で、直感的に知ることができる。この相違を何の根拠もなく優・劣、善・悪、あるいは強・弱に序列化し、ある民族を他の民族より優れた、良い民族、あるいは強い民族とするのが民族的偏見である。したがって、この偏見との闘いは人びとのねばり強い日常的・内面的な思想闘争なしには決して成果を挙げることはできない。そして、この民族的偏見を土台にし、民族内部の階級対立を無視して、民族の利害こそが第一・最高のものだとするのが民族主義である。さらに、国家主義も、わが国では民族主義に支えられて初めて強力になる。従軍慰安婦も、単なる戦争の申し子ではない。「八紘一宇（はっこういちう）」のスローガンのもとにアジアを征服しようとした狂暴・醜悪な民族主義が女性差別や階級差別と一体になって戦時下に作りあげられたものである。

2

ところで、前回にも引用したように、ドブロリューボフはそのような民族的偏見や民族主義を批判して、次のように言っていた。「異常な予断や、一つの民族は或る民族より、他の民族はまた別の民族よりも高い天命を有するという空想的な妄想や、相互の優越性に関する民族的な論争などは全て、正常かつ完全に発達した人間の思考の中では消えてなくなる。彼にとっては、高慢なポーランド人か誠実なロシア人か、等々といった類いの問題や、今後の歴史において優位を占めるのはゲルマン種族かスラブ種族か、等々といった問題はもう存在しない」と。そして、「生き生きとした、現実的な愛国心は、まさにそれが民族間の敵意を全て退けているという特色を持っている」と。

また、当時の帝政ロシアの排外的・侵略的な政策は大ロシア人と小ロシア人（ポーランド人）との間に民族的離間と民族主義的憎悪を生んでいた。ドブロリューボフは勤労人民の階級的な利害の視点、すなわち、国際的な勤労人民の連帯の立場から、この帝政ロシアの民族主義的政策を批判する。論文「ロシア平民の性格描写のための諸特徴」の中での彼の発言を聞こう。「人間的な関心を全て同郷に従属させる狭隘な愛国心は、例えばヘッセン・ハンブルク伯爵領とか、リヒテンシュタイン公国とかのドイツ人たちでさえも十分うんざりしている。だから、我々も自分をそれから解放できるのである。

我々には小ロシアの人民と分裂する理由はない。……もし小ロシア人自身が我々を十分には信用していないとすれば、そのことに責任があるのは、ロシア社会の行政に関わっている部分が参加してきた歴史的な事情であって、決して人民ではないのである。もっとも、このことは、まさに小ロシアの人民大衆が理解している。すなわち、そこでは、ちょうど地主たちが旦つくと呼ばれているのと全く同様に、兵隊はモスクワの手先と呼ばれている」と。ここで、「ロシア社会の行政に関わっている部分が参加してきた歴史的な事情」とは、ツァーリとその政府の民族主義的政策を意味するイソップの言葉であることは言うまでもない。

3

民族的偏見や民族主義が他民族に対して恐ろしい災厄を与えることは、ここで改めて説明するまでもなく、天皇制の政府と軍隊が十分に示してきた。それは、従軍慰安婦制度、七三一石井細菌戦部隊、南京大虐殺等に典型的に現れている。そして、このような残虐な行為に対する責任が天皇とその国家にあったことは言うまでもない。けれども、この天皇とその国家のもとでそれらの残虐な行為を直接行ってきたのは、他ならぬ我われ日本の民衆であった。「暴支膺懲」、「鬼畜米英撃滅」などというスローガンに騙されて、積極的であれ消極的であれ、まさに「鬼畜」のような暴力を他民族の非戦闘員に対して加えたことを我われは忘れるわけにはいかない。しかしまた、我われ日本民族が「鬼畜」のような暴力性をその本質としているわけではない。国内にあっては、家庭でも、職場でも、善良で、人の良い人間でも侵略戦争という極限状況の中でそのような残虐な行為をしたのである。しかも、彼らはその極限状況に置かれる前に、幼い時から教育と宣伝によって根強い民族的偏見を植えつけられ、その上に強力な民族主義と国家主義が育てられていたのである。

私自身のことを振り返ってみよう。日中戦争から太平洋戦争へと続くあの一五年戦争が始まる直前に小学校へ入学した。そして、入学の最初の日から、天皇が神であること、この現人神（あらひとがみ）によって治められる「大日本帝国」は世界に比類のない最高・最強の国であり、その国民は世界で最良の民族であること、この国に生まれたことを感謝し、天皇とその国家のために命を投げ出して忠義を尽くし、それによって皇恩（天皇から受けた恩恵）の万分の一に報いること、等々が教えられた。それも、単に知識としてだけでなく、感情にも体にも訴えて毎日教えられたのである。過去の日清・日露の戦争や当時始まった日中戦争はこの天皇信仰と好戦的な愛国心、および民族主義の思想や感情を植えつけるのに打ってつけの教材となった。また、当時の男の子に非常に人気のあった講談社の月刊雑誌『少年倶楽部』や軍国歌謡がこの学校教育に輪をかけた天皇制軍国主義を煽っていた。こうして、天皇崇拝と民族主義に凝り固まった軍国少年と軍国少女が育てられ、私もその一人であった。このことを私は決して忘れることはできない。

さらに重要なことは、このような民族主義が、従来から国民の中に根強く巣くっていたあらゆる差別思想と共存していたことである。しかも、この共存のあり方に特徴がある。すなわち、天皇崇拝と一体となった民族主義のもとに、他のあらゆる差別には目をつぶらされ、それを問題とすることは禁じられていた。こうして、労働者や小作農民の争議、部落や女性の解放運動は次つぎに弾圧されていった。だから、貧富の差別、部落差別、女性差別、身障者差別は、職業差別や学歴差別等とともに、実質的には逆に温存され、民族差別・民族主義を下から支えるものとなっていた。つまり、他民族の人権を侵害することは、自民族内部の人権を侵害せずには不可能だったのである。

もう一度私自身の子どもの頃を思い出してみよう。幼児を除いて、男の子と女の子が一緒に遊ぶことはなかった。特に兵隊ごっこは男の子の中心的な遊びであったが、普通、腕力の強い子どもたちが日本軍となり、弱い子どもたちはロシア軍や中国軍にされていた。それは、日本軍が必ず勝ち、ロシア軍や中国軍は必ず負けなくてはならないからである。

女性は家庭でも社会でも、教育でも労働でも露骨に差別され、男尊女卑は当然のこととされていた。極貧家庭の娘が国家公認の売春施設に売られていたのはその典型である。小学校の男女共学のクラスでも、級長は必ず男の子であり、女の子は副級長にしかなれなかった。女学校の数学や英語の授業は中学校のそれより低いものとされていたし、女子大学といっても、大学令ではなく、専門学校令に基づくものでしかなかった。民族差別や部落差別も同様であった。不要になった真鍮の鍋や薬罐と飴を交換しにくる朝鮮の人を、私たちは言葉が変だと言っては嘲笑し、馬鹿にしていた。廃品を回収に来る部落民を差別語で呼んでいた。身障者を揶揄するのも子どもたちの遊びの一つになっていたのである。

現在は事情が大いに変わっている。けれども、戦後解禁になったあらゆる差別反対の運動も、個々人の内面的な思想闘争を呼び起こすにはまだきわめて不十分である。したがって、各種の差別思想が形を変えながら温存されており、それらが民族的偏見と民族主義を下から支えている。そして、まさにこの民族主義が労働者を思想的に腐らせて、排外的な資本に奉仕させ、勤労大衆の国際的連帯から切り離しているのである。このこともそろそろ自覚すべき時ではなかろうか。

（一九九六年二月）

ドブロリューボフと私　12
結び——革命的民主主義

1

一九世紀のロシアの革命的民主主義は農民革命の思想であった。当時のロシアでは、先進的な西欧諸国でとっくに廃棄されていた農奴体制が専制政府によって維持され、農民は、ゴーゴリの『死せる魂』の中で取り上げられているように、土地とともに売買されていた。このように、人間ではなく、物と同じように見られていた農民の人権を回復し、彼らに人間としての生活を保障するために、ベリーンスキー、ドブロリューボフ、チェルヌィシェーフスキー等の革命的民主主義者は、文字通り命をかけて闘ったたのである。

しかし、彼らは農民だけでなく、勤労人民全体の解放を目指していた。ドブロリューボフが「労働している人々」という時、それは農民だけでなく、まだ少数であった農民出身の工場労働者も、都市の「中流階級」と言われていた下層の事務員や官吏も含まれていた。論文『打ちのめされた人々』の中で、彼は言っている、「我々はこの国においては、打ちのめされ虐げられ辱められた人間たちが中流階級に多いということ、道徳的な意味においても肉体的な意味においても彼らは苦しんでいるということ、自己の状態との表面的な妥協にも拘らず、彼らはその苦痛を感じており、苛立ちと抗議の用意があり、出口を待ち望んでいるということを発見したのである」と。彼のこの指摘は今日の日本の中間層と言われる人びとと無縁であろうか。家族と切り離されて、単身赴任を余儀なくされ、或る時は一時帰休という半解雇、或る時は超人的な過労を押しつけられながら、常に「合理化」(解雇)に脅え、その上各種のローンに追われている「中流意識」の人びとである。

さて、これまでドブロリューボフの闘いの一端を彼の論文によって紹介してきた。それは、この古い、異国での闘いがまさに現代の日本の思想闘争にいかに役立つかを私なりに示したかったからである。

実際、彼らの闘いは極めて古いものである。したがって、現在の日本の状況にはまったくそぐわないように見える。日本では農奴などは大昔のことであり、帝政も五〇年前になくなっている。ロシア正教が農奴制と帝政を強固に支えていたのと同じように、戦前の天皇制を支えてきた神道(しんとう)(国家神道)も今では曾てほどの力はなくなっている。そして、今では我が国の社会はまったく新しい様相を示している。小作対地主の問題はもちろんなくなったが、労働者対資本家というのも今では時代遅れの図式と言われ、「脱イデオロギー」が説かれている。七十年代の初めまでは当然のように行われていたストライキも今ではほとんど姿を消し、航空会社と中小規模の交通企業の労働者のみの占有物のような状態になっている。また、敗戦直後の衣食住と現代のそれを比べれば、まったく隔世の感がある。いわゆる「闇米(やみごめ)」を求めて超満員の汽車で辛抱強く田舎へ買い出しに行っていたのはもう古い話であり、今ではグルメ、グルメとテレビが一年中騒ぎ立てている。一昨年の春には、米不足ということでちょっとした騒ぎがあったけれでも、政府が緊急輸入した外米は国民から完全に嫌われた。さらに、戦前には一般国民が海外へ観光旅行に出かけるなど夢にも考えられなかったが、今では毎年国民のほぼ一〇分の一が出かけている。けれども、世界一の金持ちになった日本の国家に住んでいる我われが果たして本当に人間らしい豊かな暮らしをしていると言えるであろうか。そして、百四、五十年も前のロシアの革命的民主主義の思想などは最早我われには無縁になったのであろうか。

2

「物ではなく、心だ」という声はもうずいぶん以前から聞かれる。「物は豊かになったが、心が貧しくなった」とも言われている。だが、本当にそうなのか。それを考えるさいには、人間として当然の欲望の増大を考える必要があろう。

私たちの世代はその多くが戦前から戦後にかけてほぼ一〇年の間、文字通り最低限の衣食にまったく不自由した経験を持っている。長い行列の後ろに並び、得体の知れぬ雑炊や団子にやっとありついて、まったく満足したものである。慢性的空腹（飢餓）の経験がない現在の若者たちにはとても理解できないであろう。それも当然である。食事に関する欲望（単なる食欲ではない）が当時とは比べ物にならないほど豊かになっているからである。また、敗戦直後の労働運動が新しく出発した頃、「食える賃金を」というスローガンが掲げられていたが、それは文字通りの意味であった。労働者たちが、教育勅語をもじって、「朕(ちん)ハタラフク食ッテイル。汝臣民飢エテ死ネ」と書いたプラカードを掲げて宮城へ押しかけたのも当時である。だが、現在の労働者に、文字通りの「食える賃金」で満足せよと言えば、どんなにおとなしい者でも腹を立てるであろう。生産力の発展に従って、人間の欲望も増大し、要求も高まり、それがまた生産と生産関係に反映していく。それが社会の発展ではないか。このことを考えると、次のことが問われなくてはならないであろう。すなわち、その「豊かになった」といわれる物を、現在の水準での衣食住の最低限だけでなく、教育、文化、福祉の面でも果たして我われ自身は十分持っているであろうか、或いは、我われ自身が何時でも自由に手に入れられるのか、その物を手に入れるだけの賃金を得ているのか、と。その場合、現在多くの人びとを苦しめているあのローン地獄を伴わないで、という条件がつくのはもちろんである。そうなれば、簡単に「物は豊か」とは言えないであろう。また、「心の貧しさ」と言われるものが一体何を指しているのか。もしそれがエゴイズム、拝金主義、吝嗇（りんしょく）（節約や倹約ではない）、或いは浪費、奢侈（しゃし）等々の非人間的な、反人権的な心を意味するのであれば、問題はない。しかし、「豊かな物」に対置されている「心の貧しさ」はどうも胡散臭（うさんくさ）い。そして、結局は物と心を対立させ、物や賃金に対する人びとの正当な要求を押さえ、文部省の言う道徳教育（民族主義的愛国心の育成を中心とする）をもっともっと徹底せよということに結びついていくであろう。

もし現在、日本の「豊かな物」の代償を考えるにしても、それは「心の貧しさ」などより、まず資本とマスコミが一体になって人びとの欲望を不自然に歪め、自然や社会の環境を荒廃させていることを考えるべきであろう。例えば、国外では森林資源を蚕食し、国内ではゴルフ場やリゾート施設等の乱開発で公害を垂れ流して、住民の健康を損ね、子どもの遊び場を奪い、その子どもの自然な活動意欲をねじ曲げ、高価なファミコンを買わせて部屋の中に閉じ込めたり、非常に早くから受験戦争に巻き込んで、塾を繁盛させている。こうして、この「豊かな国」で、子どもの体力は年々低下しているのである。

この現状を私たちが追認し、さらに次々に更新される流行の思想に身を委ねているわけにはいかない。一般に、我が国では何一つけじめもつけずに、簡単に一つの思想から別の思想に移っていく傾向がある。まったく無責任に或る思想を宣伝し、そして、無責任にその思想を捨てるのである。しかも、日本ではその責任はほとんど問われることはない。宣伝した者も、その宣伝に乗せられた者も、ほとんど同じように新しい流行思想へと簡単に移っていくからであろう。だが、年寄りはそれで済むとしても、若者と子どもの被害は甚大である。

3

ここで初めに帰ろう。農民革命の思想としての革命的民主主義を私は現在の状況のもとでは、文字通り革命的な民主主義として理解する。それは、人権の平等を目指してあらゆる特権と闘うのであるが、その際、特権を擁護し、人権の平等に水をさす非合理主義との不断の闘いが伴う。もちろん、人権の平等は一挙に達成できはしない。長期にわたる辛抱強い闘いの積み重ねによる他はない。そして、現実にはその時の状況や力関係によって、後退したり、妥協したりしなければならないであろう。それは、冷静で科学的な情勢分析による。しかし、その場合の後退や妥協は、革命的民主主義の場合、原則での、根本思想でのそれであってはならない。例えば、このシリーズの二回目で見たように、革命的民主主義者たちは厳しい検閲制度のもとであらゆる工夫を凝らして己の真意を伝えようと努力しており、「奴隷の言葉」さえ用いているが、決して筆を曲げること（原則での妥協）はしなかった。そして、どのような工夫も不可能な場合には沈黙したのである。

また、民主主義とは話合いであり、説得と納得であると言われている。しかし、革命的民主主義者はこの話合いや説得と納得を根本的に利害が対立する者の間に適用しようとはしなかった。例えば、ドブロリューボフは搾取者を説得するのが無駄であることを次のように説明している。「あなた方は、どのような三段論法をもってしても、鎖を説得してその鎖が囚人から解け落ちるようにすることは出来ないであろう。また、拳骨を説得して、その拳骨で殴られる者が痛くないようにすることは出来ないであろう」と。

ここで、私たちは中曽根首相の発議で始まった臨時教育審議会のことを振り返ろう。その会議は決して密室の審議ではなかった。逆に、あらゆる層の声を聞き、それを報告書に反映する、と言われていた。しかし、日教組その他の民主的な人びとの正当な意見は終に報告書に反映されることはなかった。全国各地でよく行われる各種の公聴会もほぼ同じである。もちろん、政府や大企業の種々の企てに対する民主的な批判が無駄だと言うのでは決してない。むしろ、もっと多くの的確な批判が必要である。ただその場合、批判によって、或いは批判だけで政府や大企業を説得しようとすれば、それはまったく無駄なのである。彼らは己の利害に基本的に対立する意見など聞く耳は持っていない。聞くポーズをしているだけである。だから、この場合の批判は、形式的には彼らに向けられていても、実際は私たちの仲間を説得するものでなければならず、したがって、その批判は的確で、説得的でなくてはならない。その説得によって、私たちの民主的な意思が統一され、闘う力が結集される。そして、この力こそが彼らに譲歩を余儀なくさせるのである。今日本の労働者がほとんど実行できなくなっているストライキもこの力の一つである。この力を行使するか否かは、その時々の事情によるが、その力の後ろ楯がない場合の労使の「話合い」がいかに惨めなものであるかは、他ならぬ現在の日本の労働者が身に染みて感じ取っているであろう。

以上でこのシリーズを終わることにする。極めて不十分な紹介に終わったことをお許しいただきたい。この稿が掲載される頃、『ドブロリューボフ著作選集（四）』が鳥影社から出るはずである。併せてご批判をいただければ有難い。

（一九九六年三月）

革命的民主主義の現代的意義
――十月社会主義大革命七一周年記念集会によせて

はじめに

非常に時間が少ないですから、要点だけをのべることになると思います。本誌に、今まで二つばかり、ドブロリューボフに関するものを書きましたので参照していただきたいと思います。ひとつは、今日もちょっとふれますが、ドブロリューボフの愛国心の問題です。これは民族主義批判を中心にするわけです（『社会評論』第一〇号）。もう一つは、岩波で訳されております『オブローモフ主義とは何か』の現代的意義です（同、第三七号）。その前にちょっと申し上げたいのは、なぜこんな、よく知られてもいないドブロリューボフなどをやるのかということです。これにはいろんな理由がありますが、主要な点は、現在および今後の日本の青年たちの思想闘争の重要な糧になると、わたしが確信しているからです。ですから、出版が非常に困難なのですが、とにかくやるつもりでいます。今まで六冊ばかり出しましたけれども、今まだ二千枚くらい、原稿のままになっております。ですから、今後可能な限り、公刊してゆくように努力します。

革命的民主主義とは何か

まず、革命的民主主義とは何か、ということなんですが、これは古典的な意味と現在の意味とあります。現在の意味というのはわたしが強引にむすびつけたものです。古典的には、農民革命の思想と結びついた戦闘的な民主主義です。例えば、レーニンがつぎのように言っています。「チェルヌイシェーフスキーは単なる空想的社会主義者ではなかった。彼はまた革命的民主主義者であった。彼はその時代のあらゆる政治的事件に、革命的精神の点で影響を与えることができたし、――検閲の妨害と枷(かせ)をくぐって――農民革命の思想、あらゆる古い権力打倒のための大衆の闘いの思想を一貫した。」と。つまり、科学的社会主義には到達していなかったが、大衆の革命的精神を一貫して鼓舞していたのが、当時の革命的民主主義というものです。この十九世紀ロシアの革命的民主主義は御承知のように、ベリーンスキー、チェルヌイシェーフスキー、ドブロリューボフ、ピーサレフ、さらに四七年に亡命して、フランス・イギリスにゆきましたゲールツェン、それからオガリョーフ、などに代表される思想です。そして、彼らは、ゲールツェンとオガリョーフをのぞくといわゆる「雑階級人(ラズノチーネツ)」といわれる人々です。ゲールツェンとオガリョーフは貴族なのですが、貴族の中のもっともすぐれた人です。貴族であって本質的に反貴族的な思想家であったわけです。ベリーンスキー、ドブロリューボフ、チェルヌイシェーフスキー、そしてピーサレフなどは、貴族でもないし、農奴でもない。わかりやすくいえば中間層といえるわけですが、だいたい下層の、僧職者、(これはドブロリューボフもチェルヌイシェーフスキーもその出身です) あるいは政府の下層の役人などです。反政府運動の指導者は、一八四〇年代には貴族から、雑階級人へとその中心がうつってきました。そして大衆の中心は農民でした。そして一九世紀の六〇年代の革命的民主主義者の中でも、特にチェルヌィシェーフスキーとドブロリューボフに共通してあらわれている一つの大きな特徴は、自由主義に対する仮借のない批判です。この点が特に今日重要だと思います。

現在の革命的民主主義とわたしが勝手に呼んでいるものは、普通プロレタリア民主主義と呼ばれているものです。文字どおり革命的な民主主義、人民の民主主義であり、ブルジョワ民主主義のあらゆる制限をとりはらっているものだとつかんでいます。

なお、今日、ここで詳しくお話することはできないのですが、もうひとつ重要なことは、ロシアの革命的民主主義者に共通の、とくにチェルヌィシェーフスキーとドブロリューボフに共通の特徴は、彼らの民主主義が科学とむすびついていたということです。唯物論と結びついていたということです。これが、現在のわれわれにとっても非常に重要なのです。

さて、ドブロリューボフを中心にして、革命的民主主義の思想というのは、どういうものであったか、これを、ここでは、①戦闘的ヒューマニズムと結びついた階級的視点②民族主義批判――国際主義③自由主義批判の三つにしぼって話したいと思います。

革命的民主主義の性格

1　戦闘的ヒューマニズムと結びついた階級的視点

実は、階級的視点とだけ言わずに戦闘的ヒューマニズムとむすびついた、ということをとくに強調しますのは、戦後日本のマルクス主義の、非常に大きな弱点とわたしが考えているものと関係しています。つまり、人間についての理解が非常に弱かった、また現在も弱い、ということです。この点は、たとえば戦後マルクス主義が解禁になって、戦前のマルクス主義者、あるいはひそかに研究していた人たちが、公然と勉強し、自分の考えを発表できるようになった。その時ただちに日本であらわれてきたのが、観念論者との論争であったわけです。こまかいことをここで申しあげるわけにはまいりませんが、(大阪)経済大学の山本晴義さんが、わりあい細かく説明しておられます。はっきり言って、当時の日本の唯物論者は観念論者との論争で負けたと言えます。戦後、いわゆる「主体的唯物論」という形で非常に流行ったのは、日本の唯物論者が観念論者、とりわけ実存主義者にまけた結果といえるでしょう。その負けた理由というのはいろいろあるのですが、とくに、人間に対する唯物論的把握というのが弱かったのです。ところが、のちにそれは、マルクス主義自体の人間把握がきわめて弱いのだというように考えられた。今もそのように考えている人が多いのです。それは、大きな間違いだと思います。なぜ、レーニンが人間について唯物論的な展開を、ことこまかくしなかったか? またマルクスがとくに初期以後、(エンゲルスも同様なのですが)人間とは云々、というのをなぜこまかく説明しなかったか。これは、この前の映画の中にもありましたように、彼らがみな革命家だったからだと思います。書斎の中の哲学者、というわけではありません。当面している極めて重要な運動の課題に欠くことのできない、諸問題にあらゆる著作が集中されていったわけです。すでに一八世紀フランスの唯物論や一九世紀のドイツの唯物論によって、人間についての唯物論的な把握がなされていて、あらためて説明する必要のないもの、レーニンについていえばさらに一九世紀の革命的民主主義者、とくにチェルヌィシェーフスキーやドブロリューボフが述べて、もうロシアの人々には今さら説明する必要がないようなものについては、あらためて説明はしなかったのです。ところが残念なことに日本では、唯物論の伝統は極めて弱い。もちろん、決して無いわけじゃありません。例えば、大阪の有名な唯物論者山片蟠桃――今、「蟠桃賞」というのが外国の日本研究者に与えられていますが――唯物論というのは非常にすぐれたものだと思うのですが、それが今の若い人たちには知られていない。またそういうものを知らそうという動きもあまりありません。それに、日本ではだいたい、東洋的非合理主義の伝統が、たいへん根づよいのです。そういうことで、マルクス・エンゲルスやレーニンがこまかく説明しなかったことを、マルクス・レーニン主義では人間についてあまり説明していないと、あるいは非常に弱いところだ、というようにねじ曲げたのです。人間存在の本質というのは社会的諸関係のアンサンブルである、というマルクス主義の有名なテーゼがありますが、社会的諸関係とか、社会的存在としてつかむということは何も個人としての人間を考えないことではないのです。たとえば人間を物質的存在としてつかむ、世界の最高の存在として把握するということは、すでに、一八世紀のフランス唯物論者たちや一九世紀のドイツの唯物論者たち、とくにフォイエルバッハが観念論との闘争の中ではっきりさせています。さらに一九世紀のロシアの革命的民主主義者になってきますと、かれらをはるかにこえた人間把握というのをやっている。そういうものが充分あるわけです。しかしそれを、戦後のマルクス主義者の多くは学んでいない。学んでいてもきわめていいかげんである。したがって日本の社会主義者やマルクス主義者の多くは、人間とは社会的な存在だ、ということしか説明せず、社会の中での個人の役割については説明しない。実存主義者は、丸はだかの、一人の人間、この世に絶対代替することのできないこのわたしということで論じてゆく。こっちは社会で、あっちは個人でやっていく。こうして議論はかみあいはしなかった。そこで到頭、「主体的唯物論」

などという奇妙なものに統一された、といわれているのですが、わたしはそれは日本の唯物論者の弱さだと思います。それはとにかく埋めなくてはいけない。日本の現状から将来にむかって、思想闘争を高めてゆくために、もっと強くならなくてはならない。しかし、自分には何ができるか？ わたしにはとても限られた力しかありません。そこでやはりロシアの革命的民主主義者たちの思想を勉強しようと決心しました。普通、彼らは、「マルクス以前である」と簡単に言われますが、マルクス以前だからわれわれが学ぶ必要がない、ということには決してならないのです。特に、日本人にとっては、非常に重要な、われわれの弱点を彼らがすでに克服してくれているからです。

例えば、ヒューマニズムです。ヒューマニズムという場合、日本では多くのばあい人間の弱い点を強調してきたと思います。「涙がある」とか、「弱点がある」とか。ヒューマニズムという点で人間の強さとか美しさとかはあまり強調されなかったと思います。大西巨人が、『神聖喜劇』の中で、「お互いに人間の弱みをそのまままみとめあって、なれあっているという状況は連帯とはいえない」といった意味のことを述べています。ヒューマニズムについても同じです。美しいもの、強いものとしてヒューマニズムをつかむ必要がある。これを全ての著作をつうじてやったのが、ドブロリューボフであり、チェルヌイシェーフスキーであったわけです。

それからベリーンスキーの有名な「ゴーゴリへの手紙」がありますが、その中で彼はこう言っています。「自尊心が辱しめられたのであれば、まだ我慢することができる。……けれども、真理の感情、人間的尊厳の感情が辱しめられたのを我慢することはできない」と。これは戦後の日本の人間把握の中で非常に大切なものだとわたしは思いますが、自尊心というものとそれから人間的尊厳というものとはっきり区別して、自尊心よりも人間的尊厳というものをより高く見ているのです。この人間的尊厳という場合わたしの人間的尊厳であると同時にあらゆる人間の人間的尊厳です。自尊心という場合は、あくまでわたしの自尊心であって、他の人々のことは余り視野に入らない、せいぜい比較の対象になるだけです。人間的尊厳はすべての人に平等のものなのです。生まれがどうであろうと、いわゆる社会的な地位がどうであろうと、そういうことにかかわりなく、まったく平等に、すべての人に認められるものです。さらに、人間的尊厳の感情が真理の感情とむすびついておるわけです。真理の感情というのは、いいかえると、科学的精神だと思います。そもそも人間の尊厳というのは、人間が宇宙の中で最高の存在であるという唯物論的人間把握から生まれているものですから、超自然的なものへの畏敬の念などというものとは結びつかないのです。彼はこうして科学とヒューマニズムに、科学と人間の尊厳というものを不可分のものと認めています。これが現在非常に重要なのです。現在では、人間の尊厳を非合理主義と、すぐ結びつけます。科学が発達すると、人間が人間らしくなくなる、というようなつかみ方です。あるいは、科学と人権が、矛盾するかのようなつかみ方がよくやられるのです。臨教審なんかのつかみ方です。また左翼の一部もそれにいかれているという状況があります。それからさらに、『期待される人間像』の中では、民主主義というものを、個人の尊厳に発する民主主義と階級闘争的な立場に立つ民主主義というように対立させ、その上で、「われわれは個人の尊厳という立場に立って民主主義を考えるのだ」と言っております。したがって、非常にハッキリわかりますのは、人間の尊厳だとか個人の尊厳をかれらが、つまり反動の側がいう場合には常に非合理主義と結びつき、しかも階級闘争の立場にはっきり対立しているということです。こうして、人間的尊厳が一方では非合理主義とむすびつき、一方では階級的な立場とはっきり対立させられているのが現状です。従って、革命的民主主義者たちの人間の尊厳についての唯物論的、革命的な把み方を改めてわれわれは学ぶ必要があると思います。因みに、ベリーンスキーの「ゴーゴリへの手紙」は、ドブロリューボフが大学一年の夏休みにひそかに写し書きしたものを読んで、非常に感激しています。

ヒューマニズムについて最後にもう一つどうしても言っておきたいのは体罰についてです。日本の学校の現状、とくに小学校を見ますと、体罰がきわめてさかんに行なわれています。いくら批判されようが、どうしようが、行われているのです。文部省にしても、一応通達は出しますが、体罰を実際に否定するということはやっていません。これは、学校教育法第十一条で、非常にはっきり否定されているわけですけども、法律があって実際はないのと同じです。ちょうど、帝国軍隊で、私的制裁は厳禁すると言われながら、誰でも知っていますように、どこでもぶんなぐっていました。それとちょうど同じです。すでに、明治になって新しい学校制度ができたときに、体罰は極めて明確に法律上否定されていたわけです。ところが政府も文部省も、それから教師自身も、それを現実に守ろうとはしなかった。

この体罰について、ドブロリューボフは無条件に、断乎として反対しました。まず、子どもの人間としての尊厳を、非妥協的に、無条件に認めなければならない。と同時に、子どもは理性的な存在なのだ、どのようにまだおぼつかない、知識もおぼつかないし能力も発達してなくても、理性的な存在として発達するのだということを非常にはっきり言っています。子どもに対して体罰を加えるということは、子どもの人間としての尊厳を侵す、つまり、人権の侵害であり、理性的存在としての発達の可能性を奪うことになるのです。ですから、この体罰については、程度の問題とか、こうこうこういう条件のもとでは、という条件的なものではなくて、無条件に、全面的に否定しなくてはいけないということを彼は非常に強調しました。

例えば、当時の非常に進歩的な教育行政官で、また、世界的に有名な外科医として知られていましたピロゴーフが、キーエフの学区監督官として、とくに中等教育の非常にすばらしい改革をやったのですが、彼はその一環として、中等教育（ギムナジア）の体罰についての規定を、わりあい細かく決めまして、体罰を制限したわけです。それに対して、ドブロリューボフは徹底的に批判しました。なぜ体罰を制限したのに批判をしたのか。これは詳しくは彼の「笞で破られる全ロシアの幻想」とその後の「一難去ってまた一難」という論文に出ておりますが、体罰を承認するか否定するかといった原則的な問題では、ほんのわずかの妥協も、すべてを否定することに通じるからです。彼は言います、「人間が飯を食うのをやめるということ、これはできない。しかし、体罰をなくすること、これは絶対に不可能ではない」と。しかし、現実にはなかなか困難だ。当時のロシアの現実、とくに家庭から、笞がなくならなければ、学校から笞を追放することはできない、という反論があったわけです。それに対して、ドブロリューボフは、「せめて学校の中だけでも笞をなくすことだ。社会から笞がなくなるのを待っていたのでは、いつまでしても笞はなくなりはしない」と反論しています。わたし自身が、体罰について非常にはっきりした確信を持つようになったのは、やはりドブロリューボフのこういう論文を読んでです。戦後一年半ばかり、最後の旧制中学の教師をやったときに、わたし自身もいいことだと思って体罰をやりました。グダグダ文句を言うよりも、ガツンと一ぱつ食らわして、男らしくやったほうがずっといいのだとすら考えました。これは、とんでもない過ちだったということを、彼の論文を読んで非常にはっきりわかりました。つまり、彼の場合は、人間の尊厳ということは何物にも代えがたいものだという徹底したヒューマニズムがありました。そして、これと結びついて、その人間の尊厳を守るためには、あらゆる努力をしなければいけない、この原則的なことではあらゆる妥協を排さなくてはいけないという明確な視点があったのです。こういった戦闘的なヒューマニズムと結びついた階級的な視点というものが、現在のわれわれには必要だと思います。

2　民族主義批判——国際主義

二番目は、民族主義の批判、国際主義ということです。すでに、本誌の「教育における民族主義批判」という論文で、ドブロリューボフの論文の中から、「真の愛国心とニセの愛国心」というところを翻訳して、それにわたしなりのコメントを付けたのがあります。ここでは、その彼の言葉から、一つだけ引きましょう。「われわれは小ロシア——ウクライナ——の人民と分裂する理由はない。もし小ロシア人自身がわれわれを十分信用していないとすれば、そのことに責任があるのは、ロシア社会の行政にあずかっている部分が参加してきた歴史的な事情であって、けっして人民ではない。」この「ロシア社会の行政にあずかっている部分が参加してきた歴史的な事情」などという長たらしい言葉は、いわゆる奴隷の言葉です。つまり、はっきりロシア政府、あるいは帝政だと言うわけにはいかないからです。ですから、こういうまわりくどい言い方をしているのです。ウクライナ人とロシア人が対立する、ウクライナ人がロシア人に対して不信を持っているといっても、人民同士に責任があるのではないのだ。これはウクライナに対して長い間、帝国主義的な抑圧を加えてきたロシア政府に責任があるのであって、人民の間では何も対立する理由はないのだと言っているのです。前に言いましたように、ドブロリューボフは、国民を、働いている人々と寄食者、の二つに分けるわけですが、それをあくまで一つの民族内部の対立・矛盾としてつかんでいるのです。民族対民族というふうにつかんではいない。また、真の愛国心は、人種だとか民族の間に壁をつくることとはまったく無縁だということを非常に強調しています。それから、おのれの民族について美辞麗句を述べたてるような愛国心、これこそまさにニセ愛国心である。それを煽っている反動どもは、己と同じ国の人民を出来る限り搾取し、同国人を平気で欺き、社会にとって有害で国家全体にとっても有害な醜行でも、私利のためには平気で行う。そして彼らは「己の祖国の中のたとえ一片の土地に対しても、己の権力を示す可能性があれば、侵略した外国の土地のような処置をとるであろう」とも言っています。しかし、反対に、民族などはどうでもいいのか、祖国などはどうでもいいのかと言いますと、そうではないのです。彼は亡くなる前、一年間ばかり外国に胸の療養に行きました。しかし、肺病の療養に行ったのですが、少しも療養らしい療養はせずに、彼が働いていた雑誌『同時代人』の特派記者としての活躍に力を注いで、結局そのために亡くなったわけです。そこで、彼はフランスのこと、イタリアのこと、ドイツのことなどいろんなことを書き送っておりますが、そのすべてが、ロシアの現状および今後のロシアの問題、つまり祖国の問題に全部、しぼられています。愛国心は国という制限された範囲に適用された人類愛なのだと彼は言っています。人類愛と結びつかないような愛国心は愛国心と言えないのです。その彼の言っていることを、彼自身が実行しました。現在、彼の研究者であるソ連のクルシコーフという人が次のように書いています。「ドブロリューボフは、西欧の進歩的な思想家の著作に含まれていた進歩的なものに肯定的な態度を取っていたし、彼らの書いたものを、すべて批判的総合的に把握していた。彼には民族的な制約はなかったし、ロシアの学問が哲学も合めて他国における学問の発展から万里の長城によって分離できるという考えをけっして許容はしなかった。けれども、それとともに、彼は、自分の世界観を育てあげた母国の民族的なものをも、ニヒルに忘れさせることはなかった」と。わたし自身も、この点で全く同感です。愛国心の問題は、もっとわれわれが理論的に深めなければいけないと思います。反動の側の愛国心を批判する場合もわれわれには愛国心など全く不必要だということで果していいのか。われわれ自身の愛国心というのは実はどういうことか、ということをもっとつっこまなくてはならないと思います。つまり、一方ではあらゆる民族主義から解放され、他方ではコスモポリティズムを否定する労働者階級の愛国心、国際主義と結びついた愛国心というものを、もっと理論的にはっきりさせることです。

3　自由主義批判

最後に自由主義批判を取り上げたいと思うのですが、その前にロシアのことをきわめて簡単に申し上げますと、一八五三年から五六年にクリミア戦争がありました。それから一八六一年に農奴解放がおこなわれました。このクリミア戦争の以前と以後というのは、ロシアの思想では非常に重要な分岐点です。非常にきびしい皇帝とまあそうでもない皇帝、あるいは検閲が非常にきびしい場合とさほどでもないと、いろんな動きがあります、国内の経済的発展の問題があります。外国との貿易の問題もあります。しかしそういった中でとくに重要なのは、クリミア戦争でロシアの帝政自体がもう農奴制をこのまま継続することはできないということを自覚せざるをえなくなってくるのです。帝政自体にそういう自覚が迫られてきたときとそれ以前とでは、自由主義というものの社会的な意義が非常に異なるわけです。いわゆる四〇年代といわれている時代には、自由主義は進歩的な役割を果たすことができた。ところが政府が、農奴制を何らかの形で上から改革しようと考え出したとき以後の自由主義の役割は、もはや進歩的な役割を持ち得なくなった。このことを非常にはやくつかみとったのが、ドブロリューボフなのです。そのことからツルゲーネフなどの自由主義的作家たちと対立するのです。

さらに、亡命していたゲールツェンとも断絶せざるを得ないという状況になります。ゲールツェンはロシアを離れておりました。そして、クリミア戦争以後のロシアの変化というものをそれほど的確につかむことができなかった。そういうこともあって彼は、ドブロリューボフがやりすぎていると、しかもそれは非常に危険だと考えました。彼は「ベリ・ディンジァラス!!!」という英文のタイトルで、おまけにビックリマークを三つもつけた論文を『コーロコル』（鐘）という彼がロンドンで出していた雑誌に発表しています。このことをドブロリューボフは非常に悲しみます。チェルヌィシェーフスキーがわざわざそのためにロンドンまでゲールツェンと話し合いに出かけるという一幕もあります。しかし、ドブロリューボフの自由主義批判というのは、わたしは、のちのロシア革命に通じる思想闘争の経過を見た場合に、非常に的確であったと思います。そのことは、ロシアだけでなくて、現在の日本の場合にも、非常に重要だと考えます。戦前、天皇制のもとでの自由主義、これは御承知のとおり、非常に弾圧されました。また弾圧されるだけの進歩的な要素を持っていたわけです。天皇制のもとでは、まずマルクス主義や無政府主義が弾圧されました。その次は自由主義と個人主義が弾圧されます。自由主義・個人主義は国体に反するのだという言い方はとくに太平洋戦争に入ってくるといっぱい出ます。つまり、当時は自由主義と個人主義は進歩的な役割をいくらかでも果たすことができたのです。しかし、戦後、天皇制がなくなり、資本主義の論理がストレートに貫徹していく。また現在、プロレタリアートの大群が、「中流意識」云々というようなことを言われていても、少なくとも客観的な存在として存在している。こういうとき、自由主義は、進歩的な役割を、少しも持っていないと断言していいのではないかと思っています。第一に、われわれは闘うということを非常に気安く言うのですが、しかし、闘うための武器は何も持っていないのです。反動の側は自衛隊を持っています。

これは最新の武器を持ち、組織的な訓練も受けています。その自衛隊は何も外国に向かうばかりではありません。ソ連に向かっているばかりじゃなくて、われわれにも向かっています。さらに、警察を持っています。裁判所を持っています。資本を持っていることは言うまでもありません。われわれはそんなものを何も持っていません。持っているのは何か。革命的な思想と組織だけです。思想の力と組織の力だけです。ところで、組織的な力というのは一体、自由主義と共存できるか。これはできやしません。このこと一つを取っても、自由主義というのは、戦後の日本では進歩的な役割を果たすことはできない。ところが、こう言っているわたし自身が非常に自由主義的です。とくに大学の教師というのは、これはもう、わたしも含めて、赤い言説をふり撒いていても、その本当の生き方は自由主義だ、というのが非常に多いのです。思想闘争というのは何も相手だけたたくのではなくて、自分の頭の中にある遅れた思想をたたかなければいけないわけですから、わたし自身もつねに自分の頭をたたきます。何々したほうがいい、しかしわたしはしたくない、これがつねにあります。非常にしんどいことは他人(ひと)に、その成果はわたしに。責任あることはできるだけ他人(ひと)に、自分で責任はとりたくない。こういう自由主義的な考え方、とくに実際の生き方、建て前でなくて本音の部分での自由主義です。おそらく皆さんの中にも、自由主義の一片も持たないという人はまあおそらく存在しない、ただそれが多いか少ないかの違いがあるだけでしょう。とくに現在のブルジョア社会に住んでおれば。

ところで、最近、武田清子さんが『日本リベラリズムの稜線』という本を岩波書店から出して、戦前の日本の自由主義者を六名ばかり挙げて彼らのリベラリズムを非常に高く評価しております。しかし、わたしは、それを読んでも、当時の社会での、リベラリズムの進歩的役割は認めるのですが、それを現在のリベラリズムの進歩性として評価することは決してできません。

ドブロリューボフの場合、例えば『オブローモフ主義とは何か』の中で、有名な、森の中の旅人の話があります。旅人たちが道がわからなくなって前へ進めなくなった。そのときに指導者が木の上へ上がって道を見つけようとする。ところが指導者は木の上にあがったけれども、そこに非常にうまそうな実がなってる。こりゃいいというので実をとって食いだす。道を見つける自分の使命を忘れてしまって、それを一所懸命に食っている。しまいには、その食ったカスを下に投げる。下では旅人たちが待っているわけです。いくら待っていてもこれはもうしょうがない。しまいに旅人たちは彼らの指導者を放ったらかしておいて前へ進む。こういうことが書かれております。これは、四〇年代には進歩的であったその指導者、つまりリベラリストが、もう六〇年代には指導者として役に立たなくなったばかりか、民衆に害を与えるようになった。そこで、民衆は彼らをもう放っておいて、自分たちで道を探して前進するということを暗示していると思うのです。いまさっきの体罰の問題でピロゴーフを批判した場合でも、ピロゴーフの自由主義的な妥協的態度を批判したわけです。

さらにドブロリューボフが、イタリアものとよばれる作品群の中で、いろいろ書いている中から、一つだけ引用したいと思います。彼は、カブールという伯爵とモンタランベールという伯爵を比較して、「二人の伯爵」という論文を書いていますが、その中でこういうことを言って、さらに、ヒューマニズムと結びついて、ドブロリューボフは、ほんとうの人間とは、働いている人々だと言っています。寄食者、つまり、自らは働かずに、働いている人間の上まえをはねている人間は人間と認めていません。はっきり、人間と「人間とは違うもの」とを区別しています。労働している人々、これは人間なのだ。徒食者というのは、人間ではないのだ。非人間だと言っています。ここで想い出すのはエンゲルスの言葉です。エンゲルスは『イギリスの労働者階級の状態』の中で「ブルジョアは労働者を人間とは見ていない、人間をたんに手（道具）としてしか見ていない」と言っております。ドブロリューボフはこれをちょうど逆の側から言ったのだと思います。彼はさらに、論文「闇の王国」や「闇の王国の中の一条の光」の中で、非常にはっきり言っているのです。働いている人々と寄食者の間には話し合いというのは不可能だと。検閲が非常に厳しいものですから、いわゆるイソップの言葉を使わざるを得ないのですが、人間をしばりつけた枷に対していくら説得してみても枷が自然にはずれるということはありはしないと言っています。それから、ジコーイ（これは暴君です）は、気にくわなかったら召使いでも奥さんでもなんでもすぐにぶん殴るが、このジコーイのゲンコツを説得して、彼のゲンコツでなぐられる人ができるだけ痛くないようにと、いくら言ってもだめなのだと。そういう暴君、（徒食者）を説得するのは言葉ではない、力なのだと言っています。このことは、労働者階級は、よく知っています。つまり、一応彼らは資本家と話し合いはやります、団体交渉としてやりますが。もし話し合いで納得できるのだったら問題はありません。ところが、そうはいかない。だからストライキをやりサボタージュをやります。ということは、話し合いだけではだめだということが、はっきりわかっているわけです。つまり、組織の力というものをバックにしなければ、相手に譲歩させることは絶対にできない。民主主義とは説得なのだ、だから説得によって相手を納得させるのだといくら言っても、その相手は聞く耳を持たないわけです、つまり寄食者（ブルジョア）は人間じゃない。ドブロリューボフはその点を非常にはっきり言っています。もちろん、マルクス主義の階級概念にはまだ到達はしておりませんけれども、そのもとになるはっきりした階級的視点、これはわれわれが学ぶべきところではないかと思います。

「彼、カブールは教養ある自由主義に身をゆだねていたが、しかし騒々しい運動はすべて彼を恐怖におちいらせていた。モンタランベールも議会主義の甘美さ、急激な大変化への嫌悪、合法性の限界内での節度ある自由の信奉者であった。つまり、二人とも特権の自由を好み、人民の自由を嫌っていた。」このように自由主義の性格を描いています。ロシアでは、農奴解放が上から行われた前後には、あちこちで農民の叛乱がおきてくる。十八世紀、十七世紀のような大規模なものはおきなくても、数の上では非常に増えてくるのです。とくに、農奴解放が六一年に行なわれますが、それがきわめていいかげんなものであったために、その改革が行なわれたのちに、農民の叛乱はずっと数が増えます。そういうような情勢の中では、自由主義者たちは、徹底した変革を非常に恐れるのです。はっきり言えば、革命を恐れる。現在の日本の場合でも、自由主義者というのは、無責任な言動はいくらでもやります。二〇年前に言ったことと、一〇年前に言ったことと、今言っていることがまるっきり違う。時勢の変化によって、まるきり違う。何の責任も取りません。言うことが変ったのが悪いというのではなくて、変ったのであればそれなりの理論的な説明をはっきりさせなくちゃいけない。日本共産党の場合、これの一つの例だと思うんです。教育というのは、階級的な闘い、とくにイデオロギー的な階級闘争がもっとも厳しく行なわれるところであると、教育は階級的なものであると、はっきり言っていたのです。現在は、まるっきり逆です。教育の中立性を守らなくちゃいけない、解放教育なんかやっている奴はこれは中立性の侵犯者だというので、文部省以上に、自ら取りしまろうとしている。これももし正しいのであれば、説明をすればよいのですが、教育の階級性というところから中立性へと変わった説明は、皆さん方もおひまな方はぜひ調べていただきたいのですが、どこにもありません。その他、学力の向上ということを言っていたのが、知らぬ間に、基礎学力と、「基礎」がつきました。こういうような変化というのは、もしそれが正しければそれはいいわけですし、堂々と説明もできるわけですけれど、何の説明もない。これは共産党だけではありません。共産党を批判する側にあるわれわれ自身も、自分みずからを振り返らねばなりません。この自由主義的ないいかげんさというのは、わたし自身も非常に持っておりますが、これはいけないことだと思います。とくに組織ということを考えた場合に、これをはっきり乗り越えねばいけない。もちろんこれは個人主義批判と結びつけてやらなければいけない。こういうことを、非常にはっきりと先進的に指摘をし、また実践をしたのが、他ならぬドブロリューボフであったということです。わたしの場合は、彼に余りにも惚れこんだために、なんでもかんでもドブロリューボフはいいんだというふうに言いすぎるところがあるかもしれませんが、しかし、どれほど惚れこんでも惚れ足りないというのが、まさにわたしにとってのドブロリューボフなのです。ですから、わたしは彼の著作を、死ぬまで翻訳しつづけていって、強引に公刊しようと思っています。日本でも、あの二五歳半で亡くなった革命的民主主義者ドブロリューボフからわれわれが徹底的に学ぶ必要が今後もあると、わたしは深く確信します。

（一九八九年三月）

ドブロリューボフの魅力
「闇の王国の中の一条の光」について

一

本誌第一〇号（『社会評論』一九七七年七月）で私がドブロリューボフの愛国心論を紹介したさい、彼の論文「闇の王国の中の一条の光」はすでに日本で翻訳・公刊されているらしいと書いた。しかし、その後この論文はまだ翻訳・公刊されていないことがわかり、そこで私がそれをしようと考えた。けれども、出版事情の悪化のため思うように事が運ばず、やっとこのたび公刊されることになった（一九八三年十一月、にんげん社）。

すでに一八八九年に二葉亭四迷によって日本へ紹介されたドブロリューボフは、戦後もその論文の幾つかが翻訳・紹介され、とくにロシア文学愛好者の間ではよく識られていた。けれども、最近の出版事情の悪化によって、彼の論文の新しい翻訳どころか既刊の翻訳書もそのほとんどが絶版になっており、最近の若い人々の間では極く少数の者を除いては彼の名前も知らないという状態になっている。従って、今回の出版に当っても、嘗て私が最初に公刊した翻訳集につけておいた彼の略伝を転載しなければならなかった。ここでも、その略伝をさらに要約したものを先ず紹介しよう。

ニコラーイ・アレクサーンドロヴィチ・ドブロリューボフ（一八三六〜一八六一）はヴェ・ゲ・ベリーンスキー（一八一一〜一八四八）、ア・イー・ゲールツェン（一八一二〜一八七〇）、エヌ・ゲ・チェルヌィシェーフスキー（一八二八〜一八八九）等と並んでロシアの専制・農奴体制の打倒のために生涯を捧げた革命的民主主義者であり、戦闘的な唯物論者である。

彼は当時のロシアの後進性という時代と社会の制約によって科学的社会主義に到達することができなかったとはいえ、今日の日本で流行している民族主義と議会主義と近代主義に汚染されてしまった「科学的社会主義」の信奉者たちとは全く比較にならぬほど徹底した革命家であり、無神論者であり、非妥協的な人権の擁護者であった。

彼は一八三六年二月五日、ニージニー・ノーヴゴロト（現在のゴーリキー市）の貧しい司祭の長男として生れた。

幼時には家庭で基礎教育を受け、一一歳でその地の初等神学校の最終学年に入学する。翌年そこを卒業して中等神学校文学科に進学したが、その学校の教育課程の制約性、ドグマ的教授法、宗教教育と忠君愛国主義的傾向には満足せず、彼独自の方法で学習領域を著しく拡大し、その学習に没頭した。とくにロシアと外国の文学・芸術作品、ロシア史と世界史、論理学、哲学、心理学に熱中し、詩や散文、脚本等を書き始め、その博識と独創性によって神学校の教師たちを驚嘆させた。その教師の一人と共にニジェゴロート県の俚諺（りげん）や民話を集めたのもその頃である。

父は彼に僧職を継がせようとして神学校に入れたのであるが、神学校の教育自体と教会および僧侶の実態は彼の僧職に就く意志を失わせ、逆にロシア正教教会と宗教そのものへの批判へと導いた。一八五三年、一七歳の時神学校を退学してペテルブールクの教育大学の歴史・言語学部に入学する。

高等学校（ギムナージャ）の教師になって若い人々を教育しようと彼は考えたのである。

しかし、教育大学に対する彼の期待は裏切られた。すなわち、学生に対する軍隊的な規制に加えて学長を始めとする大学当局の職権濫用が横行していた。彼はこれに対して、初めは個人的に、やがては集団的に断乎とした抗議を行い、五五年の秋からは手書きの非合法新聞『噂（スルーヒ）』を出し、その中で大学の不当な規制や乱脈、教育省の教育行政、さらには専制政治にまで痛烈な皮肉と諷刺をこめた糾弾を行う。同時に、神学校時代に引続き独自の研究に没頭し、義務的な学習から解放された全ての時間を読書と思索に費した。すなわち、プラトン、アリストテレスからルソー、ペスタロッチー、ヘーゲル、フォイエルバッハに到るまで、また、ロシアの進歩的な思想、とくにベリーンスキー、ゲールツエン、チェルヌィシェーフスキーの思想を精密に研究・吸収し、すでに二年生のとき（一八歳）には無神論と唯物論、そして革命的民主主義の立場が確立された。

しかし、大学入学の翌年、母と父を相次いで失い、孤児になった七人の弟妹の扶養という重荷を背負うことになった。弟妹はやがて親戚や知人に引取られたものの、その何れの家庭も裕福ではなく、そのため彼は弟妹への送金のために家庭教師や文筆の仕事を始めた。けれども、彼は金のために己の思想的立場を曲げはしなかった。例えば、ある娘の教育を引受けたさい、彼はその教育が「正教と専制主義に拘束されない」という条件を明確に出し、実際、反農奴制と人民解放の立場に立った進歩的な方法と内容で誠実に彼女を教育したのである。

大学を卒業する前年、つまり一八五六年の夏、彼はチェルヌィシェーフスキーと出会った。これは彼の生涯で最大の出来事であり、彼のその後の方向はそれによって決定した。すでに当時の最も進歩的な雑誌『同時代人（サヴレメンニク）』で戦闘的な批評活動を展開していた二八歳のチェルヌィシェーフスキーとまだ学生であった二〇歳のドブロリューボフはその最初の対面から互いに強烈な印象を受取り、互いに相手の非凡な才能と高潔な志向と感情を洞察したのである。そして、その時からドブロリューボフは『同時代人』誌に論文を掲載し始める。その最初の論文は五六年の同誌第八号と第九号に掲載された「ロシアの物語愛好者たちの話相手」であり、一躍公衆の注目を集めた。

一八五七年、彼は最優秀の成績で、高等学校教頭の資格を得て大学を卒業した。しかし、大学当局に対する彼の執拗な抗議運動の報復として学長は彼に与えられるべき金メダルを奪い、ペテルブールクで教職に就く道をも閉ざした。こうして彼は教師になることを諦め、『同時代人』誌の編集部に定職を得る。その年の終りから同誌の新刊紹介・批評部門を主宰し、同誌が彼の主要な演壇となったが、同時に、教育関係の論文は『教育ジャーナル（ジュルナール・ドリャ・ヴァスピターニヤ）』誌にも掲載していた。

ところで、ロシアの農奴体制は当時大きな動揺期を迎えていた。後進的なロシアの資本主義もその発展に伴って古い農奴体制は次第に桎梏（しっこく）となってきた。賦役労働と自由な労働との経済効率が経済雑誌で比較され、資本主義の発展という点からも農奴制が批判され始めた。農奴たちの暴動も各地に頻発していた。そして、五六年のクリミヤ戦争の敗戦はロシアの農奴兵がイギリス・フランスの自由な農民兵に敗北したことを世界に示したのである。このような事態の中で、何よりも革命を恐れたアレクサーンドル二世は、それを避けるために国家体制の自由主義的改革に着手し、五七年には農奴解放問題に関する秘密委員会を設け、「上からの農奴解放」の動きを始めるのである。こうして、ロシアにおいても自由主義は四〇年代の進歩的役割を失い、反革命の役割を引受けるようになった。この変化をいちはやく正確に捉えたドブロリューボフは、シチェドリーンの論文に関する五七年暮の評論によって自由主義に対する容赦のない批判を開始する。そして、翌五八年には、「ロシア文学の発展における民衆性関与の程度について」、「人間の知的活動および道徳的活動と結びついた身体の発達」、「ジェレプツォーフ氏のデッチ上げたロシア文明」等の論文によって戦闘的な唯物論と革命的民主主義の思想を歴史・文学・哲学・教育の分野に一貫させる。しかし、彼のそのような活動は、一方では検閲機関からの厳しい監視（そのため彼はペンネームを幾つも変えねばならなかったし、無署名にせざるをえなかったこともある）、他方では、同誌の同人中のツルゲーネフを中心とする貴族の自由主義グループとの対立を招いた。

五九年の初めから、彼は『同時代人』誌に諷刺欄『汽笛（スヴィストータ）』を設け、その主筆兼編集者となり、卓越した諷刺家としてもその真価を発揮する。また、専制と農奴体制の擁護者などの人民の敵に対して彼は計画的に徹底した批判の矢を集中する。「昨年の文学上の些事」、「オブローモフ主義とは何か」、「闇の王国」等の論文がそれである。しかし、六〇年に、ツルゲーネフの小説『その前夜』に対する評論「その日はいつくるか」の発表を契機として、同誌の同人の中の革命的民主主義グループと自由主義グループとの軋轢は一層昂進し、ドブロリューボフとツルゲーネフの間は決裂した。亡命中のゲールツェンが動揺したのもこのことに関連していたのである。

嘗て神学校時代には、校則に忠実な模範的な秀才生徒といわれたドブロリューボフも、もうこの時には正教と専制の敵となり、その才能と意欲とエネルギーの全てを人民の不幸を断ち切る闘いに捧げるようになっていた。そして、そのためには自分の個人的な希望や青年としての当然の欲望をも抑えたのである。しかし、夜を日に継いだ執筆と膨大な量の読書、それに神経をすり減らす検閲官との交渉という激甚な仕事によって彼は終に肺結核に侵されていった。一八六〇年五月末、チェルヌイシェーフスキーやネクラーソフなどの強い要請に屈して、彼は療養のため南の国々へ旅立った。しかし、一年余りの外国滞在中も彼の関心は決して祖国と人民から離れはしなかった。「摩訶不思議」、「ロシア平民の性格描写のための諸特徴」、「闇の王国の中の一条の光」、「二人の伯爵」、「トリノから」等の諸論文は全て外国から書き送られたものである。しかも、それら全ての論文においては、直接ロシアの問題を取上げたものはもちろん、フランスやイタリアの人物や事情を扱ったものでも、外ならぬ祖国ロシアの当面している問題に常に焦点が合わされ、専制・農奴体制とそれに妥協する自由主義への痛烈な批判が展開されている。

翌六一年七月、彼は健康を回復させないまま帰国の途に着き、八月にはペテルブールクに帰着し、再び激しい仕事に没頭した。しかし、ドストイェーフスキーの小説に対する評論「うちのめされた人々」を最後の論文として一〇月には病の床に臥したが、もはや再び起き上ることはできなかった。一一月二九日、彼はチェルヌィシェーフスキーとパナーエヴァに看とられながら、二五歳半という短い生涯を閉じた。翌年、チェルヌィシェーフスキーは次のような悲痛な歎きを表明している。「まことにもうこの二カ月半というものは、私は涙なしに過した日はほとんどありません。……私とて有用な人間です。けれども、彼より私が死んだ方がよかったのです。……誠にロシアの人民は己の最高の擁護者を失ってしまったのです。」彼の遺骸はペテルブールク南郊のヴォールコフ墓地に、彼の尊敬し、愛したベリーンスキーの墓石に並んで埋葬された。

二

さて、「闇の王国の中の一条の光」（一八六〇年）はア・エヌ・オストローフスキー（一八二三〜一八八六）の戯曲『雷雨』（一八五九年）に対する評論である（この『雷雨』は修道社の『ロシア文学全集、第35巻、古典文学集』、昭和34年の中で米川正夫氏によって全訳されている）。そして、それはその前年に書かれた「闇の王国」（日本評論社の世界古典文庫の一冊として石山正三氏が一九四九年に全訳しているが、今は絶版になっている）の思想をさらに発展させ、闇の王国＝専制体制の打倒の現実的な可能性を探り、人民の決起を呼びかけたものである。

そこでまず、論文「闇の王国」を一瞥しておこう。これはオストローフスキーの以前の諸作品（「身内のことだ――後でいい」、「つり合わぬ橇(そり)には乗るな」、「貧乏は罪にあらず」、「実入りの多い地位」等）に対する評論である。その中でドブロリューボフは文学と生活との相互関係、文学の民衆性、芸術作品の特性、形象の典型性、文学作品の内容と形式等の問題を探究しながら、ベリーンスキー以来の文学批評の原則、つまり、事実に基づく「現実的批評(レアーリナヤクリーチカ)」の原則を明らかにする。すなわち、「現実的批評は著者に他人の思想をおしつけることを認めない。その裁きの前に立つ者は著者によって創造された人物であり、また彼らの行動である。現実的批評はこれらの人物がそれにいかなる印象を与えたかを述べなければならない。そして、この印象が不完全であり、曖昧であり、両義的であるばあい、このことについてのみ著者を非難しうるものである。それは例えば次の如き結論を敢えてすることは決してない。すなわち、この人物は古来の偏見に対する愛着を持っている。しかるに著者はこの人物を善良な愚かならぬ者として描いている。従って著者は古来の偏見を美しく色づけて見せようと望んだのである、というが如き。否、現実的批評にとってはこのばあい何よりもまず、著者が古来の偏見にかぶれた善良な愚かならぬ人間を描いているという事実が問題となる。ついで批評はこのような人物が可能であるか、また現実的であるかを分析する。それが現実に忠実であることを発見するや批評はこの人物を生んだ原因その他についての自分自身の考察にうつる。もしも分析されている著者の作品中にこれらの原因が示されていれば、批評はこれをも利用し、そして著者に感謝する。またもし示されていなくとも、いかなればこそ著者はかような人物を、その存在の原因を説明せずして描き出すことを敢てしたかと称して、その咽喉に刃を擬して迫るようなことはしない。現実的批評が芸術家の作品に対するのは現実生活の諸現象に対するのと全く等しい。批評はそれらを研究し、それ自身の基準を定義づけ、それらの本質的な性格的特徴を集めることに努めるが、なぜこれが燕麦であって裸麦でないか、なぜに炭であって金剛石でないかについては少しも頓着しない。」（石山訳による）。この現実的批評の原則をオストローフスキーの諸作品に適用し、そこからロシアの現実、つまり専制・農奴体制の反人間的本質が明らかにされる。ドブロリューボフはいう、「彼らの虚偽な立場はこれまた『闇の王国』の一切の醜悪の一つの共通原因――暴君的専制の結果である。官吏社会においてそれは商人社会におけるよりも一層醜悪で憤激すべきものである。なぜならば、ここでは問題はつねに一般的利益にかかわり、権利と法との名によって粉飾されているからである。さらにまたわれわれはここにはもう無数のニュアンスと程度とを見るのである。そして、より高位になればなるほどそれだけ暴君的専制は内面的により厚顔となり、一般的幸福にとってより破滅的であるが、その外形においてはより体裁がよく、より堂々たるものがある。」（同右）。ここで石山氏が「暴君的専制」と訳している原語は頑冥固陋（がんめいころう）とか偏狭を意味する「サマドゥールストヴァ」であるが、ドブロリューボフはその語をまさに石山氏が訳しているような意味に用いているのである。厳しい検閲下にイソップの言葉を用いながらも己の思想を最大限に表現しようとしている戦闘的、革命的民主主義者の面目の一端をここにも見ることができよう。

ここ闇の王国＝ロシアの専制体制が生み出す様々な悪徳のあれこれにのみ目を向け、体制自体の責任と罪を個々人の背徳的な性格や行動に転嫁していたのが当時の自由主義的暴露文学であり、それを賞揚していたのが自由主義的批評である。ドブロリューボフはそれとは逆に個々の人物の背徳的な行動の根源となっている専制体制自体に批判を集中する。そして、専制・農奴体制の下での「平和な進歩」や「誠実な役人」に対する自由主義的期待の幻想性を明らかにし、専制体制下の「遵法感情」の反動性を指摘する。ここから彼は個々の独裁者（露骨なものもスマートなものも）を必然的に生み出す専制体制自体に対する現実的な力による非妥協的な闘いの必要性を示すのである。「何がこれらの陰鬱な人々（専制的暴君）を覚醒させうるであろうか。彼らのために苦しまなければならない不幸な人々を彼らから救いうるのは何であろうか。何ものも、通常の手段のうちの何ものもなしえない。自然ないかなる方法によっても彼らの概念と性格との改変に到達することはできない。彼らを目覚ましめるには何か異常な、極端な、暴力的なものが必要である。」（同右）。同様のことは「闇の王国の中の一条の光」の中でも強調されている。すなわち、「あなた方はどのような三段論法をもってしても鎖を説得してその鎖が囚人から解け落ちるようにすることはできないであろう。また、拳骨を説得してその拳骨で殴られる人が痛くないようにすることはできないであろう。同様にあなた方はジコーイ（商人で専制的暴君の一人）にもっと賢く振舞うように説得することもできなければ、また、家人たちに彼の気紛れを聴き容れないように説得することもできないであろう。つまり、彼は彼らを打ちのめすであろう。それだけのことである。」「ジコーイが何らかの説得によって矯正されると考えるなら、それは無駄である。……いかなる合理的な説得も、それが彼の目にはっきり見える外面的な努力と結びつかない限り彼の愚行を阻止できないのは明らかである。」と。

しかし、ドブロリューボフのこのような指摘は、話し合い、説得と納得、多数決、非暴力等々がたてまえとなっている今日の日本ではもはや時代遅れとなっていないか。また、それは今日の日本にも残されている前近代的要素といった特殊な部分にのみ例外的に適用されるに過ぎないのではないか。体制の根本的な変革、つまり革命ですら今日では平和革命が恰も唯一の正しい道であるかのようにいわれているではないか、等々。およそこのような疑問が浮かんでくるかも知れない。けれども、彼の指摘は現代の最も発達した資本主義社会にも全面的に適用しうるものである。彼は科学的階級理論には到達できなかったとはいえ、搾取者対被搾取者という社会の基本的な階級対立は明確に把握していた。論文「ジェレプツォーフ氏のデッチ上げたロシア文明」の中で、彼は社会を「働く人々（リュージトルジャーシチイエサ）」と「徒食者ども（ダルモイエードフ）」とにはっきりと区別し、徒食者は搾取の可能性がある限り、様々な形をとりながらも必ず働く人々を抑圧し、差別し、搾取すること、また、徒食者は前近代的専制君主であれ、最も現代的な資本家であれ、人間的な理性と感情を失った非人間的な存在であること、従って、彼らを説得しても無駄であり、現実的な力によって屈服させる以外に方法がないことを指摘している。話し合いや説得と納得というのは、あくまで人民の間のことであり、徒食者に通じはしないのである。この指摘の正しさは、今日の賃金闘争一つをとってみても明瞭になる。労資の話し合いで、説得と納得で問題は解決せず、ストライキというささやかな物理的力を背景にしなければ資本からの僅かな譲歩もかち取れないことは今日の労働者が身に沁みて感じているであろう。革命ということになればなおさらである。平和革命といっても、革命には変りはなく、政権の盥回し（たらい）や禅譲などでは決してない。説得と納得によって文字通り平和に、和気藹々（あいあい）の中に行われるようなものではない。流血がないというだけのことであり、権力に武力弾圧を諦めさせるだけの人民の圧倒的な力が前提にされるのはわかりきったことであろう。

三

以上のように極めて簡単に特徴づけた論文「闇の王国」の論旨を戯曲『雷雨』を素材にしてさらに発展させたのが「闇の王国の中の一条の光」である。

この論文ではまず、『雷雨』に対するスラヴ主義や西欧主義の側からのスコラ的・美学的批評、自由主義的批評の破産と反動性を批判しながら、ドブロリューボフは事実に基づく現実的批評の原則を簡潔に再説する。そして、文学の意義は宣伝にあり、作品の尺度は「ある時代やある民族の自然な志向をどれだけ表現しえているか」によって決まるという彼の見解を対置する。この「自然な志向」とは「全ての者が豊かで良いように」ということ、すなわち、あらゆる差別や抑圧に反対し、人権の平等の実質的な保障を求めることである。また、「オストローフスキーがロシアの生活に深い理解を示しており、また、その生活の最も本質的な側面を鋭く生き生きと描写する偉大な手腕を持っている」ことを『雷雨』に即して再確認する。すなわち、ロシアの生活の中に現われている「権利の要求、人格の尊重、抑圧と専横への抗議を……その道徳的な側面だけでなく、日常的・経済的側面をも」描き、その抗議の「現実的な可能性」を示していることに彼はオストローフスキーの勝れた点を見たのである。

次に、闇の王国の狂暴な外見にも拘らず、すでにその土台が揺ぎ始めていることを暴君どもや周囲の者の言動に基づいて彼は指摘する。「けれども——不思議なことに！——その争う余地のない無責任な闇の支配の中にあって、ロシアの生活の暴君どもは己の気紛れに完全な自由を与え、何事においてもあらゆる法律と論理を無視しながら、しかし彼らは何事に対してか、また何故かは自らわからずに、ある不満と恐怖を感じ始めているのである。全てはこれまで通りであり、全てがうまくいっているように見える。つまり、ジコーイはその気になれば誰に対しても罵言を浴びせている。……カバーノヴァ（女暴君）はこれまで通り己の子どもたちを恐怖の中に閉じこめており、息子の嫁に昔からの作法を全て遵守するように強い、錆が鉄を腐蝕するように彼女を腐蝕し、己は完全に誤りがないと考え、そしていろいろなフェクルーシャ（女巡礼）のような人間どもから煽られている。しかし、彼らはやはり何だか不安であり、うまくいっていないのである。彼らの知らぬ間に、彼らの許しを得ずに別の原理を持った別の生活が成長していた。そして、その生活は遠くにあってまだよくは見えないが、しかし、もう己に対する予感を人々に与えており、暴君どもの専横に悪夢を送っている。彼ら暴君どもは怒り狂って己の敵を探し求めており、例えばクゥリーギン（町の発明家）のような最も無害な者に襲いかかろうとしている。しかし、彼らが絶滅できるような敵もいなければ罪人もいない。つまり、それは時間の法則、自然と歴史の法則の当然の結果であり、従って時代遅れのカバーノヴァどもは、己よりも強い力が存在し、それに己が打ち勝つことができず、どうやってそれに迫るかということさえわからないと感じて喘いでいるのである。彼らは屈服したくはない（それに、今のところ誰も彼らに屈服するよう要求してはいない）が、しかし、彼らはちぢこまり、小さくなっている。……」

これは外ならぬロシアにおける専制・農奴体制の動揺を示すものである。すでに略伝の所で触れたように、ツァーリ一味はこの危機を「上からの」自由主義的改革によって切り抜けようとする。ロシアの農奴制に特有の醜悪な外被を捨て、部分的な譲歩によって帝政と人民搾取の本質を維持し、革命を回避しようとしたのである。そして、ロシアの自由主義者たちはこの動きを歓迎し、それに同調していた。しかしドブロリューボフはチェルヌイシェーフスキーなどと共にこのような自由主義的妥協に断乎として反対していた。例えば、論文「笞で破られる全ロシアの幻想」（一八六〇年）では、農民に対する地主の笞打ちの自発的制限を嘲笑し、高校生に対する体罰の厳重な規制（それは裏をかえせば体罰の原則的な承認）を痛烈に批判した。「闇の王国の中の一条の光」においても、当時流行の暴露文学のエセ進歩性を批判し、それとは逆に、オストローフスキーの戯曲が体制自体に対する本質的批判を志向している点を明らかにしている。すなわち、当時の作家たちがすでに「部分的な現象、一時的、外面的な社会の要求をとりあげ、そしてそれを描写して多少の成功をしていた。それは例えば、公正な裁判、信教上の寛容、健全な行政、専売の廃止、農奴制の廃止等々の要求である。また、別の作家たちは生活のもっと内面的な側面をとりあげていたが、しかしそれは極めて狭い範囲に留まっていて、決して全民衆的な意義は持っていないような現象を見つけていた」のである。他方、オストローフスキーは「ロシア全体が強く感じており、その声がわが国の全ての生活現象の中で聞かれ、そしてそれを満足させることがわれわれの今後の発展にとって不可欠の条件となっているような共通の志向と要求を捉えていた。」そして、「喜劇作家としてのオストローフスキーの作品の中には現代のロシアの生活の志向が極めて広範に、その否定的な側面から表現されている。虚偽の諸関係とそのあらゆる結果をわれわれに対して明瞭な色彩で描きながら、彼はそのこと自体によってもっと良い体制を要求している志向に共鳴しているのである。……権利の要求、合法性の要求、人間に対する尊敬の要求――これらがこの醜悪事の底から全ての注意深い読者に聞えてくるものである。」このようにオストローフスキーとその作品の特徴を明らかにすることによって、ドブロリューボフは部分的な改良や譲歩ではなく、「相互関係の新しい、一層自然な体制を求める志向」、すなわち革命による体制自体の根本的変革への要求が人民の中に存在することを明らかにし、それを宣伝していたのである。

体制は動揺しており、人民の中には革命の要求が秘められている。しかし、動揺はしていても今なお強大な力を持つ帝政がおとなしく人民の要求に屈し、人民に権力を譲り渡すことはありえない。人民の側にも、革命への要求が秘められながら、そして各地での農民暴動という形でその要求が部分的に表明されながら、それを権力打倒という強力で広範な運動に結集する組織と指導者が欠けていた。近代的な労働者階級がまだ形成されていないこの段階において革命の主体は、最も虐げられておりながら最大の生産力であった農民大衆である。従って、すでにベリーンスキーから始って革命的民主主義者たちは全てこの農民大衆に期待し、その革命的な志向に信頼を置いたのである。しかし、重要なことは、彼ら革命的民主主義者たちがロシアの農民大衆の現状の遅れた、否定的な側面に追随したわけでは決してないという点である。ベリーンスキーが農民の中の無神論的な傾向を高く評価したように（「ゴーゴリへの手紙」）、ドブロリューボフも農民の中の人権の意識、不屈で果敢な行動力に注目したのである（「ロシア平民の性格描写のための諸特徴」）。農民の中に秘められたこのような積極的な側面はひとり農民大衆に限らず、人民の他の階層にも見られたのである。従って、革命において最も信頼しうるこのような側面・性格を明確に示し、遅れた、反動的なものはもちろん、妥協的で無節操な雑物とはっきり区別することが革命のための組織の環・中心部隊の形成という点でも、指導者を考える点でも不可欠の、焦眉の問題であった。ドブロリューボフは論文「オブローモフ主義とは何か」（五九年）や論文「意図の良さと活動」（六〇年）において、口舌の徒ではなく、己の思想と志向を実行に移しうる人間を時代が要求していることを指摘したが、それは抽象的な言行一致とか単なる実践家一般を示したのではない。己の個人的な利害の枠外には出ようとしないプラグマティックな行動人、他人のことは眼中になく己の衝動の赴くままに行動する人間、小成に甘んじて己の正当な志向を最後まで貫きえない中途半端な実践家でなく、己の利害と社会の利害を結びつけることのできる人間、不屈の意志を持った果敢な実践家でなければならなかった。ドブロリューボフは小説『オブローモフ』の中のオーリガ、『その前夜』の中のエレーナと同様に『雷雨』の女主人公カチェリーナにその典型を見たのである。すなわち、「その性格は何よりもまず、あらゆる圧制の原理に反対することによってわれわれに感動を与えている。われわれの前に現われているその性格には本能的な狂暴性や破壊性もなく、しかしまた高度な目的のために己自身の問題を調整する実践的な巧妙さもなく、無意味で大げさなパトスもなく、かといって外交的、ペダンティックな目算もない。そうではなくて、その性格は一途に果断であり、ありのままの真実に対する感覚に終始忠実であり、新しい理想に対する信念に満ち、そして己が嫌悪する諸原理のもとで生きるよりは死んだ方がましだという意味で没我的である。それは抽象的な原理によって導かれるのではなく、実用的な考慮や瞬間的なパトスによって導かれるのでもなく、単にその天性によって、その全存在によって導かれているのである。性格の中のその円満さと調和の中にこそその力が存在しており、そしてあらゆる内面的な力を失った古い野蛮な諸関係が外面的・機械的結びつきによってずっと支えられている時こそ、その性格の本質的な必要性が存在する」のである。この性格は「いかなる障碍に会おうとも己を持ちこたえるであろうし、力が足りない時にはそれは亡びるであろうが、しかし己を売りはしない。」こういった性格の水準こそ、ロシアの「民衆生活がその発展の中で到達しつつある高さ」であり、本当に「頼ることのできる真の性格の力」であることをドブロリューボフは明らかにしたのである。

こうして、『雷雨』に対する現実的批評という方法によって人民の蜂起を呼びかけたドブロリューボフは、その論文を次のような自信に溢れた力強い文章で結んでいる。

「われわれが示した思想が果して『雷雨』に全く無関係であるか否か、われわれが無理矢理に押しつけたものかどうか、それとも、その思想がこの脚本自体から出ており、その脚本の本質となり、その直接の意味をはっきりさせているか、を読者自身に判断させよ。……もしもわれわれが誤っていたならば、そのことをわれわれに証明し、この脚本に別の、もっと適切な意味を与えるがよかろう。しかし、もしわれわれの考えがこの脚本に適切なものであれば、われわれはさらに次のような一つの問題に答えていただくようお願いする。すなわち、果してロシア人の生き生きとした天性がカチェリーナの中に表現されていたか、彼女を取巻く全ての人々の中に果してロシアの環境が示されているか、ロシアの生活の中で生れてきている運動の要求が果してこの脚本の中に、われわれが理解しているように現われていたか、という問題である。もし〝否〟であれば、すなわち、もし読者諸氏がよく知っているもの、己の心に親しいもの、己の不可欠の要求に近しいものを何一つここに認めないとすれば、そのばあいはもちろん、われわれの努力は無駄だったのである。けれども、もし〝然り〟であるなら、すなわち、もし読者諸氏がわれわれのこの小論を検討されて、本当にこの芸術家が『雷雨』の中でロシアの生活とロシアの力に対して決定的な行動をするよう呼びかけていると認められるなら、そしてもし読者諸氏がこの行動の合法性と重要性を悟られるなら、その時には、わが国の学者たちや文学上の裁判官どもが何といおうと、われわれは満足するであろう。」

このような堂々とした文章をあの極めて厳重な検閲制度のもとで公表するのは、帝政の打倒という崇高な使命に対する不退転の確信と人民に対する衷心からの愛と信頼なくしては不可能であろう。今日のわれわれはこの点についてもこの偉大なロシアの革命的民主主義者に謙虚に学ばなくてはならないと考える。

（一九八四年一月）

『オブローモフ主義とは何か』の現代的意義

はじめに

ドブロリューボフの『オブローモフ主義とは何か』という論文は、彼の論文の多くがそうであるように、文学評論という形式をとっている。また、それは単に形式だけではなく、本来文学評論はどうあるべきかという一つの典型ともなっている。とくに、この論文の初めに展開されている「芸術のための芸術」批判は、ベリーンスキー、チェルヌィシェーフスキーと並んで、十九世紀四〇年代、六十年代のロシアの偉大な「現実的批評」の原則を提示しているのである。そして、その後に続くゴンチャローフの長篇小説『オブローモフ』に即した具体的評論は、その「現実的批評」の展開に外ならない。

けれども、この文学評論という形式と「現実的批評」という内容を、現在一般に使用されている文学論という狭い枠の中に閉じこめることはできない。十九世紀ロシアの革命的民主主義者たちの最大の関心とその努力目標は、農奴制と専制政治、およびそれと結びついたロシア正教の打倒であり、人民の政府の樹立であった。しかし、帝政の苛酷な弾圧と極めて厳しい検閲制度のもとでは、体制の根幹にメスを入れる政治批判や社会評論を直接展開することは不可能であった。そこで唯一つ残されていたのは文学と文学批評の領域であった（もっとも、これまた厳しい検閲にさらされてはいたが）。

革命的民主主義者の闘いが主として文学評論という形式をとっていた最も大きな原因はそこにあり、さらに、そこから「現実的批評」の原則も確立されてきたのである。ドブロリューボフのこの論文も、ゴンチャローフの小説の評論であると同時に、ドブロリューボフ自身の社会・政治批判なのである。

この論文の現代的意義は文学評論の領域においても極めて大きいといわなければならない。この論文が戦後初めて邦訳されてからもう三十年になる（金子幸彦訳、岩波文庫、五二年一月）が、日本の文学および文学評論において、この論文がもっと積極的に利用される必要があろう。幸いなことに、この論文の邦訳は、論文『その日はいつ来るか』とともに七五年に岩波文庫から再版されたし、一昨年その抄訳も出た（ドブロリューボフ、ゲルツェン、福田、海老原訳『革命的民主主義教育論2』、明治図書）。この機会にわれわれは、教育、とくに人間の思想形成の面からこの論文のもつ現代的意義を考えてみよう。

一　環境と教育の決定的意義と現代のオブローモフ主義

この論文の教育思想上の第一の意義は、人間形成における環境と教育の決定的役割を明らかにした点にある。前述の海老原氏の抄訳がこの点を中心にしているのも当然であろう。

最近の教育反動の強化、とくに子どもの学習権の平等性を否定する傾向に即応して、人間の肉体的、精神的成長における遺伝的因子や先天的素質の過大視が再び頭をもちあげてきている。人間形成における先天的な要素と後天的な要素が何れも決定的なものではないという相対主義も依然として強い。しかし、すでに十八世紀のフランス唯物論（エルヴェシウス、ディドロー、ラ・メトリー等）によって、人間形成における後天的要素、すなわち環境と教育の決定的意義は古典的に明らかにされている。これが継承・発展されてマルクス主義の科学にまで徹底されたことは周知の通りである。ロシアにおいても、マルクス主義が紹介・普及される以前に、革命的民主主義者たちによって、このフランス唯物論の原則は確実に把握され、さらに批判的に発展させられたのである。ここでは、この点を改めて証明するのではなく、ドブロリューボフのこの論文に即して、彼の見解を見ていこう。

まず、オブローモフとはいかなる人間であるのか。「お人よし」で完全な「怠け者」である。そして、彼の性格の主たる特徴は「地上に生起するすべてものに対する無関心から生れる、完全な無気力にある」（ドブロリューボフ・金子幸彦訳『オブローモフ主義とは何か？　他一篇』、七五年、岩波文庫、一九頁）。しかし、彼が「不活動を本質的な根本的な特質とするような、ある特別の種類の人間に属していると想像してはならない」（同二五頁）。この性格は「彼の外面的な立場に起因するものであり、また彼の知的、精神的発達の状態に起因するものでもある」（同一九頁）。この性格は「決して生来的な現象ではなく、……純粋に後天的な現象である」（同二六頁）。つまり、「彼の怠惰と無関心とは教育（養育）と環境との結果である」（同三三頁）。このようにドブロリューボフが断定するとき、彼の判断には少しの独断もない。彼はオブローモフの成育を詳細にリアルに描いたゴンチャローフに忠実に依拠しているのである。地主貴族、つまり「だんな」の家庭に生れたオブローモフは「小さい時から物をもってきたり、世話をしたりする人間がついている。おかげで彼は不精者たることに慣れている。そこでしばしば意志に反してさえ、無為に時を過ごし、遊惰に日を送る」（同二〇頁）、こうして、心身ともに全く普通の素質を持って生れながら、次第に彼の「内部の力は必然的に『なえしぼみ』」（同二三頁）、「自分の希望の可能性と実現性とを計量することができなくなり、手段を目的に適応させる能力をすっかりうしなってしまい」（同）、「まじめな、自主的な行為に対する嫌悪」（同二四頁）が身についてしまう。また、生れた時から大勢の召使いに囲まれ、人のためにも己のためにも身体と心を働かせることはなく、「人生のはじめにおいて生活を裏がえされた姿でながめる」（同二四頁）。つまり、己と己をとりまく人々との関係、「まわりの全ての物に対する自分の本当の関係を理解」せず（同二九頁）、「生活というものを自分のために意味あらしめることを知らず」（同三一頁）、「生活の中に目的を見ることができず、適当な事業を見出すことができない」（同三四頁）のである。だから「自分が何をすることができ、何をすることができないかをよく判定することができない――従ってまた何かをまじめに実際的に望むこともできない」（同二四頁）。彼はただ「空想することをこのみ、空想が現実とふれ合う瞬間をひどくおそれる。そこで彼は物事をだれかほかの者におしつけようと努める。もしだれもいないばあいには偶然をあてにする」（同二四〜二五頁）ようになる。これはもう「惨めな精神的奴隷状態」（同二七頁）以外のなにものでもない。

以上、ドブロリューボフの要約に従って、オブローモフの生れ育った環境と教育の恐ろしいほどの力を見てきた。次に、現代日本の青少年の間のオブローモフ主義＝四無主義（無関心、無気力、無責任、無感動）を生み育てている環境と教育をオブローモフのそれと比べてみよう。オブローモフは「身分からいうと貴族、官等からいえば十等文官」であり、父母の死後「三百五十人の農奴を一手に所有する身にな」り、その遺産から「七千もしくは一万ルーブリの収入を受取るようになった」（ゴンチャローフ・米川正夫訳『オブローモフ』(1)一〇八頁、岩波文庫）。現在の日本の青少年は、その圧倒的な部分が勤労者の家庭に生れ、農奴所有どころか、母親も働きに出る家庭が次第に増えている。両者の生れと環境は全く違うのであるが、しかし、青少年に対する影響という点では、その差は次第になってきたのである。そして、その差をなくしてきたのは六〇年代の高度経済成長以後の環境と教育の悪化である。まず自然が破壊され、公害で汚染され、道路は車の洪水となり、子どもの自然な遊び場が奪われた。都市の子どもだけでなく、田舎の子どもさえ緑の山野で遊び戯れることをやめている。電話と車の急速な普及は子どもの歩行を制限してしまい、農村での機械化と全国的な家庭電化、さらに受験競争の激化は子どもをお手伝いから解放し、彼らなりの労働を奪ってしまった。オブローモフと同じく、彼らも自然の中で身体を自由に動かせて遊ぶことも、家庭の中で働くこともない。学校教育の中でもこの欠陥は補われてはいない。日本の子どもには常時ザハール（奴隷）がついていないだけである。しかし、受験期になれば多くの母親がザハールとなり、子どもに仕えることによって、子どもをザハール以下の奴隷に仕立てている。また、自然な遊びを奪われた結果、自然発生的な子ども集団もできず、それを補う教育的な子ども集団も殆んどない。逆に排他的な競争が押しつけられ、青少年は常時人々の間にいながら絶えず孤独感と無力感と焦燥に満ちている。その上、卑俗な漫画とテレビが青少年の無為と無精、非人間的な妄想をかきたて、「偶然をあてにする」オブローモフ主義を身につけさせている。

オブローモフはシトーリツの家に送られてシトーリツの父親からドイツ式の初等・中等教育を受けるが、オブローモフ自身の怠惰と両親のオブローモフ主義的干渉によってその教育も台無しになり、大学も単に慣習的に終えるだけである。日本の青少年はその九割以上が高校教育を受け、四割近くが大学に進んでいる。教育内容も方針も極めて「現代的」である。しかも、オブローモフの時と違って、競争が極めて厳しいのである。けれども、両者は共に「さまざまな、不必要な学問のなかを通りぬけてはきたが、それらの一つとしてこれを生活に適用することを知らない」のである（『オブローモフ主義とは何か』、三八頁)。つまり、現在の日本の教育も現実の生活と労働から全く切り離されているのである。しかし、オブローモフと今日の青少年の間には決定的な差が二つある。第一に、オブローモフは社会の発展に何一つ役立たないだけでなく、その妨害物であった。日本の青少年は、現状がいかに否定的傾向を示していても、彼らを除いて他に社会発展の原動力はなく、環境と教育の変革によって、彼らはその真価を発揮することが十分に期待できるのである。そして第二に、現状での生存可能性である。オブローモフは完全な怠け者で、おまけにお人好しであったため、周囲の者から様々な方法で掠め取られるけれども、親の遺産によって、零落しながらも何とか無為のうちに一生を送れたのである。今日の日本の青少年はそのような状態にはない。多数の親が、たとえ「中流」の実感を持っているにしても、現実には生産手段から完全に解放されているので、実際の中流地主であったオブローモフの親のように子どもの将来の生活の物質的保障をしてやることはできない。また、オブローモフの親は農奴を搾取し、徒食していたが、今日の日本の親は額に汗をしながら、賃金の上だけでなく、物価と税金の高騰によって二重、三重に搾取されている。そして、「中流」意識とは裏はらに、自らの老後の生活に対する不安はますます増大しているのである。従って、彼らの子どもたちが将来生き残る道はオブローモフ流の無為と怠惰では全くない。現体制に順応し、激烈な排他的競争に勝ち残り、大多数の仲間の犠牲のうえに己の生活を確保するか、仲間の団結の力によって現体制を変革して、徒食と搾取の根源である私有財産を廃し、自らの労働によって豊かな生活を築いていくかの何れかしかない。今日の高度に発展した独占資本のもとでは、農奴解放令前後の古いロシアのばあいと全く異り、強力で広範な人的能力政策によって、青少年はすでに就学前から選別の対象とされ、成長するに従ってますます激しい競争の中に投げ込まれている。他方、当時のロシアと異って、現状変革の主体であるプロレタリアートの大軍が現に存在している。にもかかわらず、今日では、徹底した民族主義と議会主義、中流意識と非合理主義によってその階級意識の成長が妨げられ、分裂によってその力は極めて不十分にしか発揮できない状態におかれている。そのため、せっかく次々と訪れる独占体制の危機も労働者大衆の上に転嫁されてきているのである。このようにして、将来に対する階級的な展望を持てなくされた多くの労働者は、己や子どもの問題を個人的に解決する方向に進み、子どもの将来を「真剣に」考えれば考えるほど現体制に順応し、受験競争という独占の人的能力政策を下から支え、己の子どもを生贄としてそこに駆りたてている。そして、このことが青少年の間のオブローモフ主義をますます拡大・深化させるという悪循環を生んでいるのである。

以上見てきたところから、今日のオブローモフ主義もかつてのロシアのオブローモフ主義と同様に、それが生み出され、育て上げられてきた今日の環境と教育の根本的な変革以外には、その克服の道がないことは明らかであろう。論文『その日はいつ来るか』の中でドブロリューボフは次のようにいっている。「おのおのの個人の発達に影響をもつものはその人の個人的関係ばかりではなく、その人が生活すべく運命づけられた社会環境全体である」と（同一三八頁）。彼のいう社会環境全体とはもちろん国家的な環境、つまり社会体制である。そして、個々人の発達に対する社会全体の影響についてのこのドブロリューボフの指摘は現在の日本には一層の真実性を帯びてくる。明治以降、行政、教育、軍事を中心に中央集権が強固に貫かれてきており、国土が狭い上に現在のように陸海空の交通網が張りめぐらされ、さらに、一瞬のうちに雑多な情報が国全体の各家庭の中に浸透するようなマス・メディアの発達している日本では、国全体の動きから切り離された家庭も個人も存在しえない。従って、環境の変革というばあい、国家環境、すなわち国家体制の変革こそが基本となり、それと結びつかない家庭環境や地域環境の変革は、まるで無意味ではないにせよ、極めて効力の乏しいものであろう。さらにわれわれはここでドブロリューボフの語っているあの象徴的な森の中の旅人たちを想い起す。旅の途中、不案内で危険な森の中に踏みこんだ一団の旅人は、危険を逃れ、道を探すために高い木の上に登った先駆者から、正しい方向への道の開拓という実際的な助言を期待していた。しかし、その期待は裏切られる。先駆者と思われたのは実はオブローモフでしかなかったのである。そこで無益な期待を投げ棄て、群集は自ら力を合せて道を拓り開いていく。このオブローモフを生んだのは以前の環境であったが、群集の現実的な自発的行動を生んでいるのは現在の厳しい環境なのである。つまり、現在の闇の王国そのものの中に、それを打ち砕く現実的な行動への要求が現われ、群集の自発的行動が呼び覚されているのである。このばあい、一団の旅人、群集という言葉によって、ドブロリューボフはロシアの人民大衆＝農民を考えていた。十七世紀のスチェパン・ラージン、十八世紀のプガチョーフの蜂起のような大規模な農民の叛乱は十九世紀に入ると見られない。しかし、農奴制に対する農民の抵抗が弱まったのではなく、その抵抗の範囲が拡大していったのである。「農民騒擾の数は一八四二年から一八四八年までに五倍にふえた。『解放』の直前の五十年代の終りには、当時のロシアのすべての県の半数である二五の県が騒擾にまきこまれた。」（ポヴロフスキー、岡田、石堂訳、『ロシア史I』、勁草書房、一三六頁）。現在のわが国でも、かつての三井三池の大闘争や六〇年安保闘争のような大規模な盛り上りは見られず、ここ数年は春闘も連敗している。しかし、独占に対する人民の抵抗は決して弱くなったのではない。抵抗の範囲が拡大し、多様になっているのである。以前に沈黙していた小企業の労働者のストライキや紛争、公害に対する住民の抗議、人権擁護のための各種の闘いは一段と広がっている。問題は、それらの自発的な闘いを統一し、環境の根本的な変革、国家体制の変革にまで導く労働者の階級的な自覚が妨げられていることである。今日の労働者が、ドブロリューボフのいうように、現実の「世間や社会に対する自分の関係を明らかにすること」(同三二頁)が不可欠なのである。日本の労働者が、超階級的な民族主義や議会主義を説く「先覚者」を見捨て、自らの「中間層意識」や非合理主義を克服し、自らの階級的立場と使命を自覚することが急務なのである。教育についていえば、「教育の中立性」、「教育の私事性」、「国民の教育」等々といった甘美なオブローモフの夢を打破り、それを現実的に批判、克服することであろう。

二　オリガの形象と革命的実践

ドブロリューボフのこの論文からわれわれが学びとるべき第二の点は革命的な実践ということである。

この論文では、オブローモフの怠惰と無気力に対して、「自分が何をすることができ、何をすることができないかをよく判定し、……何かをまじめに実際的に望むこと」、「まじめな、自主的な行為」(同二四頁)が対置されている。また、「働く意志と能力」(同二九頁)、「生活というものを自分のために意味あらしめ」(同三二頁)「生活のなかに目的を見、……適当な事業を見いだす」(同三四頁)ことが対置されている。そして、もしこれが対置されるべきものの全てであれば、それは外ならぬシトーリツの形象であり、オリガではないように見える。なぜなら、オリガは伯母とともに遺産で豊かに暮しており、働く必要もなく、ゆうゆうと外国に旅することさえできるからである。一方、シトーリツは幼い時から厳しい自主独立の教育を受けて育った。「八つの年から父に指導されて地図の見方を覚え、……無学な百姓や町人や職工などの差し出す勘定書きの合計をやらされたりした」（前掲『オブローモフ』(2)、三頁）。オブローモフとは逆に、危険ないたずらをしても、「男の子が自分の鼻なり人の鼻なり、がんと一つくらわせないようだったら、ろくなものじゃありゃせんよ」と父親はいうのであった（同四～五頁）。少し成長して、父の経営する私塾の助教をやらされるが、「父はドイツ式をまる出しに、まるでわが子を職工扱いにして、月十ルーブリという給料をとり決め、帳簿に受取りまで書かせ」ていた（同一〇～一一頁）。大学を卒業したシトーリツに父は百ルーブリの紙幣を与え、自立させるためペテルブルクへ送り出す。そのさい、父は息子の相談相手に自分の友人の名を挙げ、そのアドレスを教えようとするが、自主的な息子はそれを断る。こうして都へ出たシトーリツは「オブローモフと同い年であり、従って三十を超していた。一度就職したが、間もなく官を辞して、自分の事業に従事するようになり、父親に広言切った通り家も手に入れ、金も儲けた。彼はいま、外国に商品を輸出する一商会に参画している」（同二〇～二一頁）。「彼には無駄な動きがない……。一定の予算によって生活し、一日一日を貨幣の一枚々々と同じように扱って、時や、労力や、精神力や、ないし感情の力を消費するにしても、一秒一刻もコントロールを弛めない。」「人生に対する率直な見方、即ち真直な正しい見方――これが彼の不断に懐抱している課題であって、絶えずその解決を求めて努力しながら、如何にそれが難事であるかを悟っていた。」「経験という実践的な真理の分析にかけられないものは、彼の目から見て光学上の偽り、視覚器官の網膜に映じた光線と色彩の反射に過ぎなかった」（同二一～二三頁）。このようなプラグマティックな商業資本家としてのシトーリツの特徴を見るとき、「オブローモフの一点一画、一挙手一投足、否、その全存在がシトーリツの生活に対する烈しい抗議ではないか？」（同二七頁）と思われるのである。あのピーサレフですら、後に撤回したとはいえ、シトーリツをロシアの生活理念の発展における肯定的な原理の表現だと考えたのも理由がなくはない。それは、アガーフィア・マトヴェーエヴナの無自覚な献身をロシア人の理想と見なしたグリゴーリエフなどのばあいとは丸で異るのである。戦後の日本でも、戦前、戦時中の無力な「青白きインテリ」への批判もあり、労働者や学生の行動、実践が尊重されてきた。プラグマティズムの思想と教育がそれに拍車をかけた（もちろん、「はいまわる経験主義」への批判はあったが、それもプラグマティズムの根幹に触れる批判とはならなかった）。それと並行して、理論や思想が軽視され、身体で受止めたり、肌で感ずる経験主義と実感主義が成長していったのである。口舌の徒に対して行動人が尊重されるのを一概に否定することはもちろんできない。それは、不まじめな人間に対してまじめな人間が、無責任な行動に対して責任ある行動が尊重されるのと同様である。口舌の徒や、不まじめで、無責任な人間はわれわれの社会には無用である。しかし、行動人、まじめな人間、責任感のある人間を抽象的に、無条件に評価することはできないし、また危険でもある。その人間がいかなる方向に向って、何を実践し、何に対してまじめで、何に責任をとっているのかが問われなければならない。もし社会発展の方向に逆行し、排他的な、誤った事柄に対して、まじめに、責任ある行動をしているとすれば、その行為の客観的なマイナスの影響、人民に対する害悪は、その行動がまじめで、責任感に溢れていればいるだけ大きくなる。われわれは、戦時中のまじめな、責任感溢れる実践的教師の苦い経験を忘れることはできない。そして、方向の正しさ、行動の選択的確性は、徒らな行動自体からは決して明らかにならない。

ここで再びシトーリツに戻ろう。彼は、すでに見たように、当時の一般のロシア人とは全く異った行動人であり、オブローモフとは正反対の人間に見える。けれども、ドブロリューボフは（ゴンチャローフも）シトーリツを理想のタイプとはしていない。それはなぜか。六十年代のロシアの民主陣営の中で、「言葉」と対置された「行動、仕事」という語は、単なる行動や実践を意味するのではなく、革命的な活動、農奴解放闘争を意味するイソップの言葉であった。シトーリツは、その積極的な行動性にもかかわらず、その行動が彼個人の生活（とオブローモフとの友情）以上には出ておらず、当時のロシアですでに聞えていた新しい社会への息吹きとも無縁であった。ドブロリューボフはこのことを次のようにいっている。「シトーリツはまだロシアの社会的な活動家としての理想には達していない。……彼の足もとには沼があること、彼のちかくには古いオブローモフの村があること、広い道にでてオブローモフ主義からのがれるためには、まだ森をきりひらくことがあることを忘れてはならない。このためにシトーリツは何かをしたであろうか。……だがこれなしには、われわれはこの人物に満足することはできない。われわれは次のことだけはいえる。すなわち『ロシア人の心に理解しうることばでわれわれにむかって、《前へ！》というこの全能の一語を語りうる』人間は彼ではないと」（『オブローモフ主義とは何か』七七頁）。

シトーリツでないとすれば誰か。「行動――ことばによってではなく、頭と心と手とをともに動かす、現実の行動をする」（同五六頁）人間、「自分たちをおしつぶそうとしている環境との、おそろしい、命がけのたたかいの必然性の自覚に徹し」（同五七頁）ている人間は誰か。ドブロリューボフはオリガの中にその暗示を見ている。そして、われわれ自身で『オブローモフ』を読むことによって、その暗示の正しさを知ることができる。オリガは『その前夜』のエレーナのような行動はまだとらない。つまり、民族解放に身命を捧げるインサーロフの後を追って、自らもその大事業の中に身を投じたエレーナの実践はまだオリガには呼び覚されていない。しかし、オリガは、ロシアの直面している最大の障碍、オブローモフ主義を自らの行為によって粉砕するのである。彼女は善良なオブローモフを愛し、「彼への、彼の精神的改造への信頼から活動をはじめる。長いあいだ、たゆむことなく、愛情とやさしい配慮とをもって、彼女はこの男のなかに生活を目覚めさせ行為を呼びおこすために努力する。……彼女は、おどろくべき分別をもって、彼の天性のなかに現われていたあらゆるいつわりをたちどころに見やぶる。そして、常ならぬ率直さをもって、これがいかにして、またなぜいつわりであって真実でないかを彼に説明する」（同七九頁）。しかし、彼女のこのような努力にもかかわらず、彼はついに目覚めることはなかった。こうして、「彼のくだらなさを確信するにいたったとき、彼女は彼への愛のまちがっていたこと、そしてもはや自分の運命を彼に結びつける決心はできないことを彼に率直に話す。……彼女は自分の行為によって彼を抹殺するのである」（同八〇～八一頁）。こうして、彼女はオブローモフを見捨て、「自分でもよくわからないのであるが、その何かを求める。ついに彼女はそれをシトーリツのなかに見いだして、彼とむすびつき、そして幸福である。しかしそこでも彼女はとどまろうとしない。活動をやめようとはしない。あるさだかならぬ問題や疑惑が彼女を不安にする。彼女は何かを究明しようとしている」（同八二頁）。他方、シトーリツは、この「あるさだかならぬ問題や疑惑」を究明しようともせず、むしろ「心をかき乱すような問題との大胆なたたかい」をはっきり避けようとしているのである。しかし、彼と暮しながらも、オリガは「その闘いにそなえ、それをまちこがれている」のである（同八三～八四頁）。従って、シトーリツがそのままの状態であるなら、オリガはドブロリューボフのいうように、シトーリツをも見捨てて前進することは間違いないであろう。このオリガの典型が文学作品の上でさらに明瞭に示されるのが『その前夜』のエレーナであり、インサーロフである。そして、それがさらに明確な典型として示されるのがチェルヌイシェフスキーの小説『何をなすべきか』のヴェーラであり、ラフメートフであろう。エレーナとインサーロフについては、論文『その日はいつ来るか』の中で、ドブロリューボフはその革命的意義を十分明らかにしている。チェルヌィシェーフスキーのヴェーラとラフメートフの形象はドブロリューボフの死後に発表されたので、彼の評論の対象にはならなかった。けれども、彼が亡くなる前年（一八六〇年）、外国から書き送った論文『ロシア平民の性格描写のための諸特徴』には、オリガやエレーナやインサーロフとは全く異った出身、つまり、農民出身の新しい典型の革命的意義が明らかにされている。ウクライナの女流作家マルコ・ボフチョーク（エム・ア・マルコヴィチ）の短篇集の評論という形をとったこの論文では、ロシアの人民の「従順さ」や「辛抱強さ」を嘆賞する自由主義者とは反対に、人民の中の「純粋で、意志の強固な、そして、活動的な性格」にはっきり注目している。たとえば、農奴の娘マーシャに現われている専横と人身的隷属への徹底した反抗、農民エフィームの中に見られる精力的で果敢な要素等々である。そして、ドブロリューボフはいっている。「彼（エフィームに象徴される農民）から決して奪いとることのできないものが一つある。それは力である。また、認めざるをえないことが一つある。それは、この力をからかうのは危険だということである」と。

このように見てきたばあい、われわれは、オブローモフ主義に対置されるべき行動・実践が私的で打算的なプラグマティズムのそれでは決してないことを知る。それはまた、排他的な自我の投企などという非合理な実践と異質なものであることももちろんである。それは、社会体制の革命的な変革という集団主義的、合理的実践であり、行動でなければならない。

おわりに

論文『オブローモフ主義とは何か』から、われわれは、環境と教育の決定的意義と、その環境と教育を変革する革命的実践という二点を学んだ。この論文が書かれた時には、まだロシアにはプロレタリアートの階級は存在せず、ましてその前衛党は出現していなかった。だから、社会の変革を農民に期待せざるをえなかったのである。しかし、革命的民主主義者たちの身命をかけたこの期待は、その後プロレタリアートとその前衛党の出現によって立派に果たされたのである。今日のわが国にはすでにプロレタリアートの大軍は存在する。そして六十年も前から前衛党も存在を続けている。ドブロリューボフが心から待ち望んだ純粋で果敢な革命的実践も行われて来た。従って、今日の社会変革のための主体的条件はすでに整っているように見える。しかし、「その日」はまだ日程にのぼってはいない。客観的条件が熟していないのであろうか。もちろんそれもある。けれども、それより遙かに重要な問題は、内部の敵を見過ごして、外部に敵を求めている「前衛党」の基本方針であり、政策であろう。現在の日本には、オブローモフが無数にいる。しかし、すでにオリガもエレーナも、インサーロフも、そして、マーシャやエフィームも、さらにヴェーラやラフメートフさえ現に存在している。しかし、彼らの個々の実践によっては基本方針、政策を訂正することはできない。戦略の誤りを戦術で補うことはできないからである。この基本方針、政策が正される時にこそ、「その日」は日程にのぼるであろう。しかも、その基本方針への正しい批判はすでに党外からも出ているし、党の方針に基づくまじめな実践の客観的な誤りが明らかになることによっても逆に次第に明らかになってきている。

（一九八二年五月）

終章　エピローグ

「裸足の少女」佐野由美　1998 年作。
生活のために路上で物売りをする少女。
ネパール、パタンの町で見かけた光景。

〔寄稿 1〕大阪の解放教育
——大阪府立柴島(くにじま)高校の解放教育実践からみて——

松本直也
（元 大阪府立柴島高校教員）

1 はじめに

『人権教育』という言葉で今日呼ばれている教育の内容は、非常に広くまた多様化している。そうした状況を全国的なレベルで同和教育に取り組んできた私達の取り組みの発展として評価すると同時に、同和教育がこれまで大切にしてきた被差別の（社会的マイノリティーの）子どもたちの権利保障という重要な視点を子どもたちの権利一般の保障という取り組みに置き換えたり、解消することをもって捉えてはならない。何故ならば、「社会的マイノリティーの子どもたちの権利保障なしにマジョリティーの子どもたちの権利保障もない[1]」からである。

いうまでもなく、日本における同和教育の本格的な展開は、一九五〇年代に被差別部落を校区にもつ義務教育の教師たちが目の前の子どもたちの置かれた悲惨な状況を見過ごすことなく被差別部落に入り込み、子どもたちが置かれた悲惨な状況が部落差別の結果であることを見抜き、せめて学校の中では部落差別をなくす取り組みを始めようと全国同和教育研究会（全同教）に結集し、その研究成果を全国に発信し始めたことからである。（この取り組みは、一九六五年同和対策審議会答申を受けて以後飛躍的に発展してゆく）

この流れが大阪に波及し質量ともに発展してゆくのは、一九六〇年代後期から七〇年代にかけてのことであり、それは燎原の火のごとく大阪市を中心に展開され全大阪へと発展していった。この同和教育の展開が更に在日外国籍の子どもたちや障がいを持つ子どもたちの権利保障の取り組みへと広がりを持つ中でそれらを総称して解放教育と呼ばれ取り組まれてきたのである。この稿ではそうした観点から解放教育を捉え、とりわけ大阪の高校における解放教育について考えてゆきたい。

2　大阪の高校における解放教育

大阪の高校における人権教育は一九七四年創立の大阪府立（以下略）松原高校・長吉高校、七五年創立の柴島高校・西成高校の四校の創設により始められた。それらは当時の大阪における府立高校増設の機運の高まりを受け、地元地域の熱い高校設立運動（それぞれ地元部落解放同盟支部が中心となった地域住民運動）を背景に実現した。その中心を担った解放同盟支部の願いとは、ようやく展開されてきた小・中学校における同和教育が当時全国的にも珍しい「高校間格差」と「輪切り進学指導」により高校段階で寸断されてしまう状況を打破し、高校における同和教育の展開をというものであった。従って設立された四校は必然的にその当初からこれまでの高校教育を根底から見直した新たな高

校作りを担うこととなったのである。（この具体的内容は本稿では略す）

3　大阪の解放教育

これまで全国的に展開されてきた同和教育はそれぞれの抱える地域の社会・経済・文化状況により異なり、それぞれが様々な特徴をもって展開されてきた。そうした中で、大阪における解放教育の特徴は①（反差別）生徒集団作り、②三者（家庭・学校・地域）連携による学校作りの二点にあるといえる。

①（反差別）生徒集団作り

「集団が個人の自由な発達を保障するばかりではなく、集団なくしては個人の自由な発達もない」[2]ことから、戦後民主主義教育は集団主義思想に基づく実践を展開してきた。大阪の解放教育は更にその上で、集団の目的を所属員の自由と平等一般に置くのではなく、反差別＝社会的マイノリティーの子どもたちの自由と平等に置いて取り組まれてきたのである。つまり、あらゆる差別を許さない＝反差別生徒集団作りである。

②　三者（家庭・学校・地域）連携による学校作り

従来より義務制諸学校の教育は高校教育よりも民主的であるとされてきたが、その根本的理由はそれぞれの学校での子どもたちの発達段階にあるのではなく、学校と家庭・地域との距離＝学校が進める教育が家庭・地域の願いをどれだけ受け止められているかという点にあるのではないか。更に解放教育を推進してゆく上で社会的マイノリティーの家庭及び社会的マイノリティーが多く居住する地域の教育への願い・思いを受け止めた教育を展開することは当然の帰結である。大阪ではこの点を重視した教育に留意してきた。

4　高校での反差別生徒集団作りの実践

一九七五年創設された柴島(くにじま)高校は、地域の熱い願いを受け、それまで地元の小・中学校が進めてきた同和教育を高校段階で引き継ぎ、当時の第2進学区（大阪市東淀川区・吹田市・摂津市・茨木市・高槻市）全域に広げる新しい学校作りを目指して取り組んだ。しかしながら柴島高校は早々に大変な荒れ（背景には偏差値重視の「輪切り進学指導」とその結果としての底辺校としての位置づけがあった）に直面した。校内暴力や差別落書き・発言が続発した。こうした状況下で、地域の熱い期待を背負い地元集中受験運動で入学してきた子どもたち、とりわけ被差別部落出身生徒たちは「一切の差別を許さない地元高校を」との熱い思いを継いで、自分たちの力で「荒れ」の克服を目指し、以降の柴島高校での解放教育の展開と定着に大きな力を発揮していった。

この取り組みに大きな力を発揮したものが反差別生徒集団作り（校内では「シンドイ子を中心にすえた生徒集団作り」）であった。その端緒を担ったのが被差別部落出身生徒や在日韓国朝鮮人生徒たちが中心となった自己開示の取り組みであった。生徒たちは4月当初の「クラス開き」で、それぞれがどういう思いで高校生活を送ってゆくのかという決意を述べ、自分の社会的立場や家庭状況を新しいクラスの生徒たちの前で自ら語っていったのである。それは自分の立場を宣言することを通して、自分自身が置かれている立場から逃げずに向き合ってゆく決意表明であり、同時に仲間や理解者を自ら獲得・拡大してゆくと同時に自分が胸を張って生きてゆく環境＝人権が尊重される社会を作ってゆくという目的を持った行動であった。この四月当初の「クラス開き」がやがて学年生徒全体を巻き込んだ「学年開き」、更には一九九二年一月には「誇れる柴高(くにこう)作りの思いを託す全校集会」へと発展してゆく。これは、それまでの三年間の自分たちの取り組みの思いを答辞にまとめ、一・二年生全クラスに配布していたものを後輩全員に語り継ごうとはじめられたものであった。(3)

「誇れる柴高作りの思いを託す全校集会」での発言から

○私達一五期生は、自分の生活について話したり、被差別部落や朝鮮人の仲間が自分のことを語ったりして、本当に信頼出来る仲間を作ってきました。その仲間と励ましあい、支えあって頑張ってきました。そして様々な取り組みを行い「誇れる柴高作り」を進めてきました。この集会はその思いを1、2年生に伝えてゆくために持たれました。ですから一人一人が自分のことを真剣に語ってゆくので、聞く方も真剣に聞いてください。

○ウチもまだ未熟やし、何もちゃんとしたこと言われへんけど、母子家庭とか、片親しかおらん、両親おらんとか、被差別の立場に立ってるとか、ちゃんと誇っていけるくらい頑張っていかなあかんから、話ししなあかんと思うねん。

この集会の成功以降、柴島高校ではこうした反差別生徒集団作りの伝統が定着し、自己開示の取り組みは二〇年以上経過した今日でもなお継続して取り組まれている。[4]

注

（1）『国際化時代の人権教育』――柴高人権教育の創造と展開――、一九九二年二月刊、明治図書

（2）『教育反動との闘いと解放教育』、横田三郎著、一九七六年五月刊、明治図書

（3）テレビ番組放映、毎日放送「映像90　伝える言葉」、一九九一年二月放映

（4）テレビ番組放映、ＮＨＫ「ＥＴＶ特集『自分を語り、人とつながる』――春・柴島高校一年二組――」、二〇〇九年六月放映

〔寄稿 2〕大阪府立松原高校の「一切の差別を許さない」学校づくり

牧野統治
(元 大阪府立松原高校教員)

大阪府立松原高校(以後、松高)は一九七四年[1]、当時同推校(同和教育推進校)であった松原市立松原第三中学校を中心とした地域の熱心な地元校育成運動によって開校された。創立以来、「一切の差別を許さない」学校づくりを教育目標に掲げ、その目的を実現するために、高校間格差を否定して、部落出身の生徒を核としたたくさんの生徒が仲間とともに入学してきた。私はその創立二年目から参加し、一年生の担任からのスタートとなった。以後、「総合学科」へ改変される前年の一九九五年まで二〇年間、学校づくりに関わることになった。

当時は、学力(成績)をもとにして高校を選ぶ横割り受験の時代であり、そのことが高校間の格差を助長していた。部落解放運動の高まりの中、縦割りで「一本の大根」として進学できる高校を地元にという要求で実現したのが松高である。地元松原市立松原第三中学校から、被差別部落の生徒たちと共に、地元校づくりの気持ちを持った生徒がたくさん入学してきた。なかには親の反対を押し切ってまで進学を決めた生徒もいた。この生徒たちの強い思いに応えるために、私たちは全く前例のない学校づくりに取り組み始めた。

目的を持ったクラス作りに向けて中学校との連携

既設校では入学以前に中学校と連携することはほとんどない。しかし、松高ではクラス作りに向けて、合格発表直後から全教職員で手分けして地元の中学校[2]を始めとして、生徒たちの出身中学校を訪問する。松高の教育方針を伝えながら、中学校側から新入生の生活実態（家庭状況、経済的な問題、配慮すべき点）や人権問題に対する姿勢（仲間意識、人間関係）などを聞き取った。

これに基づいて被差別の生徒たちをクラスの中心に据えたクラス編成を行い、きめ細やかな指導の必要性から複数担任制を敷いた。

クラス開き

四月、生徒たちの最初の出会いは「クラス開き」である。単なる自己紹介ではない。ムラの子（被差別部落出身生徒）は自らの立場を明らかにし（部落民宣言）、差別を許さないクラスにしたいと訴える。また、松高を差別のない学校にしたいという連帯の発言が続く。当然、中学校で立場を明らかにしてきた生徒であっても、差別のことを知らない生徒を前に立場宣言するというのは、本当に不安であり勇気のいることである。それでも彼らが宣言するのは差別のことをわかってほしいという強い気持と目の前の仲間を信じてのことであり、自分は差別から逃げないで闘っていくという決意表明でもある。したがって、宣言は本人の成長の証しであると同時に、闘いの始まりでもある。一方、学校間格差でもって松高を選んだ生徒たちにとっては始めての体験であり驚きの連続である。担任も緊張感を持ってクラス作りの第一歩を踏み出す。

親の気持ちを受けとめられる生徒へとの思いで家庭訪問を開始

すべての生徒をより深く理解するために、「足で稼ぐ」を合言葉に、早い時期に学年をあげて家庭訪問を実施する。教師は学校で生徒の姿を見ているだけでは十分ではない。生徒の姿をより深く理解しようと家庭に足を運ぶ。彼らの居場所がそこにあるのか一目瞭然で理解できることも多い。更に、担任は家庭訪問で、生徒の家での様子と親の子供への思いを直接聞いていく。その上で、生徒には親の苦労とその思いを少しでも理解できるようになること求めた。そういうことが高校生活を頑張りきれる力となり、安易な中退を許さない力ともなった。家庭訪問を通して、私たち若い教職員は教師としての自覚と責任の重さを実感する。家庭訪問は生徒のためでもあるが、何よりも教師自身の生徒理解のための活きた研修であった。

生活を語るHR合宿

クラス開きをさらに深めるために1学期半ばに宿泊合宿を実施した。スポーツやリクレーションなどの集団行動を含めクラスごとに分宿し、夜はHR合宿の中心となる「生活を語る」ミーティングが始まる。このため早くから担任は個々の生徒に生活を語る意義について話し込む。準備をしても思い通り行くとは限らない。生徒も教師も緊張しながら、夜のミーティングを迎える。「クラス開き」を深めるため、被差別の生徒たちは悩みながらも親の仕事や部落差別の厳しさ、差別のないクラスにしたいと口火を切る。一般的に十六歳の生徒が自分の親のことを見つめることなどなかなかできることではない。しかし、差別の厳しさや親が苦労した話が出る中で、差別を知らなかった生徒も、厳しい生活のことや親の苦労を語りだす。真剣な語りにみんなの心が動く。ＨＲ開きでは話せなかった生徒たちも、語った生徒の思いに応えようと、戸惑いながらも、自分のこと、親のこと、生活のこと、父子・母子家庭であること、中学では荒れていたこと、自分の中にも差別する心がまだあること、在日であることなど、真剣に語り出す。長い時間をかけての話し合いで、自分のことを語った生徒の思いを真剣に受け止めようという雰囲気がみんなの心に生まれ始める。もちろんその場では語ることをためらい言えなかった生徒もいる。立ち会った教師にも一人ひとりの生活と思いや課題が少しずつ見えてくる。このような体験は多くの生徒にとって初めての体験であり、貴重な財産となる。このことを通して、生徒は、自分だけでなく、他の生徒たちの立場にも理解を示し、世の中に少しずつ目を向けることができるようになる。

差別事件の多発と「れんたい学習」の取組み

開校当初、数年間は差別事件が連続する時期が続いた。解放運動の前進とそれに対するねたみ意識の増加という背景もあり、落書き事件や差別発言が起きた。その都度、全校で取り上げ、被差別の生徒たちが中心となって差別への怒りと不当性を訴えた。被差別部落出身生徒や彼らに連帯する生徒たちは踏ん張った。他の生徒たちもそれまでとは違って差別はやっぱりよくないことだと思い、自分の問題として考え始める。これを契機に教師は部落問題を中心としたさまざまな社会問題を取り入れた「れんたい学習」の教材を作り、ＨＲで計画的に実施していく。

屠場見学などの系統的な校内同和研修

校内研修の場として、支部の協力も得て、ムラの産業でもある屠場の見学も何度か実施した。厳しい労働の現実や仕事への誇り、就職差別や結婚差別、部落差別の中で高校へも行けなかった悔しさ、子どもたちには差別に負けない力、誇りを持った生き方、学力を身につけて欲しい…等々のムラの親たちの差別体験を直接聞くことは、松高の解放教育の原点を確認点検する機会であった。このようなムラの人たちの思いを受け、新しい高校づくりの土台が固まっていく。支部の松高にかける思いは「部落解放は教育に始まって教育に終わる」という当時の松原支部長の言葉に集約されている。

荒れを許さない取り組み

新設校では小さな荒れを見過ごすと一瞬にして学校全体が荒れてしまう。この共通認識のもと、小さな揺れや規律違反にも教師集団としてしっかりと意思統一し、取組む必要性を強く感じることがあった。

初期の頃は、差別への怒りは強いが現実の厳しさに荒れていく生徒や無原則な行動に走る生徒も出てきた。生徒への指導において、教師の間に少しでもくいちがいがあれば、生徒はそこを鋭く突いてくる。したがって、彼らの指導にあたっては、「力のある教師」に任せるのではなく、教師集団として同じ要求を確認し、一致した姿勢で指導にあたった。また、例は少ないが、生活が荒れている生徒に関わって、より早い時期に学校を離れて、長期の生活合宿を実施し、展望を持って、以後の高校生活が送れる取り組みをした。支部高校友の会の指導と協力も得ながら、結果として生徒を学校につなげることができた。差別を許さない学校づくりには規律が必要であるという点で教師集団は一致した。

教育労働条件を洗い出し、府教育委員会と交渉、加配獲得へ

このような差別を許さない学校づくりには、既設校では考えることができないような仕事が質量ともに増大し、夜遅くまで走り回ることは日常的なことであった。この現状を打破するために、教育条件の改善に学校ぐるみで取組んだ。中学校訪問と生徒の現状を報告する中高連携、増大する家庭訪問件数、懲戒件数、補習を始めとする学力保障の取り組み、「れんたい学習」（人権学習）の内容の検討、高校友の会活動への参加、毎週開催の同和教育推進委員会、学年会、職員会議、各部会の会議、等々。更に差別事件への対応など、一般的な高校現場と比べれば教職員の労働条件は比べものにならない厳しいものであった。そのため、解放教育の実践を将来的にも保障するために、上記のような教師の労働実態を洗い出して「白書」にまとめ、組合分会と支部の協力も得て、学校をあげて大阪府教育委員会と交渉を繰り返し、加配（定数をこえる教員の配置）をはじめとする労働条件の改善を勝ち取った。

「準高生」（交流生）の取り組み

創立五年目に地元中学校より重度の障がいのある二人が準高生（交流生）として仲間と共に松高に通うことになる。二人は松高でプレールームを拠点に仲間との交流を開始した。障がいのある二人はこれまで小・中学校と地域で仲間と共に生きてきた。そのような経験をもとに高校ではなぜそのことが認められないのかという率直な疑問から、仲間と共に松高に行こうという取り組みが始まった。学校としては障がいのある生徒の受け入れは初めてのことであり、教師として、当初は二人にどう接していけばいいのか、車椅子での階段の上り降りは誰がするのか、全てのことが初めての経験で心配なことばかりであった。しかし、そのような教師集団の不安を振り払ったのは、ごく自然な形で障がいのある二人と接し、共に歩もうとする生徒たちの姿であった。登下校も含めて先頭に立ってムラの子や仲間の生徒が車椅子を押し、休憩時間や昼休みにはたくさんの仲間がプレールームに集まり、ごく普通に二人を囲んで学校生活を送る生徒たちの姿を見ることできた。教師の方が生徒に教えられることが多かったように思える。準高生は毎日の学習と交流と共に、遠足や体育祭など全ての学校行事に仲間と共に参加した。これ以後、毎年仲間と共に障がい者を受け入れていく取り組みが継続された[3]。このように障がいのある生徒に関わることで、障がい者のことを身近に考えられ、思いやりを持った生徒たちが育っていく。彼らは卒業後も地域に根を張って共に生活し交流する場を築いている。

戦争は最大の人権侵害であり差別であるという位置付けで平和教育に

創立以来、毎年八月六日を全校平和登校日と定め、反戦・平和教育に取り組んだ。当時は大阪では平和教育に取り組んでいる中学校はあったが、高校ではほとんどなかった。生徒自治会や部落研部員、希望する生徒たちと教師で「広島現地調査団」を組織し、夏休みに、被爆地ヒロシマに直接、足を運んで、平和公園や原爆資料館等を訪れた。また被爆体験者で平和運動に取り組んでおられた方々、反核平和運動の活動家広島大学名誉教授の森滝一郎さん[4]、広島平和記念資料館館長の高橋昭博さん、「生ましめんかな」の詩人の栗原貞子さん、語り部の活動をされていた佐伯敏子さんをはじめとする多くの人にお会いし、被爆体験と平和への思いを聞き取った。これをもとに平和登校日には現地調査団の報告を始めとして、全校生徒に戦争の悲惨さと平和の大切さを訴える大切な学校行事となった。

「広まりと深まりを求めて」府高同研の取組み

私は松高での最後の五年間、松高の実践をもとに他校との交流を求めて、兼務で大阪府立高校同和教育研究会（府高同研）の研究部長を引き受けた。府高同研は解放教育（同和教育・人権教育）に取り組んでいる府下の高校の実践交流の場であった。松高と同じような経緯で出発した府立柴島高校、西成高校、長吉高校からの実践報告をはじめとして、それ以外にも、生徒を中心に据えて人権問題に地道に取り組んでいる府立高校の教師の参加も得て、今まで以上に現場に根ざした実践交流を行うことができた。日常的な実践交流とともにフィールドワーク、講演会、宿泊合宿等に取り組み、府高同研は大きな広がりと深まりを実現できた。現在は大阪府立学校人権教育研究会（府立人研）と名称変更し、新たな人権課題に取り組んでいる。

教師の集団主義

差別を許さない高校づくりのために、クラス作り、学校作りにあたっては集団主義の原則でのぞんだ。班づくりと集団づくりである。このことをやり遂げるには教師の集団主義こそが必要である。教師集団が一致せずして生徒への集団作りは実現しない。そのことをいい加減にすると指導は行き届かない。教職員は教育信条も経験も多様であり、意見がぶつかり何度も対立した。長い時間をかけて、具体的な生徒像を出し合い、方針を決定する。しかし、長い議論の末、最後は生徒のことで一致をする。同じ姿勢で向かうことができたのもこのような教師の集団主義があったからこそである。

解放教育の成果

部落解放運動の高まりと地元校育成運動の取り組みの中で、松高の一切の差別を許さない高校づくりは、全国的に見ても他に例のない画期的なものとなった。

横田三郎先生が述べられているように、平和と民主主義、人権を守りぬくことこそが労働者の立場である。更に、民主教育は、公平で中立な立場で実現するという一般論では決定的に不十分である。そうではなく、差別されている立場の側に立ちきるということである。部落差別を正面に据えて、少なくともその解決に向けて努力するということである。在日の問題、障がい者問題、女性問題等も同様の運動と闘いの中で前に進んできた。生徒たちに即して言えば、経済的に苦しい生徒、家庭に問題を抱えている生徒たちも差別と向き合って初めて、社会的な広がりの中で自分のことを考え始める。それは劣等感や差別意識からの解放でもある。被差別の生徒だけでなく、周りの生徒もどんどん変わり始め、社会に送り出されていった。これは解放教育の大きな成果である。

今思い返せば、松高の日々の取り組みは、毎日が新しい苦労の連続であり、乗り越えなければならない困難なこともたくさんあったが、その後の自分の教師としての生き方を決定した貴重な経験であった。教師は常に差別に対する人権感覚を研ぎ澄ますこと、更に生徒に寄り添う姿勢を失わないこと、一人の生徒を理解するために、生活を含めて丸ごと見る視点が培われたのではないか。教育に取り組む教師たちの熱い思いと生徒たちのがんばりが松高の教育実践を支えてきた。

横田三郎先生の思い出

大阪市立大学・教養での教育の授業で、ある日、横田先生はカセットデッキを持って教室に入ってこられた。そして、私たち学生に「花はどこに行ったの」というフォークソングを聞かせてくださった。当時はアメリカによるベトナム侵略戦争に対して、全世界的に反戦運動が湧き上がった時代であり、多くの反戦平和を願う人たちによって多くの音楽が共有された。この曲はアメリカのフォークシンガーであるピート・シガーが作詞作曲した有名な曲で、多分、六番までの歌詞を印刷したものも配られたと思う。曲の最後までの歌詞をたどると戦争の虚しさが実感される。静かなる反戦歌と呼ばれている所以である。「将来、教育現場に進むのであれば、是非、子どもたちに聞かせてあげてほしい。心に訴えるものを伝えることも教師にとってとても大事なことです。」とおっしゃられたことがとても強く印象に残っている。

注

（1）当時、一九七四年には府立松原高校、府立西成高校、一九七五年には府立柴島高校、府立長吉高校がそれぞれ、地元校育成運動で開校された。

（2）当時は、松原の三つの中学校とともに、大阪市立矢田南中学校（同推校）を訪問した。また、一九七四年時点で松原市内には、松原第一中学校から第三中学校の三校であったが、現在は第七中学校まである。中学校訪問の対象はその後徐々に、松原市外の中学校まで広まった。

（3）準高生の取り組みは高校での障がい者の受け入れの先行的取組みとなり、二〇〇六年に大阪府教育委員会による知的障がい生徒自立支援コースの導入に道を開いた。

（4）「核と人類は共存できない」という信念のもと原水禁国民会議で反核平和運動を牽引した。

私の遺す言葉　横田三郎

〔書評 1〕渡辺清『私の天皇観』（辺境社　勁草書房発売）

戦時中の典型的な軍国少年が、神と仰いだ天皇のために命を捧げようと真剣に考え、一六歳で志願して軍隊に入り、戦争に参加し、奇跡的に戦死を免れて敗戦後の祖国に帰ってくる。あのように立派な天皇だから、敗戦の責任をとって必ず自決するだろうという彼の予想は完全に裏切られる。占領軍の最高司令官マッカーサーと並んで写った天皇の写真は彼に衝撃を与えた。幾百万の人間を死に追いやった最高の責任者たる天皇は、自決どころか、退位すらせず、のうのうと生き延びているだけでなく、マッカーサーに縋（すが）りついているのである。「お母さん」と叫びながら南の海に沈んでいったまだ少年の戦友を想い出しながら、彼は決心する、この天皇を絶対に許すことはできない、と（彼の『戦艦武蔵の最期』、朝日選書一九七、'82年参照）。しかし、これだけなら、別に珍しくはない。敗戦直後には、相当多くの日本人がそのような、或いはそれに近い気持ちを抱いた。けれども、一〇年、二〇年と経つうちに、その多くの人びとはその気持ちを忘れていった。著者渡辺清氏はそうではなかった。天皇に騙された自分自身を振り返り、軍国少年の一人として従軍した自分の戦争責任を自覚し、生涯を通じてその責任を償う決意を固めた。そして実際、彼は亡くなるまで、反戦平和の闘いと天皇の戦争責任の追及に全力を尽した。この本には、そのような彼の思想と行動の軌跡の一部が示されている。因(ちな)みに、私自身が、天皇と天皇制に対して一分の妥協も自分に許してはならない、と最終的に決意する重要な契機になったのは、他ならぬこの本である。反戦平和、科学と人権、解放教育等々を唱えながら、私は天皇と天皇制についてはそれほど深く考えていなかった。その私に、この本は強烈な一撃を加えてくれたのである。

彼が言っているように、最近の日本の戦争（日清戦争以後）は天皇を抜きにしては考えられない。私たちはこのことを忘れてはならないであろう。

（一九九五年六月）

〔書評 2〕ドブロリューボフ『オブローモフ主義とは何か』（岩波文庫）

五十の手習いという言葉があるが、わたしは四十歳を過ぎてからロシア語を独学で勉強し始めた。そして、何度も挫折しながら、やっと辞典を片手に原典を読むことができるようになった。なぜそんな面倒なことをしたのか。その理由は唯一つ、ドブロリューボフの著作を読みたいためである。戦後、一九四九年に『闇の王国』（オストロフスキイ論）と『うちのめされた人々』（ドストエーフスキイ論）が世界古典文庫で出たのを読んだのがきっかけとなり、五二年に岩波文庫から金子幸彦訳で『オブローモフ主義とは何か』が出た時には、数日間繰り返し読み、その度に感激を新たにした。

検閲の厳しい帝制ロシアでは文学批評という形が体制批判のほとんど唯一の方法であった。ドブロリューボフはそれを徹底的に利用し、内外の小説、戯曲、詩はもちろん、歴史書、各種の公文書、教科書から児童読物にいたるまで、ツアーリズムと農奴制を批判し、革命的民主主義と唯物論の思想を展開するための材料とした。『オブローモフ主義とは何か』ではゴンチャローフの小説を批評する形をとって、芸術のための芸術論を批判するとともに、人間が環境と教育の産物であるという教育の唯物論的原則を明らかにし、さらに、解放運動の過程で自由主義がすでに進歩を押し止める桎梏になっていることを鋭く指摘している。今の日本の四無主義＝オブローモフ主義を克服するのに大きな示唆を与えてくれるだろう。

（一九八〇年四月）

〔盟友を偲ぶ 1〕
忘れられない思い出／鈴木祥蔵（二〇〇九年死去）

『共産党宣言』には、忘れられない思い出がある。戦前の天皇制のもとで軍国主義者として育ったわたしは、戦後、軍隊から復員して大学に入学し、アメリカの教育について学び始めたが、思想が変わったわけではなかった。そのような時に、シベリアから帰還して大学院に籍を置いた鈴木祥蔵さん（現在、関西大学名誉教授）に出会ったのが、軍国主義からマルクス主義への思想転換に重要な役割を果たした。

とくに、かれの下宿でリヤザノフ注釈の『共産党宣言』を輪読したのが決定的な転換点となり、まさに目から鱗が取れた思いがした。そしてそれからやっとマルクス主義の勉強を始めたのである。そして、広島の地を離れて軍隊に入ったことによって原爆の被害から免れ、また、敗戦によって特攻死から救われた自分の命を新しい祖国のために捧げようと、われながら殊勝な決心をして、共産党にも入党した。後に、綱領批判によって査問を受け、党から除籍されたが、わたしの決心と思想はその後もその基本において変化していない。自分の赤い思想を白くしたり、灰色にしたり、黒くする理由などわたしにはないからである。

ところで、一五年ほど前にわたしは「『神聖喜劇』の中の人権闘争」という小論を書き、そこで大西巨人がこの長編を自己の思想的格闘のプロローグだとしていることに触れ、それを高く評価した。その小論の中でわたしが述べた断片をここに引用しよう。「プロローグにせよ、胚胎にせよ、戦後のわれわれの思想闘争が決してそこまでも深められていなかったことを省みる……。敗戦と天皇制の崩壊によって解禁されたマルクス主義の思想をわれわれは、あるいはマルクスやレーニンの権威に寄り掛かり、あるいは上げ潮に乗り、あるいは衆を恃(たの)んで、自己の既製の思想との徹底した内部闘争なしに、安易に獲得してきたのではなかろうか。そして、現実が提起してくる重要な思想上の問題に直面したり、敵の思想と闘うばあい、マルクスやレーニン、あるいは毛沢東などの既製の回答を探し、そして自らは深く考えることなく、事を終わらせようとしてこなかったか。そのため、折角探し出し、覚えこんだマルクス主義の教条も自らの血肉とはならず、スターリン批判や中ソ論争後の情勢の変化——これまでの権威主義では乗り切れなくなった——のもとでは、それまで日常的に身に付け、補強され、自己の本物の思想となっていた近代主義によって、マルクス主義の諸原則は教条主義批判の名のもとに次々と放棄されているのが現状ではないか。……」

最近、かれの「現代百鬼夜行の図」(『群像』、九八年七月)を読み、一五年前のこの考えを新たにした。

(一九九八年七月)

〔盟友を偲ぶ 2〕
中村拡三(こうぞう)兄(二〇〇一年死去)の思い出

中村拡三兄が亡くなってからもう四カ月が過ぎた。彼に対する追悼文は昨年の《解放教育》十二月号に書いたので、ここでは追悼というより、彼についての想い出をあれこれ書いてみよう。

彼の名を私が知ったのは、私が部落問題に関心を持ち始め、その問題に関連する本や論文を読んでいた頃である。彼の思想内容や当面の問題意識はそれで分かっていたが、彼との面識はまだなかった。その後、彼が大阪市の教育研究所の所員になって、京都から大阪へ移り、部落解放同盟大阪府連の事務所へもやってきて、解放教育の研究会を始めていた時、初めて彼に会った(当時はまだ同和教育と解放教育という名称のはっきりした区別はされていなかったが、その研究会では彼の提唱によって部落解放教育、または単に解放教育と呼んでいた)。その研究会では、あれこれの当面の具体的な事例や問題も話し合われていたが、最も熱を入れて討議されていたのは、戦前の同和教育と区別される今後の解放教育の基本的な原則は何かということであった。暫くして、確か中之島の公会堂の小さい部屋で、これまでの討議を踏まえた原則の定式化を行った。そして、それがその後の解放教育の原則として、徐々に各方面へ浸透していったのである。

また、一九八七年に私の翻訳『ドブロリューボフ著作選集』、第一巻、第二巻が「ぎょうせい」から公刊されたが、その第二巻の「訳者あとがき」で私は次のように書いた。「これでやっと、本当にやっとドブロリューボフの論文の翻訳五篇を二巻にまとめて公刊する運びとなった。しかし、中村拡三兄と辻玄子（ひろこ）さんの並々ならぬ奔走がなければ、まだまだ私の原稿は日の目を見なかったであろう」、と。この感謝の気持ちは今でも少しも変わらないし、私がこの翻訳を続けていくのに大きな励みになっている。

その十一年後、すなわち、一九九八年に彼の大著『資料集成・小さな同志――日本におけるピオネール運動　その全貌』、全五巻の刊行が完成したが、それは非常な苦労と多くの時間を必要としたものであり、辻さんの全面的な協力を得たものである。ところで、彼が解放教育研究所の事務局長を、私もその研究所の所長を辞任した時、我々二人は話し合って次のことを決意した。すなわち、彼はピオネールの資料をもっと集めて公刊すること、私はドブロリューボフの翻訳をずっと続けていくこと、である。それは、どちらも好きでやりかけていた仕事ではあるが、本来なら我々でなくとも出来るにも拘わらず、誰も現在手をつけていない。すなわち、ピオネールの資料集成は、例えば、解放同盟という運動体が組織的に取り組めば、苦労は遙かに少ないであろうし、ドブロリューボフの翻訳にしても私などよりずっと適当で有能なロシア語学者やロシア文学者が沢山いる。けれども、何れの仕事も何らかの理由で（資料集成の方は私には分からないが、翻訳は、恐らく、いわゆる「流行遅れ」になっているからであろう）やられていない。ならば、それぞれ愛情と使命感をもって始めたこの仕事を二人でやり遂げようではないか、ということになったのである。彼はそれを立派にやり遂げてから亡くなった。しかし、私はまだ第十巻までしか公刊しておらず、死ぬまでに完成できるか否か覚束無い。

補足、もしくは、つけたり。彼が仕事一筋の人間であったことは有名であるが、それは彼と私との関係でも例外ではなかった。初めは彼が私を横田さん、私は彼を中村さんと呼び合っていたが、そのうち彼は私を横っさん、私は彼を「拡さん」と呼び合うようになったが、それだけであり、長い間個人的な事柄、私的な問題は殆ど話し合ったことはない。重要な会議が終わり、リラックスした気分で酒を飲んでいた時でも、彼はすぐ仕事の方へ話を持っていくからである。

私的な、個人的なことで今思い出されるのは次のようなことくらいであろう。すなわち、彼が長野の師範学校を出て、海軍の予備学生となり、航空隊で訓練を受けて戦闘機乗りになろうとしていたが、結核のため航空隊から海軍省へ転属し、事務的な仕事をやらされたこと。美保航空隊（現在、自衛隊の基地になり、米子空港と併存している）にいた時、その付近では、農家でも抹茶を日常的に飲んでいるのを知って彼が驚いたこと。車の運転でバックが余りうまくいかないのを辻さんに暴露されると、飛行機はバックができないからだと嘯いていたこと。また、彼が近畿大学に勤めている頃、私も彼に頼まれて二、三年非常勤で講義をしたことがある。その間、彼の研究室でよく話をしたが、その内容は、彼が学生たちを狭山へ現地調査に連れていったことと、それに対する学生のレポートに関するものが殆ど全てであった。ただ、いま思い出しても滑稽なのは、彼が医者にゴルフを勧められたことを私に紹介しながら、「この俺にゴルフとは」、と苦笑いしていたことである。また、必ずしも私的なこととは言えないが、一度だけ、彼を大いに怒らせたことがある。それは或る人（故人）について私が厳しい思想的批判をした時である。彼はその人を大いに尊敬していたので、非常に腹を立て、私に、「謝れ」とまで言った。私が謝らなかったので、二人の間に険悪な空気が流れた。しかし、次に会った時は、二人とも全く普段通り仕事の話を始めたのである。

もう随分前から、民主陣営の中で「政治主義」批判が行われてきたが、その批判をやっている人間の中には、逆に敵である相手と無原則で、排他的・独善的な取引に熱中したり、基本的な解放闘争をいい加減にしながら、選挙運動に埋没したり、さらに、同じ仲間の間でも率直な話し合いができず、腹のさぐりあいをするといった奇妙な「政治主義」に陥っている者が少なくない。しかし、彼はそういった傾向とは全く無縁であった。そんなことを思う時、有能で、しかも一本気で、裏表がなく、人間として信頼でき、本当に恃(たの)むに足る彼のような人物を失ったことは誠に、誠に残念でならない。

（二〇〇三年三月）

〔盟友を偲ぶ 3〕
小沢有作氏（二〇〇一年死去）の逝去を悼む

小沢有作氏は私の畏友であり、戦友であった。私が解放教育研究会で個人的に彼と知り合ったのは、ほぼ二〇年ばかり前であろうか。ただその当時、私は彼の研究内容をあまり理解しておらず、どうも彼は民族を単純に抑圧民族と被抑圧民族に分け、それぞれの民族内部、特に抑圧民族内部の階級的対立を少しも考えていない、と思っていた。また、恐らく彼も私を典型的な教科書的マルクス主義者と考えていたのであろうと思う。だから、当時は双方とも余り深い接触はなかった。ところで、八〇〜九〇年を大きな境として、それまでマルクス主義者或いはそれに近い者と思われていた人びと（いわゆる左翼）の多くがいつの間にか階級的視点を捨てて、自由主義と個人主義に転向していった。すなわち、「集団主義批判」、「イデオロギーの克服」、「政治主義批判」、或るいはエコロジーとかグローバリズムの合唱を始めたのである。しかし、彼はこういった流行に要領よく乗ることは決してしなかった。そして、相変わらずアジア・アフリカ・ラテンアメリカの被抑圧民族の教育と人権の問題に取り組んでいた。そして、階級という言葉は使わなくても、民族内部の経済的・政治的矛盾についても彼なりに注意を払っていたのである。こういった彼の真摯で地道な研究態度は現在では特に高く評価されなければならない。また、彼は事柄についても、文献についても深くそれを追求し、その事柄の本質、文献の真意に即して思索を巡らせていた。今私が思い出すのは、彼が大阪の若い研究者の研究発表に対して、文献の読みの浅さを批判していたことである。そのため、彼が現れると、若い研究者は緊張していた。彼はまた、自分の行動を決める場合にも、この研究態度を崩さなかった。一〇年ほど前、広島修道大学で或る不幸な事件が起こった。私はそこに勤めていてこの事件の詳細を知っていた。その事件に関連して或る署名運動が展開されていた。そして、東京にいた彼にもその運動への署名が求められたが、彼は署名要請文だけでは納得しなかった。彼は私がその事柄＝事件の内容と本質を知っていると考えたのであろう。すぐ東京から大阪の私の家へ電話をかけてきて、私から詳しくその事件の内容を聞き、私の意見も聞いた上で、署名についての自分なりの判断を下したのである。この彼の態度は極めて良心的な研究者の態度であり、我々が学ぶべき点であろう。それは、署名だけして、後は何らの行動も伴わない無責任なやり方ではないし、また、何事にも賛否両論があると言って、自分自身はなにもせず、逃げてばかりいる相対主義とも異なる。

今では彼の遺稿となった「アジアに背を向ける歴史教育――『新しい歴史教科書をつくる会』中学歴史教科書を読む」（上、中、下）（『解放教育』二〇〇一年七〜九月）と資料「アジアと共に歩む歴史教育――『新しい歴史教科書をつくる会』の歴史教科書にたいする見解」、日本植民地教育史研究会運営委員会、二〇〇一年四月二三日（『解放教育』二〇〇一年九月）を再読して、私は改めて彼の偉業を偲び、我々の陣営の計り知れない大きな損失を悲しんでいる。しかし、この悲しみは我々の、特に若い同志たちの奮起によって早急に乗り越えられなくてはならない。彼もそのことを望んでいたであろうと思う。

（二〇〇一年十二月）

〔連帯のメッセージ〕
日本の革命思想に影響及ぼす偉業

卞宰洙（ピョンジェス）
（元 朝鮮大学校教員）

横田三郎さんを語ることは即ちドブロリューボフを語ることになるのではないかと、私は思う。ドブロリューボフは、ベリンスキーを先駆者とする雑階級人の革命的民主主義者の一人であり、ロシア十月革命の基盤を築いた卓抜の思想家であり、革命家であった。レーニンはドブロリューボフが、「ツルゲーネフの『その前夜』の分析を通じて真の革命的宣言をつくった」と述べ「専制政治に反対する人民大衆の反乱を心の底から待ち望んだ著作家である」と評価した。さらにレーニンはエンゲルスの死に際して執筆した追悼文「フリードリヒ・エンゲルス」の冒頭に「何という理性の灯火が消えたことだろう／何んという心臓が鼓動を止めたことだろう！」という詩句を添えている。レーニンが引用したこの二行は、革命的民主主義の詩人ネクラーソフが戦友の死を悼んで書いた「ドブロリューボフの追憶」からのものである。全六連二八行のうちの第三連と第四連の全文を引く。

こころして世俗の享楽を／きみは拒否し高潔を持した／胸の渇きを癒すことなく／女性を愛するが如くに祖国を愛した／己が著作と望みと綱領を／祖国に捧げ／汚れない情念も／祖国のために

抑えた　新しい生活への呼びかけ／輝かしい未来も冠の真珠も／峻厳な恋人のために準備した／だがしかし　余りにも早くきみの時の鐘の音は尽き／闘志のペンはその手から落ちた／何んという理性の灯火が消えたことだろう／何んという心臓が鼓動を止めたことだろう！

革命的同志愛をモチーフにしたネクラーソフのこの啾啾（しゅうしゅう）たる痛恨の念は、時代と海を越えて、横田さんの心底にも沁みこんでいるような気がする。

横田さんはドブロリューボフの翻訳に着手した動機をこう述べている。

「わたしの嘗（かっ）ての戦争協力への実践的な自己批判という義務意識とわたしがドブロリューボフを心底好きだということに加えて、それが特に日本の若者の思想形成に役立つということによる」（『社会評論』二〇〇五年秋号）

横田さんの戦争協力は、日本の文学者のほとんどが、また多数の学者・文化人が文学や発言をもって「大東亜戦争」を称揚し協力した思想的腐敗とは質的に異なる。「特攻」として死ぬという覚悟を強いられたのである。これを清算して生きることの真の意味をドブロリューボフの思想と生涯に学ぶことに見出したのである。

横田さんはドブロリューボフの翻訳は「専門家がやればずっと速く、ずっと立派な翻訳ができるであろう。けれども、わたしが知る限り、かれらがそれをやろうとする動きは今のところない、したがって稚拙な訳であろうとも、わたしがやらなければならない。」と語っているが、訳文は決して稚拙ではない。四十年を費やして全十八巻と回想録を訳了した偉業は、さまざまなかたちで日本の革命思想の醸成に、じわじわと影響を及ぼすに違いない。

追悼文集（非売品）には、横田さんの先輩、同時代の学者、そして教え子たちによる二六編の回想と奥様の横田ミサホさんの手記、それに横田さん自身の「留学雑記」と年譜が添えられている。

追悼文集を読むと、まず第一に横田さんの人柄が鮮やかに浮かび上がってくる。それは、「剛毅な気質」「強い信念の持ち主」「素朴で寡黙であるが」「ドブロリューボフのようにその心情は自らに厳しく高潔で革命的な戦闘的なヒューマニズムに徹した生き方をした」という、回想者たちの言葉に表わされている。

第二に、教育学者として卓絶していたという事実である。教育の戦争責任を自らのものとして追求し、教育の階級性と公的性格をマルクス主義の観点から解明し、階級社会では教育に於ける第三の立場、教育の中立というのは理論的にも実践的にも存在しないということを学問的信条としていた。

第三に、横田さんは教育学の碩学(せきがく)であったのみならず、学生を愛し信頼して育成する教師であったことである。学生の個性にしたがって、学問の厳しさを説きつつも、自由な雰囲気に包まれたユーモア溢れるゼミの独自性、卒論、修論の指導と進路の相談に至るまで、骨身惜しまず努力した。それはつねに「私の全ての期待は若い世代にかかっている」という言葉と無関係ではない。

第四に、ドブロリューボフの著作の訳出の意義について多くが語られている。「横田先生のお仕事によって、帝政末期ロシアの先端的思想を理解し、今日と未来に私たちが受け継ぐことを可能にしてくれた」という評価は正鵠(せいこく)を射ている。横田さんが彫心鏤骨(るこつ)ドブロリューボフの訳をすすめながら、右傾化、軍国主義化の現況と厳しく対決したことが明らかにされ社会主義体制崩壊後の反共攻勢、脱イデオロギー状況や社会運動の無原則な現実路線に対峙してマルクス主義の旗を守った立場が明確にされており、若い世代がドブロリューボフの思想に学ぶことを期待した横田さんの心情が刻印されている。

奥様の手記の中で、戦時中に軍需工場で働かされた横田さんが、朝鮮人徴用工に深い同情を示していたことを語っているのが印象深い。

解読　横田三郎の世界
——過去と現在、そして未来へ——

大塚忠広

本書では今日の教育問題を考えるうえで最も基本的な視点つまりその歴史的事情や理論的・思想的な本質が考察されている。それだけに大変難解であり十分な精読と粘り強い努力が必要となるが、ここを乗り越えるほかにこれからの展望を語る道は開けない。

ここでは本文の要約や補足をすることが目的ではない。本文を少しでも理解しやすくするためにその前提となるものや予備知識としてあった方がいいと思われるものを述べるにとどめている。その趣旨に沿ったものとして、読者や著者の故横田三郎先生（以下、著者とする）に喜んでいただければ幸いである。

1 著者の人と成り、本書に寄せる思い、全体の問題意識

①軍国少年はどのようにして作られたか

著者は一九二三年（大正一二年）に大阪で生まれるが、小・中学校時代を香川で過ごすうちに、そこで受けた教育や軍事教練、あるいは校長が海軍兵学校を見学して感激し生徒たちにも陸海軍の学校に入ることをすすめたりなどしたこともあって、いつの間にか軍国少年になっていき、将来は陸軍将校になることを夢に見て、陸軍幼年学校を受験するが視力不足で不合格。ここで初めての挫折を覚え、あまりにも憔悴（しょうすい）しているのを見かねて、陸軍経理学校なら視力は問われないがと軍事教官が声をかけてくれたが、そろばんを持つ軍人などにはなりたくないと断る。今度は英語の先生になろうかと思い、卒業後広島の高等師範学校（文科第二部英語科）に進学。このとき時代は太平洋戦争が始まった次の年であり、在学期間は四年のところを三年半に短縮され、しかも授業を受けたのは最初の二年間だけで、後は軍需工場への勤労動員と軍隊であった。学校での生活は当時としてはリベラルな方だったというが、次に引用するような日常生活を繰り返すうちに戦争を受け入れ、軍隊にいることも、戦争で死ぬことも、特攻に志願することも何の違和感もなく受け入れていったというのである。

「工場の中の労働は戦時標準船という船を次々と作っていく仕事で、とくに辛いというほどのこともなかったが、深夜までの残業も始終あり、しばしば海軍の監督官が不意に現れるということで一生懸命働いた。そういう仕事のあとでは、もう本を読んだり、思索に耽ることは殆ど不可能であった。休日に、わざわざ時間をかけて広島の中心街へ出ても、もう私たちを満足させるものは何もなかった。黒豆の代用コーヒーを飲ませていた喫茶店も閉店に追い込まれている。そこで寮の一室に集まって、文学や人生についての議論を始めても、煙草は切れ、飲物はなく、空腹をかかえて、結局は食物の話に落ちていく。そんな中、工場から寮へ帰ると、まず肌着を脱いでシラミ退治をするのが日課となり、眠る前に花札を始めたりした。こうして名前だけは学生であっても、知性は次第に鈍化され、無思想、無批判な体制順応派になっていったのである……。」

また次のような印象深い思い出も語られている。

「埋め立ての土木作業を一ヵ月ばかりやっていたとき、朝鮮の青年たちはモッコに盛る土を少なくして、それを二人でゆっくり運ぶという意識的なサボタージュをやっており、監督に怒鳴られても、その時だけきちんと作業するが、すぐ元通りにゆっくりとやっていた。彼らは私たち学生に煙草を呉れとよくせがんだ。後にわかったのは、彼らに配給すべき煙草の一部を工場の事務所の者がごまかして横流ししていたのである。私たちはこの不正に腹を立て、彼ら朝鮮の若者の境遇に同情した。しかし、それだけのことで、戦争だから、と全て割り切ってしまった……。」

②著者の研究と執筆の原点

著者は戦争がどのようにして人間の人間らしい感性を奪い、人（他人）の命はもちろんのこと自分の命すら粗末にするようになるか語っている。このことへの痛切な反省が著者の戦後七〇年間における研究と執筆の原点になっている。

戦前の軍国少年の心をもった著者が、戦後その戦争を憎み、それとたたかう心へと大きな転換を遂げるようになるまでに、どのような状況の変化があったのだろうか。

2 戦後直後の時代背景

①戦後の日本経済の実力

戦後の日本は「焼け跡」からスタートしたとよく言われるが、外面的に見た目には確かにその通りである。しかし戦後の日本経済の実力という面からみれば、かなり弱まっていたとはいえ、独占資本主義の基礎をけっして失っていなかった。官庁の経済安定本部が調査した「太平洋戦争によるわが国の被害総合報告書」(一九四九年四月発表)によると、終戦期の生産財(そのほとんどが独占資本の支配下にあった)は、一九四一年太平洋戦争開戦当時の水準を越えていて一六三%にあたるものが残っていた。それらの設備の多くは老朽化していたとしても、これに若干の補修を施せば戦前水準への回復はさして困難ではなかった。

アメリカ占領軍による支配や干渉は、経営参加的な直接投資によるアメリカの比重は総投資の二%以下であり、アメリカの本質的な日本経済への介入の程度は問題にならないくらい小さなものであった。日本のアメリカに対する従属は、明らかに国家的すなわち政治的・軍事的なものに限定され、それさえも日本は自国の復興と発展のために最大限に利用したのである(日米安保条約によって日本は軍事費を低くおさえることができたし、沖縄を犠牲にして「本土」の安全を担保した)。そうして国際的競争力の立ち直りにともなって日米間の対立と競争は激化してきたのである。

②敗戦後日本の国民生活

敗戦後、日本の国民生活は空襲による都市の破壊、国土の荒廃、住宅と食糧の不足、さらに戦地にいた兵隊の復員(帰国)や占領・植民地からの大勢の人たちの「引き揚げ」などによってますます耐えがたいものになっていた。国民学校の子どもたちは学校に弁当をもっていくことができず、当時の新聞はあっちこっちの学校で「午後からの授業中止」とか「一週間の休校」、「一時的休校」を余儀なくされたと報じている。インフレーションによる物価の高騰はいっそうすさまじかった。東京商工会議所による消費価格調査では一九三〇年（十五年戦争の勃発・満州事変の前年）を一〇〇として一九四八年七月には一三〇〇九（つまり一三〇倍）を示している。しかも同会議所の闇価格指数（実際上取り引きされている価格）は一九四五年十一月を基準として一九四八年七月末で六三八であった。日本銀行の東京卸売物価調べでは、戦前の一九三三年を一〇〇として一九四五年には五八四、一九四八年には一四〇四九（つまり卸売り物価では戦前の一四〇倍、戦後直後から三年のあいだに二四倍、わかりやすい例でいえば一個一〇〇円のパンが三年後に二四〇〇円）という状態である。

一方、政府は巨大軍需会社には降伏発表直後に未払い金とか損失金とかの名目で支払った金額は二四〇億円におよんだ（一九四五年九月）。物価高を当て込んだ資本家たちの生産サボタージュにより、生産は戦前水準の五〇％という低いままで、これらによって戦災復帰、食糧難の克服は著しく妨げられた。

③戦後中学校義務化と劣悪な環境のなかで

また子どもたちは戦前には小学校を卒業するとその多くが就職していたなかで、戦争が終わって中学校まで義務化されたことを大いに喜んだが、その準備のために文部省は二六三億円の予算を計上していたところ、内務省・大蔵省の反対のためにわずか八億円しか認められなかったために、教科書の配給や校舎の建設・復旧が遅れた。文部省の調査では、一九四九年四月現在で推定生徒数が五〇〇万人、必要となる教室が一三万にたいして、現状の教室数はわずかに半分の六万五〇〇〇にすぎなかった。残りの生徒たちは寺院や工場、民家、あるいは学校の物置、体操場や講堂などを改造したり仕切ったりした「教室」を与えられた。

いわば戦後の日本は国民の生活や教育を後まわしにして、政治・経済の復興を第一に図ってきたといえる。

こうして敗戦から一九六一年のサンフランシスコ講和条約（同時に日米安全保障条約）の調印までの時期に教育をふくむ戦後日本の政治・経済政策の基礎がほぼ整えられた。

3 戦後日本の支配的な思想的潮流

戦後の日本は戦前の独占資本主義の復興からスタートしたこと、基本的には当時からすでにアメリカに従属していたのではなく自国の成長・発展における利益をはかっていたこと、戦争責任の問題などはできるだけ早く片付けて当面する第一の課題を政治的・経済的に国際的競争力を強化することにおいたこと、この三つが最も重要な思想的土壌である。

①戦後日本の危険な思想的潮流

著者の論文を全体としてみれば、戦後における警戒すべき危険な思想的潮流は次の三つであり、著者はこれらへの批判を集中的に、かつ徹底的に繰り返しおこなっている。

⑴近代主義、⑵民族主義、⑶天皇制イデオロギー

⑴近代主義とは何か

戦後の思想的に支配的で危険な潮流はまず第一に「近代主義」と呼ばれるものであるが、これは戦前の日本をまだ近代を知らない封建的な時代と錯覚したことに由来する。確かに戦前・戦中の世の中は自由な意見や行動を弾圧され、天皇を頂点とする独裁的な権力が横行している時代であったが、明治以降産業革命がおこり社会の主要な生産関係（およびそれに基づく支配と被支配の関係）は地主と農民のそれではなく、資本家と労働者のあいだの搾取とそれへの抵抗（闘争）の関係で、日清・日露戦争期にはすでに帝国主義的段階にあって侵略までしていたことは明白だ。

戦後、アメリカ軍が日本に駐留し、いわゆる「占領政策」をおこなうようになり、教育の面では「第一次アメリカ教育使節団」の報告書がバイブルのようになったとき、自由・民主主義・個性の尊重が叫ばれたが、それがあたかも近代の始まりのように思えたのも無理はなかったかもしれない。しかし帝国主義時代に支配者によって叫ばれる自由主義・個人主義はいずれも排外的な（他者を排除する）自由であり、個人であることに注意しなければならない。

歴史的にみて真に近代を準備した思想家たち（ルソー、ヴォルテールなど啓蒙主義者）はつねに社会の利益と合致するように己の利益を追求することを求めていた。

そのため個人主義ということばも誤解（混同）がないように、「理性的個人主義（理性的エゴイズム）」と「排他的個人主義（エゴイズム）すなわち利己主義」とを分けて使っている。啓蒙主義者たちは人間の自由な行動の原動力（衝動力）を個人の欲求（利益）に求めていたが、つねにその行動においては社会の利益との合致を見出したうえで実行することを徹底的に主張していたので、それを理性的個人主義と呼ぶのである。反対に、他者（の利益）をかえりみない個人主義を排他的個人主義（いわゆる利己主義）と言っている。

近代主義というのは自由主義・個人主義の総称であるが、進歩的な装いをもった（本当のヨーロッパ近代を準備した人たちの個人や自由の意味とは別の、しかし紛らわしい、それらとは全く対極にある）排外的・排他的な思想であることに注意が必要だ。

〈将来に必要な日本の教育は集団主義〉

今日これに代わる思想は個人主義に対して集団主義と呼ばれている。集団主義は集団の利益のために個人を犠牲にするというものではない。それはかつての日本軍国主義の「欲しがりません、勝つまでは」や、ドイツファシズムの全体主義、あるいは現代の過激なイスラム原理主義の自爆テロの考え方だ。このときに献身・奉仕するべきとされた天皇や神や国家は公的な社会ではなく、一部の支配者の利益をそう見せかけたにすぎないもので、集団主義でいう「みんな」とか「集団」の利益というのは公的な社会の利益である。

これはかつてルソーが述べた「一般意志」のことで、これを社会とか公共、理性の意志だとも説明している。ルソーは単なる個人の意志は「特殊意志」と呼び、その総和を「全体意志」と呼んで一般意志と区別した。ルソーはそれが一般意志＝社会的利益か、全体意志＝単なる個人的利益の集まりかは、理性によってはかられると述べた。ディドロも国家が正義かどうかは理性によってはかられると述べた。残念ながら同時にこういうところに彼らの社会契約説の限界があるが、彼らが主張したことは、人間の行動の原動力（衝動力）は個人的利益（欲求）であるが、その方向づけはあくまでも社会的利益（理性）であるということだ。

集団主義は集団（社会）と個人の統一のうえにたった高い倫理観で、集団あってこそ個人の利益も自由も実現するという考え方である。「一人はみんなのために、みんなは一人のために」とよく言うが、これはなかなか難しいことを述べているのであって、前半と後半が相まって一人の利益とみんなの利益が統一されていることを誰にでもわかる言葉で表現しようとしたものである。

⑵民族主義

戦後日本の潮流となっている思想で放っておくことができない危険な思想は、近代主義とならんで、民族主義（ナショナリズム）と天皇制のイデオロギーがある。

民族主義はいろんなところから、どんなところからでも浸みてくる。

戦前はもちろんのこと戦後にも資本の海外進出をはかる保守本流を先頭に、日本を従属させているアメリカを敵として、独立のために「反帝」（これはアメリカ帝国主義に反対するという意味で使われているが）のスローガンを掲げる一部左翼にまでいたる政治の世界でも、また中国残留孤児の人たちが日本の肉親と再会を果たしたときの感激や、オリンピックなど国際試合で日本選手が勝ったときの称賛やメダルの数、世界各地でおきる事故や事件で犠牲者のなかに日本人がいるとかいないとかなど、さまざまな機会が利用され民族主義が煽られている。

教育の舞台でも「日の丸・君が代」が国旗・国歌として正式に定められ、卒業式や運動会など主要な行事では掲揚・起立・唱和が強制されるまでになった。初めは強制されてやっていることでも、そのうち習慣となり、いつの間にかポールにあがる日の丸を見て感動し、君が代を歌いながら血が騒ぐようになり、自分が日本人であり日本民族の一員としての自覚をもつようになっていく。

こうして民族的な意識や感覚に意図的に引っ張っていこうとしたり、引っ張られていく思想が民族主義である。主義とは「徹する」ことで、民族主義とはつねに民族の利益・観点からものをとらえ考える立場の思想である。民族的な感情などは自然なものであるが、民族主義の誤りは他民族を排斥すること、民族のなかにある矛盾について考えようとせず、それを見失ってしまい、その内にではなく、その外に解決を見出そうとすることにある。

戦争の原因は他国が侵略してきたとか攻撃してきたとかと言われるが、それはきっかけであり口実である。戦争はいつの場合も防衛戦争で、どんなに小さな出来事であれ大きなデッチあげであれ他国に原因を求めて攻めていく。そうではなく本当の原因は自国（民族）のなかにある。自国のなかにある矛盾や問題を分析し考察しようとするのが階級的な視点である。民族主義はこの階級的な視点から目をそらせ、反対に他国（他民族）に侵略していくというイデオロギーを醸成するために非常に警戒しなければならない思想である。

⑶最後に、天皇制イデオロギー

天皇を何か（よくわからないが）聖なる人間のようにみて、とにかくありがたいお方だという非合理的な考え方に立って、なぜそんなにありがたいのかわからないまま、「手を振ってもらった」「声をかけてもらった」と言って喜んだり感激したりしている。その天皇によって自分の夫や息子、家族や恋人が殺されたり、周辺の国々が侵略され破壊され虐殺されたりしたことを忘れたのか。謝罪したとか、賠償したとか、政府や総理大臣は言っていても、天皇はどうなのか。要するにあいまいなまま、その存在も価値も広く根強く残されている。

戦前には、天皇は憲法（大日本帝国憲法）によって大日本帝国を統治する神聖なものだと定められ、元首であり立法・司法・行政の一切の権限をもち、陸海軍を統帥し宣戦布告と講和条約をふくむすべての外交権も握っていた。議会も政府の各大臣もこの天皇を助け協力しなければならないとされていたのである。それにもかかわらず先の戦争では一切の責任も問われることがなかったばかりか、戦後には天皇は「人間宣言」をして、新しい憲法（日本国憲法）で日本国民の総意によって日本の象徴とされ、これもよくわからない文言で（むしろわからないところに意味がありそうな格好で）現在もその存在価値を残している。戦争責任の問題もあいまいなままで片付けてしまい、早く日本の国家体制を安定・維持させたかったのかもしれないが、しかし責任を追及するどころか崇拝すべきだという靖国参拝問題となって、いまだに片付けることができないでいる。

さらに天皇と天皇制を維持するイデオロギーは非合理主義と人間平等を否定する反民主主義・差別主義を隠しながら利用できる便利な存在とその思想として意図的に残されているのである。

憲法改正の論議もあれこれとおこっているが、ここにこそ日本国憲法の汚点があることを誰も言わない。この天皇の地位や存在（役割）について触れている議員も政党もおそらく皆無であるのはどういうわけか。つまり天皇の戦争責任や地位の問題はアンタッチャブル（触れるべからざる）なものとして、そおっとおいておくことにしているかのようだ。

しかしそうであればあるほどに戦前の社会や政治、つまり戦争に突入していったことへの分析や反省はあいまいになり、戦後の社会や政治、つまり民主主義に対する制度も自覚もあいまいになる。戦前への深い反省なしに戦後の民主主義はありえない。要するにこれが現代の日本の姿ではないのか。

私はこのあいまいさの中に一貫して（右から左まで）共通しているものは「保身」という考え方、生き方ではないかと思う。つまり天皇の問題など放っておいても何にも問題ない、今のままでいいではないか、あえて掘り返せば自分が冷たい目・白い目で見られるだけだ。放っておく方が無難、つまり難が自分だけに降りかかってくるようなことをわざわざする必要はない。そこでは「わが身」が大事なのであって、民主主義の根幹である「人間みな平等」のみんなのことは二の次だ。他人のことは放っておく、ここに現代日本の民主主義の大きな弱さ、深刻な欠点があるのではないだろうか。今日の大量の弱者、貧困階級の問題の根源はここにあるといっても過言ではないだろう。これらの風潮を利用しようとする者と、これを許さずこれと闘おうとする者がいるかぎり、この問題はいくらそおっとしておこうとしても、けっしてじっとはしていないだろう。

天皇制の問題は「よくわからないままにしておく」という非合理主義すなわち科学の敵、そして平和と民主主義の敵として明らかにする必要がある。

本書の終章、書評1の「渡辺清『私の天皇観』」の最後のところで「反戦平和、科学と人権、解放教育等々を唱えながら、私は天皇と天皇制についてそれほど深く考えていなかった。その私に、この本は強烈な一撃を加えてくれたのである」とある。ぜひ検討してみていただきたい。

これら天皇制を中心とした戦争や軍隊の実態、それへの反省や責任の問題はむしろ政治家以外の文学者、歴史学者、作家、教育関係者などの人たちによって語り継がれ、書き残されている。本書でも第三章で大西巨人の長編小説『神聖喜劇』について著者は心眼を注いだ論評をおこなっている。

4 著者の仕事と役割

戦後七〇年間における著者横田三郎の主な仕事は次の三つになると思う。

（ア）戦後の反動イデオロギーを徹底的に繰り返し批判すること
（イ）戦後とくに大阪を中心に大きく発展した同和教育・解放教育に連帯し、積極的に提言・助言をおこなうこと
（ウ）ドブロリューボフを翻訳し、紹介すること
これらのうち（ア）についてはすでに述べてきたので、あと（イ）と（ウ）について述べたいと思う。

⑴著者と同和教育
①戦前には軍国少年であった著者がどのようにして部落問題とかかわり、同和教育と連携するようになったのか、それらについて先生から直接聞かせていただくまとまった機会はなかったように思う。先生は本書のなかで述べておられるように、戦争が終わって海軍から復員するとすぐ広島高等師範を卒業されて、しばらく島根の中学校で教えたあと京都大学（哲学科・教育学専攻）に入学された。ここで当時の戦後らしくアメリカの教育について研究されたようだが、それで戦前の軍国主義思想から変わったわけではなく、マルクス主義への変革の大きなきっかけになったのは鈴木祥蔵先生が主催されていた勉強会で『共産党宣言』を読んだことだと述べておられる。この間の京都大学の生活の一端は本書の序章にある通りだ。その後大学院に進級されるが、途中で大阪市立大学への就職の話しがあり、翌年の三月に大学院を退学され大阪市大に赴任された。続いて何かのきっかけでドブロリューボフの『オブローモフ主義とは何か』を岩波文庫の訳で読み、大きな衝撃を得、「数日間繰り返し読んで、その度に感激を新たにした」。これが一九五一年である。
一九五九年から大阪市日の出地区でプラカード事件や教科書無償を求める教育闘争が始まるととも

に、大阪の部落解放運動が活発になっていった。横田先生が部落問題に開眼するのはこのころだったようだ。ちょうどその前年（一九五八年）に市大に入学されていた大賀正行さんが地元日の出の解放運動を起こしつつ、市大に部落問題研究会（部落研）をつくられるなど活動にフル回転されていた。先生は「オレが部落問題を理解できるようになったのは大賀君のおかげだよ。彼がしょっちゅう研究室に来てくれて、先生あのねと話してくれたんだよ」と、何回かこういうお話しを伺った。先生は黙ってうなずきながら、じっと話しを聞いておられたに違いない。軍国主義もそうだが、部落差別や朝鮮人差別でも、先生は「その当時でも、オレは十分差別主義者だったね」と非常な自戒の念をこめて話しておられた。

そうして一九六〇年代後半になると市大でも部落差別事件や大学紛争がおこり、先生もいろいろ深く考えられたと思われる。先生は大学紛争の最中学生たちに軟禁状態にされたことについても、「大学紛争はオレの大学教師としての原点やで」と話されたことがある。大変難しい複雑な問題の渦中にあって、その本質から考えようとされていたに違いない。

一九七〇年四月から授業が再開された。ちょうど私はその年にその大阪市立大学に入学したが、杉本町のキャンパスは大学紛争で荒れまくり、誰が言ったのか「杉本原野に文化なし」と自嘲気味に話したこともあった。しかし差別事件に対する熱心な取り組みの一つの集約として一九七〇年から「部落問題論」が（おそらく日本で初めて）教養部で開講され、受講生は教室にあてられた講堂に満員の状態で、大変な熱気だったことを思い出す。

それに、一九六〇年代終わりごろから続いて取り組まれていた矢田教育差別事件の本拠であった矢田という地区が大学にほぼ隣接するところ（大阪市の南端を流れる大和川をちょっと遡ったところだった）で、大学周辺も宣伝カーなどで騒然となっていて大学人のあいだでも関心を高めていたと思われる時期だった。

こういう中で横田先生は、外面的にも内面的にも非常に重い問題を抱えながら過ごされていたのではないかと推察する。

②先生は、一九七〇年前後に大きく発展をみる大阪の同和教育の取り組みやその職場の中にいて、精力的に発言と執筆を始められた。先生がこの取り組みの中で発言したのは何より子ども（人間）に対する深い理解と、個人主義や自由主義を許さない取り組みの姿勢（集団主義）であった。「校内暴力」と言われ、荒れている学校や子どもが多かったなかで、とくに科学的な子ども観の確立と学校教育現場への浸透は急務の課題であった。生徒への暴力や体罰が事実上肯定され横行する当時の時流が、これらの問題をいっそう複雑にしていた。

先生の仕事はこれらに抗して逆風吹く中を体罰の無条件即時停止を求める議論のなかで展開された。体罰は絶対反対、そして集団主義の考え方を理解し、子どもたちを信頼し尊敬する立場で臨めば、必ずや子どもたちを理解させ納得させることができる、自分たち教員の真の愛情を伝えることができるという先生の全く揺るぎのない毅然たる態度によって、現場では大きな失敗、余計な回り道、折衷的な議論を避けることができたに違いないと確信する。

③解放教育にも系統的な理論と目標が必要だという大賀さんの提案で部落解放研究所が中心になって「解放教育計画検討委員会」がつくられたとき（一九七四年四月）、私は（この年に同大学の大学

院に進学していたこともあり）初めて横田先生と一緒に、その第一部会（総論）に出席してお仕事をさせていただくことができた。先生にはこの部会の代表をしていただき、和歌山での合宿もふくめた二年間の討議を経て、「解放教育の原則とは」という大きな屋台骨になるまとめの部分を執筆していただいた。大学の先生方を中心に多くの方々が結集してすすめられた研究活動で、いろんな考え方がぶつかりあっていたようだが、大きな混乱もなく理論的な柱が据えられたことは先生のおかげであった。

また一九八五年には雑誌『解放教育』や副読本の『にんげん』を編集していた解放教育研究所（この年に、全国解放教育研究会を改称）の所長の役について、こうした理論や実践を集約する仕事でもリーダーシップを発揮していただいた。

(2)ドブロリューボフの翻訳と紹介

①横田先生の生涯をかけた活動の核心となるのは、やはりドブロリューボフの翻訳だろうと思う。一九六〇年代後半からいくつかの論文を訳出され折にふれ上梓されていたが、一九九四年に広島修道大学を退職（七十一歳）されたあとはほとんどこの訳業に専念された。『ドブロリューボフ著作選集全一八巻』さらにその『別巻—同時代人たちの回想のなかのドブロリューボフ』まで十五年間をそれに費やされた。二〇〇九年に完訳し、奥様とともに喜ばれたのもつかの間、翌二〇一〇年急逝された（八十七歳）。

②先生が戦後まもなく、まだ研究分野も定まらぬころ大阪市立大学に赴任して、たまたま読んだ本がドブロリューボフの評論『オブローモフ主義とは何か』で、これをきっかけに同じ文学部（哲学科）の故森信成先生（一九七一年死去、五十七歳）とロシア文学をはじめ広く哲学・文学・人間論などで盛んに意見交換をされたようだ。

このドブロリューボフの評論はゴンチャロフというロシアの作家が書いた『オブローモフ』という小説を批評したものだった。これは全く動きのない物語で、朝起きてから夕方再びベッドに横たわるまでの一日を長編小説にしてあるものであるけれども、しかしこれが非常におもしろい。主人公の青年オブローモフは地方地主の息子で非常に善良であるが、行動につながるような興味や関心がもてない、無為主義である。しかし悪気は少しもなく、きわめてお人よしの好人物なので、ある女性（オリガ）が恋をする。しかし青年は夢や理想を語るけれども、全く無気力と怠惰で何もやろうとしないので、女性はあれこれ話すけれどもついに訣別することになる。青年は自分に興味を抱いてくれる女性を失って茫然とするけれども、それもつかの間でまたいつもの何もしない一日が始まるという話だ。こういうタイプの人間をドブロリューボフはオブローモフ主義と名付けて、どうしてこんな人間がいるのだろう、本来人間の生き方はもっと違うはずだと問うのである。一八五〇年前後の当時のロシアはトルコとのクリミア戦争に敗れて近代化を求められ、農奴解放など新しい動きが起ころうとする前夜であった。こうした現実を反映したのが、新しい時代を予感し「私たちには何かすることがあるのよ」と話す女性と、農作業は奴隷がやり何の不自由もない安定した古い地主生活に満たされた日々を過ごしている青年とのあいだの葛藤である。

先生はこのドブロリューボフの評論（岩波文庫の翻訳）にたちまち魅せられて、四十歳を過ぎたころからロシア語の独習をはじめ、四十数年をかけて、ついに著作選集全一八巻の完訳につなげたのである。ドブロリューボフは二十五歳で亡くなるが、「この若者が書いたものを五十から六十になる俺が翻訳するのは、彼がそれほど素晴らしい人間だからだよ」と語っておられた。体罰を直接扱っているのは『鞭で破られる全ロシアの幻想』と『一難去ってまた一難』の二つだが、それらと合わせて『教育における権威の意義について』という論文を読んで、「体罰はとても非人間的なもので、子どもには非常につらい仕打ちであるということを初めて深く理解した。体罰を理論的に批判するようになったのもドブロリューボフのこれらの論文を読んでからだよ」とも語っておられた。

③こうして戦後の横田先生の後半生をわずかながらでも知ってみると、先生は実にいい人に次々と出会ってきたことがわかる。主な人たちだけでも戦後直後には京都大学で鈴木祥蔵先生と出会い、市大に入られてすぐ森信成先生、そして大賀正行さん、同じころに中村拡三さん、さらにここにドブロリューボフを加えるのが正当だろうと思うけれども、こうした人たちと出会われて、教えられ、考えて、真実の道を追求し続けて、そうして長い時間をかけて自己変革を遂げてこられた。

戦争中には学校の先生も多くの作家たちも新聞の記者たちも戦争に賛同していた。戦後になれば戦争中に不屈の闘いをした共産党への称賛や栄誉が高まるなかで、にわか共産主義者（講壇マルクス主義者）が多く出た。しばらくするうちに熱が冷め、その究極のダメ押しが東欧革命（東欧の社会主義政権の崩壊）とソ連邦の消滅という劇的な出来事のなかで次々とマルクス主義者は発言力を失い、姿を消し、いわゆるリベラルと言われる自由主義者が人気を高めているのが現在の日本である。

本書でも第五章の二番目の論文『革命的民主主義の現代的意義』の後ろの方でいくつも例をあげな

がら述べられているが、きちんと議論も反省もしないまま、いつの間にか意見が変わっているという風潮がわれわれの周りにある。あと一つ二つを付け足せば「鬼畜米英」と言いながら一夜にして非常に仲良くなっていたり、原発事故を起こしても誰も責任をとらないまま、また稼働が始まっている。

こういう無節操・無責任な風潮のなか、本書第二章の四番目の論文『民族主義の克服と集団主義の再生を』の冒頭部分で、「(ソ連邦崩壊後の) 二年ばかりの間……孤独な内省を経て、……自分の信念が誤っていなかったことを確認」したと述べられている。横田先生ほど誠実で謙虚に、また正直に自分と向き合われた人を私は他に知らない。弱者に対する優しさと愛情、科学と民主主義、正義への情熱と公正な態度こそ偽らざる先生の生き方であったと思う。先生の文章のなかに、非常に厳しい、時には常軌を越えた言葉遣いがあったとしても、それほどに本気であったという証しとして私は受け止めておきたいと思うのである。

〈参考図書〉

○小野義彦『戦後日本資本主義論』青木書店、一九六三年
○部落解放研究所編『戦後同和教育の歴史』解放出版社、一九七六年
○森 信成『唯物論哲学入門』新泉社、二〇〇四年(改訂新版)
○菊地栄治『希望をつむぐ高校——生徒の現実と向き合う学校改革』岩波書店、二〇一二年
○成山治彦『格差と貧困に立ち向かう教育——人権の視点で問い直す』明治図書、二〇一〇年

おわりに

横田先生は本書の序章の最初の論文「わが青春に悔あり」の冒頭のところで、

「私の全ての期待は若い世代にかかっている」

と述べられている。先生が残された数多くの論文のうちで、これはぜひ後々に若い人たちに読んでもらいたいという想いを込めて書き残された論文がいくつかあるように思う。同じ序章の「緊急提言・田舎からの手紙——年寄りから若者へ」には著者の想いのすべてが総括的に短く書かれている。

また第三章の『神聖喜劇』の中の人権闘争」には、大西巨人の小説『神聖喜劇』が軍隊生活という完全に閉ざされた理不尽な世界のなかでも意気揚々と自分の持てる力を最大に活かして生きていこうとする姿を通して、あの楽天性はどこから生じるのかという度肝をぬかれるような痛快さにあわせて、あの勇気が現実的にさえ思えてくる強い力と、人間の変革と成長への可能性を読者の胸にもたらす作品であることを説明して（この小説はその分量とスケールの大きさから、なかなか読み切りにくいかもしれないが）、ぜひ若い人に読むことを勧められているように思う。この論評は相当の集中力と熱い想いがなければとうてい書きえない気迫を感じさせるものだ。

それから第五章の「ドブロリューボフと私」は、十二回におよぶ連載のメッセージである。現代に生きていると、情報だけでなく人間もすごい量と速さで地球上を動き回っているが、時には平面的な移動だけでなく過去と未来にも思いを馳せてほしいという願いが込められていると思う。ドブロリューボフはずいぶん昔の人のようだけれども、今からわずか一五〇年ほど前に生きた人である。いく人かの同志たちとともに、厳しい統制や弾圧のなかで、少しでも生きやすい社会を求めて考え議論し行動した。彼はオブローモフを温かく愛すべき人間として受け入れたが、時代が求めているのはもはや君ではないとして訣別した。これは小説でも現実（彼の実際の生き方）でも同様であった。

大きな時代の転換期にはすぐれた魅力ある人物が現れるものだ。やがて日本の若い世代にも、覚醒すべきそうした時代がきっと来ることを確信して、この文章を書かれたと思う。若い読者にはこの機会にゴンチャロフの小説『オブローモフ』も、それを論評したドブロリューボフの『オブローモフ主義とは何か』もあわせて、ぜひ読まれたい。

私たちの仕事はこうして先生が築かれた理論的・思想的遺産をくみ取ることから始めなければならないと思う。そうしてさらに研究を深め、現実が求めている新しい課題の解決にむけて、理論的な指針を指し示していかねばならないと思う。

①近代主義に対抗するためには集団主義のさらなる研究が必要だ。戦後日本に紹介されたとはいえ、途中で立ち消えになってしまったマカレンコやスホムリンスキー、それに発達心理学の基礎を築き『思考と言語』などのすぐれた書物を残したヴィゴツキーなどは再研究・再評価が必要だ。集団主義で言う「自己犠牲」（自己の利益をかえりみず、時には命さえ投げうって行動する）などは、自己の利益追求に行動の原動力があると考えたフランス唯物論やロシアの革命的民主主義（チェルヌイシ

ェフスキーでさえ）にはなかなか手ごわい問題で、その手前まで接近しながら究極の解決には届かなかった。「自己犠牲」こそ、集団主義のキーワードであるが、マルクス主義哲学でもまだ十分に議論が熟しているとは言えない現状だ。これらが明確にされないと、われわれの議論はどこかでうやむやなものを残さざるをえず、近代主義に対抗できないことになる。

②横田先生が、「あたりまえだろう！」と強い憤りをもって終生こだわり続けられた天皇の戦争責任をふくめて、天皇制のイデオロギーは科学（合理主義）と民主主義（平等）の発展にとって大きな足かせとなっていて、議論すらしにくい現状である。「天皇の人間宣言」すら、それがあったことは知られていても、ほとんど読まれたこともないというのが現状ではないだろうか。こういう状況下で学校の教育がなされているのである。

③そして横田先生が常に注意を促されていたのが民族主義の問題である。「日本には民族問題はない」などと言われたりすることがあった。しかし、地球上のどんな地域でも（ヨーロッパでも、中国でも、インドでも、ペルシアでも、日本でも、アメリカでも、アフリカでも、どこでも）さまざまな人種・民族の交流（必ずしも平和的ではないものも含めて）によって歴史が営まれてきたことは誰でも知っていることだ。

これからはさらに多種多様な事情や要因、機会を通じて、以前にも増してもっと大規模な勢いで（産業や商業だけでなく、また人間や物だけでなく、医学・科学などの情報やエネルギー、宇宙や海洋への探索などの分野まで）多数の民族が混ざり合い新しい文化を築いていくことだろう。そのときどんな問題が生じるかは予想をはるかに超えている。

しかし、確かなことは、どんな場合でもどんな地域でも、もはや戦争は絶対におこしてはいけないということだ。戦争になる前に何としてもどこかでくい止めなければならない。しかも人類から戦争がなくなる時代はもうそこまで来ていると思う。最大の問題は民族主義の問題だ。地球上の人類が一つの家族のように生きるという構想はすでにゴルバチョフ（ソ連邦大統領、在位一九八五〜一九九一）の冷戦終結・新思考外交の提唱以来あちこちで出されていて、静かに広まりつつあるが、やはりこれを理論的にも政治的にも支える力が必要だ。民族主義の問題を理論的に整理し、説得力のある宣伝、討論、行動に結びつけていくことが必要だ。

最後になりましたが、本書の編集顧問として完成まで根気強くお付き合いいただき、適切な助言をいただきました桂正孝（大阪市立大学名誉教授・教育学）、田畑稔（季報『唯物論研究』編集長）の両先生には厚くお礼申し上げます。

また解放教育の実践をまじかに見る思いで、その歴史や思想を具体的にわかりやすくまとめていただいた牧野統治、松本直也の両先生（ご両人ともに大阪市立大学の卒業生で、私とも学生時代より四〇年をこえるおつきあいを続けている）、それに先の『横田三郎追悼文集』（非売品）に寄せて『社会評論』誌上に重厚な激励のメッセージを書いていただき、今回本書に転載させていただくことを快く承諾してくださった卞宰洙（ピョン・ジェス）先生には深く感謝申し上げます。

また多くの文章や画像の転載につきまして、むずかしいことを言わず速やかに了承し、協力していただきました関係の皆さま方にも心より感謝いたします。

出版に関してまったく素人の私をゆっくりと見守りご指導いただきました鳥影社編集部の樋口至宏様には一方ならぬご苦労をおかけしました。ご容赦いただきますとともに今後ともよろしくお願い申し上げます。

なお、各章のリード文、最後の「解読・横田三郎の世界」、「はじめに」と「おわりに」の部分は大塚が担当いたしました。忌憚のない御批評・御叱責をお願いする次第です。

大阪市立大学 大学院文学研究科教育学専攻（横田ゼミ）
後期博士課程修了生有志代表
大塚忠広（一九七九年度修了）

初出一覧

序章

わが青春に悔あり（『創流』二四号、大阪市立大学（学生）教育問題研究会、一九八六年一〇月）

旧制大学の思い出（『あの頃の若き旅立ち』稲葉宏雄ほか編、クリエイツかもがわ、二〇〇六年一一月）

天皇裕仁は人間なのか（雑誌『解放教育』二四二号、一九八九年一月）

体罰の即時無条件停止を（所報『こどもと教育』二三号、兵教組教育研究所、一九八一年四月）

インタビュー・ドブロリューボフ翻訳三〇年（季報『唯物論研究』五三・五四合併号、一九九五年八月）

緊急提言・田舎からの手紙——年寄りから若者へ（雑誌『解放教育』三八四号、一九九九年一二月）

第一章

戦後文部行政と解放教育（雑誌『解放教育』二四六号、一九八九年五月）

「第三の教育改革」と新指導要領（雑誌『解放教育』八九号、一九七八年一月）

臨教審の思想と解放教育（雑誌『解放教育』一二一号、一九八四年一二月）

「道徳」教育への批判視点（季報『唯物論研究』三一・三二合併号、一九八九年四月）

第二章

解放教育の理論と諸原則（『改訂　戦後同和教育の歴史』部落解放研究所編、一九八八年一二月）

解放の学力のさらなる追求を（雑誌『解放教育』八八号、一九七七年一二月）

集団主義とは何か（雑誌『解放教育』二五九号、一九九〇年四月）

民族主義の克服と集団主義の再生を（雑誌『解放教育』三〇〇号、一九九三年四月）

第三章

『神聖喜劇』の中の人権闘争（『同和問題研究』六号、大阪市立大学同和問題研究会、一九八三年三月）

「愛国心」教育における民族主義批判（『社会評論』一〇号、活動家集団思想運動編、一九七七年七月）

「象徴」天皇制と天皇裕仁――天皇制打倒の闘いは資本との全面対決（機関紙「思想運動」三八三号、一九九〇年一月）

中曽根の靖国公式参拝（『人権と教育』三号、障害者の教育権を実現する会、一九八五年一一月）

教科書問題と現在のイデオロギー（機関誌『知識と労働』三一号、知識と労働社、一九八三年三月）

第四章

労働運動の中の近代主義と民族主義（『教育基本権確立の視点と課題』柳 久雄編著、明治図書、一九八三年三月）

日教組の「教育制度検討委員会」報告に対する思想上の批判（雑誌『解放教育』三七号、一九七四年七月）
労働者としての自覚と集団主義の思想を（雑誌『解放教育』四〇〇号、二〇〇一年四月）
反戦・平和と人民に対する教育研究者の役割（雑誌『現代教育科学』三〇八号、明治図書、一九八二年七月）

第五章

ドブロリューボフと私1～12（雑誌『解放教育』三二五～三三七号連載、一九九五年四月～一九九六年三月）
革命的民主主義の現代的意義（『社会評論』七二号、一九八九年三月）
ドブロリューボフの魅力――『闇の王国の中の一条の光』について――（『社会評論』四六号、一九八四年一月）
「オブローモフ主義とは何か」の現代的意義（『社会評論』三七号、一九八二年五月）

終章

寄稿・大阪の解放教育（松本直也）
寄稿・大阪府立松原高校の「一切の差別を許さない」学校づくり（牧野統治）
書評・渡辺清『私の天皇観』（雑誌『解放教育』三二八号、一九九五年六月）
書評・この本との出会い――『オブローモフ主義とは何か』（機関紙「思想運動」一九三号、一九八

〇年四月一五日）

盟友を偲ぶ・忘れられない思い出／鈴木祥蔵（機関紙「思想運動」五八九号、一九九八年七月一五日）

盟友を偲ぶ・中村拡三兄の思い出（『水と村の歴史』一八号、信州農村開発史研究所、二〇〇三年三月）

盟友を偲ぶ・小沢有作氏の逝去を悼む（雑誌『解放教育』四〇八号、二〇〇一年一二月）

☆　☆

連帯のメッセージ・日本の革命思想に影響及ぼす偉業（卞宰洙（ピョンジェス）、『社会評論』一七五号、二〇一三年一二月二五日）

解読　横田三郎の世界――過去と現在、そして未来へ――（大塚忠広・書下ろし）

著者紹介

横田三郎（よこた・さぶろう）

1923年　大阪市に生まれる
1944年　滋賀の海軍航空隊に入隊
1945年　終戦で復員後、広島高等師範学校卒業
1947年　京都大学哲学科（教育学専攻）入学
1951年　大阪市立大学（文学部教育学）に勤める。まもなくロシア語の独習とドブロリューボフの翻訳を始める
1983年　大阪市立大学退職（名誉教授）、広島修道大学に勤める
1985年　解放教育研究所所長に就任
2009年　ドブロリューボフ著作選集全18巻の翻訳を完結
2010年　脳内出血のため、高槻市内の病院で死去（87歳）

著書：1967年『現代民主主義教育論』盛田書店
1976年『教育反動との闘いと解放教育』明治図書
論文：1982年「『オブローモフ主義とは何か』の現代的意義」（『社会評論』第37号）
1983年「『神聖喜劇』の中の人権闘争」（大阪市立大学同和問題研究室紀要『同和問題研究』第6号）
1990年「ドブロリューボフの生涯とその思想」（広島修道大学研究叢書第53号）
2007年「ドブロリューボフの今日的意義」（大阪唯物論研究会季報『唯物論研究』第100号）
訳書：1970年『革命的民主主義の教育』（福村出版）
同年　『観念論と体罰への批判』（福村出版）
1972年『反動教育思想批判』（福村出版）
2009年『ドブロリューボフ著作選集』全18巻完結（鳥影社）

現代人権教育の思想と源流
――横田三郎コレクション

二〇一六年七月三一日初版第一刷印刷
二〇一六年八月一五日初版第一刷発行
定価（本体二八〇〇円＋税）

著者　横田三郎
編者　桂正孝／田畑稔／大塚忠広
発行者　樋口至宏
発行所　鳥影社・ロゴス企画
長野県諏訪市四賀二二九―一（編集室）
電話　〇二六六―五三―二九〇三
東京都新宿区西新宿三―五―一二―7F
電話　〇三―五九四八―六四七〇
印刷　モリモト印刷
製本　高地製本

ISBN 978-4-86265-564-6 C0037

好評既刊
（表示価格は税込みです）

ドブロリューボフ著作選集　横田三郎訳
全18冊　ロシアの良心ともいうべき一八六〇年代の革命的知識人の著作を初めて集大成。２１６０～３９０９円

昭和戦時期の日本映画　杉林隆著
映画は国策・戦意高揚のためだけに作られたのかを再検討する。製作者たちの言動に注目して時代を考察。１９４４円

死者の子供たち　E・イェリネク著　中込啓子 他訳
ノーベル文学賞作家の問題作　ことばとイメージを駆使してナチス時代の犠牲者と現代を繋ぐ傑作。３０２４円

ヒトラーの第三帝国から約束の地へ　J・フォーゲル著　宮本絢子訳
ナチス・ドイツに追われて各地を転々と移動したユダヤ人の子どもたちの劇的な旅のドキュメント。１８３６円

ベートーヴェンの『第九交響曲』　E・ブッフ著　湯浅史／土屋良二訳
「国歌」の政治史　今やEUの歌でさえある『第九』、その政治的受容の多様性をダイナミックに展開　５０７６円